仁化年鉴

2023

仁化年鉴编纂委员会　编

方志出版社
Publishing House of Local Records

图书在版编目（CIP）数据

仁化年鉴. 2023 / 仁化年鉴编纂委员会编.—北京:
方志出版社, 2023.11
ISBN 978-7-5144-5932-6

Ⅰ. ①仁… Ⅱ. ①仁… Ⅲ. ①仁化县－2023－年鉴
Ⅳ. ①Z526.54

中国国家版本馆CIP数据核字（2023）第236262号

责任编辑：刘方圆
责任校对：张玉霞
责任印制：梅中英
出 版 者：方志出版社
地　　址：北京市朝阳区潘家园东里 9 号（国家方志馆4层）
邮　　编：100021
网　　址：http://www.zgfzcb.cn
发　　行：方志出版社图书营销中心（010-67110500）
印　　刷：韶关市典经社彩印有限公司
开　　本：889毫米×1194毫米　1/16
印　　张：19.5
字　　数：676千字
版　　次：2023年11月第1版
印　　次：2023年11月第1次印刷
定　　价：280.00元

编辑说明

一、《仁化年鉴》是由仁化年鉴编纂委员会编纂的年度资料性文献。自2012年起逐年编纂公开出版，一年一卷，卷号以编纂出版年份标识。《仁化年鉴（2023）》为公开出版后的第12卷（总第15卷）。

二、《仁化年鉴（2023）》以马克思列宁主义、毛泽东思想、邓小平理论、“三个代表”重要思想、科学发展观、习近平新时代中国特色社会主义思想为指导，坚持辩证唯物主义和历史唯物主义的立场、观点和方法，全面、客观、系统、真实地记述2022年仁化县自然、政治、经济、文化、社会等方面概貌和发展情况，为读者了解和研究仁化提供基本资料。

三、《仁化年鉴（2023）》卷首设图照专题。正文内容设特辑，大事记，概貌，中国共产党仁化县委员会，仁化县人民代表大会，仁化县人民政府，中国人民政治协商会议仁化县委员会，中国共产党仁化县纪律检查委员会 仁化县监察委员会，民主党派·群众团体，法治，军事，交通·邮电·信息业，供电·供水·供气，水利·气象事业·水文监测，城乡建设·环境保护，经济综合管理，农业农村，工业，商贸，旅游业，财政·税务，银行·保险，教科文卫体，社会生活，中央、省、市驻仁化单位，镇（街道），人物。卷末设附录、索引。

四、《仁化年鉴（2023）》记述时限为2022年1月1日至12月31日。主体内容采用分类编辑法，设类目、分目、条目三个结构层次，以条目为表现内容的基本形式。全书条目的标题统一用黑体加【 】表示。

五、《仁化年鉴（2023）》附录所选文献均照录原文。文中的“党”除特别说明外，均指“中国共产党”。文中“上年”指“2021年”。数字用法、标点符号用法分别采用国家标准《出版物上数字用法》（GB/T 15835—2011）、《标点符号用法》（GB/T 15834—2011），计量单位采用国家技术监督局1993年12月发布的《量和单位》系列国家标准。由于统计的来源、口径、方式和时间不同，所载数据可能存在不一致，使用时请以仁化县统计局提供的相关数据为准。

六、《仁化年鉴（2023）》所载录资料，均由县域各供稿单位负责撰稿并经单位审定后提供。条目后署作者姓名，若连续两个以上条目或分目均由同一作者撰写，则在最后一个条目或分目后署名。

七、《仁化年鉴（2023）》配套双重检索系统：书前编有目录，书后配有索引。索引采用主题分析法，款目按汉语拼音字母顺序排列。

仁化年鉴编纂委员会

主　　任：陈夏广（中共仁化县委书记、仁化县人民政府县长）

副 主 任：龚　翔（中共仁化县委常委、县委办主任、县直属机关工委书记）

　　　　　叶剑斌（仁化县人民政府副县长、县红十字会会长）

成　　员：卢明春　刘炳鸿　罗有发　许关平　陈少忠　冯志聪　罗金宝　欧钊黎

　　　　　江美成　罗海红　邓文光　肖春波　施旭臻　章　俊　林桥远　肖润华

　　　　　刘小飞　邓志立　廖永香　刘　强　赵丹宁　李子初　邬立雄　沈家富

　　　　　林伟浩　叶志琴

仁化年鉴编辑部

主　　编：罗有发

副 主 编：麦海桃　谢嘉文

执行主编：谢嘉文

编　　辑：罗有发　麦海桃　谢嘉文　刘小东　陈瑞琪　陈　琳　徐志平

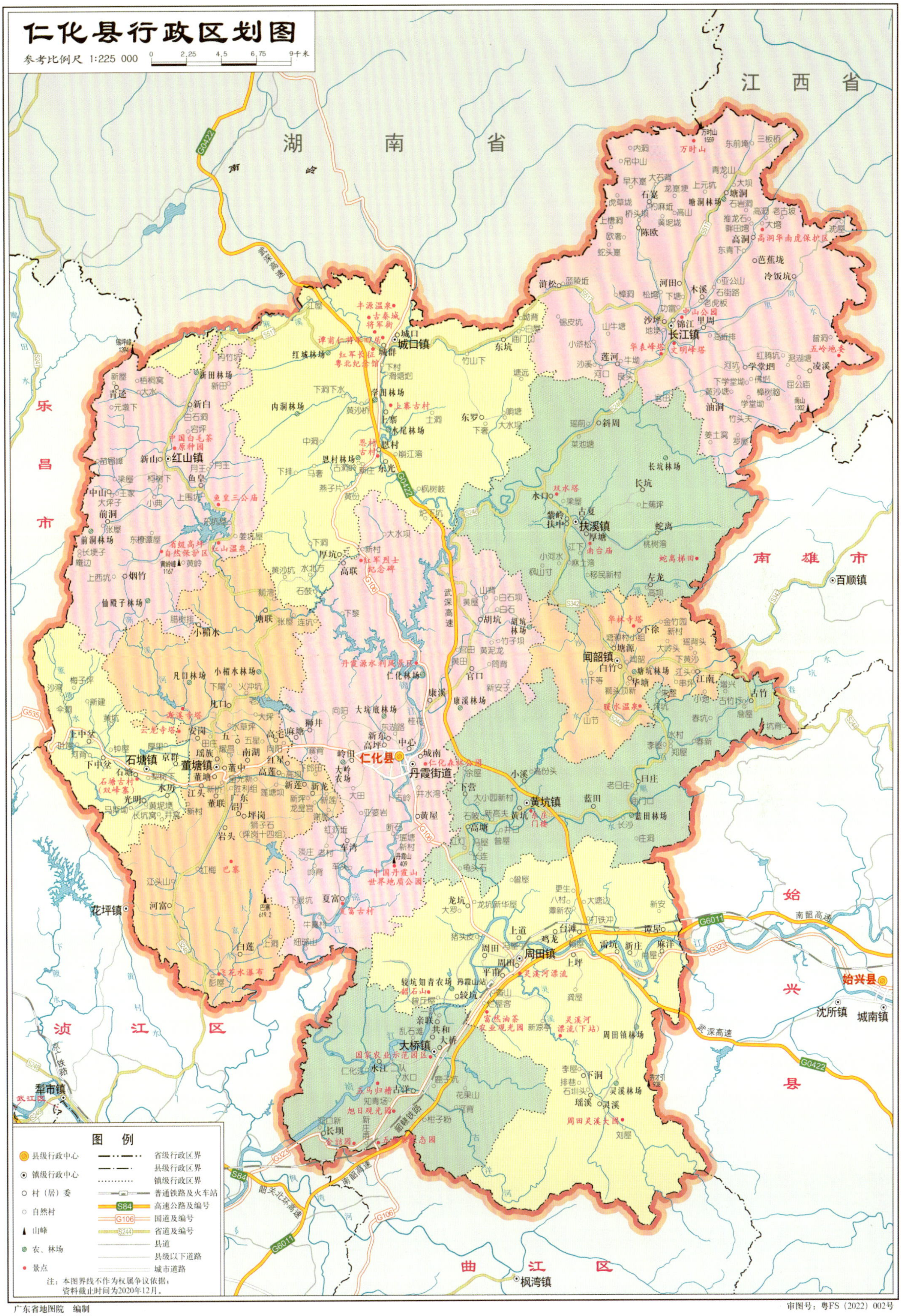

广东省地图院　编制

审图号：粤FS（2022）002号

学习宣传贯彻党的二十大精神

1. 2022年10月31日，仁化县召开全县传达贯彻党的二十大精神大会（龙全明　摄）
2. 2022年12月7日，县委书记、县长陈夏广到丹霞街道讲党的二十大精神专题党课（龙全明　摄）
3. 2022年12月12日，仁化县召开各界妇女学习贯彻党的二十大精神宣讲报告会（县妇联　供）
4. 2022年11月，仁化县“小蜜蜂”百姓宣讲员在红山镇新白村开展党的二十大精神宣讲（县委宣传部　供）

县委书记到丹霞街道讲党的二十大精神专题党课

仁化县各界妇女学习贯彻党的二十大精神宣讲报告会

弘扬伟大长征精神 走好新时代长征路
仁化县"小蜜蜂"百姓宣讲活动
党的二十大精神宣讲
2022年仁化县新时代文明实践理论政策宣讲志愿服务活动
（红山镇新台村专场）
听党话 感党恩 跟党走
永远跟党走 奋进新征程

一线双联

1 3
2 4

1. 2022年6月21日，县档案馆到董塘镇董联村委会开展“一线双联”活动 （县档案馆　供）

2. 2022年6月1日，县工信局到周田镇鸡龙村指导安全生产、人居环境整治、端午节前后汛期防汛等工作 （县工信局　供）

3. 2022年7月27日，县教育局到丹霞街道夏富村开展“一线双联”“民情夜访”活动 （县教育局　供）

4. 2022年9月21日，县史志办到丹霞街道黄屋村开展“一线双联”“民情夜访”活动 （县史志办　供）

乡村振兴

1 | 2 | 3
4

1. 2022年7月10日，电商助力乡村振兴直播活动在周田电商小镇直播间举行（龙全明　摄）
2. 2022年7月8日，董塘镇村民在乡村振兴车间工作（冯旭胜　摄）
3. 全国红色村组织振兴建设红色美丽村庄试点村——红山镇新白村图书阅览室一角（龙全明　摄）
4. 长江镇美丽乡村示范点——里周书楼坵古樟树公园（刘志平　摄）

图书阅览区
电子阅览区
消火栓

全国休闲农业重点县

1. 董塘镇五一村坑尾梯田（龙全明　摄）
2. 仁化县韶关丹霞女农业蔬菜种植基地（龙全明　摄）
3. 农民在田野上收割水稻（龙全明　摄）
4. 2022年9月23日，仁化县种粮大户颁证仪式举行（冯永曦　摄）

国家全域旅游示范区

1. 2022年1月21日，董塘镇河富村“村晚”节目《我是客家人》现场（胡月养　摄）

2. 2022年5月19日，2022年中国旅游日·广东韶关分会场活动暨“走读广东·粤游粤红”自驾游系列活动启动仪式在丹霞山举行（县文广旅体局　供）

3. 2022年6月27日至7月1日，仁化县旅游精品线路“红色记忆之旅”在“活力广东　现代湾区”2022莞惠韶（南昌）区域联合旅游推介活动中展示（县文广旅体局　供）

2022年中国旅游日·广东韶关分会场活动
暨"走读广东·粤游粤红"自驾游系列活动启动仪式
2022年5月19日
中华文化·享受美

2022莞惠韶（南昌）区域联合旅游推介活动
善美韶关
【线路二】
红色记忆之旅
1. 省委旧址-石塘双峰寨-铜鼓岭红军烈士纪念园-恩村古村-红军长征粤北纪念馆-红军街
2. 始兴满堂客家大围-红围-珠玑古巷-
省委旧址
石塘双峰寨
铜鼓岭红军烈士纪念园
恩村古村
红军长征粤北纪念馆
红军街
Truly Enjoy

全国义务教育优质均衡先行创建县

2 3
1 4

1. 2022年5月21日，仁化县实验学校到红军长征粤北纪念馆开展“喜迎二十大　永远跟党走　奋进新征程”红色探寻活动（县教育局　供）

2. 2022年9月7日，仁化县召开2022年创建全国义务教育优质均衡发展县暨教育工作会议（县教育局　供）

3. 2022年9月28日，2022年仁化县“新时代好少年”发布会在县城新城幼儿园举行（县教育局　供）

4. 仁化县田家炳小学（龙全明　摄）

仁化县2022年创建全国义务教育优质均衡发展县
暨教育工作会议
仁化县教育局
2022年9月7日

“喜迎二十大 强国复兴有我”2022年仁化县文艺展演暨“新时代好
2022年仁化县“新时代好少年”
发布会

全国科普示范县

1. 2022年7月22日，丹霞街道乡村“复兴少年宫”组织未成年人到县气象防灾减灾自救互救认证科普教育中心开展“科普馆里亲体验　防灾减灾牢记心”主题实践活动　（丹霞街道　供）

2. 2022年9月8日，广东省创建2021—2025年度第二批全国科普示范县（市、区）检查验收工作组到丹霞山科普小镇实地检查　（谢稳辉　摄）

3. 2022年9月15日，仁化县科协到周田镇广场开展全国科普日活动　（县科协　供）

4. 2022年仁化县“最美科技工作者”合影　（仁化县科协　供）

专题活动

1. 2022年7月10日，“万企兴万村”捐赠及授牌仪式在周田电商小镇举行 （龙全明 摄）

2. 2022年6月9日，仁化县档案馆、档案局联合举办“喜迎二十大 档案颂辉煌”仁化发展图片展览 （胡永恒 摄）

3. 2022年3月4日，仁化县举行2022年学雷锋志愿服务队伍授旗仪式 （县文明办 供）

4. 2022年10月26日，仁化县2022年“仁化风味”丹霞名厨争霸赛在仁化县仁爱广场开幕 （县人社局 供）

服务是社会文明进步的重要标志

共建文明城市
共享幸福生活
2022年仁化县新时代文明实践活动之
2022年仁化县
“仁化风味”丹霞名厨争霸赛

抗洪抢险

1. 2022年6月19日，县委书记、县长陈夏广（左二）到董塘、石塘等灾情一线指挥抗洪抢险工作
（县应急救援大队　摄）
2. 2022年6月19日，救援人员通过冲锋舟转移董塘镇江头村受困人员　（董塘镇　供）
3. 2022年6月21日，县消防救援人员到发生内涝的大桥镇共和村疏散村民　（县消防大队　供）
4. 2022年6月23日，周田镇灵溪村运送物资给被困人员
（县应急管理局　供）

韶关
防汛

广东消防
仁化应急

幸福民生

1. 2022年1月18日，仁化县开展“迎春节 文化进万家”送春联送祝福文化文艺志愿服务活动 （县文联 供）
2. 2022年2月1日，仁化县开展“拍全家福、送幸福照”活动 （县文联 供）
3. 城口镇恩村村的小村民在村边休闲碧道玩耍 （冯旭胜 摄）

福

数字仁化（2022）

◎辖区面积	2223.25平方千米
◎年末户籍总人口	241630人
◎地区生产总值	119.26亿元
◎第一产业增加值	24.55亿元
◎第二产业增加值	51.45亿元
◎全部工业增加值	45.28亿元
◎第三产业增加值	43.26亿元
◎第一、第二、第三产业构成	20.6：43.1：36.3
◎人均地区生产总值	64198元
◎货物周转量	82575万吨千米
◎社会消费品零售总额	25.79亿元
◎实际利用外商直接投资	434万美元
◎地方一般公共预算收入	4.98亿元
◎地方一般公共预算支出	26.7亿元
◎税收收入	2.68亿元
◎住户存款余额	104.7亿元
◎城镇居民人均可支配收入	34295元
◎农村居民人均可支配收入	22369元
◎医院、卫生院床位	881张

（县统计局）

目　录

特　辑

大事记

概　貌

中国共产党仁化县委员会

仁化县人民代表大会

仁化县人民政府

中国人民政治协商会议仁化县委员会

中国共产党仁化县纪律检查委员会 仁化县监察委员会

民主党派·群众团体

法　　治

军　事

交通・邮电・信息业

供电·供水·供气

水利·气象事业·水文监测

城乡建设·环境保护

经济综合管理

农业农村

工　业

商　　贸

旅游业

财政·税务

银行·保险

教科文卫体

社会生活

中央、省、市驻仁化单位

镇（街道）

人　　物

附　　录

索　　引

全国文明城市——仁化县城　　（龙全明　摄）

特 辑

仁化县掀起学习传达党的二十大精神热潮

党的二十大，是在全党全国各族人民迈上全面建设社会主义现代化国家新征程、向第二个百年奋斗目标进军的关键时刻，召开的一次十分重要的大会。连日来，仁化县各级党组织和广大党员把深入学习贯彻党的二十大精神作为当前和今后一个时期的首要政治任务，迅速掀起学习贯彻热潮，引导广大党员干部深刻领悟“两个确立”的决定性意义，更加自觉地衷心拥护“两个确立”、忠诚践行“两个维护”，推动党的二十大精神在仁化落地生根、开花结果。

突出原汁原味学，做到收听收看全覆盖。组织全县500多个基层党组织，1.1万余名党员通过电视、互联网、远程教育站点、广播、手机等多种媒介认真收听收看中国共产党第二十次全国代表大会开幕盛况，聆听学习习近平总书记作的报告，真切感受新时代十年国家的快速发展和伟大变革。对于常年在外的流动党员，通过流动党员微信群转发推送报告文字实录、中央媒体解读“一图速览”“思维导图”“报告金句”“学习手账”等内容，帮助流动党员更快更好理清报告逻辑、把握报告重点、理解报告精髓，真正让流动党员“离乡不离党、流动不流学”，有力确保将党的二十大精神传达到每一个党组织、每一名党员。

突出示范带动学，做到真学真懂促深化。注重抓住“关键少数”，广大领导干部肩负起学习宣传贯彻党的二十大精神的重要责任，认真组织、精心安排，率先垂范、带头学习，把学习党的二十大精神作为党委（党组）理论学习中心组、集中学习研讨、“第一议题”的重要内容，通过领导干部带头参加集中学习、带头开展个人自学、带头解读报告精神、带头分享心得体会、带头参加讨论交流的方式示范引领党员干部准确领会党的二十大报告提出的新思想、新论断、新理念、新举措。以“一线双联”“民情夜访”为载体，引导县四套班子成员、法检“两长”、县直单位和镇（街）班子成员到挂点镇（街道）或村（社区）开展领学带学，结合农村这几年来取得的喜人成绩和发生的快速变化为广大党员群众讲解报告内容，引导党员群众坚定不移听党话、感党恩、跟党走，不断夯实党在农村中的执政根基。

突出支部共建学，做到互学互帮促提升。充分发挥党支部“互学互帮互促”工作机制优势，推动80多个机关企事业单位与挂点联系村级党组织开展“支部帮支部、书记帮书记、党员联党员”结对共建活动，将机关企事业单位工作资源和力量向村级党组织引申，有效解决村级党组织思想政治理论水平不高、学习浮于表面等问题。通过支部书记领学带学、党员结对互学，双方党员谈体会、谈认识、谈差距、谈实践，达到统一思想、凝聚共识的目的，在互相学习过程中实现优势互补、共同提升，不断增强基层党组织政治领导力、思想引领力、群众组织力和社会号召力。针对年老体弱、行动不便的党员，采取“1名机关党员+1名农村党员”结对模式，上门入户“送报送学”，共同探讨报告内容，共话党的十八大以来人民生活发生的变化，真正让党的二十大精神深入人心。

突出多种形式学，做到走深走实增成效。深入开展党的二十大精神大学习、大培训，将党的二十大精神学习纳入干部教育培训重要内容，发挥县委党校、镇街党校主渠道、主阵地作用，开展多形式、分层次、全覆盖的学习培训。利用新时代文明实践所（站、点）阵地，组建县委宣讲团、百姓宣讲团等宣讲队伍，以领导干部讲政策、专家学者讲理论、第一书记讲社情、普通百姓讲故事、先进典型讲事迹、身边群众讲变化的形式，开展面向基层、面向群众的宣讲，推动党的二十大精神进机关、进农村、进社区、进学校、进企业、进网络，做到家喻户晓、入脑入心。创新开设“二十大学习书屋”，县直机关党员干部利用晚上时间开展学习党的二十大精神活动，通过原原本本研读党的二十大报告和《中国共产党章程》、自学辅导读本、观看视频等形式加深对党的二十大精神理解，并围绕学习宣传贯彻党的二十大精神开展交流研讨，聚焦谈认识、谈体会、谈感想分享学习心得，不断把党的二十大精神转化为党员干部实干苦干、担当作为的强大动力。

（何星谕）

仁化县改革攻坚规范治理显成效

2022年，仁化县认真贯彻落实中共韶关市委（以下简称市委）关于开展“改革攻坚规范治理年”的工作部署，坚持以改革攻坚为原动力，以规范治理为切入点，制定系列政策文件，按照动员部署、排查梳理、整改落实、总结提升4个阶段开展，解决营商环境、产业发展、基层治理等18个重点领域存在的痛点堵点问题，进一步堵塞管理漏洞、规范权力运行、提升服务效能，以改革攻坚、规范治理新成效全面激发高质量发展新活力，为仁化争当生态文明和精神文明建设先行示范县，打造“生态优先、绿色发展”韶关样板提供强大动能。

一、突出“早”字抓统筹，指挥调度有力有序。一是强化组织领导。市委部署开展“改革攻坚规范治理年”后，仁化县迅速召开县委常委会、全县推进工作会等会议传达学习贯彻市委工作部署，并成立由县委书记、县长任组长，县人大常委会、县政协主要负责人以及县党政班子成员任副组长的工作领导小组。全年召开领导小组会议11次，全覆盖听取18个重点领域规范治理工作情况汇报，及时研究解决规范治理工作推进过程中遇到的问题，为各项工作推进指明方向，奠定基础。二是建立工作专班。领导小组下设办公室以及秘书组、宣传组、督导组和投诉举报受理组4个专责小组，从县委办、县政府办等县有关单位抽调业务骨干9人负责领导小组办公室日常各项工作，统筹推进改革攻坚规范治理工作，安排工作经费30万元，有效保障规范治理办日常工作运转。三是压实工作责任。各领域分别成立县领导牵头的专责小组，各单位相应成立工作领导小组，把责任压实到岗到人，有力推动规范治理各项工作落地见效。将改革攻坚规范治理工作作为绩效考核重要内容，安排考核指标6分，并将工作落实情况作为干部考核、选拔任用的重要依据，有效激励干部担当作为。

二、突出“严”字抓督导，工作落实扎实有力。成立由县纪委监委、县委督查室、县政府督查室等多个部门组成的督导组，聚焦明确的18个重点领域、22个专项行动以及204项规范治理任务，紧紧抓住产业发展、重点项目建设、新型城镇化等县委、县政府重点中心工作以及投诉举报组梳理的群众关心关注的重点难点问题，细化责任清单，实行对账销号，每周滚动排查问题，每月收集进展情况，每月开展一次专项督导、每季度开展一次全覆盖督导，建立起“动态排查—发现问题—整改落实—督办销号”的闭环落实机制，对工作不力、推诿扯皮、进展缓慢的单位进行全县通报并严肃追责问责。2022年，开展全覆盖督导3次，开展产业发展、道路交通安全、生态环境保护等专项督导5次，发出督导通报8期，跟踪协调解决群众投诉举报件147项，有效推动各领域规范治理任务落实，有力确保各项工作取得明显成效。

三、突出“准”字抓重点，改革发展亮点纷呈。找准改革攻坚规范治理与县域经济高质量发展的结合点、着力点，聚焦重点领域和关键环节，扎实开展改革攻坚规范治理工作，以重点领域改革突围带动各系统各领域各行业规范治理，推动仁化高质量发展，2022年仁化县地区生产总值增长6.9%，全市排名第一。

（一）营商环境取得新成效。将开办企业涉及事项压至1个环节，可实现企业开办半天内办结、零成本，实现政务服务大厅事项进驻率、事项网办率、“最多跑一次”事项占比率均达100%，“一窗受理率”95%。在镇村全覆盖投放“粤智助”政府服务自助机112台，打通政务服务“最后一百米”。“税e站”进驻村（居）相关做法获韶关市机关工作创新创优竞赛一等奖。

（二）产业发展实现新突破。在全市率先出台《仁化县关于促进镇域经济高质量发展奖惩方案》等系列文件，在创税、土地出让金净收益等方面给予奖励，充分激发镇（街）抓产业发展动力。以“链长制”开展精准招商，引进广东宏远新材料科技有限公司等9个大体量新能源电池产业链项目，盘活工业园区闲置土地90.73公顷。全年全县完成招商引资新签约项目31个，合同投资额83.55亿元；新开工项目34个，完成市下达任务数的162%，完成投资额21.6亿元。规上工业增加值同比增长85.8%，全市排名第一。

（三）农业农村现代化取得新进展。以省级农业农村现代化试点县建设为抓手，持续深化农村综合改革，超额完成市下达粮食种植任务，新增农村集体土地流转面积665.08公顷，建成乡村振兴车间4个，累计认定省级“一村一品、一镇一业”专业镇7个、专业村23个，扶溪大米获评国家地理标志证明商标，全市乡村振兴工作现场会在仁化召开，县竹产业基地入选省级林业特色产业发展基地，仁化县获评省级休闲农业与乡村旅游重点县，入选2022年全国休闲农业重点县公示名单。

（四）生态文明建设达到新水平。全力打好污染防治攻坚战，县城区空气质量综合指数2.5，全市排名第三。全面落实河长制，实现河湖以及小微水体管护全覆盖，县城区水源地水质和全县主要江河水质达标率均达100%，河长制工作连续四年排名全市第一。县城区空气质量优良天数比率为94.8%，6项环境空气质量检测指标全部达到国家二级标准。扎实推进水资源资产价值化，建成锦江河丹霞街道段碧道。仁化县入选省级2020—2021年度碧道建设工作激励名单，获得激励资金1000万元。

（五）民生保障迈上新台阶。仁化县成为韶关唯一一个全国义务教育优质均衡发展先行创建县。成功创建省级健康促进县，完成县人民医院发热门诊、感染科防治楼以及3个镇新建卫生院主体工程，国家基本公共卫生服务项目绩效评价位列全市前列。持续深化“一线双联”“民情夜访”等机制，为群众解决问题825件，被列为全省党建引领乡村治理试点县。安保维稳等工作获省公安厅通报表扬。

四、突出“特”字抓宣传，干事创业氛围浓厚。充分发挥“仁化发布”App、广播电视台、县融媒体中心以及《仁化改革工作简报》等平台的作用，开设“一把手”访谈节目以及规范治理专栏，汇编印发规范治理22个专项行动方案汇编、制度汇编、工作综述等资料，多渠道传播改革声音，展示改革成效，编印《仁化改革工作简报》27期，在《韶关改革工作简报》刊登简报3期，开展“一把手”访谈15期，在县级媒体刊登新闻报道280余条，在国家、省、市媒体刊登新闻报道100余条，立体化多角度推广特色鲜明、亮点突出的经验做法。组织召开全县改革攻坚规范治理现场会，在全县引发强烈反响，有效带动全县形成以点带面、比学赶超的生动局面，营造一心一意谋发展、凝心聚力抓改革的浓厚氛围。

（县委办）

振兴征途有作为

——仁化县全面推进乡村振兴战略掠影

2022年是全面推进乡村振兴的关键之年，也是《乡村振兴战略规划（2018—2022年）》实施的收官之年。仁化县以习近平新时代中国特色社会主义思想为指导，全县干部群众上下一条心，奋发作为，在韶关市2021年度乡村振兴实绩考核中获评优秀，并代表韶关市接受省2021年度乡村振兴实地考核，乡村振兴取得阶段性重大成就。

强化党对农村工作的全面领导

仁化县委践行习近平总书记关于“三农”工作的重要论述，贯彻落实《中国共产党农村工作条例》，把乡村振兴作为新时代“三农”工作的总抓手，纳入县委“一三九”发展战略，建立健全乡村振兴工作机制，压实县镇村三级书记抓乡村振兴主体责任，实施乡村振兴“1389”工程，推动乡村振兴各项任务落地落实。

夯实基础，牢牢守住“两条底线”

仁化扛实粮食安全党政同责，建立“三包”（县领导包镇、镇领导包村、村干部包村小组）、“四到”（到村、到村小组、到田、到茬）粮食生产责任制，推进退果还粮、撂荒地复耕复种，全面完成0.13万公顷高标准农田建设走在全市前列，全年粮食种植面积1.17万公顷，任务完成率117.88%，超额完成粮食生产任务，“仁化县探索‘退果还粮’机制”改革案例得到农业农村部领导肯定性批示。发展生猪优势产区，出栏生猪21.6万头，超额完成生猪生产任务，稳住“肉篮子”。统筹发展玉米、薯类、花生、大豆等粮油作物生产，种植面积稳定增加。全面实现稳产保供，牢牢守住保障国家粮食安全底线。

扎实开展驻镇帮镇扶村联支部工作，强化县镇村防止返贫动态监测和帮扶“三人小组”工作。为2786户脱贫户和返贫致贫监测对象（“五保”户除外）购买防贫险。在全县11个镇（街）成立强镇富村公司，采取“党组织+公司+合作社+农户”模式激活镇域经济。打造乡村振兴车间4间，吸纳就业610人，统筹安置脱贫户255名到公益性岗位就业。抓好全县1215项2.86亿元扶贫资产后续管理，统筹县级经营性资产收益1408.52万元分配给脱贫户，为脱贫户人均增收超1500元。推动消费帮扶各类农副产品4349吨1545.84万元，为脱贫户及村集体增收，有87个村集体经济收入突破10万元。全县监测对象7户21人实现消除风险，3098户8860人脱贫人口人均可支配收入19940元，增长7.11%，2132户7407人有劳动能力脱贫人口人均可支配收入20987元，增长7.37%，无劳动能力脱贫户100%纳入兜底保障，实现“两个高于”目标，未发生规模性返贫，牢牢守住不发生规模性返贫底线。

激发活力，发展现代农业产业

产业振兴作为乡村振兴的重中之重，仁化坚持精准发力，立足本地资源禀赋，推进特色产业规模化、集约化、产业化发展。2022年，仁化县成功申报省级毛竹产业园，扶溪大米获评国家地理标志证明商标，周田镇新庄村（柰李）等3个村被认定为2022年省级“一村一品、一镇一业”专业村，向阳农机专业合作社认定为2022年“全省十佳农机社会化服务组织”。石塘古村被评为第四批全国乡村旅游重点村，仁化被认定为2021年度省级休闲农业与乡村旅游重点县，是韶关市唯一入选的县（市、区），并成功入选 2022 年全国休闲农业重点县公示名单。全县有省级现代农业产业园3个，国家地理标志保护产品2个、农产品地理标志1个、地理标志证明商标1个、全国名特优新目录农产品5个、省级名特优新区域公用品牌有6个、省级名牌农产品29个、省级著名商标2个。农业经济同比上年增长10.22%，完成农牧渔业总产值255939万元，增长8%，其中农业产值140596.25万元，同比增长19.17%。

补短提升，建设精美乡村

2022年，仁化县持续开展农村人居环境整治五年提升行动，积极参加韶关市“个十百”（1个“美丽乡村风貌提升示范带”、10个美丽乡村、100个美丽庭院）乡村振兴擂台赛，补短板、促提升，大力推进精美乡村建设。新建成“四小园”600余处、打造美丽庭院153个，提前完成省市下达的66.51千米农村村内干路建设和151.53千米村内支路巷路建设，100%完成“139”城镇提升，11个镇（街）全部达到美丽圩镇标准，完成“古韵新风·醉美田园”仁化县西南部田园诗画示范带建设。4月29日，韶关市乡村振兴工作现场会在仁化县召开。在全市首届“个十百”乡村振兴擂台赛中，董塘镇新龙村获评“十大美丽乡村”，11户农户获评“美丽庭院”。董塘镇河富村入选 2022 年全国“村晚”示范展示点，新龙村获“2021亚洲都市景观奖”。

创新创建，改进乡村治理

仁化以韶关市唯一一个同时开展抓党建促乡村振兴示范县、党建引领乡村治理全省试点工作为契机，抓“双创”推动改进乡村治理。持续推进基层党组织建设，全面推行“网格治理、组团服务”模式，建立村到组、组到户、户到人三级党建网格3626个。多措并举提升基层干部履职能力，在镇街党校开设“乡村振兴大课堂”的创新模式得到省市主流媒体关注、省乡村振兴局推介。实施“一线双联”“民情夜访”巩固提升行动，开展活动4503次，为群众解决实际问题1308件。在2022年“龙舟水”期间，全县80余个机关企事业单位、2800余名党员干部结合“乡镇吹哨、部门报到”迅速到村组参与抗洪抢险、灾后复产，构筑起万众一心、众志成城的严密防线。

坚持发展“枫桥经验”，优化农村矛盾纠纷化解机制。1月，红山镇鱼皇村、长江镇学堂坳村被评为2021年度广东省乡村治理示范村。以董塘镇新龙村为全国乡村治理示范村创建试点，积极推广运用积分制乡村治理模式。组织石塘镇及新白村等9个村开展省乡村治理“百镇千村”示范镇村创建活动，以试点创建深入推进乡村治理。

以社会主义核心价值观为引领，创新农村精神文明建设推进乡村治理。拓展新时代文明实践中心建设，实现镇村全覆盖，持续常态化开展先进典型选树宣传活动，开展文明村镇创建提质行动，推动全域文明创建，全县4个乡镇51个行政村达到省文明镇、村创建标准。发挥“一约四会”作用，加大移风易俗宣传力度，积极倡导婚丧新文化、提倡厚养薄葬、文明祭祀等，倡树村居文明风尚。

人财保障，振兴征途添动力

2022年，仁化县进一步加大金融支持服务乡村振兴力度，全年发放支农、支小再贷款余额合计1.51亿元，撬动涉农贷款发放50.16亿元，支持农村小微企业贷款19.99亿元。出台《仁化县乡村振兴金融信贷风险补偿实施细则》，持续优化金融资源配置。制订《仁化县信用村“整村授信”工作方案》，推动农村地区信用体系建设。落实财政政策加强涉农资金管理使用，提升资金使用效能。

持续强化乡村人才培养，为乡村振兴注入活力。实施高素质农民培育工程，培养高素质的新型乡村实用人才。推进“广东技工”“粤菜师傅”“南粤家政”工程，全年参与培训2028人次。完成县级和6个镇级乡村振兴人才驿站建设。创新引领建立仁化县劳模（职工）创新工作室7家。实施南岭团队计划、“丹霞英才”计划、“韶州工匠”计划、订单定向培养计划，引进和培育高层次人才、支持人才下乡。选派11名农村科技特派员到11个镇（街）开展科技帮扶工作，有效提升乡村科技水平。

（冯旭胜）

仁化县创建2022年全国休闲农业重点县工作纪实

仁化县自然资源独特，自然文化资源鲜明，区位交通便利。近年来，仁化县高度重视休闲农业和乡村旅游发展工作，先后被评为国家全域旅游示范区、国家现代农业示范区、仁化贡柑中国特色农产品优势区、中国毛竹之乡、中国白毛茶之乡。全县农特产品丰富，拥有多种“粤字号”乡村休闲旅游产品。成功创建省级休闲农业与乡村旅游示范县，省级休闲农业与乡村旅游示范镇4个、示范点9个，中国美丽休闲乡村1个（丹霞街道黄屋村）。2022年12月，仁化县入选2022年全国休闲农业重点县公示名单。2023年1月17日，农业农村部公布2022年全国休闲农业重点县名单，仁化县成为韶关市首个入选全国休闲农业重点县名单的县（市、区）。

完善乡村旅游基础设施

仁化县实施589个自然村人居环境整治工程，完成村内道路、污水处理、垃圾处理、集中供水等基础设施，乡村休闲旅游点交通、水电气、通信、网络等基础设施完备；发展丹霞特色民宿客栈400余家、休闲农庄136家、休闲农园147家、农家乐35家，餐饮、住宿、休闲、体验、购物、停车等设施条件符合相关建设要求和标准，公共安全、健康卫生、教育培训等配套建设相对完善。完成“三清三拆三整治”村庄977个，拆除农村破旧泥砖房62806间176.5万平方米，农村无害化户厕普及率100%，建成农村公厕157座。全县主要景点和园区建立生活垃圾收运处置体系，农村污水得到有效治理和综合利用，农村人居环境基本干净、整洁、便捷，形成一批各具特色的“一村一景”“一村一韵”美丽休闲乡村。

优化休闲旅游发展规划

基于仁化县传统旅游资源和乡村旅游资源特有优势，在资源依托、空间分布及开发利用导向基础上，以全域旅游为抓手，初步对仁化县休闲农业与休闲农业和乡村旅游资源进行优化整合，发展“山水”融合、“农趣”并重的旅游资源，立足休闲农业和乡村旅游空间立体开发格局，打造乡村生态休闲旅游发展“1+1+2+5+6+12”新模式，即：“1”是以丹霞山世界自然遗产地为旅游核心区；“1”是以锦江水上景观休闲带为水上旅游景观带；“2”是以南部环丹产业发展环、北部山水生态游憩环为两大旅游产业发展环；“5”是以优质稻农业旅游基地（董塘镇江头村水稻核心片等）、油茶农业旅游基地（富然油茶）、蔬菜农业旅游基地（董塘八一村优质叶菜基地和周田镇、大桥镇瓜果、番茄基地等）、水果农业旅游基地（长坝金果农业生态园、黄坑贡柑、旭日葡萄、走马坪果场等）、茶园农业旅游基地（红山茶叶、博士生态观光茶园）为五大农业旅游示范基地；“6”是以文化休闲增长极（周田镇）、农业观光增长极（黄坑镇）、温泉养生增长极（城口镇）、茶海度假增长极（城口镇）、山地运动增长极（长江镇）、科普教育增长极（董塘镇）为六大旅游产业增长极；“12”是以夏富古村、牛鼻村、大围古村、高莲村、山背村、南庄古村、田螺塘村、上寨古村、恩村古村、古夏民俗村、江南奇石村、凌溪竹海村为12个大旅游特色村，完成山、水、农全面融合发展目标。

创新休闲农业建设思路

优化产业结构，扩大规模经营。以规划为先导，挖掘文化内涵，注重参与体验，加快创意发展，加大全县休闲农业和乡村旅游资源整合力度，形成集农业生产、农耕体验、文化娱乐、教育展示、生态环保、产品加工销售于一体的多元化休闲农业和乡村旅游园区。遵循休闲产业发展规律和市场规律，以需求为导向，突出区域资源、环境和文化特色，科学配置种、养、加、销比例，鼓励产业间联合与协作，构建新型休闲农业和乡村旅游产业联盟，打造生产标准化、经营集约化、服务规范化、功能多样化的现代休闲农业和乡村旅游特色优势产业带和产业群。农家乐和小型休闲农业和乡村旅游企业要主动与附近的大型旅游场所加强联合，形成功能衔接和特色互补的格局。

创新发展模式，塑造产业特色。积极引导符合条件的农户利用农业与生活资源，大力发展以“吃农家饭、住农家院、摘农家果”为主要内容的农家乐。以休闲度假和参与体验为核心，拓展多元功能，发展功能齐全、环境友好、文化浓郁的休闲农庄。突出传统农耕文化与现代科技的结合，拓展教育示范功能，推进现代农业示范园建设。充分利用农业生产过程的时空景观，发展农业观光园，彰显人与自然和谐的丰收景象。挖掘包装民俗文化，强化民族精神，塑造民族品格，推进民俗村发展。全面提升农事节庆活动内涵，实现“以节会友、以节拓市、以节富民”。

强化品牌建设，提升产业地位。以自然生态、田园文化、农耕文明为基础，诚信经营、提升内涵、保障质量为重点，弘扬“回归自然、认识农业、怡情生活、生态环保”的发展理念，着力创建一批优势产业突出、发展潜力大、带动能力强的休闲农业和乡村旅游示范镇；加快培育一批经营特色化、管理规范化、服务标准化的休闲农业和乡村旅游示范点，形成一批休闲农业和乡村旅游特色品牌，显著提升休闲农业和乡村旅游地位。

加强队伍建设，提高经营水平。围绕休闲农业和乡村旅游产业发展要求，依托职业院校、行业协会和产业基地，分类、分层开展休闲农业和乡村旅游管理和服务人员培训，提高从业人员素质。对休闲农业和乡村旅游管理人员重点开展政策法规、宏观管理、发展理念、农业创意、信贷融资、生产安全、综合服务等知识培训。对一线员工开展专业知识、服务技能和服务礼仪培训，重点培训职业道德、作业内容、操作规程、工作方法、产品知识、安全生产等知识，增强服务意识，提升管理水平。

（梁城群）

百年大计　教育为本

——仁化县入选全国首批义务教育优质均衡先行创建县工作纪实

仁化县自2020年9月启动创建国家义务教育优质均衡发展县

工作以来，中共仁化县委、县人民政府把义务教育优质均衡发展作为教育事业的工作重点，强化政府主体责任，出台创建方案，明确部门职责任务，建立督导体制和奖惩机制，加大经费投入，改善办学条件，加强教师培训，打造过硬队伍，推进教育教学改革，提升学校管理水平，着力构建全面发展理念更鲜明、学校建设标准化高、教师队伍能力强、人民群众满意的基本公共教育服务体系。2022年4月20日，教育部办公厅公布义务教育优质均衡先行创建县（市、区、旗）名单，仁化县是广东省7个县（市、区）之一。

县委县政府高度重视，统筹推进义务教育优质均衡发展工作

县人民政府坚持政府主责，将义务教育优质均衡发展县列为“‘一把手’工程”，成立了以县委书记、县长为组长的工作小组和仁化县创建全国义务教育优质均衡发展县工作专班，出台《仁化县创建全国义务教育优质均衡发展县实施方案》《仁化县推动基础教育高质量发展行动方案》《仁化县县域义务教育优质均衡发展督导评估工作规划》等政策文件。围绕县域义务教育优质均衡发展督导评估认定的“资源配置、政府保障程度、教育质量、社会认可度”4个方面内容，不断加大义务教育投入、创新体制机制，深入推进义务教育阶段学校全面改薄、标准化学校建设、教育信息化建设和教育强镇复评等系列行动，有力促进和推动全县义务教育优质均衡发展。县委定期听取汇报，县政府定期研究部署，县人大、县政协主动视察调研，县委教育工作领导小组召开多次专题会议，研究协调推进工作；县政府领导多次到教育系统调研，组织召开创建全国义务教育优质均衡发展县工作推进会，全力推进创建工作。各镇（街）、部门履行教育职责，建立各镇（街）、县直部门、教育局股室、义务教育学校联络员机制，群策群力，形成政府统揽、部门协同，共同推进义务教育优质均衡发展的工作机制。加强督导检查，落实有关创建义务教育优质均衡发展县工作的专项检查，完善督导检查结果公告制度和限期整改制度，强化督导结果运用。

教育部门上下一心，全力推进义务教育优质均衡发展工作

工作专班和专项工作组根据《仁化县创建全国义务教育优质均衡发展县实施方案》，先后邀请市政府教育督导室专家5次到仁化县调研诊断，按照《教育部关于印发〈县域义务教育优质均衡发展督导评估办法〉的通知》中的31项指标要求，梳理出《仁化县创建全国义务教育优质均衡发展县评估指标“校校及项项”达标情况表》，按照“申报期、验收期、提升期”3个阶段，“分步分批稳步推进”。

对标对表，完善硬件设施。凝聚教育智慧，汇集教育力量，完善提升各类基础教育办学条件，不断缩小城乡教育差距。以义务教育学校创建达标校为抓手，分3批推进30所义务教育学校创建达标校的整改工作。抓好特色学校的创建工作，以创建“文明校园”“绿色学校”“温馨乡村学校”等为抓手，推进学校开展“一校一品”“一校多品”艺术特色建设，提升校园文化水平。

对标对表，提升软件实力。立足教师“优质均衡”配备以及教师队伍的未来发展需求，统筹做好校长、教师专业发展规划，凸显师资队伍建设基础。依托教师发展中心完成年度教师全员培训计划，持续推进县管校聘综合改革，做好专业教师招聘、调配及优化工作，全力推进第二轮县管校聘工作，进一步缓解教师数量紧缺和学科结构性缺编难题。完成名教师、学科带头人、骨干教师评选，校长和教师整体素质全面提高。落实立德树人根本任务，把重质量、抓质量、提质量作为立校之本，强化课堂主阵地，全面提升学生核心素养，全面提高教育教学质量。

对标对表，回应社会关切。全面落实“双减”政策，出台《仁化县关于进一步减轻义务教育阶段学生作业负担和校外培训负担工作的实施细则》，建立“双减”治理工作联席会议制度，大力推进中小学校“六项管理”，有效控制作业总量和时长，作业管理时间控制达标率100%。全面推行义务教育学校课后服务“5+2”模式，县财政拨付专项资金补助校内课后服务托管费，课后服务实现全覆盖，校内课后服务时长达标率100%。全面开展校外培训机构治理，全县5所学科类培训机构，已有3所注销办学许可，2所转型为非学科类培训机构。建立健全“片区化、网格化”安全管理体制机制，深入开展校园安全专项整顿及校园周边环境综合治理，加强安全宣传教育和心理健康教育，专职保安配备、校园全封闭式管理、护学岗设置、一键报警装置100%达标，校园安全保障水平得到根本性提升。

对标对表，完成申报资料。制订《仁化县创建全国义务教育优质均衡发展县资料组工作计划》，按照“县级自评—市级复核—省级评估—国家认定”评估认定程序，建立部门创建任务清单、问题清单、责任清单“三张清单”。完成各学校资料员培训、国家教育事业统计系统相关数据核实填报、义务教育优质均衡先行创建县申报，定期出版《仁化县创建全国义务教育优质均衡发展县信息简报》，提高公众知晓率，形成全社会创建工作的浓厚氛围。2022年10月，完成自查自评工作，初步形成学校层面及县级层面佐证材料，形成《仁化县创建全国义务教育优质均衡发展县自查自评报告》《广东省韶关市仁化县全国义务教育优质均衡发展县（市、区）申报表》《文件汇编》等申报材料。11月30日，县教育局向韶关市人民政府督导室提交《关于申请“全国义务教育优质均衡发展县”市级复核的请示》，韶关市人民政府教育督导室于12月16日回复《关于对仁化县创建全国义务教育优质均衡县有关数据复核情况的意见反馈》。12月22日至29日，仁化县按申报程序在仁化县人民政府网站公示相关申报材料；公示期间无异议；向韶关市人民政府教育督导室申请“全国义务教育优质均衡发展县”市级复核。

（刘章华）

仁化县创建“全国科普示范县”掠影

创新是引领发展的第一动力，科普是实现创新发展的重要一环。仁化县自入选2021—2025年“广东省全国科普示范县创建单位”名单以来，围绕创建“全国科普示范县”总体目标，进一步加强组织领导，优化资源配置，完善基础设施，大力开展科普活动，全力打造县域“仁化科普”品牌，让科普工作走上制度化、社会化、群众化、品牌化、信息化、规范化轨道，走出一条以人民为中心、党委政府大力推动、社会广泛参与、科普事业蓬勃发展的道路，为全县实施乡村振兴战略和高质量发展注入科技支撑。2023年1月29日，中国科协发布关于命名2021—2025年第二批全国科普示范县（市、区）的决定，仁化县获“全国科普示范县”称号。

为确保各项创建工作扎实有效推进，中共仁化县委、县人民政府每年定期听取科普工作汇报不少于2次，并把全民科学素质建设纳入“十四五”规划和精神文明建设规划当中。成立仁化县全民科学素质纲要实施工作领导小组和应急科普工作领导小组，每年定期召开专题会议，专项研究全县科普工作。全县11个镇（街）把科普工作纳入重要议事日程，设立镇（街）科协，吸纳镇（街）“三长”（农技站站长、学校校长、医院院长）到县、镇（街）科协兼职挂职，推动科普文化下沉到乡村、社区、企业。

创建工作开展以来，仁化县科普条件和能力建设不断强化提升。一是纵深推进，加强基层科普阵地建设。建有全国科普教育基地1个（丹霞山国家级自然保护区）、省级基地4个、市级基地14个、县级基地22个。全县创建科普示范镇（街）2个、示范村（社区）89个、科技示范户194户、科普示范家庭26户，“科普e站”3个。11个镇（街）成立科协，成立企业科协2个，全县建有县级科普类学会、协会17个，农村专业技术协会14个，实现镇（街）、村（社区）科普组织100%全覆盖。依托农村科普阵地，仁化县柑橘产业协会等30余个涉农企业、农民专业合作社、种植大户与专家团队签订合作框架协议100余份，定期邀请省市专家学者、农村科技特派员到现场授课和实地进行技术教学指导，有效提高当地企业与农户在种养殖、人才培育、技术研发、电商销售等方面的能力。二是广泛动员，多渠道开展科普活动。全县组织科技培训、“科普惠农”、科普自由行、科普大篷车等科普“五进”活动1000余场次，惠及群众5万余人次。在全县建设“农村夜校”试点村25个，组织开展针对性培训600多期次，培训2万余人次。30余家高校和机构建立科研合作关系，建立一支由科普顾问、科普导师和科普志愿者组成的“三维一体”科普导师队伍。成立县级科技志愿服务队伍38支，在中国科协科技志愿服务信息平台和广东省“i志愿”平台注册科技志愿者人数达1000人以上。全县11个镇（街）80%以上行政村有科技示范户、科技带头人及科普员，形成以科技致富能手为主体的农民科普队伍。三是寓教于乐，全力打造县域主题公园。在县文化广场、全民健身广场、城南森林公园以及丹霞绿道等设立消防、法制、健康等主题公园，把科普信息融入设施和景观之中，提升市民游客科学文化素质。四是创新途径，推进“科学名山”品牌建设。借助丹霞山入选全国科普教育基地、全国中小学生研学实践教育基地、全国自然教育基地、广东省自然教育基地、广东省中小学生研学实践教育基地等科普品牌，在丹霞山国家级自然保护区打造出全省第一个科普小镇，拥有科普顾问、科普导师和科普志愿者600余人，科普课程200余个，科普场馆5000平方米，生态科普线路9条，科普学堂20余个。

（县科协）

仁化县创建省级健康县工作纪实

中共仁化县委、县人民政府始终把人民健康放在优先发展战略地位。经过多年的不懈努力，仁化县的空气质量、饮用水、垃圾处理、生活污水集中处理、住房、绿地、社会保障、养老、就业等指标均达到标准要求。2022年，全县居民健康素养水平提升到25.66%，提高了2.1%。年内，仁化县成功创建省级健康县。

强化领导　健全体制

仁化县被列入2020—2021年度省级健康促进县（市、区）项目点。中共仁化县委、县人民政府高度重视健康促进县创建工作，高位引领、高位聚能、高位推进，把创建健康促进县建设纳入政府重点工作，列入重要议事日程，成立以县委书记、县长陈夏广为主任，县四套班子有关领导为副主任，各镇人民政府（街道办）、县有关单位等为成员的健康促进委员会。举全县之力，下非常之功，为仁化人民的健康保驾护航，研究制订《仁化县创建健康促进县实施方案》，统筹人财物保障，建立覆盖全县的工作网络和专业网络，细化工作台账，明确时间节点，对创建工作实施网格化、精细化管理，县政府与各成员单位签订责任书，将各项目标任务分解落实到具体单位，纳入年终绩效考核。让决策层人人肩上扛重担，部门领导人人参与抓落实，印发《仁化县创建健康促进县“将健康融入所有政策”工作方案》，明确公共政策健康审查程序，建立由卫生、司法、生态环境、住管等领域专家组成的健康专家委员会，梳理公共政策，形成促健康、保健康格局。

宣传动员　注重引导

创建省级健康促进县，人民群众是主体，是参与者、践行者，更是受益者，仁化县通过加强宣传教育，激发人民群众的内生动力，在村镇社区、单位驻地，处处可见健康知识宣传栏，室外健身场所、户外全民健身体育设施遍布城乡。通过广播、电视、电子显示屏、网络等，全方位、多角度、深层次宣传健康理念和知识，努力将健康元素输送到各基层单位。以全民营养周、世界无烟日等主题卫生日为载体，大力开展健康教育，先后邀请省卫生健康宣传教育中心副主任吴孟雄、市职业卫生与健康教育所副所长陈苑等多位专家，以专题讲座等形式，对县部门负责人和健康促进网络工作人员、专业技术人员开展培训。成立健康素养巡讲讲师团，开展健康素养进机关、学校、社区、企业、乡村大型巡讲活动30场，使健康知识深入人心，健康行为走进生活。

精准指导　高标培育

仁化县同步推进健康促进示范机关、村居、学校、医院、企业、健康家庭建设，投入创建资金402万元，建成健康促进机关40个、健康促进村居40个、健康促进学校15所、健康促进医院14间、健康促进企业2家，健康家庭22668户，实现工作全民动员，全面推进。构建县、乡镇（街道）、行政村（社区）三级群众身边的全民健身设施网络和15分钟运动健身圈，健身场地、健身设施配备星罗棋布，经常参加体育锻炼的人口比例由基线调查的25.71%提升到34.89%；无烟、卫生人文环境氛围浓厚，成功创建省级无烟单位90家，在创单位12家；学校多载体、多方面呈现健康元素，开展“我身边的健康故事”评比竞赛等活动，学生体质健康率97.43%，达到合格以上等级；医院创建“医心医意”特色志愿服务队，采取“辖区医疗机构+专业医务人员+志愿者”服务模式，为辖区居民提供健康知识科普宣传、义诊体检等服务，推动基本公共卫生服务深入基层、社区、农村，打通基本公共卫生服务“最后一公里”。结合家庭医生签约服务进行慢病管理，使慢病患者真切感受到家庭医生服务，将健康素养植根于每位市民心中。依托长坝沙田柚“中华名果”特色产业，将健康村、健康家庭创建与美丽乡村建设相结合，催生出独具特色的健康新业态；挖掘本土特色文化，以群众喜闻乐见的石塘月姐歌等民间文艺为载体，突破传统健康宣传模式，拓宽群众获得健康知识的途径；依托丹霞山AAAAA级风景旅游区，开展徒步赛、马拉松、自行车赛等各类体育赛事，在各类体育赛事中深植健康理念，推动全民健身与全民健康深度融合，掀起全民运动健身热潮。

提升品质　厚植素养

仁化县以群众需求为导向，积极营造健康促进环境，以小财政撬动大民生，借助文明城市建设平台，大力实施基础设施、公共服务双提升工程，厚植健康素养，提升城市品质，先后完成大型全民健身广场、县城文化广场升级改造，以及7个小广场、6个小公园建设。结合健康促进县建设，打造健康主题公园2个、健康步道2条，建成社会主义核心价值观主题公园28个，增设停车场8个、停车位500个。推进公厕改造提升工程，改造老旧公厕10座，新建公厕4座。

（县卫健局科宣股）

做“竹”文章　促民富“竹”

——仁化县成功创建省级毛竹产业园工作纪实

仁化县地处南岭山脉南麓，位于广东省北部，是粤、湘、赣三省交接地。在仁化，80.78%的森林覆盖率造就了仁化绿满山川、风景如画的自然生态景观。在仁化北部山区，大片的竹林竹海更是构筑了竹林下美丽乡村风景线。党的十八大以来，在县委、县政府的重视和政策扶持下，竹产业成为仁化“聚焦服务生态文明建设、全面推进乡村振兴、碳达峰碳中和等国家重大战略”的林业支柱产业，并于2022年成功创建省级毛竹产业园和省级林业特色产业发展基地。

规划先行，发挥政府推进产业发展职能

20世纪90年代起，中共仁化县委、县人民政府就将竹产业发展列入全县宏观发展蓝图。仁化县人民政府成立以县长为组长的竹产业发展领导小组，加强对全县竹产业发展的宏观指导，出台扶持政策，着力解决竹产业发展中的实际问题。从1996年起，全县持续开展了多年的“毛竹大会战”，对全县的低产低效毛竹林进行抚育改造，建立了一批毛竹示范基地，不断探索产业增收的新方法新路子。“十三五”期间，把毛竹产业列入仁化县产业共建发展框架和创建国家森林城市建设总体规划；“十四五”期间，将毛竹产业发展列入《仁化县国民经济和社会发展第十四个五年规划和二〇三五年远景目标纲要》，出台《仁化县毛竹产业园建设规划方案（2022—2023）》，进一步明确仁化竹产业发展方向。与此同时，对长江镇、红山镇、扶溪镇、城口镇等毛竹主产区作为“一镇一业、一村一品”进行谋划和实施，已发展成为乡村振兴产业支柱，进一步凸显出竹产业在富民兴镇中的作用，全县第一、二、三产业融合全面发展格局初步形成。

绿色发展，推进竹产业向资源发展型转变

仁化县栽培的竹类品种有40多种，以毛竹、撑篙竹、麻竹、粉单竹、雷竹等居多。在县委、县政府20多年持续重视和政策资金扶持下，通过种植新品种和竹林抚育边缘扩大，增加的竹类面积逾0.67万公顷，同时推广“DB44/T 246–2005 雷竹丰产栽培技术规程”“毛竹丰产栽培技术的推广与应用”“华竹毒蛾综合防治技术研究与推广应用”等技术的应用，大幅提升了竹类资源总量质量。到2022年，全县竹类种植总面积2.8万余公顷，占全县有林地面积15.36%。全县125个村（居）委会中，拥有竹林面积万亩以上的有14个，千亩以上的有72个。为实现绿色发展目标，全县建立10个不同类型的产业基地，推动竹材产量和质量快速提升。毛竹产量自2000年的65.5万根，发展到2022年的792万根，第一产业产值达到4.1亿元，实现从资源型到资源发展型的重大进步。

龙头带动，提升加工业对全产业链的承载能力

丰富的竹资源禀赋，催生了

大批竹产品生产加工企业和个体经营。在政府政策支持下，仁化竹加工业逐步实现了传统作坊向现代园区的转变。2022年，全县有竹加工单位55家，其中年产值亿元以上国家林业重点龙头企业2家、中小企业和个体工商户53家。竹产品种类较齐全，不仅有高技术含量的竹胶合板、竹地板、竹紧压材、竹刨花板等高附加值产品，也有适销的竹筷子、竹香骨、竹地板、竹炭、竹工艺品等竹制品和竹拉丝、竹帘等半成品材，竹加工剩余物基本得到利用，销售体系较为稳定。2021—2022年，在县委、县政府重点扶持下，仁化县奥达胶合板有限公司和鸿伟木业（仁化）有限公司两家国家级龙头企业，新建年产12万立方米“竹木纤维复合环保新材料”和年产20万立方米竹刨花板生产线，年加工耗竹材能力达到71万吨，有力推动仁化县毛竹第一、二产业取得质的飞跃。2022年，全县竹加工业产值5.06亿元，比2021年增长36.8%。

向外借力，加强现代科技的产业支撑能力

为提升全县竹产业现代科技水平，仁化县积极与省内外科研单位和先进关联企业建立合作关系，努力提升内在发展动力。如，在与省林业科学研究院的合作中，落实“科技特派员”进村入户、定点帮扶措施，合作建设一批先进的竹加工科研项目，建立科技合作竹基新材料研发中心，推动了竹产业种植高水平高质量发展和以加工企业为主的自主创新。在科研单位支持和国内关联企业协作下，以仁化县奥达胶合板厂有限公司、鸿伟木业（仁化）有限公司为代表的竹加工企业具备了相当强的产品竞争力，拥有一批技术专利和产品质量认证，成为全县竹产业科技创新的集中体现。其中，鸿伟木业（仁化）有限公司是仁化县首家设立广东省博士工作站的龙头企业。

继往开来，全面推进竹产业高质量发展

为实现解决第一产业发展中存在的耕作条件差、经营管理组织化程度低等问题，巩固第二产业发展成果，加快发展第三产业的目标，仁化县重点将以下方面作为竹产业发展的努力方向，加快推进全县竹产业高质量发展：提升竹林的培育水平，加大低产低效竹林的复壮改造，提高竹农管理技术水平，提高竹材质量；完善竹林基础设施建设，提高经营管理效率，降低运营成本；大力培育壮大经营主体，特别是带动提高第一产业生产组织化程度的经营主体；大力发展竹林林下经济，引导群众开展生态种植、养殖、采集等复合经营，增加竹林生产经营收入；发展竹元素生态旅游，开发以竹元素为主题的森林康养、生态旅游等特色项目，努力推动竹林生态旅游的快速发展。

（李道成）

仁化县锦江河丹霞街道段碧道建设

一、项目基本情况

仁化县锦江河丹霞街道段碧道建设项目起点为黄屋村狮头岭，终点为康溪村西岸组，总规划长度约10千米，建设范围为河段两岸岸线5～20米范围，类型为乡野型碧道。该项目概算总投资1684.44万元，截至2022年12月底，完成主体工程建设任务。该项目根据打造现状环境情况不同，从上游至下游分为“锦绣山河”“宜居休闲”“渥丹明霞”3个主题段。主要任务包括水资源保障、水安全提升、水环境改善、水生态保护与修复、景观与游憩系统构建五大建设任务和共建生态活力滨水经济带一项提升任务，包括绿道、公园等生态文化产品，构建丹霞街道“融入自然、品味文化、畅享健康”休闲游憩网络。

二、项目建设情况

2022年7月18日，仁化县锦江河丹霞街道碧道项目正式开工。

截至2022年12月底，项目主体工程完工，其他附属及收尾工作计划于2023年3月底全面完成；组织工程完建部分验收工作，计划于2023年6月前完成分部工程验收工作，8月完成单位工程验收，10月完成完工验收，2024年4月完成竣工验收工作。

三、建设成效

该碧道工程根据现状环境情况不同，从上游至下游分为“锦绣山河”“宜居休闲”“渥丹明霞”3个主题段，内容主要涉及水安全提升、水生态保护与修复及构建景观与游憩系统。主要有亲水广场提升打造、新建栈桥160米、水塘环境提升打造、码头提升打造、新建亲水平台，新建步道及打造湿地公园（包括环湖步道、新建湖中栈道），等以及碧道建设配套工程，将乡村居民点、周边农田、山林等绿色开敞空间、重要人文节点串联起来，为人民群众提供亲水游憩、健身休闲去处。

（一）水资源保障

该项目建设区范围河道为锦江河干流中下游段，上游为锦江水库库区，河道两岸植被茂盛，来水量充足，常年没有枯竭、断流等现象。该项目河段水资源充足。

（二）水安全提升

该项目碧道建设范围所涉锦江河段于2000年已完成仁化县城防洪堤工程，2016年完成广东山区五市中小河流治理项目（西岸至古竹坪治理工程），河道堤防级别为四级，县城段堤防设计标准为20年一遇，堤库结合达50年一遇。工程建设完成后堤防均能满足防洪标准。该次碧道建设新建护岸工程0.16千米。

（三）水环境改善

该项目所在地河段没有工矿企业等工业污染源，无大面积农业面源污染，河段水质良好，达到地表水环境质量Ⅲ类标准。

（四）水生态保护与修复

锦江河现状河岸沿线滩地多为天然卵石滩地，该碧道建设方案保留现状沿河滩地，努力创造环境优美、宜居宜游、亲近自然的生态河流，营造人与自然和谐共处的水域空间。

（五）构建游憩系统

在保证行洪安全条件下，结合当地旅游文化，建设秀美家乡，建设河段碧道游憩系统，该工程碧道从下游至上游打造分为“锦绣山河”“宜居休闲”“渥丹明霞”3个主题段。

“锦绣山河”段为碧道建设上游段，于北端西岸利用现状低洼地建造湿地公园，形成中间深潭，南北浅滩的湿地。湿地北端浅滩种植荷花，南端浅滩保留现状竹林。湿地东西两侧布置多个出入口，增强湿地可达性，并在中间部分布置曲折的仿木栈道，供游人穿行活动，配合两岸挺水植物形成色彩丰富的湿地景观。其余路段以完善基础配套为主。现状碧道周边山水景观宜人，堤岸达标，水流清澈，不需过多的人工景观，以完善配套设施为主。西岸北端以湿地公园作为碧道的起点，南端煤气站路口位置结合现状用地进行节点打造。东岸现状自然环境保留完好，对所涉及村庄用地，该次规划不进行建设。该段结合湿地公园建设，规划停车场1处、旅游公厕1个。新建断面一步道底部现状已有滨水步道，利用堤顶空间建造3米宽步道，靠内侧保留现状种植的桂花树与红千层树，清除现状护坡上的杂草。

湿地公园（鸟瞰图）（县水务局　供）

湿地公园（县水务局　供）

“宜居休闲”段以现状绿道和人行道为基础，衔接现有绿化带设施。现状碧道两侧建有绿道和人行道，设施较完善，设施状况良好，需要补充碧道标识系统。北端改造提升现有西岸古码头，并对西岸村临河荒废地进行绿化打造，规划旅游公厕1处。南端改造检察院西侧节点，并打造黄屋电站节点，规划旅游公厕1处。

“渥丹明霞”段利用现有步道、平台进行微改造，微提升。北部水湾处改造提升现有亲水广场，使其成为县城居民亲水休闲的场地。南部改造现状朴树码头和双合水码头，在丹霞山北门水上丹霞码头建造出入口作为碧道终点，配套停车场和旅游公厕。全线改造现有亲水平台7处，增加防护栏杆。右岸由于大部分涉及丹霞山自然保护区及农田征迁，该次规划不进行建设。其他配套工程方面，在适当位置安装仿木栏杆、标志牌、景观小品、休闲桌椅以及垃圾桶等。

（六）共建生态活力滨水经济带

立足“生态、安全、实用”基调，以河为带串联仁化县城与丹霞山风景名胜区沿线联动打造特色游径与旅游目的地，构建“融入自然、品味文化、畅享健康”的休闲游憩网络。打造资源优质、安全优等、环境优良、生态优越、景观优美供市民茶余饭后休闲活动的“五优”碧道。

四、运维管护情况

按照“统一管理、分级负责、健全机构、落实资金”及“谁受益，谁负责”原则，根据

人行步道（一） （县水务局 供）

人行步道（二） （县水务局 供）

人行步道（三） （县水务局 供）

《堤防工程管理设计规范》，该工程完工后，即移交当地县级人民政府，具体工作由市政管理单位负责，由仁化县水务局负责监督及工程技术方面工作。截至2022年12月，因碧道项目仍未移交，仁化县将碧道运行管护委托仁化县防洪工程管理所为碧道主要管护责任主体，负责碧道建后日常管护，并落实碧道项目管护经费，对碧道进行日常维护，待碧道项目移交后落实管护单位。

五、存在的主要问题

由于该碧道建设项目资金投入有限，在“渥丹明霞”段起点右侧原来黄屋电站的破旧房子暂无力改造提升，景观上不够美观。建议由政府结合市政规划利用改造原有的部分建筑，建造便民活动观景平台，作为县城与仁化之间绿道和步道中途休憩点。限于该项目资金投入，建议交通部门对“渥丹明霞”段下游（卜古岭至丹霞山北门水上丹霞码头）约3千米长、6米宽的堤顶路早日进行硬底化及路侧绿化提升工作。

（县水务局）

仁化县推进长征国家文化公园（广东段）仁化片区建设工作掠影

自中央、省委、市委启动长征国家文化公园建设工作以来，仁化县切实提高政治站位，全方位摸查采集县域长征文化资源信息，对标中央、省《长征国家文化公园建设保护规划》（简称《规划》），立足仁化实际，以“四个好”为引领，坚持“高位推动、高频联动、高效落实”，做实做细长征文化公园（广东段）仁化片区建设工作。

一、建好工作机制，有效提升长征国家文化公园建设质效

仁化县高度重视长征国家文化公园（广东段）仁化片区建设工作，坚持谋划前置、迅速行动，不断健全工作机制，高位推动相关工作任务开展。强化组织领导，成立以县委书记、县长陈夏广同志为组长的长征国家文化公园（广东段）建设工作领导小组，下设办公室和项目推进、用地保障、交通建设、资金筹措4个专项工作组，抽调县文广旅体、发改、自然资源、林业等相关部门业务骨干成立工作专班。定期召开县委常委会、政府常务会议、专项会、调度会等，专题学习传达和研究部署相关工作。明确工作任务，制订印发《长征国家文化公园（广东段）建设工作方案》及项目建设任务分解表，以“突围战斗，突破封锁”为核心主题，结合弘扬长征精神、文旅融合、乡村振兴发展三大内容，明确4个方面7个具体工作任务，分解28条项目任务清单，落实目标任务化、任务项目化、项目清单化、清单责任化的总体要求，各相关职能部门分工明确、相互配合，形成推动建设项目落地见效的强大工作合力。坚持例会制度，发挥工作领导小组办公室统筹协调作用，每周召开一次工作例会，及时传达中央、省、市有关工作部署，并视工作需要召集相关部门与会研讨或下沉项目现场调度，坚持会议讨论与实地调研并重，坚持问题“随提随交、随交随办”，在保证工作质量的情况下进度再加快、效率再提高。

二、谋好建设规划，长效积蓄长征国家文化公园建设动能

立足大局，坚持系统思维，加强上位规划对标与衔接，结合仁化实际科学谋好项目布局，突出工作重点，做好整体协调推进。明确工作思路，以“125”［依托“一镇”（城口红色小镇）龙头，做精“一园一道”两个项目（广东省韶关市红军过粤北重点展示园建设项目、城口—铜鼓岭段长征历史步道项目），联动“五镇”（长江、红山、丹霞街道、董塘、石塘5个红色文化资源丰富镇街）拓展］为工作思路，按照“分步实施、统筹推进”原则，到2025年底基本完成建设任务，将长征国家文化公园（广东段）仁化片区建设成为长征文化精神教育高地、红色文旅融合示范区、乡村振兴发展先行区。加强规划引领，紧扣《长征国家文化公园（广东段）建设保护规划》内容，围绕规划定位、项目谋划等重点，研究分析所涉镇（街）城乡建设、农业产业发展及布局、公共文体设施、服务设施、交通设施、碧道、绿道等配套项目，完成《长征国家文化公园（广东段区）仁化片区概念性规划》《红军长征过粤北重点展示园可行性研究报告》《城口红色小镇发展规划》《红山镇新白村红色文旅综合体发展规划》规划编制工作。其中，红军长征过粤北重点展示园（城口）项目被列入国家“十四五”时期文化保护传承利用工程和长征国家文化公园（广东段）重点建设项目。强化项目筹划，结合中央、省《规划》指引和仁化定位，谋划红色革命遗址修缮保护、红色村庄综合整治、长征历史步道、文旅产业打造、公共服务和配套设施建设提升等为主要内容的建设项目11类共29个，估算投资为21.53亿元。统筹县文旅、农业、水利、交通、城乡建设等部门资源，加大长征国家文化公园项目建设支撑，积极向上级争取政策支持和项目资金，为仁化经济社会长远发展提供源头活水。

三、筑好红色根底，高效促进长征国家文化公园项目建设

仁化县扎实做好长征国家文化公园（广东段）仁化片区重点项目、各类子项目库建设这一基本工作，不断提升前期工作建设水平，增强发展后劲。倾力打造红军过粤北重点展示园，以红军长征过粤北历史背景为主题，投入资金3.82亿元，提升改造城口镇沿线及红军街内房屋外立面390余个，完成红军街环道道路维修、镇街主干道提升改造和滨河两岸美化绿化工程，新设立景观节点4个、镇标1个，完成古秦城遗址、老盐街遗址、广兴栈、地下交通站等遗址修缮保护。积极争取省2022年度红色革命遗址修缮保护利用经费2600多万元，推进一批重点项目建设。其中，水东桥遗址修缮工程基本完工，萝卜坝遗址修缮工程于2023年3月入场施工，精品项目长征文化村修缮保护利用项目、城口—恩村段长征历史步道（示范段）项目完成设计方案编制。聚力打造红军过粤北长征历史步道示范带，围绕“一路”（四好农村路）、“两道”（万里碧道、生态绿道）、“三节点”（铜鼓岭红军烈士纪念园、恩村红色文化村、红军长征粤北纪念馆）建设目标，整合乡村振兴等涉农资金1029.35万元，新建（含整治）城口“四好农村路”14条共30.83千米，打通当地交通“毛细血管”；投入资金1100多万元，完成城口（恩村段）绿道项目和10千米城口碧道项目建设，融入红军长征主题元素进行点缀。合力做好项目库建设与提升，按2023年、2025年两个时间节点划分，整合文旅资源，以红色遗址修缮保护、公共服务和配套设施建设、文旅与研学项目等为重点主攻方向，储备建设项目13个。完成红军长征城口休整地旧址修复利用工程、锦城温泉（红军长征宿营地旧址）修缮、红军街“三线”整治及氛围提升、五里山战斗遗址保护利用建设、恩村红色遗址群修缮工程等项目设计编制工作，持续优化完善项目设计，待建设资金落实后，按成熟度递进推动项目实施。

四、用好红色资源，全效推进长征国家文化公园文旅融合

充分发挥“一园一道”建设示范引领作用，以城口红色小镇为核心辐射区，以红军长征粤北纪念馆为龙头，整合串联全县红色革命遗址、相关红色村等长征遗迹和资源，全力打造粤北长征文化精神教育高地、红色文旅融合示范区、乡村振兴发展先行区。讲好仁化红色故事，收集整理史志材料500余份，编纂印发《中国共产党仁化县百年历史速览（1921—2021）》《仁化县革命遗址通览》等，丰富红色教育本土元素；以短视频方式推出《百年征程·红色仁化——仁化县重点红色革命遗址遗迹系列微视频》及口述历史视频《铜鼓岭激战》《一个五代人守望的红军碗》10余个，深入挖掘仁化红色革命历史精神财富；组建“小蜜蜂”志愿服务队等12支特色志愿服务队，开展红色宣讲进农村、校园等“六进”活动，推动红色教育走实走心。传播红色文艺精品，在查证历史事实的基础上，创作《谭甫仁将军之歌》《风雨铜鼓岭》《烽火安岗》等红色歌曲，以文艺之音传承红色基因；以红军长征经过城口镇这一历史背景创排大型红色歌舞剧《你来过》，在市、县两级展演，累计红色教育观众2.5万余名。开展红色主题活动，邀请中央、省级主流媒体开展“奋斗百年路 启航新征程”“百年征程 红途粤印”“红色热土 百年初心——广东红色故事汇”等系列采风活动；组织举办红色文化旅游节、红旅足迹、“重走长征路，奋进再出发”纪念红军长征胜利85周年徒步活动、“党史大篷车全国巡展”活动等，积极打造一流红色教育高地和红色旅游区。结合党史学习教育，组织认定红色教育现场教学点7个，吸引县内外500多个单位团体、10万余人次参观学习，推动红色文旅深度融合，为发扬革命传统、传承红色基因贡献仁化力量。

（刘文广）

大事记

1月

1日 仁化县公安局举行特巡警大队新办公楼启用仪式。

4日 县税务局成功入库全市首笔国有土地使用权出让收入，标志着国有土地使用权出让收入等4项非税收入划转任务在韶关落地。

是日 中金岭南凡口铅锌矿连续五年获评省级环境信用评价“绿牌”企业。

5日 广东省关心下一代工作委员会到仁化县调研农村创业青年工作。

5日至3月30日 广东省博物馆主办、仁化县博物馆承办的“荟雅南州——明代广东文人的艺术与生活”巡回图片展在县博物馆一楼流动展厅展出。

6日 仁化县丹霞贡柑智能大数据平台正式上线。

是日 广东省应急厅到周田镇开展应急指挥车前置工作巡查，并开展森林防灭火及安全生产教育宣传活动。

7日 广东省人大常委会副主任王学成到仁化县调研。

是日 仁化县锦江电力开发总公司被韶关市人社局、市市场监督管理局、市总工会联合授予2021年韶关市“广东技工”职业技能大赛焊工技能大赛“优秀组织奖”。

是日 东莞市城市管理和综合执法局虎门分局到长江镇里周村召开巩固脱贫攻坚成果与乡村振兴工作座谈会，开展慰问脱贫户等活动。

10日 第二个中国人民警察节。仁化县举行系列庆祝及慰问人民警察活动。

是日 城口镇城群村被省文化和旅游厅公布为第三批广东省文化和旅游特色村，仁化红色文化乡村游被公布为第三批广东省乡村旅游精品线路。

是日 县市场监督管理局为10家在精神文明建设工作中表现突出的商户颁发“文明商户”牌匾。

12日 人民银行仁化县支行联合仁化县人民法院共同签署仁化县金融纠纷联动化解机制合作备忘录。

是日 中核锦原铀业公司五〇一矿首次采用AT1200反井钻机施工天井取得成功。

13日 县人社局组织仁化县重点用工企业到汝城县开展湘粤赣边际区域劳务合作洽谈。

是日 仁化县人民政府公布丹霞街道老街嘉应会馆、董塘镇华阳寨遗址、城口镇广兴栈、城口镇秘密交通联络站旧址为仁化县第五批县级文物保护单位。

14日 县委政法委举办2022年度政治轮训暨乡镇（街道）政法委员传达学习贯彻党的十九届六中全会精神专题培训班。

是日 仁化县人民医院举行2022年“组团式”紧密型帮扶工作座谈会，东莞市人民医院第三批“组团式”紧密型帮扶专家团队与仁化县卫健系统、人民医院主要负责人进行座谈交流。

是日 仁化中学举行广东省中小学教师校本研修示范学校揭牌仪式。

15日 仁化县卫生健康局搬迁至仁化县沿江路21号。

17日 仁化县中小学校“落

实‘双减’政策，提升教学质量”课堂教学改革工作汇报会在县教育局召开。

17日至2月25日 仁化县开展“青春志愿行·温暖回家路”春运暖冬行动志愿服务活动。

18日 仁化县召开党史学习教育总结会议，全面总结全县党史学习教育情况，对巩固拓展党史学习教育成果，推动党史学习教育常态化长效化进行部署安排。

是日 仁化县公安局举行武深省际公安检查站和城口省际公安检查站“升级增效”建设项目完工暨启用仪式。

是日 仁化在县新时代文明实践中心开展“我们的节日·春节”社会主义核心价值观春联进万家文化惠民志愿服务活动。

19日 仁化县召开2022年春节假日旅游工作暨与丹霞山管委会联席工作会议。

是日 广东省农业科学院副院长易干军到仁化县高坪水库坝头半岛茶园、霞茗源生态茶园育苗圃、东坑村生态茶园公园、红山白毛茶原种园调研。

是日 鸿伟木业（仁化）有限公司与仁化中等职业学校签订“校企合作”协议并举行“校企合作实践基地”揭牌仪式。

是日 仁化县妇联举行妇女微家挂牌仪式暨“把爱带回家”寒假儿童关爱活动捐赠仪式。

21日 仁化县2022年武装工作、国防动员暨党管武装述职会议召开。

是日 董塘镇河富村举办“欢乐过大年·喜迎冬奥会——我们的美好生活”乡村“村晚”联欢会。录制的节目在国家公共服务云平台播出。

22日 仁化县开展“传承好家风、团圆过大年”主题拍摄“最美全家福”文化文艺志愿服务活动。

24日 中国共产党仁化县第十四届委员会第二次全体会议在县城召开。

是日 县委领导班子召开党史学习教育专题民主生活会。

26日 县退役军人事务局组织开展“送春联送祝福光荣之家迎新春”主题活动。

27日 韶关市固定资产投资及重点项目建设工作推进会暨第一季度项目集中开竣工活动（仁化分会场）在仁化县德成中央公园举行。重大项目开竣工15个，总投资逾13亿元。

29日 仁化县召开长征国家文化公园（仁化段）项目专题研究会议，研究讨论《长征国家文化公园（仁化段）项目分解表》，成立仁化县长征国家文化公园工作领导小组。

是日 仁化县2022年宣传思想工作会议在县三中心一馆召开。

30日 仁化县灵溪河森林康养基地被认定为2021年广东省森林康养基地（试点）。

是月 仁化县风度书房董塘分馆投入使用。

是月 仁化县获韶关市第十二届中小学生运动会代表团团体总分成绩一等奖。

是月 县委老干部局获“全省老干部工作先进集体”称号。

2月

1日 中共韶关市委书记王瑞军到石塘镇调研老区发展，看望慰问革命老区群众。

2日 县委宣传部、县文广旅体局联合开展“我们的中国梦”文化进万家2022年仁化县“我们的节日——欢乐春节 幸福年味”线上云展播活动。

7日 仁化县召集县四套班子、法检“两长”召开会议，谋划部署新一年的重点工作、重点任务、重点项目。

8日 仁化县举办首场“春暖行动”网络直播招聘活动。

9日 仁化县董塘镇中心卫生院在2021年“优质服务基层行”活动中表现突出，获国家卫生健康委、国家中医药局通报表扬。

11日 仁化县召开农村电商小镇创建及产业园区建设专题座谈会。

14日 仁化县新城幼儿园举行揭牌启用典礼，提供优质学位450个。

15日 县人民检察院与县公安局联合设立的“侦查监督与协作配合办公室”会签、揭牌仪式在县公安局举行。

16日 广东省农科院专家方伟带领专家团队到仁化县韶关金喆园生态农业有限公司、仁化县橘颂生态农业有限公司、仁化县奥达胶合板有限公司、韶关丹霞女农业科技有限公司开展广东韶关国家农业科技园区核心区调研指导。

17日 中国共产党仁化县第

十四届纪律检查委员会第二次全体会议在县城召开。

是日 仁化县在韶关市2021年度国家基本公共卫生服务项目绩效评价中获得全市最高分（第一名）。

19日 韶关市人民政府副市长李再丰到仁化开展防冻防汛专项督查。

22日 仁化县召开县委政法工作会议，部署2022年全县政法工作，县委常委、政法委书记连辉标参加会议。

是日 仁化县人武部部长任职命令大会在县人武部召开。

是日 仁化县召开十四届仁化县委第一轮巡察工作动员部署会。

23日 中共韶关市委常委、市委政法委书记吴耿淡到丹霞街道调研基层网格治理工作。

是日 广东省工业和信息化厅副厅长陈磊率队到仁化县调研工业园区发展情况。

25日 共青团广东省委书记池志雄到仁化县调研共青团和青年工作。

28日 仁化县召开创建第十二届广东省双拥模范县工作部署会议。

是日 韶关市政协主席胡海运到金喆园、丹霞开发区、红军长征粤北纪念馆、县政协和石塘古村调研工业产业及乡村振兴发展、红色资源保护和利用情况。

是日 仁化县融兴网络文化传媒有限公司揭牌。

是月 仁化县文化馆被认定为国家一级文化馆。

3月

1日 仁化县2022年粮食生产（春耕生产）工作会议在县农业农村局召开。

2日 仁化县人民政府印发《仁化县人民政府关于表彰全县粮食生产先进集体、先进个人、先进大户的决定》，评定长江镇、扶溪镇为“仁化县2021年粮食生产先进镇”，长江镇里周村等6个村为“仁化县2021年粮食生产先进村”，温石头等12人为“仁化县2021年粮食生产先进个人”,邓瑞庭等3人为“仁化县2021年粮食生产先进大户”。

是日 仁化县分组为立功受奖现役军人家属送喜报。

3日 仁化县召开县文明委2022年第一次全体成员（扩大）会议暨巩固深化全国文明城市创建工作动员会。

是日 文化和旅游部办公厅公布“2021年全国红色旅游五好讲解员培训项目入选讲解员名单”，韶关市红军长征粤北纪念馆谭慧娴入选。

3日至6月3日 仁化县组织开展十四届县委第一轮常规巡察，采取“巡单位带村”方式，分3组对县应急管理局党委、县委编办、县市场监督管理局党组、县档案馆党支部、县人力资源和社会保障局（县人才局）党组、县直机关工委及其相应的6个驻镇帮扶村开展巡察。

4日 仁化县“党建引领·普惠金融户户通”启动会在仁化农商银行召开。

是日 仁化县召开中小学生校园安全工作联席会议。

是日 仁化县举办2022年学雷锋志愿服务月活动启动暨最美系列志愿服务发布仪式，为新组建的8支志愿服务队伍授旗，表彰2021年度仁化县最美系列先进典型。

4日至5月13日 市委土地房屋征收问题第八专项巡察组对县自然资源局、县住建管理局开展土地房屋征收问题专项巡察。

7日 中共仁化县委办公室、仁化县人民政府办公室联合印发《仁化县2022年粮食生产工作方案》。2022年全县计划粮食播种面积1万公顷，粮食总产6.93万吨。其中，水稻种植面积0.94万公顷，杂粮种植面积0.06万公顷。

是日 仁化县轮作休耕现场会在丹霞街道夏富村召开。

是日 “扶溪大米”成功注册国家地理标志证明商标，是仁化县第一件地理标志证明商标。

8日 仁化县召开全县组织工作会议，总结2021年工作，部署2022年任务。

是日 国际劳动妇女节。仁化县妇联召开“强国复兴有我”仁化县各界妇女庆祝“三八”国际劳动妇女节112年周年大会。

9日 仁化县绿化委员会办公室组织全县机关干部群众在锦江两岸生态公益林示范区（丹霞街道西岸村八步山）开展“全民义务植树，科学绿化仁化”植树活动。

是日 广东省农业农村厅举行发布会，正式发布2022年广东省农业主导品种和主推技术，拟推荐丹霞1号为茶叶类主导品种。

是日 凡口铅锌矿亮相央视新闻《遇见美好生活》特别节目第四期《生态建设篇》。

11日 中国人民政治协商会议第十二届仁化县委员会第二次会议在县城召开。12日闭幕。

是日 仁化县第十六届人民代表大会第二次会议在县城召开。12日闭幕。

12日 县委教育工作领导小组召开工作会议，研究部署2022年全县教育工作。

13日 仁化县召开粮食生产工作会议，研究部署全县粮食生产工作。

是日 仁化县域胸痛中心建设启动大会在县人民医院召开。

14日 经中共广东省委批准，陈夏广任中共仁化县委书记。

是日 全县农业农村（乡村振兴）工作会议召开，总结2021年全县“三农”工作情况，部署动员做好2022年“三农”工作。

是日 仁化县获省河长办2020—2021年度万里碧道建设激励“红包”1000万元奖励资金。

15日 中国科学院华南植物园教授邢福武、王发国到仁化县开展丹霞植物大观园规划调研。

是日 以韶关丹霞山为案例的研学设计《行而格知，溢彩丹霞》和社会调研《利益相关者理论视角下地质公园研学旅行发展模式的调查研究——以丹霞山世界地质公园为例》分别获得中国地理学会“2021全国地理研学方案设计大赛&地理研学社会调研大赛”研学设计组一等奖、社会调研组一等奖。

16日 广东省农业农村厅、广东省文化和旅游厅联合下发《关于公布2021年度省级休闲农业与乡村旅游示范单位和前八批示范点监测合格名单的通知》（粤农农〔2022〕67号），认定仁化县为2021年度省级休闲农业与乡村旅游重点县（全省5个）。

是日 韶关市人民政府副市长蒋文鸿到仁化县检查指导春耕生产工作。

17日 县委书记、县长陈夏广主持召开仁化县开展“改革攻坚规范治理年”工作领导小组会议，动员部署仁化县深化改革攻坚、加强规范治理工作。

21日 仁化县凡口学校、仁化县董塘中心小学通过韶关市2020—2021年度近视防控示范校创建验收。

23日 丹霞街道新城社区“大党委”召开联席会议，明确社区“大党委”工作目标，形成资源共享、优势互补、共驻共建新局面。

是日 仁化县召开开展“改革攻坚规范治理年”工作推进会。

是日 凡口铅锌矿召开“厂区变园区、产区变城区”规划、建筑、景观设计方案专题研讨会。

25日 红山镇金铭毫茶叶专业合作社县级科普教育基地挂牌。

是日 仁化召开县政协十二届第一次提案审查会议。

26日 晚，县消防大队新东大街消防救援站成功救援3名丹霞山迷路游客。

28日 仁化县人民政府办公室印发《仁化县农业农村“十四五”规划》。

是日 石塘镇被评为2022年市级“妇女之家”示范点。

29日 县委实施乡村振兴战略领导小组办公室印发《仁化县2022年乡村振兴工作要点》。

是日 广东省水利厅副厅长刘中春率调研组到仁化县调研防汛工作。

30日 丹霞山国家级自然保护区被命名为2021—2025年第一批全国科普教育基地。

是日 扶溪镇首个投产的乡村振兴车间五营乡村振兴车间正式开工。

30日至31日 省商务厅一级巡视员殷焕明到仁化县调研驻镇帮镇扶村工作，并到周田镇开展定点联系工作。

31日 广东老年大学仁化学院挂牌成立。

是月 仁化县竹篾编织技艺、杨泰和米饼制作技艺2项非遗入选韶关市第七批市级非物质文化遗产名录。

是月 丹霞山发现4个新物种：丹霞呵叻蛛、丹霞铁马鞭、丹霞铁角蕨、东方卷柏。

4月

1日 全县“三防”工作会议召开，部署2022年“三防”工作，压实各级责任。

2日 2022广东“岭南茶山·春茶飘香”系列活动“走进中国白毛茶原种园”直播活动在红山镇开播。

是日 韶关市首个生态保护

检察联络室丹霞山生态保护检察联络室揭牌仪式在丹霞山管理委员会成立。

是日 扶溪镇卫生院医生梁静获2021年第四季度“广东好人”（孝老爱亲）称号。

6日 仁化县丹影文化传播有限公司获“全国服务农民、服务基层文化建设基层电影服务先进集体”称号。

是日 丹霞山独特地质地貌景观和生态美景亮相中央电视台《新闻联播》节目“大美中国”展示环节。

7日 仁化县召开宣布仁化县人武部党委第一书记任职大会，陈夏广任仁化县人武部党委第一书记。

是日 凡口矿山公园县级科普教育基地挂牌。

是日 县乡村振兴局组织长江镇、闻韶镇、石塘镇分管领导到曲江区、乳源瑶族自治县考察食用菌、南药等乡村振兴产业。

8日 新闻《广东仁化红山镇万亩茶园采茶忙》在中央电视台《新闻直播间》播放。

11日 董塘镇乡村振兴车间旭东玩具厂揭牌。

12日 仁化县人民政府主办，仁化县农业农村局、《南方农村报》承办，红山镇人民政府协办的仁化县首届中国白毛茶文化节暨仁化白毛茶春茶“云”开采活动在红山镇高坪水库坝头半岛举行。

13日 韶关市抓党建促乡村振兴示范县创建暨专项工作部署座谈会在仁化县召开，仁化县及董塘镇在会上就创建党建促乡村振兴示范镇作交流发言。

是日 乡村振兴大课堂正式启动。石塘镇、城口镇、扶溪镇分别举办党校春季开班暨“乡村振兴大课堂”启动仪式。

15日 仁化县举办2021年第三、四季度“仁化好人”发布仪式，表彰“仁化好人”8名。

是日 周田镇举行2022年周田镇党校春季开班暨“乡村振兴大课堂”启动仪式。

19日 仁化县医保基金监管集中宣传月活动暨打击欺诈骗保专项整治工作会议在县委党校召开。

是日 中国摄影家协会召开2022年中国摄影之乡、中国摄影创作基地工作视频会议，仁化县再次被授予“中国摄影创作基地”称号，是全省唯一被认定的“中国摄影创作基地”地区。

是日 广东省河长制办公室发布消息称，将对2020年、2021年两个年度万里碧道建设成效明显的24个县（市、区、镇）予以激励，并给予2亿元资金奖励。仁化县在获激励名单之列。

是日 中共韶关市委常委、市纪委书记、市监察委员会主任廖锦添到董塘镇纪委及安岗村、新龙村调研党风廉政建设工作。

20日 仁化县召开全县协税护税领导小组工作会议暨规范税收征管专项工作会议。

是日 教育部办公厅公布义务教育优质均衡先行创建县（市、区、旗）名单，仁化县成为广东省上榜7个县（市、区）之一，是韶关市首批、首个且唯一创建全国义务教育优质均衡发展县的试点县。

是日 仁化县零散烈士墓集中入园仪式在铜鼓岭红军烈士墓园举行，103名零散安葬红军烈士遗骸集中迁入铜鼓岭红军烈士墓园。

21日 仁化县举办学习贯彻党的十九届六中全会精神百姓宣讲活动暨启动仪式。

是日 董塘镇江头村供销社挂牌成立。

22日 仁化县2022年关心下一代工作会议在县城召开，回顾

2022年4月20日，仁化县举行零散烈士墓集中入园仪式

（县退役军人事务局　供）

总结2021年重点工作，安排部署2022年主要任务。

是日 仁化县橘颂生态农业有限公司县级科普教育基地挂牌。

是日 县税务局召开第一届特约监督员聘任大会。

24日 扶溪镇扶中村供销社挂牌成立。

26日 广东省人大常委会副主任张硕辅到仁化调研。

是日 凡口铅锌矿入选全国第二批符合《铅锌行业规范条件》企业。本批全国共5家铅锌矿山入选，凡口铅锌矿是广东省唯一入选企业。

是日 仁化县“起点法治教育基地”揭牌仪式在县人民检察院举行。

29日 韶关市乡村振兴现场会在仁化县召开，会议现场观摩仁化县乡村振兴示范带建设现场点董塘镇新龙村、河富大井民宿、丹霞女蔬菜基地等。

是日 2022年全市第二季度项目集中开竣工（仁化县分会场）活动在董塘镇董塘新城基础设施建设项目开工现场举行，参加重点项目29个，总投资21.52亿元。

是日 中共仁化县委办公室印发《长征国家文化公园（仁化段）建设工作方案》《中共仁化县委办公室关于成立长征国家文化公园（仁化段）工作领导小组的通知》，全面启动长征国家文化公园建设工作。

是日 仁化县总工会召开二十届七次全委（扩大）会议，夏德文当选为县总工会主席。

是月 韶关市红军长征粤北纪念馆被认定为韶关市首批少先队校外实践教育红色教育营地（基地）。

5月

1日 “广东政府采购智慧云平台”项目交易系统在全县上线试运行；5月16日全面上线运行。

3日 仁化县总工会开展2022年“五一”国际劳动节送温暖慰问活动，慰问劳模和困难职工。

4日 共青团仁化县委员会在县新华书店开展2022年仁化县“青春心向党　建功新时代”主题活动，纪念五四运动，庆祝中国共产主义青年团成立100周年。

7日 共青团仁化县委员会组织各镇（街）、学校团委书记、仁化县“两红两优”集体和代表到石塘镇双峰寨参加“青春心向党　建功新时代”仁化县2022年新团员集中入团仪式暨“五四”表彰活动。

是日 “初心如磐——阮啸仙与仁化暴动”开机仪式在董塘镇安岗村思诒堂举行。

是日 董塘镇举办“文明家庭”、优秀“星级文明户”表彰活动。

8日 中共韶关市委书记王瑞军带队到周田镇风度村、灵溪大围村和灵溪河旅游公司开展调研。

10日 共青团仁化县委员会在仁化县中等职业学校组织广大青年团员集中收看庆祝中国共产主义青年团成立100周年大会直播。

是日 全省、全市强降雨防范视频调度会议结束后，县委书记、县长陈夏广主持召开全县强降雨防范视频调度会议，对全县做好强降雨防范工作进行再部署、再落实。

12日 县委书记、县长陈夏广到仁化中学、仁化县第一中学、县体育馆开展调研，统筹校园安全和平安高考、平安中考工作；检查督导广东省第十三届中学生运动会仁化县比赛场馆和赛事筹备工作。

是日 华为煤矿军团解决方案总裁郭振兴到凡口铅锌矿开展智能化矿山建设调研交流。

13日 县委老干部局组织召开仁化县离退休干部“建言二十大”和“我看中国特色社会主义新时代”座谈会。

14日 仁化县2022年“‘5·18’国际博物馆日——博物馆的力量”传统乐器演奏会在县博物馆举办。

16日 仁化县2022年乡村振兴工作推进会暨粮食生产现场会在扶溪镇召开。

16—18日 暨南大学广东省农村科技特派员团队赵建刚、王在易、胡生华、李光峰一行到红山镇调研白毛茶及茶叶相关发展情况。

17日 2022年全市红火蚁春季防控现场会在仁化县丹霞街道上陂头村广场召开。

是日 “促进残疾人就业增收　提升残疾人生活质量”主题第32次全国助残日活动之仁化县“全国助残日”关爱残疾人志愿

服务活动在丹霞街道社区康园中心举办。

18日 仁化县召开2022年度民兵分队集中点验大会。

是日 鸿伟木业（仁化）有限公司成功获批设立广东省博士工作站，仁化县实现博士工作站零的突破。

19日 中国旅游日·广东韶关分会场活动暨“走读广东·粤游粤红”自驾游系列活动在丹霞山启动。

是日 广东省发改委副主任、省能源局局长吴道闻到仁化县调研光伏企业。

是日 广东生态工程职业学院教授杨晓朱到仁化县开展白蚁、竹蝗防控现场调研工作。

是日晚 由广东省文化和旅游厅主办的2022年“南粤情·文旅行”广东文化和旅游志愿服务系列活动之“文旅志愿乡村行”文艺演出在城口镇举行。

20日 韶关市推进长征国家文化公园（广东段）建设第三次工作会议在红军长征粤北纪念馆举行，市委常委、宣传部部长陈江帆出席会议。

是日 董塘镇工会联合会第三届第一次会员代表大会召开，选举产生董塘镇工会联合会第三届委员会、经费审查委员会。

是日 广东仁化农村商业银行股份有限公司2021年度股东大会在仁化县志成冠军会议中心召开。

是日 中央电视台科教频道《地理·中国》栏目专题报道丹霞山景区五仙岩。

21日 2022年广东省青少年武术套路锦标赛在仁化体育馆举行，227名选手参赛。

21日至6月21日 “龙舟水”期间，仁化县平均降水量699.6毫米，比历史同期偏多2倍，突破历史极值（1994年546.6毫米），各镇（街）“龙舟水”均刷新当地历史纪录，最大累计降雨量是仁化林场的910.1毫米。

22日 县林业局在巴孖园开展共建地球生命共同体——仁化县2022年“国际生物多样性日”生态环境保护主题宣传亲子实践活动。

25日 韶关市首个“零窗”税费服务“云厅”启动仪式暨营商环境体验师主题活动在县行政服务中心举行，仁化县丹税云厅正式推广“零窗”模式“非接触式”税费服务。

是日 仁化县源宸酒业有限公司县级科普教育基地揭牌。

27日 仁化首个“广东省博士工作站”在鸿伟木业（仁化）有限公司揭牌成立。

是日 人民银行仁化县支行召开仁化县移动支付示范镇推进会暨表彰大会，仁化农商银行获人民银行广州分行授予的“2021年移动支付示范镇建设工作先进单位”称号。

是日 仁化县召开2022年仁化县普通高校招生考试安全工作推进会。

是日 广东省司法厅党委委员、广东司法警官职业学院党委书记周昭忠，广东司法警官职业学院一行10人到仁化县开展基础教育全口径全方位融入式结对帮扶活动。

31日 广东省政协党组成员、副主席薛晓峰到凡口铅锌矿调研“厂区变园区、产区变城区”改革工作。

是月 韶关市红军长征粤北纪念馆被广东省社会主义学院认定为广东省社会主义学院（广东中华文学院）现场教学基地。

是月 鸿伟木业（仁化）有限公司年产20万立方米全竹刨花板项目投产。

6月

1日 广东省发改委调研组到凡口铅锌矿开展城镇化建设专题调研。

是日 仁化县党史地方志工作暨年鉴业务培训会议在县城召开。

是日 韶关市农业农村局印发《韶关市农产品质量安全网格化监管示范镇建设方案》，仁化县周田镇列为示范创建镇名单。

是日 县文明办联合县新华书店开展“梦想启航 与你童乐”文化消费券捐赠活动，向县各中小学生捐赠文化消费券近2万张。

5日 新华社客户端刊播《探访中国红石公园丹霞山》，浏览量81.4万人次。

6日 凌晨，仁化县“三防”指挥部启动防汛Ⅳ级应急响应，县四套班子成员分别到挂点镇（街）山塘、水库、地质灾害隐患点、易内涝点、低洼地等重点部位，对风险隐患进行再排查、再整治。

是日 县委书记、县长陈夏广到长江镇塘洞村白洞村小组道路水毁点，现场指挥调度道路抢通、隐患处置等工作。

是日 仁化县新能源电池材料循环经济产业体系重点项目——广东盛祥新材料科技有限公司第一期建设项目联机试产启动仪式在县产业转移工业园举行。

7日 2022年高考第一天，仁化县1004名考生参加考试。县委书记、县长陈夏广到仁化中学高考考点巡考。

是日 2022年仁化县离退休干部工作领导小组第一次会议在县老干部活动中心召开。

8日 韶关市第二批董塘凡口绿色工业园区“厂区变园区、产区变城区”改革试点项目——丹霞冶炼厂举行炼锌渣绿色化升级改造项目闪速熔炼炉整体联动试车仪式。

是日 仁化县科普中国信息员典型代表座谈会在县三中心一馆召开。

是日 广东省退役军人事务厅派工作组到仁化县开展县级以下英雄烈士纪念设施整修工程验收工作省级重点抽查。

9日 国际档案日。仁化县档案局、县档案馆联合举办“喜迎二十大·档案颂辉煌”仁化发展图片展览。

是日 仁化县召开2022年仁化县全国文明城市建设工作动员部署会，县委书记、县长、县文明委主任陈夏广出席会议并讲话。

是日 县科协在红山镇新白村举行农村夜校挂牌仪式，并举办茶叶种植技术培训班。

是日 韶关市人大常委会副主任、市委常务副秘书长、市总工会主席邓彩虹到凡口铅锌矿调研产业工人队伍建设改革工作推进情况和劳模（职工）创新工作室建设情况。

是日 虎门镇委副书记、镇长吴庆球率队到仁化考察和对接，共商两地对口帮扶工作，实地考察东莞驻镇帮镇扶村工作开展情况，并走访慰问脱贫家庭。

10日 仁化县丹霞丰源温泉酒店入选全省首批技术工人疗休养基地。

11日 县文广旅体局在石塘村开展“‘文化和自然遗产日’系列活动之乡村振兴 非遗同行——石塘古村游活动”。

13日 仁化县召开2022年度全县防范非法集资工作部署暨宣传月活动动员会议。

是日 董塘镇瑶族村、闻韶镇下徐村、周田镇上道村、石塘镇京群村、扶溪镇古夏村被确定为韶关市2022年扶持壮大村级经济试点村。

14日 仁化县召开学生防溺水工作联席会议。

是日 广东省妇女儿童工作委员会调研组到仁化县调研儿童友好城市建设。

是日 中铁装备公司与广西中金岭南矿业有限责任公司到凡口铅锌矿开展技术交流。

是日 黄坑镇案例《小小议事屋 唠叨家常话 理论入民心》获“广东省基层思想政治工作优秀案例”三等奖。

是日 仁化县公安局大桥派出所新办公楼启用。

15日 县委书记、县长陈夏广主持召开全县强降雨防御工作视频调度会议。

16日 东莞市政协党组书记、主席陈文明率考察组到仁化县考察乡村振兴工作。

17日 仁化县首贷服务中心挂牌成立。

18日 仁化白毛茶品牌推介会在广州市芳村南方茶叶市场开启。

是日 16时至19日16时，仁化县有31个站点出现100～250毫米大暴雨，导致仁化县石塘镇上中坌村、董塘镇江头村等地出现不同程度内涝，石塘镇、黄坑镇多处农田受浸，长江镇、红山镇等山区道路多处塌方。全县出动应急抢险救援人员2247人次、车辆323台次，安全转移882人。

20日 中国农村卫生协会授予黄坑镇小溪村卫生站乡村医生张三坤全国“优秀乡村医生”称号。

是日 晚至21日凌晨，中共韶关市委常委、市纪委书记、市监委主任廖锦添，县委书记、县长陈夏广在及时处置大桥镇亲联村险情后，到防汛转移安置点看望慰问被转移群众。

21日 国家矿山安监局督察组到凡口铅锌矿开展非煤矿山安全生产异地监察工作。

22日 县委书记、县长陈夏广到大桥镇、城口镇调研汛期灾后重建工作。

23日 仁化县召开会议，传达学习贯彻省委书记李希到韶关检查指导防汛救灾工作指示精神，部署全县复工复产及灾后重建工作。

是日 仁化县统筹全县机关单位力量，开展“乡镇吹哨、部门报到”党员干部下沉一线参与灾后复产、人居环境整治等工作。

26日 第35个国际禁毒日。仁化县在县城文峰广场举行“健康人生 绿色无毒”仁化县“6·26”国际禁毒日健步走禁毒宣传活动。

是日 湖南省衡阳市政协副主席许云生一行16人到仁化县石塘双峰寨调研。

27日至7月1日 县文广旅体局代表仁化县参加“活力广东 现代湾区”2022莞惠韶（南昌）区域联合旅游推介活动。

28日 仁化县举行学习贯彻省第十三次党代会精神市委宣讲团宣讲报告会。

是日 仁化县开展“6·30”广东扶贫济困日捐款活动，县委书记、县长陈夏广，县人大常委会主任邱志坚，县政协主席谢林茂等县四套班子成员率先垂范、带头捐款，以实际行动带动全县社会各界积极参与扶贫济困活动和帮助受灾群众重建家园。

是日 仁化县茶叶“烟竹红杏仁香”获“中茶杯”第十二届国际鼎承茶王赛春季赛红茶组特别金奖，“红山银刀白毫银针”“红山银刀白牡丹王”获白茶组金奖。

29日 仁化县古树挂牌启动仪式暨林长巡林活动在董塘镇河富大井村举行。县委书记、县长、县第一林长陈夏广参加。

是日 韶关市首个县一级“实体化”纳税服务运营中心在仁化揭牌成立。

是日 仁化县在红军长征粤北纪念馆新时代文明实践讲堂举行歌舞剧《你来过》展播开播仪式。

是日 凡口铅锌矿获2021年度韶关市“十大爱心企业”称号。

30日 全市第三季度项目集中开竣工活动（仁化分会场）在董塘镇坪岗村原第一水泥厂举行，集中开工和竣工重大建设项目28个，总投资20.51亿元。

是日 仁化县组织离退休老干部举办庆“七一”暨“喜迎二十大 奋进新时代”系列活动。

是日 仁化县锦江河丹霞街道碧道建设项目举行开工仪式。

是日 仁化县租住商品房提取住房公积金额度提高至每人每月500元。

7月

1日 仁化县人民政府办公室印发《关于进一步严格规范农村宅基地管理的通知》，加强全县农村宅基地改革和管理工作。

是日 县新时代文明实践中心联合县文化馆开展“喜迎二十大 颂歌献给党”文艺演出线上展播活动。

是日 公积金2022汇缴年度开始执行。全市住房公积金最高月缴存基数不高于本市2021年城镇非私营单位在岗职工月平均工资9096元的3倍即27288元，最低月缴存基数不低于本市现行最低工资标准1620元。

4日 共青团仁化县统计局支部委员会成立。

是日 县卫生健康局举办广东省易方达教育基金会仁化县乡村医生培训班暨仁化县2022年基本公共卫生服务项目与家庭医生签约服务工作培训班，全县各村卫生站乡村医生参加培训。

6日 仁化县人民法院举办第一届特约监督员聘任仪式。

7日 东莞市虎门镇教育管理中心到县教育局开展“东莞市虎门镇教育管理中心与仁化县教育局共建共享联席会”活动。

8日 仁化县人民法院与县司法局举行“庭所共建”签约仪式。

是日 仁化人民检察院举行特邀检察官助理聘任仪式，首批特邀检察官助理7人。

9—10日 广东省商务厅厅长张劲松一行到仁化县调研推动驻镇帮镇扶村工作。

10日 周田电商小镇（广东省首个电商小镇）运营启动仪式暨广东省商务厅、省建工集团驻周田镇帮镇扶村项目推进会在周田镇举行。

是日 第六届平甫柰李开园节在黄泥塘千亩柰李种植基地开园。

13日 中央生态环境保护督察办到凡口铅锌矿调研督察整改正面典型案例相关情况。

是日 仁化县教育局、县文广旅体局主办的“喜迎全省中运会 掀起锻炼新热潮”中小学生篮球比赛在城北小学结束，并举行颁奖仪式，全县25个参赛单位、40支代表队360余名运动员参赛。

是日 “建功新时代 喜迎二十大”2022年韶关工会技术工人和先进职工疗休养活动启动仪式在仁化县举行。

14日 住房和城乡建设部村

镇建设司副司长苏卡到石塘开展小城镇建设专题调研。

15日 仁化县召开2022年固定资产投资及重点项目推进工作会议。

是日 韶关市禁毒委员会确定董塘镇为韶关市2022年度创建全省禁毒示范镇街。

18日 仁化县锦江河丹霞街道碧道项目正式开工。

20日 中共韶关市委副书记、市长陈少荣到城口镇上寨村、董塘镇江头村调研灾后复产情况。

是日 仁化县召开禁毒攻坚年行动暨禁毒示范创建工作推进会。

是日 仁化县召开2022年全民科学素质工作、科普工作联席会议暨创建全国科普示范县工作推进会。

是日 丹霞山世界地质公园入选广东首批高品质自然教育基地。

21日 仁化县开展天然气管道突发事件综合应急演练，市委常委、常务副市长邹振宇，省应急管理厅危化安全监管处处长曹德爱，县委常委、常务副县长刘拥军参加演练。

是日 中共韶关市生态环境局仁化分局党组设立。

22日 韶关市2022年度秸秆综合利用现场观摩会在周田镇较坑村召开。

是日 县档案馆在董塘镇安岗村开展录制方言档案视频活动，由该村70岁老人谭芳田使用方言讲述。

是日 广东省农业农村厅总畜牧兽医师屈源泉一行18人到仁化县城口镇粤北红军长征纪念馆、红军街、恩村开展党日活动和产业发展及人居环境整治等工作调研。

是日 广东省农业农村厅组织新闻媒体到仁化县开展撂荒耕地整治工作采访报道。

23日 广东省人民政府公布董塘镇安岗村思诒堂、丹霞山狮子岩庙遗址、丹霞山清代塔墓群（佛日峰塔墓、宝珠峰塔墓、锦石岩普同塔、丹霞山普同塔、张天窝和尚塔墓、朱道人墓、今辩乐说和尚墓）为第十批广东省文物保护单位。

24—30日 2022年广东省第十三届中学生运动会武术套路竞赛在县体育馆举行，仁化中学选手王笑为韶关市代表队获首金，仁化县体育健儿取得14金7银4铜共25块奖牌，打破韶关市在省中运会上的历史纪录。

26日 县纪委监委、县妇联组织2022年以来全县新提拔的副科级年轻干部及家属，在红军长征粤北纪念馆、城口红色小镇开展“清风传家·家庭助廉”廉政教育活动。

是日 广东省统计局党组书记、局长杨新洪到仁化县开展旅游业恢复情况和城口镇统计基础建设调研工作。

是日 广东生态工程职业学院院长廖金铃一行14人到仁化县林业局开展访企拓岗、产教融合和人才培养等有关校企深入合作方面的交流活动。

27日 全国加强扶贫项目资产后续管理暨衔接推进乡村振兴补助资金执行进度调度视频会在仁化县农业农村局九楼会议室分会场召开。

是日 红军长征粤北纪念馆获批广东省首批省级文明旅游示范单位。

是日 县税务局《“税e站”进驻村（居），“税易办”到群众身边》项目以全场最高分获韶关市第六届机关工作创新创优竞赛（服务群众类）一等奖。

28日 中共仁化县委2022年议军会议在县城召开。

是日 仁化县召开2022年上半年诚信“红黑榜”信息发布会，公布2022年上半年诚信“红黑榜”信息。

是日 仁化县林业局在茂名市召开的全省深化集体林权制度改革暨油茶生产现场会上作典型交流发言。会上，仁化县烟竹村黄岭嶂茶叶农民专业合作社被授予广东省林业专业合作社示范社称号。

29日 仁化县在石塘镇举办2022年水稻有序机械抛秧观摩现场会。

8月

1日 县城第一、二农贸市场由县城物业管理总站运营转为韶关市浈江十里亭兴荣市场服务管理有限公司运营，正式开展市场化运作。

2日 中共韶关市委副书记杨安队到丹霞街道、黄坑镇、周田镇调研粮食生产“退果还粮”“以晚补早”工作。

是日 仁化县召开全县统计造假不收手不收敛问题专项纠治工作动员部署会议。

是日 韶关市2022年村（社区）党组织书记培训班（仁化片区）开班，为期5天。县委书记、县长陈夏广在开班式上为学员上党课，县委常委、组织部部长李伟杰主持开班仪式。

2—3日 省发改委党组成员林吉乔率调研组到仁化县调研毛竹产业集聚发展基础设施建设项目。

3日 中共中央组织部工作组到红军长征粤北纪念馆考察。

是日 仁化县爱心献血屋举行启用仪式。

4日 仁化县快递行业工会联合会第一届第一次会员代表大会在仁化县邮政公司召开，来自邮政集团、韵达快递、圆通快递、极兔速运、顺丰快递5家快递企业25名会员代表参加大会。

5日 县委副书记刘海率县督导组到黄坑镇开展乡村振兴“督导日”活动。

是日 共青团仁化县委员会联合广东电网有限责任公司韶关仁化供电局，在丹霞山栖迟谷开展2022年仁化县“我们的节日·七夕”青年婚恋观教育暨联谊活动。

是日 佛山市政协副主席黄福洪一行14人到仁化调研“推动科普研学产业发展”和“加强民宿业发展”等系列提案成果转化情况。

6—7日 “中国梦·劳动美”喜迎二十大、建功新时代暨2022年仁化县“工会杯”象棋赛在县新时代文明实践中心举行。

8日 仁化县晚造粮食生产攻坚领导小组成立，县委副书记刘海旺任组长，统筹抓好全县晚造粮食生产工作。

9日 韶关市委实施乡村振兴战略领导小组通报2021年度韶关市推进乡村振兴战略实绩考核情况，仁化县综合评价等次为“优秀”。

9—10日 仁化县参加广东国际旅游博览会。

10日 广东省文化和旅游厅党组书记、厅长李斌到铜鼓岭红军烈士纪念园、城口镇红军街、红军长征粤北纪念馆考察调研。

是日 仁化县档案馆确定为仁化县少先队校外实践教育营地（基地）传统文化类。

是日 仁化县首个“侨胞之家”在丹霞街道老城社区揭牌。

11日 仁化县董塘镇新龙村获韶关市首届“农行杯”“个十百”乡村振兴擂台赛“十大美丽乡村”称号。

15日 城口镇上寨村三斗种村小组举行家园重建动工仪式。

16日 中共韶关市委常委、组织部部长张丽到丹霞冶炼厂、凡口铅锌矿开展“暖企”服务活动，到镇安岗村党群服务中心调研党群服务中心提质赋能、红色村建设有关情况。

17日 长江镇莲河村供销社挂牌成立。

18日 仁化县组织举办2022年“两新”组织党组织书记（党务工作者）培训班。

是日 中国社会科学院农村发展研究所所长魏后凯一行5人到仁化县开展现代农业产业园建设以及村庄联合发展专项调研。

19日 仁化县召开全县住户调查大样本轮换工作动员暨业务培训会。

是日 仁化县大学生协会成立大会暨第一次会员大会召开。

是日 仁化县召开各民主党派、无党派人士、工商联和新阶联工作座谈会。

是日 仁化县知识产权纠纷人民调解委员会揭牌仪式在县市场监督管理局举行。

23日 韶关市“产融赋能 共享未来”战略性产业集群企业融资洽谈会暨邮储助力专精特新企业发展对接活动在仁化县开展。

是日 “南国书香节”仁化分会场“红色故事代代传”故事分享活动在城口红色小镇举行。

24日 县河长办、团县委、县水务局在城口镇开展“争当河小青 共护绿水青山”仁化县巡河护河志愿服务活动。

是日 仁化县档案馆接入全国档案查询利用服务平台，实现全国档案查阅“一网通办”。

25—26日 韶关市乡镇科协示范点建设现场会在仁化县召开。

26日 第二届广州乡村振兴展览会在广州广交会展馆举行。东莞驻红山镇乡村振兴工作组协调组织仁化县龙之润农业开发有限公司等2家当地农业公司到广州参展。

是日 仁化县锦江电力开发总公司获韶关市水务局授予的“韶关市水利防汛工作突出贡献集体”称号。

是日晚 韶关市首届“中国人保·乡村振兴杯”男子篮球赛开幕式在韶关市体育馆举行，长江镇、大桥镇篮球队代表仁化县

2022年8月31日，广东"听党话、感党恩、跟党走"宣讲活动（韶关专场）在周田镇平甫村古树公园举行（赖文娣　摄）

参赛。9月22日晚，赛事在新丰县体育馆闭幕，长江镇代表队获得总冠军。

26日至11月7日　县级第七专项巡察组对县农业农村局、长江镇等10个单位及20个村（社区）开展乡村振兴资金管理使用暨农村集体"三资"管理专项巡察。

29日　仁化县人民政府办公室下发《仁化县人民政府办公室关于认定仁化县2022年县级新型农业经营主体的通知》，认定丹霞农夫（广东）生态农业有限公司等5家为2022年度县级农业龙头企业，韶关市吉田种养专业合作社等3家为2022年度县级示范性农民专业合作社，仁化县大桥镇妙青家庭农场等11家为2022年度县级示范家庭农场。

31日　由广东省委宣传部、省文明办、省委农办、省农业农村厅主办的广东"听党话、感党恩、跟党走"宣讲活动（韶关专场）在仁化县周田镇平甫村古树公园举行。

是日　由仁化县史志办公室、董塘镇人民政府共同编印的《仁化古山寨（董塘篇）》首发仪式举行。

是月　仁化县民政局工会委员会成立。

是月　仁化县妇联启动基层妇联换届工作。

9月

1日　仁化县到韶关站迎接当日抵达韶关的2022年仁化籍退役士兵光荣返乡，并举行欢迎仪式。

2日　仁化县举行退役军人及其他优抚对象优待证首发仪式。

是日　中山市政协副主席林少棠一行9人到仁化调研优化营商环境工作。

3日　仁化首家民营养老机构福心养老中心正式揭牌运营。

3—4日　省委常委、宣传部部长陈建文到城口镇、丹霞山调研中国传统村落（红色村）及全域旅游情况。

5日　南方农村报安排专门拍摄团队到仁化县大桥镇开展"书记话丰收"系列宣传活动和韶关市丰收节主题宣传片拍摄活动，县委书记、县长陈夏广参加代言海报及视频拍摄。

5日至12月23日　仁化县组织开展十四届县委第二轮常规巡察。

6日　红山镇新白村被韶关市科学技术协会、韶关市农业农村局评为"民主法治示范村（社区）创建单位"。

7日　仁化县2022年全国义务教育优质均衡发展县暨教育工作会议在县城召开。

9日　县乡村振兴局在县农业农村局五楼会议室召开乡村治理"百镇千村"示范创建工作会议。

是日　仁化县召开2022年下半年公开审批定兵大会，对体格检查、政治考核"双合格"青年进行电脑摇号，随机确定入伍对象和入伍去向。

13日　仁化县召开镇级国土空间规划编制调研工作推进会。

是日　县公安局特警大队大队长邹建雄获第二届"广东最美退役军人"称号。

13—15日　县政协组织部分政协委员到各镇（街）开展"乡村产业振兴和农村人居环境长效管护"专题调研。

15日　县委常委、常务副县长刘拥军参加仁化县生态旅游项目、仁化县黄坑镇100兆瓦农光互补光伏发电项目签约仪式。

16日　仁化县党外知识分子

联谊会组织全体会员到石塘双峰寨开展“喜迎二十大·同心跟党走”主题教育系列活动。

17日 韶关市人民政府副市长、代市长陈志清到董塘镇新龙村调研美丽乡村建设发展工作，到丹霞冶炼厂调研企业建设发展工作。

18日 “九一八”事变纪念日。全县警报器、多媒体显示屏试鸣防空警报。

19日 红山镇新白村供销社挂牌成立。

是日 人民银行广州分行及韶关中支、仁化支行，南昌中支及赣州中支、崇义支行，长沙中支及郴州中支、汝城支行9个地区青年联合开展“青春向党百年路 奋进喜迎二十大”青年理论云联学活动。

20日 第20个公民道德宣传日。仁化县举行“喜迎二十大 强国复兴有我”2022年第一、二季度“仁化好人”暨“仁化县最美退役军人”“仁化最美军嫂”名单发布仪式。

21日 县人社局在鸿伟木业举办企业新型学徒制培训班开班仪式。

是日 仁化县向阳农机专业合作社认定为2022年“全省十佳农机社会化服务组织”。

22日 央视记者到城口拍摄仁化县长征国家文化公园建设情况，并在CCTV-7国防军事频道播出。

是日 董塘镇妇女第十四次代表大会召开。

是日 县乡村振兴局在县农业农村局八楼会议室召开仁化县农村生活污水处理设施及配套管网建设项目推进会。

是日 仁化县科协到仁化县铭记家庭农场市级科普教育基地授牌。

是日 仁化县子明优质水稻农民专业合作社被评为2022年韶关市十大种粮大户、刘湘林被评为2022年韶关市十大杰出精勤农民、宋德坤被评为2022年韶关市十大乡村电商达人、王文君被评为2022年韶关市十大乡村网红、韶关小桔灯农业科技有限公司被评为2022年韶关市十佳农业社会化服务组织、高峰被评为2022年韶关市最美驻镇帮镇扶村工作队队员。

23日 “庆丰收 迎盛会”仁化县庆祝2022年中国农民丰收节活动在周田电商小镇举行。

24日 “同饮一江水”2022广东劳动者歌唱大赛（韶关赛区）总决赛在韶关市君临广场举行，仁化县参赛选手卢思羽获本次比赛银奖。

25日 广东省老区建设促进会会长陈开枝到城口镇调研老区红色遗址保护利用工作。

26日 仁化县举办2022年度仁化县党外干部培训班，县委常委、统战部部长潘文辉出席开班仪式并作开班动员讲话。

是日 城口镇人民政府专职消防队挂牌。

27日 仁化县人民政府与中国移动韶关分公司举行5G+智慧区县战略合作协议签约仪式。

是日 丹霞山入选广东省十佳科普教育基地。

28日 共青团仁化县第十七次代表大会召开。县委书记、县长陈夏广，县人大常委会主任邱志坚、县政协主席谢林茂，团市委副书记徐泳，副县长叶剑斌出席大会。

是日 仁化县在新城幼儿园举办“喜迎二十大 强国复兴有我”2022年仁化县文艺展演暨“新时代好少年”发布会，表彰“新时代好少年”29名。

是日 仁化县新华书店有限公司县级科普教育基地挂牌。

是日 县委老干部局组织全

2022年9月23日，“庆丰收 迎盛会”仁化县庆祝2022年中国农民丰收节活动在周田电商小镇举行 （黄福成 摄）

县离休干部和副处级以上退休干部到县人民医院进行健康体检。

29日 仁化县安全生产委员会工作会议召开，部署全县安全生产工作。

是日 丹霞街道举行2022年仁化县丹霞街道“星级文明户”“文明家庭”表彰仪式。

是日 仁化县在红军长征粤北纪念馆新时代文明实践讲堂举行歌舞剧《你来过》展播开播仪式，庆祝中国共产党成立101周年。

是日 广东省自然资源厅到长江镇检查拆旧复垦地块管护工作。

30日 烈士纪念日。仁化县在红陵公园烈士纪念园举行烈士公祭活动。

是日 董劝书院入选广东省社会科学普及基地（提升型）名单。

是月 城口镇恩村村被评为2022年广东省“民主法治示范村（社区）创建单位”。

是月 长江镇通过广东省卫生镇复审。

10月

1日 根据中国人民银行决定，自是日起，下调首套个人住房公积金贷款利率0.15个百分点，5年以下（含5年）和5年以上利率分别调整为2.6%和3.1%。第二套个人住房公积金贷款利率政策保持不变，即5年以下（含5年）和5年以上利率分别不低于3.025%和3.575%。

3日 中央电视台中文国际频道《今日环球》栏目刊播《广东仁化：欢庆国庆节 万里碧道装扮一新》。

7日 中央电视台综合频道《新闻联播》栏目刊播《广东韶关：颜如渥丹 灿若明霞 丹霞山风光无限》。

8日 仁化县巴孖园家庭农场、韶关车八岭农业科技有限公司市级科普教育基地授牌。

9日 中共仁化县委网络安全和信息化委员会第四次会议召开。

11日 丹霞街道狮井村（柑橘）、红山镇新山村（茶叶）、周田镇新庄村（柰李）被认定为省级“一镇一业、一村一品”特色专业村。

是日 凡口铅锌矿采矿车间回采队实现连续安全生产23周年。

13日 石塘镇茂盛家庭农场、黄坑镇长冲家庭农场、大桥镇五马寨家庭农场、大桥镇颖川家庭农场、周田镇龙坑娥公龙黄金柰李家庭农场5个家庭农场被评定为2022年省级示范家庭农场单位；董塘镇凹背家庭农场、石塘镇铭记家庭农场2个2020年省级示范家庭农场监测合格。

14日 县委书记、县长、县安委会主任陈夏广主持召开全县第四季度安全生产和消防工作暨防范重特大生产安全事故工作会议。

16日 仁化县收听收看中国共产党第二十次全国代表大会。

18日 中共韶关市委书记陈少荣到仁化县城口镇上寨村委会三斗种村小组检查督导灾后重建工作。

是日 县档案馆经开放鉴定的馆藏档案285条开放目录在仁化县人民政府网公开。

20日 仁化县残疾人联合会第七次代表大会在县城召开。

是日 凡口铅锌矿召开主任工程师、副主任工程师竞聘大会，是凡口矿在拓展技术人员晋升通道的首次尝试。

21日 长征国家文化公园（广东段）仁化片区首个建设项目水东桥遗址修缮项目开工。项目建设内容包括建设“奇袭城口”主题小广场、修缮桥墩遗址、修建还原瞭望塔、整治城兴桥等。

22日 省农业农村厅专家组到仁化县开展2023年毛竹省级现代农业产业园实地核查。

24日 仁化县被省林业局认定为广东省首批竹产业发展基地。

是日 县应急救援队到乳源瑶族自治县支援灭火。

26日 仁化县2022年“仁化风味”丹霞名厨争霸赛在仁化县仁爱广场开幕。

27日 仁化县召开“百名法学家百场报告会”暨习近平法治思想专题辅导报告会。

28日 2022年第三季度全市垦造水田工作推进会在仁化县召开。仁化县因垦造水田进度排名全市第一，被授予红旗表彰。

是日 仁化农商银行“三农易”“小微易”首笔贷款成功发放。

是日 广东仁化农村商业银行股份有限公司召开2022年第一次临时股东大会。

31日 仁化县召开传达贯彻

党的二十大精神大会，部署学习宣传贯彻工作。

是日 仁化县机构编制委员会下发《关于中共仁化县委农村办公室更名为中共仁化县委农村工作领导小组办公室的批复》。经县委批准，同意将中共仁化县委农村办公室更名为中共仁化县委农村工作领导小组办公室，仍设在县农业农村局。

11月

1日 仁化县人民政府与中国联通韶关市分公司举行战略协议签约仪式。

2日 仁化县人民政府办公室印发《仁化县2022年冬季秸秆离田综合利用奖补工作方案》，指导推进全县秸秆综合利用工作。

是日 广东工业大学建筑设计研究院院长李志到红城林场调研。

3日 中共广东省委书记黄坤明，广东省人民政府省长王伟中到仁化县大桥镇金喆园沙田柚种植基地考察调研。

是日 市政协主席胡海运率队到仁化县走访调研韶商代表企业。

是日 县政法系统举办“学习贯彻党的二十大精神，建设更高水平的平安仁化”主题篮球赛决赛。

4日 县政府与国家电投集团云南国际电力投资有限公司举行绿色能源投资合作框架协议签约仪式。县委书记、县长陈夏广见证签约仪式并讲话。

是日 县委宣传部、县委讲师团、县教育局、县融媒体中心、县新时代文明实践中心联合举办仁化县“永远跟党走 奋进新征程”主题宣讲活动暨“小蜜蜂”百姓宣讲比赛决赛。

4—5日 仁化县举办第二届南粤家政“丹霞家嫂”家政服务员职业技能大赛。

6日 青海省政协副主席马海瑛一行到仁化县金喆园、丹霞山参观考察。

7—10日 仁化县2022年广东兜底民生服务社会工作“双百工程”社工培训在丹霞山原色客栈举办。

8日 茂名市政协党组书记、主席刘芳，副主席罗天明率考察组一行17人到红军长征粤北纪念馆学习考察。

8日至12月9日 市委第七提级交叉巡察组对丹霞街道、周田镇开展提级交叉巡察。

10日 仁化县2022年第四季度水利系统安全生产工作会议暨防旱抗旱保供水工作会议在县城召开。

是日 县政法系统在县检察院举办“新征程，新担当，做公平正义的践行者、维护者”贯彻落实党的二十大精神主题演讲比赛。

11日 仁化县召开经济工作会议，学习《广东省统计条例》，研究全县经济指标运行情况。

12日 仁化县教育系统“工会杯”篮球比赛落幕，仁化中职代表队赢得冠军。

14日 仁化县召开学习贯彻党的二十大精神宣讲动员会。

15日 仁化县在董塘镇澌溪河电站举行县城自来水厂备用水建设工程一期开工仪式。

是日 石塘镇石塘村被文化和旅游部评为第四批全国乡村旅游重点村。

是日 仁化县生活垃圾处理费价格听证会在县发改局会议室召开。

是日 长江镇复兴少年宫组织开展“传承中华非物质文化遗产，弘扬中华工匠精神”省级非物质文化遗产“玉扣纸”知识讲座和书法培训活动。

16日 扶溪镇在古夏村举行农光互补项目动工仪式。

是日 广东威玛新材料科技有限公司在仁化县产业转移工业园举行股改创立大会揭幕仪式、第二期生产线投产仪式、研发中心及行政副楼开工仪式。

是日 县委宣传部代表仁化县参加“奋进新征程 共创强国业”韶关市学习党的二十大精神理论知识竞赛获得优秀奖。

18日 县卫生健康局加挂仁化县疾病预防控制局牌匾。

是日 扶溪镇古夏村入选韶关市“忠诚立家风”实践示范基地。

21日 仁化县毛竹产业园入选省农业农村厅2023年省级现代农业产业园入库重点推荐名单公示。

24日 广东省商务厅一级巡视员殷焕明一行到周田镇开展乡村振兴工作调研。

是日 深圳华侨城文化旅游科技集团有限公司董事长陈跃华到红城林场示范园调研。

25日 广东省林业局公布董塘古树群为“广东十大最美古

树群”。

28日 仁化县获“2020年省级电子商务进农村综合示范县”绩效评价优秀等级。

是日 仁化县新业态行业工会联合会成立并召开第一届委员会第一次全体会议。

29日 仁化县举行学习贯彻党的二十大精神市委宣讲团报告会暨全县科级主要领导干部学习贯彻党的二十大精神专题研讨班开班式。

是日 国家矿山安全监察局广东局党组书记、局长冯国祥带队到仁化县董塘镇凡口铅锌矿尾矿库库区调研安全监管工作。

是日 仁化等广东各大柑橘产区携手登陆有“世界第一屏”之称的美国纽约时代广场纳斯达克大屏幕。打出口号：“广东柑橘，大吉大利！”向全球展示广东柑橘魅力，向世界人民发起到仁化品尝贡柑的邀约。

是月 仁化县价格认证中心获广东省发展和改革委员会价格认定中心通报表扬。

是月 仁化县电子商务进农村综合示范县项目通过省商务厅考核，获得优秀等次。

12月

1日 周田镇被广东省爱国卫生运动委员会确认为广东省无烟单位。

2—3日 广东省林业局党组成员、副局长王华接率省林长办核查组到仁化县开展2022年度林长制考核现场核查工作。

3日 县流调溯源指挥中心实战启用，抽调各单位工作人员进驻集中办公，随时共享流调相关信息，建立顺畅沟通机制。

5日 韶关市科学技术协会、韶关市农业农村局公布2022年韶关市第二届“风采杯”名茶评鉴大赛获奖名单，仁化县粤北怡皇茶叶专业合作社“怡皇红”获红茶类一等奖、仁化县红山镇丹霞工夫茶叶专业合作社“国粤天香”获红茶类二等奖、仁化县红山镇富农茶叶专业合作社“仙嶂”和广东齐民农林科技有限责任公司“烟竹红”获红茶类三等奖；仁化县红山镇丹霞工夫茶叶专业合作社“国色天香”获白茶类一等奖、广东齐民农林科技有限责任公司“银倒”获白茶类二等奖、仁化县红山镇金醇红茶叶专业合作社“金醇红”获白茶类三等奖；仁化县农业农村局、县科协获优秀组织奖。

6日 党中央、全国人大常委会、国务院、全国政协、中央军委在北京人民大会堂隆重举行江泽民同志追悼大会。仁化县组织广大党员、干部、群众收听收看江泽民同志追悼大会。

7日 县委书记、县长陈夏广到挂点镇（街）丹霞街道讲党课。

8日 仁化县被评估达到省级健康县（市、区）建设标准，被确认为“广东省健康县（市、区）”。

是日 仁化县12家农民专业合作社被认定为韶关市2022年农民合作社市级示范社。

是日 县统计局完成全县125个村（社区）基层统计“7个一”规范化建设指导工作。

11日 仁化县举行仁化县牛羊产业园创盛优质羊奶制品冷链加工一体化、中央厨房新建设项目奠基仪式。

13日 仁化县妇女第十四次代表大会在县城召开。

14日 仁化县长坝沙田柚入选2022年第三批全国名特优新农产品名录。

15日 仁化县召开深化乡镇街道体制改革工作推进会。

是日 第三届丹霞贡柑果王争霸赛在丹霞贡柑品控中心举行。

18日 “丹霞贡柑”地理标志农产品保护工程项目品牌发布会与云产销对接推介会同步举办，丹霞贡柑营销公司揭牌成立。

19日 仁化县有10家家庭农场被认定为韶关市市级示范家庭农场。

20日 全市第四季度项目集中开竣工活动（仁化分会场）在丹霞新城幼儿园西侧新城学校项目地址举行，涉及项目39个，总投资25.88亿元。

是日 仁化县召开东莞市人民医院“组团式”帮扶仁化县人民医院专家座谈会。

是日 丹霞山国家级自然保护区入选2022年“广东省环境教育基地示范单位”（首批）。

是日 仁化县统计局在2022年度韶关城乡一体化住户调查工作表现突出被国家统计局韶关调查队通报表扬。

是日 周田镇灵溪河森林旅游度假公园、石塘镇蚂蚁公社被韶关市教育局评为第三批韶关市中小学生研学实践教育基地

（营地）。

是日 仁化县奥达胶合板有限公司、广东英业达电子公司、鸿伟木业（仁化）有限公司、韶关凯鸿纳米材料有限公司、广东省勃诚建设有限公司成功申报为广东省创新型中小企业。

21日 长江镇浒松村开展党建引领基层治理促乡村振兴“打擂比武”活动。

22日 中华全国总工会公布“2022年全国最美工会户外劳动者服务站点”名单，仁化农商银行户外劳动者工会爱心驿站入选，成为韶关市辖5个获此殊荣站点之一。

23日 县统计局在持续巩固和深化基层统计“7个一”规范化建设中被韶关市统计局评为县级先进单位，董塘镇、大桥镇被评为先进乡镇。

26日 仁化县成功申报第一批国家县域商业建设行动示范县。

是日 仁化一彩民中双色球一等奖716万元。

27日 仁化县入选农业农村部乡村产业发展司“对2022年全国休闲农业重点县名单进行公示”公示名录。

28日 仁化县乡村振兴战略领导小组下发《仁化县农村人居环境整治提升五年行动方案（2021—2025年）》。

是日 仁化县工商联被评为全国“五好”县级工商联。

29日 仁化县政协“委员工作站”揭牌仪式在县新图书馆举行。

30日 县统计局在全市统计能力建设工作中被韶关市人民政府通报表扬，石塘镇被评为优秀乡镇，新城社区居委会、董联村、石塘村、水口村、江南村、古洋村、上坪村、高塘村被评为优秀村（社区）。

是月 大桥镇长坝村入选全国乡村特色产业亿元村公示名单。

是月 金喆园糖尿病森林康养基地入选2022年国家级森林康养试点建设单位名单。

是月 红山镇新白村代表县申报深入推进全国红色村组织振兴建设红色美丽乡村先行试点案例入选2022年度韶关市深化改革和规范治理创新案例。

是月 仁化供电局获“2022韶关市仁化县政府公共服务（40项）公众满意度第一名”。

是月 仁化县石塘镇卫生院业务楼通过竣工验收并投入使用。

是年 全县出现65天日最高气温≥35℃以上高温天气，高温天数较常年平均（36.1天）偏多28.9天，创县有气象记录以来历史新高。

是年 仁化县在修缮董劝书院时，发现“董劝义仓碑记”、“钦加同知衔持授仁化县正堂加十级记录十次卢”碑、“黄巢营茶亭施田碑”3座石碑。

是年 仁化县行政服务中心有37个部门1595个政务服务事项全部进驻行政服务中心办事大厅，实现只进“一扇门”便民立体目标，推进“无证明城市建设”。

是年 仁化县完成“四好农村路”建设任务75.326千米（其中路网联结工程58.713千米，单改双工程16.613千米）。

是年 仁化县设立党史方志驿站7家。

是年 仁化县在“社区吹哨、党员报到”平台发单4100余次，党员报到5.1万人次。

概　貌

自然环境

【位置、范围和面积】　仁化县隶属广东省韶关市，东与始兴县、南雄市接壤，东北与江西省崇义县、大余县接壤，南面紧邻曲江区，西南与浈江区相接，西与乐昌市接壤，北与湖南省汝城县毗邻，是粤、湘、赣三省交界地。县域范围为北纬24°49′～25°27′，东经113°30′~114°03′。县城距韶关市区49千米，距广州市区270千米。交通便利，国道106线、323线及省道345线、342线、246线穿越域内；韶赣高速公路经过周田镇，并设有出口；武深高速公路横穿县域，在县城设有出口；韶赣铁路在周田镇设立丹霞山火车站；镇村间均有县道、乡道公路可通。县域东西相距47.3千米，南北相距44千米（最宽处为67.65千米），西北至东南最短距11千米。全县辖区面积2223.25平方千米。

【地质、地貌】　仁化县地处广东省最北部、南岭山脉中段，地势大体北高南低，地形复杂，以山地丘陵为主，其中山地约占70%、丘陵约占20%、小平原占10%，总体走向为东南向。北部及东南部主要为中低山及丘陵，中部以丘陵为主。董塘至县城一带为覆盖下岩溶盆地，地形平坦。丹霞山一带山体柱立，风景优美，以“丹霞地貌”闻名于世，是国家级风景名胜区、世界地质公园、世界自然遗产。全县地势总体北部及东南部高，中部低。北部最高点万时山海拔1559米，南部最低点长坝一带海拔61.5米，相对高差1497.5米，北江支流锦江斜贯全域。

区域位于南岭巨型纬向构造带中段，地质结构较为发育，岩浆活动频繁。区内出露地层从老到新有寒武系、奥陶系、泥盆系、石炭系、二叠系、三叠系、侏罗系、白垩系、古近系、第四系。寒武系较广泛分布于县域中北部小椆水林场、丹霞林场及东南部黄坑、灵溪一带，岩性主要为一套板岩、浅变质砂岩。奥陶系见于东南部灵溪一带，岩性以板岩为主，次为浅变质砂岩。泥盆—石炭系分布于中部石塘、董塘、仁化县城、胡坑一带，岩性主要为灰岩、泥岩、砂岩。二叠系及三叠系见于西部董塘至花坪一带，岩性为含煤砂质岩。侏罗系零星分布于石塘西南侧，岩性主要为泥岩、砂岩。白垩系、古近系分布于中南部丹霞山、周田、大桥一带，零星见于中北部塘村，岩性主要为砂砾岩、砂岩、泥岩。第四系主要见于中部董塘—仁化盆地，为冲洪积中细沙、粉砂、黏土，偶有砂砾层。侵入岩广泛分布于北部红山、城口、长江、扶溪及东部闻韶、黄坑一带，属诸广山岩体一部分，主体为印支期—燕山期侵入体，岩性主要为中粗粒黑云母花岗岩及中粗粒斑状黑云母花岗岩、中细粒黑云母花岗岩。扶溪一带有海西期花岗闪长岩呈岩株产出；区内地质结构有东西向、北东向、西北向3组，以东西向构造最为发育，表现为诸广山岩体及由泥盆—石炭系地层组成的董塘—仁化复向斜作东西向展布。北东向构造以断裂构造最为发育，为吴川—四会深断裂带北段（仁化—韶关断裂带）组成部分。西北向构造表现为寒武系、奥陶系地层作西北向紧密褶皱产出。

（谭理智）

【气候】 气候特征。2022年，仁化县气候特点：年平均气温略偏高，年总降水量偏多6%，年内降水时空分布不均，年日照时数偏少7%，气象灾情属偏中等年景。全县平均气温20.2℃，比历年平均偏高0.1℃。第一季度平均气温为12.8℃，比历年同期偏高0.4℃；第二季度平均气温为22.5℃，比历年同期偏低1.4℃；第三季度平均气温为28.2℃，比历年同期偏高0.7℃；第四季度平均气温17.0℃，比历年同期偏高0.4℃。气温异常偏高（或偏低）月份有1月（偏低1.6℃）、2月（偏低3.8℃）、3月（偏低3.2℃）、5月（偏低2.3℃）、11月（偏高2.7℃）、12月（偏低1.9℃）。年降水量为1807.4毫米，较历年同期偏多6%。年内降水时空分布不均。第一季度降水量为375.6毫米，与历年同期持平；第二季度（前汛期）降水量为1050.9毫米，较历年同期偏多43%；第三季度（后汛期）降水量为166.6毫米，较历年同期偏少60%；第四季度降水量为214.3毫米，较历年同期偏多23%。“龙舟水”期间（5月21日至6月21日），全县平均降水量699.6毫米，比历史同期偏多2倍，突破历史极值（1994年的546.6毫米），各镇（街）亦刷新当地历史纪录，最大累计降水量910.1毫米出现在仁化林场。全县年日照时数1578.9小时，较历年同期偏少7%。第一季度日照时数为201.9小时，较历年同期偏少17%；第二季度日照时数为324.1小时，较历年同期偏少13%；第三季度日照时数为651.3小时，与历年同期基本持平；第四季度日照时数为401.6小时，较历年同期偏少14%。

特殊天气。2022年，全县出现雾日数32天，霾3天。县域各地四季均有雾出现，冬季、春季雾日最多，秋季次之，夏季最少；山区多于平地，林区多于荒山杂草地带；一般形成于0—6时，太阳出来后雾浓度加大，9—10时逐渐消散。暴雨日数7天，较常年平均值5.4天偏多1.6天。霜5天，无降雪。日最高气温≥35℃天气65天，高温日数较常年平均值36.1天偏多28.9天，创仁化县有气象记录以来历史新高。

（王倩婧）

【水文】 仁化县地处浈江流域，县区内河流均属于山区性河流。最大河流为锦江，全长108千米，集水面积1913平方千米，其中仁化县域内河长90千米，集水面积1874平方千米。集水面积100平方千米以上河流有扶溪河、城口河、黎屋河、董塘河、百顺河5条，其中百顺河为浈江一级支流，其余4条河流为锦江一级支流。

水资源量。2022年，仁化县地表水资源量为26.05亿立方米，比多年平均值增长20%，其中入境水量为3.36亿立方米；地下水资源量8.46亿立方米，比多年平均值增长11.9%。仁化县属山丘区，地下水资源量即河川基流量，地表水资源量已包含地下水资源量。

河流水库水质监测评价。2022年，仁化县域内有河流水质监测断面3个，监测、评价一级河流水功能区1个、二级水功能区2个（对有二级区的一级区只计二级区个数）。其中，一级河流水功能区浈江始兴—曲江保留区水质目标为Ⅲ类，代表断面为周田，水质现状为Ⅱ类，达标；二级水功能区有锦江丹霞山景观用水区水质目标为Ⅲ类，代表断面为仁化，水质现状为Ⅱ类，达标；锦江江口饮用水、农业用水区水质目标为Ⅱ类，代表断面为金牛农庄人行桥，水质现状为Ⅱ类，达标。有水库水功能区3个：赤石迳水库开发利用区水质目标为Ⅱ类，代表断面为赤石迳水库，水质现状为Ⅱ类，达标；锦江仁化保留区水质目标为Ⅱ类，代表断面为锦江水库，水质现状为Ⅱ类，达标；高坪水库开发利用区水质目标为Ⅱ类，代表断面为高坪水库，水质现状为Ⅱ类，达标。仁化县3个河流断面和3个水库水功能区水体水质达标率均为100%，水质总体情况良好。

（文小平　谢理丽）

【自然灾害】 2022年5月22日20时到23日20时，受强降雨云系影响，仁化县出现大雨到暴雨，有8个测站录得暴雨，13个测站录得大雨，平均降雨量45.9毫米，最大雨量87.3毫米出现在扶溪。降雨造成4个镇受灾，倒

2022年6月19日，县救援大队队员在灾区转移群众

（县应急管理局　供）

塌房屋10户29间，7人因泥砖房存在安全隐患而紧急避险转移安置，30人安全转移，造成家庭财产经济损失29万元，未出现因洪灾致人员伤亡现象。6月3日到8日，受强降雨云系影响，仁化县普降中到大雨、局部暴雨，降雨致城口、长江、红山、董塘4个镇42.16公顷农作物受灾，农业经济损失约34.84万元，基础设施损失约306万元，公共服务设施损失20万元，其他经济损失516.06万元，损毁水利灌溉工程72处，受灾人口474人，需紧急避险人员29人，未出现人员因灾伤亡现象。投入救灾救援力量277人次。6月18日20时到23日12时，仁化县发生50年未遇的特大暴雨，全县多地受灾严重。截至6月27日15时，全县内涝168处，已消除168处；道路塌方900处，边坡塌方400处，小滑坡387处，山体滑坡17处（其中，大桥镇古洋村河背组发生大型滑坡和泥石流各1处，因及时转移人员，无伤亡现象）。截至6月30日15时，受灾人口7930人，转移安置2580人，紧急转移避险2825人，因灾倒塌房屋51户167间，损坏房屋2户2间，农田受灾面积2050公顷，水产养殖受灾面积238.42公顷，直接经济损失13220.16万元，未出现因洪灾而致人员伤亡现象。投入救灾救援力量3220人次。

（罗　姗）

资源物产

【土地资源】　仁化县土地资源丰富。2022年，全县总面积2223.25平方千米，户籍人口241630人，人均土地拥有量0.92公顷。

（谭理智）

【水资源】　仁化县山多林密，雨量充沛，多年平均降雨量1646.4毫米，年降水总量47.98亿立方米；多年平均地表水资源量26.05亿立方米；多年平均地下水资源量8.46亿立方米。仁化县共有河流108条，总长1055.28千米，其中，流域面积50平方千米以上河流27条，总计长579.25千米。扶溪河、城口河、塘村河、董塘河，呈树枝状分布在锦江干流上，在大桥镇水江汇入浈江；黄坑河（百顺河）由南雄市百顺镇流经闻韶、黄坑和周田3个镇，由周田镇和平汇入浈江；灵溪河由周田镇平甫汇入浈江。全县年径流与降雨分布规律相似，多年平均径流深，自南向北分布在800～1100毫米。县域内，浈江河主干长约41千米，从周田镇（新庄电站处）入域水量约36.8亿立方米，从大桥镇（湾头电站处）出域水量约60.7亿立方米。浈江河一级支流锦江河多年平均年产水量17.66亿立方米（含外省县292平方千米集雨面积产水量及湖南省龙洞水库跨流域引入流量为1立方米每秒水量）；浈江河一级支流黄坑河（百顺河）全长59千米（其中县域内32千米），流域面积392平方千米（其中县域内268平方千米），年产水量约6亿立方米；浈江河一级支流灵溪河全长38千米，流域面积116平方千米，年产水量约1.5亿立方米。全县水力资源理论蕴藏量约16万千瓦，有少量地热水资源，水量较少，较少开发。截至2022年，全县水电站装机193565千瓦。

（李恩泽）

【矿产资源】　仁化县矿产资源丰富，是中国有色金属之乡。探明和开发矿藏主要有铜、铅、锌、钼、铋、银、汞、镓、锗、铁、煤、铀、萤石、钾长石、石英石、水泥用灰岩、建筑用灰岩、地热水等，已发现矿产类型有12类、51种，其中探明储量（查明上表矿区）矿产地7处。县域分布矿产资源特点：矿产种类较多，分布范围广，大矿、富矿相对集中，矿产资源丰富而分布不均匀。

（谭理智）

【生物资源】 2022年，仁化县有蕨类植物37科、70属、139种，裸子植物6科、8属、11种，被子植物163科、813属、2118种；真菌512种，食用菌85种，药用菌63种。长江、红山、城口、扶溪等镇有保护较完好的天然阔叶林。在阔叶林群落中，上层以壳斗科、木兰科、樟科、山茶科植物占优势，下层多以桃金娘、细齿叶柃、芒萁、乌毛蕨等为主。有国家重点保护野生植物34种。其中，国家一级重点保护野生植物有南方红豆杉、伯乐树、银杏、水松、水杉、中华水韭6种；国家二级重点保护野生植物有桫椤、篦子三尖杉、广东松、丹霞梧桐等28种。广东省重点保护野生植物有广东含笑、观光木、巴戟天等15种。珍稀濒危野生植物有桫椤、篦子三尖杉、白桂木等8种。有野生动物6纲、52目、290科、1126属、1553种。其中，鱼类6目、20科、69属、100种，两栖类2目、8科、12属、33种，爬行类3目、14科、39属、60种，鸟类17目、47科、161属、225种，兽类8目、24科、56属、88种，昆虫类16目、177科、789属、1047种。野生动物资源丰富，多分布在山区镇，主要在林地、灌草地、水域、农业用地、居民区等区域出没。国家一级重点保护野生动物有华南虎、林麝、中华秋沙鸭等15种；国家二级重点保护野生动物有短尾猴、白鹇、虎纹蛙等53种；广东省重点保护野生动物有棕鼯鼠、豪猪、白鹭等18种；IUCN（世界自然保护联盟）濒危物种31种；CITES（《濒危野生动植物种国际贸易公约》）附录物种32种。

链接

2022年仁化县重点保护野生植物、动物

国家二级重点保护野生植物：桫椤、小黑桫椤、篦子三尖杉、广东松、福建柏、樟树、油樟、闽楠、润楠、金毛狗、苏铁、任木、毛红椿子、喜树、华南栲、伞花木、莲、半枫荷、银鹊树、丹霞梧桐、水蕨、花榈木、鹅掌楸、格木、红椿、厚朴、金线兰、大叶木兰。

广东省重点保护野生植物：广东含笑、观光木、乐东拟单性木兰、沉水樟、兰花蕉、短萼黄连、见血封喉、走马胎、圆籽荷、杜鹃红山茶、大苞白山茶、猪血木、银钟花、巴戟天、虎颜花。

国家一级重点保护野生动物：华南虎、云豹、豹、林麝、黄腹角雉、中华秋沙鸭、穿山甲、豺、大灵猫、小灵猫、金猫、莽山烙铁头、黄胸鹀、黑鹿、黄嘴白鹭。

国家二级重点保护野生动物：短尾猴、黑熊、青鼬、水獭、斑林狸、豹猫、水鹿、鬣羚、黑冠鹃隼、黑鸢、蛇雕、凤头蜂鹰、白腹鹞、林雕、灰背隼、红隼、燕隼、游隼、白鹇、褐翅鸦鹃、小鸦鹃、黄嘴角鸮、领角鸮、蟒蛇、短尾鸦雀、红喉歌鸲、大鲵、虎纹蛙、山瑞鳖、平胸龟、眼斑水龟、脆蛇蜥、眼镜王蛇、黑翅鸢、凤头鹰、赤腹鹰、猴面鹰、日本松雀鹰、松雀鹰、普通鵟、斑尾鹃鸠、红角鸮、领鸺鹠、斑头鸺鹠、鹰鸮、红头咬鹃、白胸翡翠、蓝喉蜂虎、画眉、黑喉噪鹛、红嘴相思鸟、红胁绣眼鸟、阳彩臂金龟。

广东省重点保护野生动物：棕鼯鼠、豪猪、豹猫、大白鹭、白鹭、牛背鹭、池鹭、绿鹭、黄斑苇鳽、栗苇鳽、白额山鹧鸪、黑水鸡、红嘴相思鸟、棘胸蛙、黑斑蛙、沼蛙、平胸龟、锯缘摄龟。

（刘四娣）

建置·区划

【建置沿革】 仁化县古属百越之地，秦末汉初属南越国南海郡。南越归汉，仁化为曲江县地域。南朝齐（479—502）析曲江县地，始置仁化县。南朝梁至唐垂拱三年（687）撤销仁化县，并入曲江县。唐垂拱四年（688）复置。北宋开宝五年（972），仁化县并入乐昌县，北宋咸平三年（1000）恢复建置。南宋至元、明、清、民国时期，均相沿未改。1949年10月16日，仁化县人民政府成立。1958年11月7日，仁化县并入广东省韶关市，为市辖郊区。1961年1月17日，仁化县从韶关市划出，恢复县建置，属广东省韶关地区。1983年6月，韶关市与韶关地区合并，以市带县，仁化县属广东省韶关市辖。2004年7月，韶关市部分行政区划调整，原曲江县辖周田镇、黄坑镇、大桥镇划归仁化县管辖。此后未再变动。

（谢嘉文）

【行政区划】　2022年，仁化县辖董塘、石塘、长江、扶溪、闻韶、城口、红山、周田、黄坑、大桥10个镇及1个丹霞街道，共16个居民社区，109个村。

（叶莉华）

人口·语言

【人口】　2022年，仁化县户籍总户数75131户，总人口241630人，比2021年下降0.4%；出生人口1215人，出生率6.25‰，比2021年下降1.3个千分点；自然增长率为－2.03‰，比2021年下降2.3个千分点；乡村人口15.15万人，占总人口比重62.7%；城镇人口9.01万人，占总人口比重37.3%；男性人口12.46万人，占总人口比重为51.57%；女性人口11.7万人，占总人口比重48.43%；男女性别比为106.42，比2021年提高0.67个百分点。常住人口密度83.5人/平方千米，略低于2021年，暂住人口5783人。

（罗淑芹　邓红莲）

【语言】　仁化县位于粤赣湘三省交界处的粤北边陲，域内城乡居民大多数是客家人，且有部分江西、湖南、粤语区（珠江三角洲）和河源县移民，加上有少量历史上早已定居县内的瑶民，方言比较多样。由于历史渊源不同，客方言有董塘话、长江话、附城话、塞麻（虱嫲、虱嬷、虱婆）话（原与北江船话相通）、河源话5个变体。其中董塘话与兴宁、梅县、惠州客方言更为接近，说这种方言人数约占全县客方言人口的一半。另有周田镇道管、新庄村与大桥镇共和村等处部分村民说与潮州话相似的连滩话，属闽南方言系统。

（谢嘉文）

民族·宗教

【民族】　仁化县是少数民族散居区，有30个少数民族，少数民族人口3364人，分布在董塘、周田、长江、黄坑、扶溪、丹霞6个镇（街）、14个行政村。其中瑶族人口有1996人，占全县少数民族人口的59.33%。2022年，少数民族外来流动人口有769人，比上年度增加222人。民族村人均纯收入2万元，达到全县平均水平。少数民族人士担任县人大代表5人、县政协委员1人。

【宗教】　2022年，全县登记开放宗教活动场所7处。其中，佛教4处、道教1处、基督教2处。宗教备案在册教职人员23人，信教群众2147人。民间信仰活动场所36处，信仰人群约3000人。宗教界人士担任市政协委员1人、县政协委员3人（其中担任县政协常委1人）。登记在册宗教活动场所活动正常有序，能够满足信教群众过宗教生活的基本需求。

（叶永华）

环境质量

【概况】　2022年，仁化县环境质量总体良好。县城集中式饮用水水源地水质达标率100%，主要江河水质达标率100%。县城空气质量中，二氧化硫、二氧化氮、PM10、PM2.5、臭氧、一氧化碳6项监测指标年均浓度均达到《环境空气质量标准》二级标准。县城区域环境噪声昼间等效声级年平均值为49.5分贝，区域声环境质量稳定。

【水环境质量】　2022年，仁化县县城区饮用水水源地水质良好，水质指标达到国家《地表水环境质量标准》（GB 3838—2002）Ⅲ类，大多数指标则优于Ⅱ类，水质达标率100%，符合饮用水水源地取水水质标准。江河地表水断面水质指标全部达国家《地表水环境质量标准》（GB 3838—2002）Ⅲ类标准，大多数水质指标则优于Ⅱ类，水质良好。锦江河段、董塘河段均达到Ⅲ类水质标准限值，水质稳定。

【大气环境质量】　2022年，仁化县县城区开展空气质量自动监测，全年有效监测362天，取得AQI指数（空气质量指数）362个，AQI指数最大值143。根据空气污染指数API及对应的空气质量级别划分为优、良、轻度污染、中度污染、重度污染5个等级，全年有效监测362天中，优为233天、良为110天、轻度污染为19天，中度污染和重度污染天数均为零，优、良以上天数合计343天占比94.8%。

【声环境质量】 据监测，2022年度，仁化县县城区域环境噪声等效声级年平均值为49.5分贝，达到2类区昼间标准（60分贝）；城区区域环境噪声质量整体水平较高；县城区道路交通噪声等效声级平均值为66.8分贝，未超过标准值70分贝，比上年67.0分贝略有下降。平均车流量为864辆/小时，比上年882辆/小时减少18辆/小时。监测点位达标率80%，整体声环境质量有所改善。

（胡宗松）

经济社会发展

【概况】 2022年，仁化县实现地区生产总值119.26亿元，按可比价格计算，同比增长6.9%。其中，第一产业增加值24.55亿元，同比增长13.2%；第二产业增加值51.45亿元，同比增长8.8%，其中工业增加值45.28亿元，同比增长12.7%；第三产业增加值43.26亿元，同比增长1.3%。三次产业比为20.6∶43.1∶36.3。

【农业发展平稳】 2022年，仁化县农林牧渔业增加值24.73亿元，同比增长13.2%；农林牧渔业总产值39.53亿元，同比增长15.3%。

【财政收支增长】 2022年，仁化县一般公共预算收入完成4.98亿元，同比增长4.3%。其中，税收收入2.68亿元，同比下降21.5%。一般公共预算支出26.7亿元，同比增长3.5%。

【金融机构存贷款增长】 2022年，仁化县金融机构各项存款余额121.5亿元，同比增长7.1%，其中住户存款余额104.7亿元，同比增长12.2%；各项贷款余额74.6亿元，同比增长11.4%。

【资质建筑业企业产值持平】 2022年，仁化县资质建筑企业总产值14.93亿元，同比上年增长0.4%。

【批发零售餐饮业】 2022年，仁化县实现社会消费品零售总额25.79亿元，同比增长0.2%。批发业销售额12.22亿元，同比增长6.8%，其中限上批发业销售额7.77亿元，同比增长10.6%。零售业销售额11.91亿元，同比增长3.9%，其中限上零售业销售额1.88亿元，同比增长24.1%。住宿业营业收入0.74亿元，同比下降16%，其中限上住宿业营业收入0.49亿元，同比下降22.8%。餐饮业营业收入2.98亿元，同比增长4.4%，其中限上餐饮业营业收入0.48亿元，同比增长27.2%。

【工业】 2022年，仁化县规模以上工业增加值同比上年增长14.7%，比全市高16.5个百分点。商品房销售面积16.22万平方米，同比下降14.9%。其中，住宅商品房销售面积13.66万平方米，同比下降28%。商品房销售额9.39亿元，同比增长20.3%，其中住宅商品房销售额7.36亿元，同比下降4.4%。固定资产投资同比下降26.3%。从投资主体看，国有及国有控股经济投资同比增长14.3%，外商及港澳台经济投资同比下降23%，民营经济投资同比下降29.3%。在三次产业中，第一产业投资同比同比下降64.6%，第二产业投资同比下降31.3%，第三产业投资同比下降11.1%。

【旅游业】 2022年，仁化县接待游客总人数75.86万人次，同比下降49%；实现旅游收入4.32亿元，同比下降52.8%。

【城乡居民收入】 2022年，仁化县城乡居民人均可支配收入27387元，比上年增长4.5%。其中，城镇居民人均可支配收入34295元，比上年增长2.8%；农村居民人均可支配收入22369元，同比增长5.4%。城乡收入比1.53。

【社会保障体系】 2022年年末，仁化县参加城乡养老保险人数83178人，同比下降0.3%；参加职工企业养老保险39781人，同比增长3.5%；参加职工医疗保险30603人，同比下降0.9%；参加职工失业保险18333人，增长21.3%；参加城乡居民基本医疗保险164453人，下降6.8%；参加生育保险22595人，增长6%；参加工伤保险27352人，增长17.9%；享受社会养老保险人员49868人，增长24.3%。

（罗淑芹）

精神文明建设

【新时代文明实践中心建设】 2022年，仁化县新时代文明实践中心牵头组织开展“红星闪耀”“仁爱仁心”“全民尚文”等八大品牌新时代文明实践活动5800余场，开展“小蜜蜂”宣讲志愿服务活动474场。整合盘活资源，突出示范推进，打造城口镇、周田镇、大桥村3个文明实践综合体，助推乡村振兴发展。实施线上“点单式”志愿服务模式。打造“文明实践云”平台，以群众“点单式”配送服务，供需精准对接，发布线上“派单”390个，接单志愿者2110余名，服务群众7800余人。

【培育和践行社会主义核心价值观】 2022年，仁化县通过常态化开展活动宣传、媒体宣传、入户宣传、户外广告宣传等方式，广泛宣传普及社会主义核心价值观24字内容。在镇村主要路口、广场等显著位置设置社会主义核心价值观、“讲文明树新风”等公益广告500 余条。编排社会主义核心价值观24字歌曲在全县传唱。利用墙绘、宣传栏等载体宣传文明新风，刊播公益广告短片3700 余条。组织16个网格区宣传社会主义核心价值观，张贴社会主义核心价值观海报2500张。依托新时代文明实践中心、所（站）、图书馆、文化馆、博物馆、少年宫等公共文化设施、爱国主义教育基地和宣传文化阵地开展社会主义核心价值观主题活动50余场次。组织开展“迎春节文化进万家”送春联、拍摄最美全家福等主题活动150余场次。

【各类型文明创建】 2022年，仁化县分类开展各类各级精神文明创建指导，对各镇（街）开展文明镇村创建工作专项督导，并重点指导城口镇、城口镇恩村、红山镇新白村、县税务局、田家炳小学、城北小学等单位对标开展文明创建工作。田家炳小学、董塘中学等5所学校的创建经验在韶关市文明校园现场推介会上得到推广。以文明家庭创建为文明创建细胞载体，制作“好家风代代传”公益广告，在重要传统节日和时间节点组织开展“好家风好家教好家训”、家庭教育大讲堂进社区等文明家庭建设主题活动110余场次。

【公民思想道德建设】 2022年，仁化县常态化开展先进典型选树宣传活动，评选表彰“仁化好人”14人，仁化县最美科技工作者10人，仁化县最美退役军人（最美军嫂）9人、仁化县“新时代好少年”29人、文明商户10户等，获评“广东好人”1人、“韶关好人”2人。组织道德模范、身边好人开展“2022年仁化县先进典型宣讲活动”36场次。

2022年12月，仁化县“小蜜蜂”百姓宣讲团成员在丹霞街道高坪社区开展党的二十大精神宣讲活动　（县文明办　供）

组织各有关单位深入开展广东省精神文明创建九大行动。持续深化文明交通、文明餐桌、文明旅游、文明网络等文明劝导志愿服务活动。在县城16条斑马线常态化开展文明交通劝导志愿服务活动，派发文明交通宣传资料5000余份。举办文明交通劝导志愿服务培训3场次，培训志愿者150余人。开展“光盘行动，拒绝舌尖上的浪费”等弘扬时代新风行动329场次，参与人员4.2万余人次。开展各类线上线下“文明健康绿色环保生活知识问答”活动12场次，参与人员6200余人。组织志愿者在景区景点开展文明旅游宣传、交通指引和志愿保洁等。加强网络文明建设，开展“韶关好网民”活动，引导广大网民自觉维护良好网络秩序，全网阅读量2万人次。在仁化文明网、“仁爱仁化”App等媒体设立网络文明宣传专栏，传播网络公益作品60条次。

链接

2022年“仁化好人”：欧盛

发、曾燕华、陈来芳、陈裕超、宁声珍、肖生奎、刘雪映、张水英、曹忠政、李任嫦、黄本洲、李松、唐丽艳、张思兰。

2022年仁化县“最美科技工作者”：黄俊锋、李文、赖智玲（女）、谢秋莲（女）、陈升、陈广财、吴翠丽（女）、郑莉莉（女）、刘知命、周遵亮。

2022年仁化县“新时代好少年”：王伟博、刘圳铠、雷瑛琪、杨崇堃、邓丽萍、黄梓睿、邱新月、许峻谦、谢昕彤、潘晓曈、龙湘灵、方章瑞、梁佳欣、张嘉健、何涛、李楚艳、何浩翔、王程、刘美铃、邓尧丹、谭升强、邹铭芳、张艳、罗程仪、周智勇、唐沈钰、邓雯月、林晓颖、张丹。

2022年仁化县“文明商户”：仁化县万城贸易行、仁化县星火摩托车行、仁化县一方美食城、仁化县石塘镇李记老酒坊、仁化县长江镇家家福平价商行、仁化县红山镇富农茶叶专业合作社、仁化县红山镇金醇红茶叶专业合作社、仁化县大桥镇嘉福超市、仁化县大桥镇竺君商行、仁化县扶溪镇尚多购物超市。

【未成年人思想道德建设】 2022年，仁化县将立德树人贯穿全县25所学校教育全过程，开展“扣好人生第一粒扣子”等主题教育实践活动1560场，参与师生3.2万余人。组织全县2.5万余名学生参与“网上祭英烈”活动。仁化中学、丹霞中心小学等10所学校组织2600余名学生到仁化暴动纪念碑等纪念场所开展祭英烈活动。开展“童心向党”教育实践活动。举办“童心向党·探索红色密码”演讲比赛，65名师生参赛。开展“9·3”中国人民抗日战争胜利纪念日活动25场，参与学生2.34万人。全县25所学校利用显示屏等刊播未成年人思想道德建设相关内容，利用团队（室）等开展“仁爱仁化 喜迎二十大”等主题教育80场，参与师生4.27万人。开展“传诵经典·诗韵丹霞”经典诵读等校园文化活动600场次。开展“新时代好少年”选树宣传活动，表彰“新时代好少年”29名。推进省级乡村“复兴少年宫”试点县建设，组织各镇（街）志愿服务队伍和乡村学校教师151人担任少年宫辅导员，开展乡村“复兴少年宫”主题活动712场。县教育局与县文广旅体局、公安局、市场监督管理局等部门配合开展校园及周边环境整治40次。

2022年4月21日，仁化县开展经典诵读进校园暨读书日活动

（县文联 供）

【移风易俗】 2022年，仁化县各村依法依规修订完善可操作性强、体现农民意愿的村规民约，定期组织召开村民议事会、红白理事会、道德评议会、禁毒禁赌会等，常态化开展乡风评议，倡导婚丧新文化，提倡厚养薄葬。借助广播、电视、“两微一端”（微博、微信，“仁爱仁化”App客户端）、LED显示屏和村村通应急广播等平台，刊播清明节文明祭祀倡议书、宣传标语等。线上推出云祭扫活动，鼓励群众利用在线献花、书写寄语等形式为英烈和已逝亲人寄托哀思。线下依托“小蜜蜂”宣讲志愿队开展移风易俗专题宣讲，倡导绿色健康祭祀方式。

（叶庚兰）

中国共产党仁化县委员会

综述

2022年，中国共产党仁化县委员会（简称中共仁化县委）在以习近平同志为核心的党中央和中共广东省委、中共韶关市委的坚强领导下，坚持以习近平新时代中国特色社会主义思想为指导，全面贯彻中共二十大精神，深入学习贯彻习近平总书记对广东系列重要讲话和重要指示批示精神，认真贯彻落实省第十三次党代会部署要求、省委书记黄坤明在韶调研指示精神以及市第十三次党代会和加快建设“六新”韶关（生态环境优美的新韶关，经济跨越发展的新韶关，创新活力迸发的新韶关，城乡融合发展的新韶关，人民生活幸福的新韶关，治理规范高效的新韶关）工作要求，团结带领全县党员干部群众，坚持稳中求进工作总基调，完整、准确、全面贯彻新发展理念，高效统筹经济社会发展，扎实推进全面从严治党，奋力在高水平生态保护中实现高质量发展，经济社会发展各项事业取得明显成效。全年地区生产总值增长4.8%，地方一般公共预算收入5.33亿元，同比增长11.62%，固定资产投资完成40.38亿元，全县综合实力不断增强。入选2022年全国休闲农业重点县、全国科普示范县和国家县域商业行动示范县公示名单，退果还粮机制得到农业农村部领导肯定性批示，是全市唯一的全国义务教育优质均衡发展先行创建县、全省党建引领乡村治理试点县，成功创建省级健康县，成功申报省级毛竹产业园，仁化县竹产业发展基地被认定为广东省首批林业特色产业发展基地。

重要会议

【中国共产党仁化县第十四届委员会第二次全体会议】 2022年1月24日，中国共产党仁化县第十四届委员会第二次全体会议在仁化县城召开。会议传达学习党的十九届六中全会和中央经济工作会议精神，省委十二届十五次全会精神以及市第十三次党代会精神，听取陈夏广代表县委常委会所作的报告和刘拥军关于经济工作的讲话，审议县委常委会关于2021年传达学习贯彻落实习近平总书记重要讲话和重要指示批示精神情况的报告、2021年工作总结和抓党建情况的书面报告，审议通过《仁化县推荐提名广东省出席党的二十大代表候选人推荐人选建议名单》。表决通过《中国共产党仁化县第十四届委员会第二次全体会议决议》。

【县委常委会会议】 2022年，中共仁化县委员会召开县委常委会会议42次，主要通过《县委十四届二次全会报告》《经济工作专题报告》《仁化县国土空间规划（2020—2035年）编制三区三线第三轮划定方案》《仁化县事业单位管理岗位职员等级晋升制度工作实施方案》《中共仁化县委巡察工作规划（2022—2026年）（试行）》《仁化县森林防火规划（2021—2025年）》《关于深化改革攻坚加强规范治理的实施意见》《关于开展“改革攻坚规范治理年”的工作方案》《关于发放2022年机关事业单位基础绩效奖金和离退休人员慰问金等有关事宜》《关于开展“乡镇吹哨、部门报到”党员干部下沉一线参与灾后复产的工作方案》《仁化县河道保洁工作实施方案》《关于仁化县妇女联合会第十四次妇女代表大会初步人选的请示》《关于县委提名补选县十六届人大代表候选人预备人选的请示》《中共仁化县委关于认真学习宣传贯彻党的二十大精神的通知》《仁化县学习宣传贯彻党的二十大精神总体工作方案》等相关文件及人事任免相关事宜。

【县委工作会议】 2022年，仁化县委承办各类会议及调研活动226次，包括县委常委会会议42次、县委书记专题会议20次、组织参加省市上级会议56次、牵头协助全县各级各部门组织召开会议68次、接待中央省市调研活动40次，其中接待国家和省领导到仁化调研2次（11月3日，中央政治局委员、广东省委书记黄坤明，省长王伟忠到大桥镇金喆园调研；9月3日，省委常委、宣传部部长陈建文到城口镇恩村、丹霞街道丹霞山调研）。

重要决策

【深化改革攻坚规范治理】 2022年3月22日，县委印发《关于深化改革攻坚加强规范治理的实施意见》《关于开展“改革攻坚规范治理年”的工作方案》，以改革攻坚为原动力，以规范治理为切入点，在解决体制性障碍、机制性梗阻和强化政策性创新上下功夫，推动及时解决当前现实问题、妥善解决历史遗留问题与加快实现长效治理紧密衔接，加强规范治理制度化体系化建设，推进全县治理体系和治理能力现代化，进一步堵塞管理漏洞、规范权力运行、提升服务效能，着力打造改革攻坚规范治理制度创新高地，为推动高质量发展营造良好环境。成立仁化县开展“改革攻坚规范治理年”工作领导小组，负责统筹推进全县关于落实市委“改革攻坚规范治理年”的各项工作。

【促进镇域经济高质量发展】 2022年3月25日，县委、县政府印发《仁化县关于促进镇域经济高质量发展奖惩方案》，发挥财政激励政策作用，激活乡镇（街道）主动抓经济、抓招商引资、抓产业项目，促进镇域经济实现新的突破，为全县经济增长做贡献。仁化县11个乡镇（街道）和年末新增“四上”企业被列入奖惩范围。其中，乡镇（街道）依据《韶关市乡镇（街道）经济发展监测实施方案》分为重点镇（丹霞街道）、中心镇（董塘镇、周田镇）、一般乡镇（石塘镇、长江镇、城口镇、大桥镇、扶溪镇、红山镇、闻韶镇、黄坑镇）3类。

【学习宣传贯彻省第十三次党代会精神】 2022年6月3日，县委印发《中共仁化县委关于认真学习宣传贯彻省第十三次党代会精神的通知》，号召各级各部门迅速掀起学习宣传贯彻热潮，切实把智慧和力量凝聚到落实省第十三次党代会提出的目标要求和工作任务上来，扎实推动各项工作落地见效。

【做好法治宣传教育工作】 2022年7月15日，县委、县政府印发《县委宣传部、县司法局关于开展法治宣传教育的第八个五年规划（2021—2025年）》，通过明确普法重点内容，持续提升公民法治意识和法治素养，发展和繁荣社会主义法治文化，深化多层次多领域依法治理，着力提高普法针对性、实效性。该规划提出，到2025年，公民法治素养、道德素质和社会治理法治化水平显著提升，公民对法律法规的知晓度、法治精神的认同度、法治实践的参与度显著提升，全社会尊法学法守法用法的自觉性、主动性显著增强，全社会办事依法、遇事找法、解决问题用法、化解矛盾靠法的法治环境显著改善，全民普法完备的制度体系、精准的实施体系、科学的评价体系和健全的责任体系基本形成。

【抓好《习近平谈治国理政》第四卷的学习宣传贯彻工作】 2022年8月22日，县委印发关于认真学习宣传贯彻《习近平谈治国理政》第四卷的通知，要求各级领导班子和领导干部要以身作则、以上率下，带头先学一步、学深一层，形成一级带一级、全县党员一起学的良好局面。县人大常委会、县政府、县政协党组，各镇（街）各部门各单位党委（党组）通过召开专题会议进行传达学习，带动全县迅速掀起学习宣传贯彻热潮。

【新型城镇化工作加快】 2022年11月11日，县委、县政府印发《关于仁化县促进农业转移人口市民化加快新型城镇化的若干政策措施》，按照协同推进新型工业化、新型城镇化和农业农村现代化的发展思路，坚持以人为本的城镇化核心、以提高城镇化发展质量为导向，通过深化户籍制度改革，保障“三权”（农村土地承包经营权、宅基地资格权使用权、集体收益分配权）权益，推动“三权”有序流转退出，加强“五有保障”（住房、就业创业、教育、医疗卫生、养老服务权益保障），提升城镇吸纳就业能力，完善城镇化发展体制机制，全面提高新型城镇化水平，切实提高人民幸福感、获得感。

【深入学习宣传贯彻党的二十大精神】 2022年11月15日，县委印发《中共仁化县委关于认真学习宣传贯彻党的二十大精神的通知》，要求各级各部门通过把学习宣传贯彻党的二十大精神，与学习贯彻习近平新时代中国特色社会主义思想结合起来，与贯彻落实习近平总书记对广东系列重要讲话和重要指示精神结合起来，与落实省第十三次党代会、市第十三次党代会、县第十四次党代会精神结合起来，认真做好学习培训和宣传教育各项工作，扎实办好仁化的事，奋力建设社会主义现代化仁化。

（林　限）

重要活动

【全市抓党建促乡村振兴示范县创建暨专项工作部署座谈会在仁化县召开】 2022年4月13日，全市抓党建促乡村振兴示范县创建暨专项工作部署座谈会在仁化县召开。会议深入贯彻落实习近平总书记关于乡村振兴重要论述精神和省委、市委开展抓党建促乡村振兴示范县创建的部署要求，进一步研究部署抓党建促乡村振兴示范县创建工作。与会人员到董塘镇江头村、丹霞女蔬菜产业基地、新龙村及周田镇平甫村实地观摩，仁化县、南雄市及仁化县董塘镇就抓党建促乡村振兴示范县镇创建情况作交流发言。市委常委、组织部部长张丽出席座谈会并讲话。市委组织部分管副部长，各县（市、区）党委组织部部长、分管副部长，仁化县部分乡镇主要负责人出席会议。

【村（社区）党组织书记培训班举办】 2022年8月2日，韶关市2022年村（社区）党组织书记培训班（仁化片区）开班，培训期5天，围绕党的十九届六中全会精神、省第十三次党代会精神、法治乡村建设、党风廉政教育、乡村振兴业务、农村基层党组织建设、农村土地管理、产业发展等内容，采取课堂教学、现场观摩、分组讨论等形式开展培训。邀请经验丰富、工作成绩突出的村（社区）党组织书记现身说法，分享工作经验，提升村（社区）党组织书记思想政治素质和履职能力水平，推动党建引领乡村振兴、基层治理各项硬任务落到实处、取得实效。县委书记、县长陈夏广在开班式上为学员上党课，县委常委、组织部部长李伟杰主持开班仪式。全县125个村（社区）党组织书记、主任以及各镇（街）带班组织委员参加培训。

【仁化县掀起学习传达党的二十大精神热潮】 2022年，党的二十大胜利召开后，仁化县迅速掀起学习贯彻党的二十大精神热潮。组织全县556个基层党组织，1.1万余名党员通过电视、互联网、远程教育站点、广播、手机等多种媒介认真收听收看党的二十大开幕盛况。突出示范带动学，县委理论学习中心组开展专题学习研讨和专题辅导报告16场次，县处级领导干部到所在支部、挂点联系镇（村）讲专题党课122节，80多个机关企事业单位与挂点联系村级党组织开展“支部帮支部、书记帮书记、党员联党员”结对共建活动1300余场次。

【“社区吹哨、党员报到”推动城市领域基层党建提质增效】 2022年，仁化县根据市委组织部“双报到”工作部署，积极推动在职党员参与社区治理常态化，组织各机关企事业单位年轻精干党员成立“先锋志愿服务队”78支。机关企事业单位党组织与社区党组织合力共建实事项目118件，党员报到平台发单4100余次，党员报到5.1万人次。构建“平战结合、平战转换”机制，推动机关、国企、事业单位党组织、党员融入城市基层党建，形成平时常态共建共享、战时应急响应基层治理新格局。

（赖晨扬）

县委理论学习中心组

【集体学习】　2022年，中共县委理论学习中心组从建设学习型党委、促进学习型社会建设的战略高度，加强新形势下党委理论学习中心组学习，制订《中共仁化县委理论学习中心组2022年度学习计划》，规范学习方式和内容。全年组织开展党的二十大精神、习近平总书记关于全面从严治党的重要论述、习近平总书记关于完整准确全面贯彻新发展理念的重要论述等内容集体学习研讨和专题辅导16场次。

【辅导报告】　2022年，县委理论学习中心组按照学习计划要求，结合学习贯彻习近平新时代中国特色社会主义思想和党的二十大精神，邀请领导、专家、学者到仁化作专题辅导报告7场次。

【个人自学】　2022年，仁化县委理论学习中心组成员根据形势任务的要求，结合工作需要和本人实际，读原著、学原文，认真做好《学习活页文选》《时事报告》《党委中心组学习》《党建》《中国共产党章程》《关于新形势下党内政治生活的若干准则》《中国共产党党内监督条例》《中国共产党纪律检查委员会工作条例》《中国共产党宣传工作简史》《习近平法治思想学习纲要》《习近平经济思想研究文集（2021）》《总体国家安全观学习纲要》《百年大党面对面》《百年初心成大道——党史学习教育案例选编》《碳达峰碳中和干部读本》《习近平生态文明思想学习纲要》《习近平经济思想学习纲要》《党的二十大报告辅导读本》《党的二十大报告学习辅导百问》《高举中国特色社会主义伟大旗帜　为全面建设社会主义现代化国家而团结奋斗》《中国共产党章程》《论“三农”工作》《习近平关于社会主义精神文明建设论述摘编》及《习近平谈治国理政》第四卷等自学。

【专题调研】　2022年，县委理论学习中心组成员弘扬理论联系实际的马克思主义学风，结合学习贯彻党的二十大精神，深入基层和群众，联系实际开展调查研究，形成党建、全面深化改革、生态、产业发展、乡村振兴、民生、法治建设等方面主题调研报告34篇。

【基层宣讲】　2022年，县委理论学习中心组围绕党的十九届六中全会精神、省第十三次党代会精神、《习近平谈治国理政》第四卷和党的二十大精神等主题，组织县委宣讲团到基层开展理论宣讲179场，组织各单位和镇（街）领导干部到挂点村开展宣讲250余场。组建15人的学习贯彻党的二十大精神“小蜜蜂”县级百姓宣讲团，举办示范宣讲8场，深入125个村（居）开展百姓宣讲活动，推动党的创新理论成果进机关、进社区、进学校、进企业、进农村、进网络。

（叶　瑞）

县委办公室工作

【办文办会】　2022年，中共仁化县委办公室（简称县委办）坚持以服务县委工作为中心，做好参谋助手、统筹协调、办文办会职能工作，发挥“中枢”“纽带”作用，保障县委各项工作高效运转。办文严把起草关、审核关、缮印关、校对关、发送关。审核、校改县委、县委办文件360件次，向市委办报备党内规范性文件3件，文件报备及时率、通过率均为100%，未发生漏发、错发、重发、遗失及失密等现象。规范公文流转，制定《中共仁化县委办公室公文办理工作流程》，提高工作效率，呈办中央、省、市文件1411件，推动上级决策部署及时有效落实。高质量办好会务，强化会前沟通协调和会议材料审核把关，提高会议实效，做到会务精简高效。全年承办各类会议及调研活动226次。

【深化改革工作】　2022年，仁化县落实市委“改革攻坚规范治理年”工作部署，成立县开展“改革攻坚规范治理年”领导小组，抽调精干力量组建县规范治理办，制定《县委全面深化改革委员会2022年改革工作安排》《关于开展“改革攻坚规范治理年”的工作方案》等系列方案文件，建立工作台账，明确18个重点领域、22个专项行动、204项规范治理任务，组织召开规范治理领导小组会议12次，开展专项督导7次，全力推动深化改革和规范治理工作落地落实。创建国家科普示范县等7项国家、省、市改革试点任务进展顺利，承担的20项改革任务以及部署的204项规范治理任务全部完成，“立改废”制度文件183份。成功申报全国义务教育优质均衡发展先行示范县、省级预算绩效管理示范点建设等5个国家、省、市改革试点，由县委办推荐的“‘税e站’进驻村（居），‘税易办’到群众身边”项目获市机关工作创新创优竞赛一等奖。

【调研、信息】 2022年，县委办发挥县委参谋助手作用，完成县委领导讲话稿、工作报告、工作总结、调研报告和会议纪要等各类文字材料300余篇，400余万字。注重调查研究、吃透下情，统筹各有关部门围绕学习贯彻党的二十大精神，奋力建设现代化美好仁化开展专题调研工作，形成调研报告34个，并运用调研成果形成十四届县委三次全会报告的具体工作思路。组织办公室领导干部围绕产业发展、民生、“三农”、应急、社会治理5个领域13个课题，深入各相关单位、乡镇开展调研，形成一批高质量调研报告，编发杂志《仁化调研》第1期，为县委科学决策提供有效参考。认真总结全县经济社会发展等各方面举措、经验、亮点，向省、市报送信息106篇，省每日汇报采用3篇，采用率排名全市前列；市信息普刊采用25篇，韶关信息专报采用1篇，专报综合采用3篇，其中，仁化县以高质量党建引领乡村治理现代化的专报获市长陈志清批示。累计报送紧急信息15条，反馈核处舆情152条，没有出现迟报、漏报、瞒报和错报现象。县委办被市委办评为2022年度全市党委系统信息工作先进单位。

【督查工作】 2022年，县委督查室贯彻落实中共中央决策部署和省委、市委、县委工作要求，围绕县委中心工作开展各项督查督办。抓好习近平总书记重要讲话和指示批示精神以及中央八项规定精神的贯彻落实，建立政治要件台账，实行闭环管理，每季度更新落实情况。全年纳入台账的政治要件46件，均顺利推进并取得成效。结合公务接待、公务用车、精简会议活动等整治，严格贯彻落实中央八项规定精神，下发会风会纪通报5期。不折不扣抓好省委巡视、市委巡察、县委巡察反馈问题的整改。持续跟进省委巡视仁化反馈问题整改工作，定期梳理整改情况。完成市委巡察土地房屋征收专项巡察服务保障工作，做好县级第七专项巡察组巡察仁化县乡村振兴资金管理使用暨农村集体“三资”管理专项巡察联络工作。按时保质完成市委交办的各项督查督办工作和市对县绩效考核工作。承办市委交办事项49项，完成率100%。协助县绩效考核办做好市对县绩效考核工作，2022年度市委对由县委办负责的改革攻坚和规范治理及落实市委、市政府确定的阶段性工作绩效评价得分满分。定期跟进县委书记指示批示、县委各类会议、调研决定事项等重点工作。按照目标任务化、任务项目化、项目清单化、清单责任化工作要求，对书记指示批示、县委各类会议、调研决定事项及县重点工作等进行责任分工，明确责任单位、责任人及完成时限，定期跟踪进展情况，对进展滞后的事项采取电话询问、座谈调研、现场督查等多种方式进行督办，确保县委决策部署落实到位。全年跟进落实县委常委会2022年工作要点235项，县委书记指示批示39件，县委常委会、书记会、专项工作会等各类会议决定事项498项。聚焦基层减负，强化统筹全县督查、检查、考核工作和为基层减负举措。从严从紧控制全县性督查检查考核数量，制订下发《仁化县2022年督查检查考核年度计划》，督促各级各部门按照计划开展督查检查考核，对不按要求报备督查方案的单位及时约谈提醒，将督检考的执行情况纳入县机关绩效考核。制定《仁化县关于进一步解决形式主义问题做好2022年为基层减负工作分工安排》，每季度汇总各牵头责任单位的工作情况，并报县委领导决策掌握，切实解决困扰基层的形式主义突出问题。多形式科学开展督检考工作，减少对基层的干扰和负担。统筹开展专项督查工作。持续关注全县重点领域、重点工作，联合各职能部门，针对贯彻落实政治要件办理情况、省委巡视、市委巡察反馈问题整改、森林防火、巩固提升文明城市、农村供水工程管护、县重点项目落实情况、固定资产投资入库、涉农和环保资金、驻镇帮镇资金、乡村振兴资金、打击非法营运、生态保护、防汛减灾等重点工作，通过实地查看、座谈交流、“四不两直”（指不发通知、不打招呼、不听汇报、不用陪同接待，直奔基层、直插现场）等形式开展督查督办活动。全年组织开展各项专项督办活动90余次，下发各类督查通报39期，有力推动县委各项决策部署落实落细。

【档案工作】 2022年，仁化县以贯彻实施新修订的档案法为主要抓手，及时修订、完善、清理各项档案管理规章制度，提高档案工作制度化、规范化、科学化水平，全面推动档案治理、资源、利用、安全等“四个体系”建设，档案事业步入加快发展、协调发展轨道。3月，完成2021年度全国档案事业统计调查工作，其中，45个统计单位档案室存档总量224612卷又249339件，县档案馆馆藏档案8万余卷又15万余件、资料1.4万余卷册，县城市建设档案室室藏档案5430卷又95件。丰富的档案资源为山林权属纠纷、农改面积争议纠纷、补助发放、人事工资定级、工龄、党龄认定、婚姻纠纷、遗产公证、迁转户口、遗属补助待遇、城市建设、工程备案、房产办理、司法取证、房屋维修等方面提供大量凭证和依据，取得良好社会效益。5月，组织开展执法监督安全检查工作。“6·9”国际档案日，在三中心一馆10楼走廊展厅举办“喜迎二十大·档案颂辉煌”仁化发展图片展览活动。8月，仁化县档案馆成功接入全国档案查询利用服务平台，实现全国档案查阅“一网通办”，方便社会公众查阅档案。3月至11月，仁化县组织举办档案业务培训班8期，其中线上培训5期，为进一步推动档案工作提供技术和法律保障。

【保密工作】 2022年，仁化县国家保密局履行保密工作监督检查、宣传教育等职责，强化涉密人员、涉密载体及互联网设备监督管理，未发生失泄密窃密事件和违规行为。

（林　限）

组织工作

【干部教育培训】 2022年，仁化县坚持把学习宣传贯彻习近平新时代中国特色社会主义思想作为首要政治任务，制订《2022年仁化县干部教育培训工作计划》，依托县镇党校、新时代文明实践中心（所、站）、党群服务中心和党员干部现代远程教育等主阵地，完成培训班次200余期，培训1.5万余人次。其中，主体班18期，培训1200余人次，其他班180余期，培训1.3万余人次。

【干部选拔任用】 2022年，仁化县着力锻造德才兼备忠诚干净担当的高素质专业化干部队伍。加强换届后领导班子建设，实现班子整体功能最大化。坚持政治标准，严把选人用人质量关，优化领导班子结构，提升战斗力和执行力，为县委做好10批次156名领导干部人事调整，其中，提拔使用45人。健全引育管用全链条，坚持考试录用进入主渠道，紧贴城乡规划、生态环保、现代管理、现代农业等所需专业，科学设置岗位，严把考录程序，招录99人进入公务员队伍，其中重点高校选调生6名。选拔117名优秀年轻后备干部，为县委储备一批发展潜力大、可塑性强的优秀后备干部。注重加强后备干部的培养锻炼，安排3批9名新提拔副科级干部挂任县信访督查员，组织选派6名优秀年轻干部到市直重点部门挂职锻炼，选派5名企业人员到乡镇、县直重点部门挂职学习。注重严管厚爱相结合，推动干部监督管理长效化，制定印发《仁化县激励约束干部专项行动方案》《仁化县县管职级公务员管理办法（试行）》《关于进一步加强科级领导干部干事档案工作的通知》，夯实干部队伍管理基础。运用选拔任用、职级晋升、评先评优等激励措施，激励广大干部担当作为，评选2021年度重点工作、中心工作优秀个人102名，驻外招商队年度考核优秀5名，组织实施并完成二级主任科员以上公务员职级晋升6批次27人次。全面规范全县中层干部提拔程序，常态化对各单位党委（党组）讨论决定干部任免事项报备审批材料进行审核。结合县委巡察开展选人用人风气监督。组织开展全县干部人事档案信息规范提升工作，规范因私出国（境）管理、党政领导干部兼职取酬问题等工作。

【人才培养与管理】 2022年，仁化县突出创新理念、高点定位，营造更有竞争力的人才环境。健全党管人才领导体制和工作运行机制，明确各成员单位人才工作职责及阶段性工作要点，制定“百团千才万匠”人才工程调度工作机制，定期或根据实际需要召开会议研究和推进“百团千才万匠”人才工程。持续抓好第二期享受县政府特殊津贴人才等高层次人才的联系服务工作，及时主动问候和协助高层次人才解决工作和生活上的困难。发挥各行业领头人才在经济社会发展中的示范引领和传帮带作用。落实《韶关新时代“百团千才万匠”人才工程实施意见》，开展“南岭团队”“青年人才”“韶州工匠计划”等各类高层次人才引进培养服务工作，让人才安心扎根和服务仁化。年内，鸿伟木业（仁化）有限公司获省人社厅批复设立博士工作站，实现博士工作站零的突破。聚焦宣传文化、教育教学、医疗卫生、产业科技、企业经营管理五大方向开展青年人才招聘，引进“青年人才”6名。围绕产业高质量发展需求，因地制宜引育“韶关工匠”56人，完成“韶关工匠”补贴申报25人。强化人才服务保障，实施领导干部联系服务人才制度，结合县领导分工、挂点联系的镇（街）及企业等实际情况，出台县领导联系服务高层次人才安排方案，常态化组织开展人才座谈、交流活动，关心关爱各类人才，加强对享受市和县政府特殊津贴人才、东莞市人民医院“组团式”帮扶专家、援疆援藏人员、乡村振兴志愿者、“三支一扶”等各类人才在学习、工作、生活等方面的关心关怀。根据实际情况在重大节日开展人才慰问、座谈会，倾听各类专家人才的意见建议，积极解决人才需求。

【基层党组织建设】 2022年，仁化县以大抓基层、抓实基层为导向，以全面推动抓党建促乡村振兴示范县创建以及党建引领乡村治理全省试点县创建工作为契机，深入贯彻落实新一轮加强党的基层组织建设三年行动计划，筑牢上下贯通、执行有力的严密组织体系，全面提升基层党建工作水平。

实施“三带”工程，提升基层治理党建引领力。提升党员“带动”能力，全面建强“村到组、组到户、户到人”三级党建网格，全县建立三级党建网格3626个，让农村党员在网格中亮明身份、认岗领责，主动投工投劳参与人居环境整治、发展乡村特色产业，扩大工作覆盖面。推动80余个机关企事业单位与村级党组织结对共建，各级党员干部开展“一线双联”“民情夜访”活动5665次，为基层解决实际问题1308件，凝聚起基层治理齐抓共管强大合力，打造具有仁化特色的新时代“枫桥经验”。实施“带头”工程，聚焦锻造过硬队伍育强“领头雁”，全面落实村（社区）党组织书记县级党委组织部门备案管理制度，“一人一档”建立村（社区）党组织书记档案，储备村（社区）党组织书记后备人选220名，99名村（社区）党组织书记（储备人选）参加韶关学院学历提升教育，村（社区）“两委”交叉任职率96.2%，“三个一肩挑”实现率98.2%。在镇街党校创新开设“乡村振兴大课堂”，累计开展活动522次，培训农村党员干部11526人次。实施“带领”工程，聚焦夯实产业根基激活“新动能”，推动实施发展壮大村集体经济“一村一策”行动，鼓励村级党组织领办创办村集体经济，因地因村制宜采取“党组织+合作社+农户”等模式，促进村集体经济持续增收。全县有75个村集体经济超过10万元，其他34个村均通过入股县牛羊产业园联农带农项目、参与乡村振兴车间建设、盘活闲置资产资源、发展特色产业等形式发展壮大村集体经济。

紧扣抓党建促乡村振兴，扎实推进红色美丽乡村建设。坚持以红色遗址遗迹修复修缮和发挥撬动作用、发展壮大村级集体经济、美丽村庄建设为重点，以“红山茶产业+茶叶产学研基地+发展壮大村集体经济”“红色文化+红色村建设+文旅融合发展”为抓手，建立健全党组织领办创办村集体经济项目、党员带头创业致富、党建带妇建建设美丽庭院三大机制，将红山镇新白村打造成为抓党建促乡村振兴示范村、党建引领乡村治理示范村、发展壮大村集体经济示范村、乡风文明示范村和民主法治示范村。

突出夯实基层基础，抓好抓严各领域基层党建工作。统筹推进国企、机关、学校、公立医院等领域党建工作，严格落实党中央及省市委出台的各项条例、意见和方案，结合实际打造一批叫得响、可推广的党建特色品牌。优化党的基层组织设置和运行，织密建强上下贯通、执行有力的组织体系，对县直机关工委部分下辖基层党组织隶属关系作出调整，撤销基层党组织12个，新成立基层党组织9个，变更党组织隶属关系18个。截至2022年年底，县直机关工委下辖基层党组织159个，其中基层党委11个（含锦电公司党委），党总支部13个，党支部135个。完成总支换届11个，党支部换届129个。县委教育工委严格落实学校党组织书记和校长“一肩挑”要求，27所中小学校、幼儿园党组织全部实行“一肩挑”。深化新时代学校思想政治理论课建设，做好党员思政课教师“引、用、育、留”工作，夯实思政教师队伍建设，提升党员思政教师素质，在仁化第一中学及田家炳小学成立中小学党员思政工作室，开展党员思政教师培训4次，参训党员503人次；开展思政课例和设计评选4次，36位党员获奖；有26篇思政教学论文参与韶关市优秀论文评审。县卫健工委坚持“把支部建在科室上”，县人民医院党委按照业务分类和工作性质将原党支部调整为5个党支部、县妇幼保健院党支部在三大临床科室下设3个党小组，推进党组织和党的工作全覆盖，切实把党支部建设成为坚强战斗堡垒。“两新”党建工作机制不断完善，选优配强县委“两新”工委书记、县非公有制经济组织党工委和社会组织党工委书记，制定《县委“两新”工委及成员单位职责》《县委“两新”工委工作制度》，采取内培+外聘方式配强“两新”组织党务工作者，强化县社会组织党工委和非公经济党工委统筹协调能力，采取定期会商、结对帮带、督促指导等方式，推动“两新”组织党组织规范化运行。年内，成立“两新”党组织6个，在丹霞贡柑、扶溪大米、长坝沙田柚、红山白毛茶等“国家地理标志产品”产业链上成立13个“两新”党组织，利于引导“两新”组织积极参与乡村振兴工作。

聚焦全县重点中心工作，发挥基层党组织和党员先锋模范作用。聚焦县委、县政府中心工作，发挥基层党组织和党员作用，通过党员先锋岗、责任区、先锋队等多种形式，让党旗在中心工作、重点任务一线高高飘扬。完成5个偏远乡镇“五小”场所和周转房修缮提升工作。深化党群服务中心实体化功能化建设，夯实基层党组织的政治功能和服务功能，完成3个村（社区）党群服务中心办事大厅下楼任务，并率先创新打造“党群服务·暖心驿站”。实施城市基层党建“整区提升、示范引领”行动，建立街道“大工委”和社区“大党委”工作机制，组建精锐品牌党员志愿服务队76支。健全完善街道“大工委”和社区“大党委”机制，常态化开展“为群众办实事”，通过“社区吹哨、党员报到”机制，机关企事业党组织与社区党组织签订共建项目134个，已全部完成，引导各社区党组织在“吹哨报到”App发单2150多次，党员报到3.89万人次，在防汛救灾、文明城市巩固、乡村振兴、招商引资等工作中，各级党员干部能做到心往一处想、劲往一处使，积极为仁化经济社会平稳发展贡献力量。

【党员发展和管理】 2022年，仁化县贯彻《中国共产党发展党员工作细则》，注重拓宽选人视野，严格把好每道关口，强化跟踪培养考察，确保新发展党员质量过硬。全年发展中共党员164名，党员结构更加优化，其中，农村党员69名，35岁以下党员49名，“两新”党组织党员6名。

（李嘉明）

宣传工作

【理论宣传】 2022年，仁化县宣传部门围绕党的十九届六中全会精神、省第十三次党代会精神、《习近平谈治国理政》第四卷和党的二十大精神等主题，组织县委宣讲团到基层开展理论宣讲179场，推动党的创新理论进机关、进社会、进企业、进农村、进校园、进网络。组建15人的学习贯彻党的二十大精神“小蜜蜂”县级百姓宣讲团，举办示范宣讲8场，深入125个村（居）开展百姓宣讲活动，把党的二十大精神送到千家万户。拍摄制作8集高质量的百姓宣讲视频，在“仁化发布”等媒体平台推出，其中《环丹美丽乡村，新龙村的美丽蝶变》获省委宣传部主办的百姓宣讲微视频大赛二等奖。加强和改进基层思想政治工作，

《小小议事屋 唠叨家常话 理论入民心——仁化县黄坑镇黄坑村基层思想政治工作经验》入选广东省基层思想政治工作优秀案例并获三等奖。强化“学习强国”学习平台推广使用工作，全县注册用户数超过1万人，“仁化融媒号”上传的423条稿件被“学习强国”学习平台采用。

【亮点宣传】 2022年，仁化县宣传部门向上级主流媒体推送仁化选题、仁化经验、仁化亮点，中央及省市主流媒体宣传报道仁化县工作亮点成效2220余条次，其中，“万里碧道仁化段”“颜如渥丹 灿若明霞 丹霞山风光无限”在央视《新闻联播》播出，《韶关仁化守稳粮食安全压舱石》《韶关仁化：“小蜜蜂”宣讲“大道理”》等稿件在人民日报客户端、新华网、光明网、中国新闻网等媒体平台报道，有效提高仁化的知名度。

【网络宣传】 2022年，仁化县宣传部门完成宣传文化领域8项规范治理任务。抓好各类热点问题的新闻报道工作，落实每日舆情向党委报告制度，办理网络舆情交办件68件。举办仁化县网络安全宣传活动，通过集中授课、互动交流、有奖问答等形式，提升市民网络安全意识。积极组织参与“南粤好网民故事”“韶关好网民”等宣传推荐活动，3名网民获“韶关好网民”称号。聚焦学习贯彻党的二十大精神、乡村振兴、基层党建以及改革攻坚规范治理等中心工作，在仁化电视台以及“仁化发布”微信公众号等平台开设《学习宣传贯彻党的二十大精神》《团结一致抓发展》等专题专栏25个，推送新闻信息9100余条，制作《飞“阅”仁化》《乡村振兴》等短视频430余个。组织开展“强国复兴有我”群众性主题宣传教育活动，结合中秋、国庆等时间节点，举办诗词创作大赛、线上文艺展演等活动40余场。统筹各镇（街）各单位电子显示屏和户外宣传栏，用好农村大小喇叭、横幅等载体，开展党的二十大精神宣传，持续宣传森林防火、安全生产、交通安全等政策信息，唱响主旋律，凝聚正能量。

【弘扬红色文化】 2022年，仁化县宣传部门积极推进红色文化资源保护利用。有序推进长征国家文化公园建设，制订印发《仁化县推进长征国家文化公园（广东段）建设工作方案》，争取上级资金2864.24万元，推进红军过粤北重点展示园、长征历史步道建设工作。做好革命遗址修缮工作，申报高岗庙遗址—红七军临时指挥部旧址、凌溪石围、新白村红色遗址群3个修缮项目，完成白屋炮楼、平安会馆、老街万年桥修缮提升工作，董塘镇董次书院入选广东省社会科学普及基地（提升型）。

【乡村文化振兴】 2022年，仁化县宣传部门不断提升基层公共文化服务体系，持续加强对图书馆、文化馆、博物馆、风度书房、综合性文化服务中心、农家书屋等文化阵地的管理，仁化县图书馆新馆进入试运营阶段，全面完成全县综合性文化服务中心提质增效年度目标任务63个，为综合性文化服务中心、农家书屋配送书籍8000余册。大力开展文化惠民活动，举办仁化县2022年庆祝建党101周年暨“喜迎二十大 颂歌献给党”文艺演出、2022年南国书香节仁化分会场系列活动等文化惠民活动16场，组织优秀影片进农村、进社区、进学校、进厂矿，累计播放1344场。2022年，仁化县丹影文化传播有限公司获“全国服务农民、服务基层文化建设基层电影服务先进集体”称号。

【新时代文明实践中心建设】 2022年，仁化县提升新时代文明实践工作质量，拓展新时代文明实践阵地，推进城口镇、周田镇、大桥村3个文明实践综合体建设，助力乡村振兴发展。组织开展“红星闪耀”“全民尚文”等特色志愿服务品牌活动5800余场，打通服务群众“最后一公里”。推进省级乡村“复兴少年宫”试点县建设，开展乡村“复兴少年宫”主题活动712场，守护农村少年儿童快乐成长、实现梦想。

【党报党刊征订】 2022年，中共仁化县委宣传部做好党报党刊征订发行工作，全年征订《人民日报》440份、《求是》杂志246份、《南方日报》1859份、《南方》杂志2944份、《韶关日报》2468份、《经济日报》76份、《光明日报》80份。

（叶 瑞）

全国文明城市建设工作

【理想信念教育】 2022年，仁化县面向党员干部开展习近平新时代中国特色社会主义思想学习培训，邀请市委宣讲团成员作《学习贯彻习近平法治思想》等专题辅导报告5场次，受训528人次。把习近平新时代中国特色社会主义思想纳入公务员全员培训等主体班培训班次42期，累计336学时，受训3263人次。通过镇（街）党校“乡村振兴大课堂”开展《全面推进乡村振兴 加快农业农村现代化》等专题培训132期，受训18269人次。巩固拓展党史学习教育成果，开展“学习百年党史 赓续百年荣光”等主题宣讲63场次，受众5135人次。在石塘双峰寨、红军长征粤北纪念馆等7个重要红色点位，面向全社会开展党史教育和致敬革命先烈活动87场次，受众8187人次。组织县机关党员干部在县新时代文明实践中心学习书屋，开展党的二十大精神专题学习活动32场次，受众1000余人次。加强成就宣传和形势政策教育，在“仁化发布”微信公众号、“仁爱仁化”App开设《学习贯彻党的十九届六中全会精神》等专栏9个，刊播《紧跟总书记学习十二大报告》等信息83条，开办《非凡十年》成就宣传专栏，推送信息128篇。举办“喜迎二十大·档案颂辉煌”仁化发展图片展、“城乡新貌随手拍”摄影等活动，受众1.3万余人。在各镇（街）张贴“以中国式现代化全面推进中华民族伟大复兴”等17种海报9600张。组织“小蜜蜂”基层宣讲志愿服务队开展“四史”、乡村振兴等主题宣讲活动258场次，受众7732人次。

【文明培育】 2022年，仁化县加强公民道德建设，常态化开展先进典型选树宣传活动，评选表彰“仁化好人”14人、仁化县“最美科技工作者”10人、仁化县“最美退役军人”（最美军嫂）9人、仁化县“新时代好少年”29人、仁化县“文明商户”10户，获评“广东好人”1人、“韶关好人”2人。倡导文明健康绿色环保生活方式，开展科学佩戴口罩、勤洗手常通风等卫生健康知识宣讲120场次，受众6300余人次，发放绿色环保宣传手册1.2万余份、购物袋2800个、“致市（居）民的一封信”4530份。利用县广播电视、仁化文明网等12家新媒体平台，报道《这些健康文明的做法请坚持！》等文章109篇，阅览人数10.26万人次。在各镇（街）公共场所电子显示屏滚动播出“文明健康绿色环保”主题公益广告1.7万余条次，在主干道、社区、广场等张贴“文明健康绿色环保”主题公益广告1310条。推进各类文明创建活动，专项督导各镇（街）开展文明镇村创建工作，重点指导城口镇、城口镇恩村、红山镇新白村、县税务局、田家炳小学、城北小学等单位对标开展文明创建工作，在重要传统节日等时间节点组织开展文明家庭建设主题活动110余场次。常态化推进诚信制度化建设，建立完善联合惩戒机制，实行每半年发布一次诚信“红黑榜”，发布守信红榜名单16个，失信黑榜名单1个。各镇（街）、县有关单位利用“3·15”国际消费者权益日等重要时间节点，广泛开展诚信主题教育。深入开展志愿服务活动，精心制定志愿服务项目总清单78项，组织开展“红星闪耀”“全民尚文”等特色志愿服务品牌活动5800余场。在仁化县文明实践云平台及时发布线上志愿服务390个，接单志愿者2110余名，服务群众7800余人。评选出仁化县最美志愿者34人、优秀志愿服务项目3个、最佳志愿服务组织6个、最美志愿服务社区2个。3月，丹霞街道高坪社区获“2021年度广东省最美志愿服务社区”称号。

【文化内涵增强】 2022年，仁化县完善基层文化设施，投入227.31万元用于支持农村和城市社区基层公共文化服务设施建设与运作。投入约3000万元提升各图书馆（室）、文化馆（站）、博物馆，推动公共文化服务标准化、均等化、数字化。新建国家二级图书馆1座、乡镇图书馆分馆2座、乡镇风度书房2座，改建乡镇文化站11座。完成63个村（社区）综合性文化服务中心提质增效达标建设工作，为全县109家农家书屋配送书籍6758本。推进文化惠民工程，开展“丹霞讲学堂”、送图片下基层巡回展等公益性文化活动80场次，受益2530人，开设葫芦丝等公益艺术培训班7个70节课。开展“锦江欢歌”文化品牌、送戏下乡、戏曲进农村进校园、“我们的节日”文艺演出等活动107场，惠及群众2万余人。开展农村公益电影放映活动1344场。开展“我的中国梦·文化进万家”线上云展播活动9场，点击量5000余人次。加强文化产业发展，重点打造“仁化县非遗文化旅游线路”“仁化县丹霞红色文化线路”2条文化精品旅游线路，以及“丹霞工夫”“黄岭嶂”等丹霞茶系列品牌。

【城镇基础设施提升】 2022年，仁化县提升中心城区建设品质，实施5个老旧小区改造以及县城雨污分流项目。完成实验学校至高坪路改造项目约140米、幼儿园西侧市政道路约230米、仁化县老城区提质改造项目（碧桂园配套道路约500米）。提升市政基础设施，及时做好区域内公共设施日常维护工作，对丹霞大道、建设路等主次干道、背街小巷老旧破损道路进行升级改造。清理雨水井970座、沉砂池286个、维修县城范围内混凝土路面数百平方米。持续改善教育基础设施，完成实验学校综合楼建设，推进石塘镇、红山镇、城口镇3所幼儿园建设，新城幼儿园开园，扩容学前教育学位240个，投入校园公交44台，开设校园定制公交专线33条。提升医疗卫生基础设施，完成县人民医院发热门诊及感染科防治楼，以及红山镇、石塘镇、周田镇3家卫生院主体工程建设。推进生态宜居美丽乡村建设，全县行政村60%以上达到美丽宜居村标准，农村保洁覆盖面和生活垃圾无害化处理率100%。完成第三批5个乡镇美丽墟镇建设“139+”行动，实现美丽墟镇建设全覆盖。实施县城、乡镇雨污分流工程，完成农村村内干路硬底化约66千米。

【文明城市建设水平提升】 2022年，县文明办组织各镇（街）、县各有关单位按照全国文明城市测评体系标准要求，全面落实细化分解的任务目标，高标准严要求提升网报材料质量，精准对标提升实地点位建设水平，不断提升入户问卷调查满意度，推进全国文明城市建设工作常态长效。分批次举办网报材料培训班5期，召开工作协调会6次，研究解决相关问题。加强实地点位督查，印发每周通报、实地点位问题清单、网格区考核排名通报57期。加大问卷宣传力度，举办入户问卷调查培训班2期，开展入户问卷调查2轮，在网格区小区楼栋主要路口开展问卷调查提升有奖知识问答等活动。组织公职人员开展“一包五”、包楼栋问卷宣传。组织县教育局开展“小手拉大手”问卷调查提升活动。强化公职人员的宣传教育，组织全县各单位公职人员（含退休人员）开展问卷宣传。

（叶庚兰）

统一战线工作

【坚持和加强党对统战工作的全面领导】 2022年，仁化县坚持党对统一战线工作的集中统一领导，以学习宣传贯彻党的二十大精神作为重要政治任务，完善大统战工作格局。全县11个镇（街）明确由党委委员分管统战工作，全县125个村（居）安排有兼职统战联络员负责本辖区统战及民宗事务工作。召开县委统一战线工作领导小组会议及全县统战工作会议，传达学习上级统战工作会议精神，研究统一战线重大问题，部署重要工作。印发《2022年仁化县统战工作绩效考核实施方案》，把统一战线工作纳入年度绩效考核指标，发挥考核激励和监督问责作用，以“任务驱动”助推形成统战工作合力。召开各界人士座谈会、党外人士座谈会等，听取统战成员意见建议，密切与统战对象的沟通联系，开展民主党派、党外干部、民族宗教、工商界、台港澳同胞及侨胞等统战对象大走访，共同画好“同心圆”。

【新型政党制度优势】 2022年，中共仁化县委统一战线工作部（简称县委统战部）组织各民主党派、无党派人士参加通报会、座谈会5次，提交议案6条，提案34条（其中重点提案7条），反馈意见均为满意。落实“党委出题、党派调研”制度，支持民主党派围绕全县经济社会发展的重点难点热点问题开展调研，为县委、县政府决策提供智力支持，民主党派、无党派人士参政议政、民主监督作用得到有效发挥。选送1名民主党派人士代表参加2022年韶关市民主党派新成员培训班。

【党外代表人士队伍建设】 2022年，县委统战部将党外干部队伍教育培训纳入全县干部队伍培训总体规划。9月，联合县委组织部在县委党校举办党外干部培训班，全县副科级以上党外干部及民主党派、工商联、新阶联等代表人士参加培训。推荐优秀党外人士参加上级组织的培训班。健全与组织部门的联合培养机制，坚持把政治评价作为政治安排的前置程序和必经环节，做到“凡进必评”。按照《中国共产党统一战线工作条例》规定要求，做好党外代表人士政治安排、实职安排。建立一支素质优良、数量充足、结构合理的党外后备干部队伍，采取交流任职、现岗位锻炼、下基层锻炼、跟班学习等多种形式，加强党外后备干部教育培训和实践锻炼。

【联谊交友平台健全】 2022年，县委统战部发挥县知联会、县新联会平台载体作用及资源优势，为县知联会、县新联会提供必要的工作场所和经费，设立党外知识分子联谊会联络站及新的社会阶层人士统战工作实践创新基地，组织会员开展理论学习及主题教育。经常走访会员及会员企业，做好县知联会、县新联会交流联谊工作，组织开展送医送药、送法下乡、捐赠助学、图书捐赠等活动，有序推进县知联会、县新联会工作。

【民营经济“两个健康”发展】 2022年，县委统战部依托县委统一战线工作领导小组，建立健全民营经济统战工作协调机制，定期研究部署、统筹推进民营经济统战工作。加强与商会和民营企业的联系服务，优化营商环境，构建亲清新型政商关系。完善党政领导干部与民营企业谈心交流制度，县领导每年走访挂点企业不少于12次，县委定期召开民营企业家座谈会，县工商联每周二定期开展主席轮值日活动。开展“守法诚信经营，坚定发展信心”理想信念教育活动，加强民营经济人士特别是年轻一代的思想政治引导。发挥工商联服务企业独特优势作用，推动统战工作在商会组织有效覆盖。发挥民营经济和民营经济人士助力乡村振兴工作作用，引导他们积极投身光彩事业，充分履行社会责任和义务。畅通民营经济人士有序政治参与渠道，大力支持议政建言，民营企业代表提交议案、提案18条，反馈意见均为满意。做好民营经济代表人士培养和综合评价，健全完善全县民营企业名录库和企业家人才库。

（邹云娣）

台港澳事务

【台港澳信息库更新】 2022年，仁化县台港澳事务局健全、完善台港澳代表人士信息库，开展普查和信息更新工作。全县有台胞台属32人，香港、澳门同胞16人（其中学生10人）。

【促台港澳企业发展】 2022年，仁化县贯彻落实国家、省、市有关指示精神和《台湾同胞投资保护法》及“粤台48条”“31条措施”“26条措施”等惠台利民措施，为台港澳资企业解决困难3个，涉及金额12万元。

【服务台港澳同胞】 2022年，仁化县台港澳事务局做好台港澳同胞服务协调工作，走访台港澳同胞12次，慰问台港澳同胞3次，帮助化解涉台港澳纠纷3次。

【港澳同胞助力家乡】 2022年，仁化县台港澳事务局发挥港澳同胞发展家乡事业作用，动员港澳同胞捐款20余万元，助力家乡抗洪救灾和乡村振兴。

侨务

【侨情普查】 2022年，仁化县开展侨情普查工作。经统计，全县有侨眷79人、归侨19人、华侨20人。

【服务侨眷】 2022年，仁化县落实党的涉侨方针政策，加强与侨胞的沟通联系，走访归侨侨眷50人次，慰问归侨侨眷15人次，帮助化解涉侨纠纷2次。

（蓝春娣）

县直属机关工委工作

【党的政治建设加强】 2022年，中共仁化县直属机关工作委员会（简称仁化县直机关工委）坚持以党的政治建设为统领，深化“模范机关创建”活动，聚焦政治机关建设。利用仁化县丰富的红色文化资源优势，把机关党员的党性教育、廉政教育、法治教育和红色教育结合起来，组织开展县直机关党组织书记主题党课展示活动140次，综合运用理论学习中心组、“三会一课”、组织生活会、“双周讲坛”、到挂点镇村讲党课等形式，推动全县机关党员干部学习党的二十大精神全覆盖。

【党组织基础夯实】 2022年，仁化县直机关工委推进改革攻坚规范治理，规范机关党建工作机制，夯实基层基础。撤销基层党组织13个，新成立基层党组织9个，变更党组织隶属关系18个。其中，县公安局机关党委（下辖10个党支部）整建制转入县直机关工委。稳妥有序推进党（总）支部统一换届选举工作，全面提升党（总）支部的组织力，强化党（总）支部政治功能，发挥党（总）支部战斗堡垒作用。全面完成县直机关工委下辖所有党（总）支部换届，其中党总支部13个、党支部135个。

【党建引领基层治理】 2022年，仁化县直机关工委围绕县委、县政府工作部署，开展“规范治理我先行”活动，制定《关于推动机关党建和业务工作深度融合的实施意见》，引导机关党组织和党员干部在服务中心、服务发展、服务群众中担当作为、争当表率，推进机关党建和业务工作深度融合。助力经济社会发展，深入贯彻落实中央决策部署以及省委、市委、县委统一安排，擦亮特色党建品牌。机关企事业单位开展“一线双联”“民情夜访”7000余次，“社区吹哨、党员报到”4.2万人次，3000多名党员干部下沉基层一线投身基层治理重点工作，引导县直机关基层党组织在社区治理中发挥作用，引导机关党员主动融入社会事务管理，以机关部门业务优势补社区治理短板。

【机关党建主体责任落实】 2022年，仁化县直机关工委切实履行基层党建工作主体责任，进一步厘清抓基层党建责任体系。根据《中国共产党党和国家机关基层组织工作条例》关于“党的机关工作委员会统一领导所属机关党的工作，指导督促各单位党组（党委）落实机关党建主体责任”等有关规定，出台《仁化县直单位抓机关党建工作责任清单》（简称《责任清单》），明确党组（党委）、党组（党委）书记及党组（党委）成员责任，机关党委、机关党委书记、机关党委副书记及机关党委委员责任，党（总）支部、党（总）支部书记及党（总）支部委员责任，采取座谈交流、专题调研、述职评议、督查考核等形式，推动《责任清单》各项工作任务落到实处。结合县直机关工委职能和分管工作，结合实际拟定责任清单，明确机关工委及其书记和领导班子、其他成员承担的全面从严治党主体责任，强化责任担当。先后印发《关于进一步理顺县直机关工委下辖基层党组织的通知》《2022年县直机关党的建设工作要点》《2022年县直机关纪检监察工作要点》《仁化县2022年国有企业党的建设工作要点》《2022年仁化县机关党建考核实施方案》等文件，推动机关、国企党建各项重点任务落实。3月3日至6月2日，县委第三巡察组对县直机关工委开展为期3个月的巡察，7月28日，巡察组向县直机关工委反馈巡察工作情况。针对反馈情况，机关工委主要负责人积极履行第一责任人责任，班子成员和全体人员按照责任分工密切配合，对相关问题进行责任分解，明确整改完成时限，建立整改工作台账，实施“台账式管理”和“销号制落实”，确保真改实改、全面整改，坚持阶段性整改和长期整改相结合，强化制度建设，坚持标本兼治。9月29日，全面完成巡察反馈问题的整改。

【党员发展】 2022年5月，仁化县直机关工委举办县直机关党员发展对象培训班，集中培训党员发展对象83名。加强对机关事业单位、国有企业、“两新”组织等各党组织发展党员工作程序的指导和入党材料审批，严格按照发展党员程序实行材料预审制度、吸收预备党员与工委委员见面谈话制度，保质保量做好党员发展工作。全年，发展新党员38名。

【党务干部队伍建设】 2022年，仁化县直机关工委制定出台《关于加强和提升县直机关党务干部队伍建设的意见（试行）》，结合党（总）支部统一换届选举工作，党组织书记由单位主要负责人担任。选拔政治强、业务精、作风正的党员担任党组织党务干部，强化新时代党务干部队伍建设，提高党务干部政治理论素质和工作能力。

【党员接转审核】 2022年，仁化县直机关工委加强党员组织关系接转和新转入党员档案审核工作，根据《中国共产党党员教育管理工作条例》及中共中央组织部《关于进一步加强党员组织关系管理的意见》等规定，结合实际，制定出台《关于做好党员组织关系接转和党员档案审核工作的通知》，审核新转入组织关系党员113名。

【党费收缴管理】 2022年，仁化县直机关工委贯彻落实《中共仁化县直属机关工作委员会党费收缴、使用和管理制度》文件精神，规范党费收缴、管理和使用工作。继续推广使用“复兴壹号”党建平台，全体党员均能按期在网上交纳党费。全年，收缴下辖基层党组织党费103.6万余元。

【县域党建品牌展现】 2022年，仁化县直机关工委深入贯彻落实全面从严治党总体要求，持续深入开展创建模范机关活动以及“六讲六比”作风建设活动，推进机关党组织“双争双促”主题实践活动常态化。实施“改革攻坚规范治理年”党建工程。其中，由县直机关工委及县税务局直属机关党委联合选送的“‘税e站’进驻村（居），‘税易办’到群众身边”项目获得韶关市第六届机关工作创新创优“服务群众”类项目一等奖。

【机关绩效考核】 2022年，仁化县直机关工委完成对2021年县机关绩效考核统计汇总工作，与县委组织部联合印发《关于2021年镇（街）工作绩效和县机关绩效考核结果的通报》。对标全面深化改革和规范治理、产业发展、民生实事等重点工作，合理设置考核指标和分值，制订2022年度机关绩效考核实施方案，明确考核结果将作为评价被考核单位及其领导工作实绩的重要依据，与干部任用、评先评优、物质奖励挂钩，实行奖优罚劣，强化考核结果应用，突出机关绩效考核的导向性、科学性、有效性。2022年度，有61个单位被纳入县机关绩效考核。

（张路强）

老干部工作

【概况】 2022年，仁化县按照全国、全省老干部工作“双先”（先进集体和先进个人）表彰会议，全国、全省老干部局长会议、全市老干部工作会议精神和县委有关要求，用心用情用力做好新时代老干部工作。截至2022年年底，全县有离退休干部2557人，其中离休干部11人，退休干部2546人，退休干部党员1506人。

【政治理论学习】 2022年，中共仁化县委老干部局（简称县委老干部局）始终把学习贯彻习近平新时代中国特色社会主义思想作为首要政治任务，贯彻落实中共中央办公厅《关于加强新时代离退休干部党的建设工作的意见》和中共广东省委办公厅《关于加强新时代离退休干部党的建设工作的若干措施》精神，发挥离退休干部党组织作用，依托县离退休干部党工委、县老干部大学、县老干部活动中心和各单位老干部党支部等主阵地，以专题辅导、集中培训、支部学习、送学上门等形式，组织老干部深入学习习近平新时代中国特色社会主义思想和党的二十大精神。全年参加学习老干部3000多人次。巩固拓展党史学习教育成果，依托红军长征粤北纪念馆、双峰寨、安岗和铜鼓岭等红色资源，开展主题党日和党史知识竞赛活动，教育引导离退休党员干部不忘初心使命、永葆政治本色。组织离退休干部2000多人次在线收看全国离退休干部网上专题报告会4场，邀请县委讲师团为离退休干部和老干部工作者作省第十三次党代会专题宣讲报告，举办老干部工作者业务专题培训班2期。

【“增添正能量”系列活动】 2022年，县委老干部局组织引导全县离退休老干部聚焦仁化经济社会发展，开展“喜迎二十大·奋进新时代”群众性主题宣传教育活动。各单位围绕“建言二十大”和“我看中国特色社会主义新时代”专题调研活动，通过集中座谈、个别访谈、学习交流和参观调研等方式广泛听取老干部的意见和心声，共召开座谈会38场次，参与活动老干部1100多人次，收集党的二十大建议和访谈感言97条。以“喜迎二十大·奋进新时代”“老少同声颂党恩，携手喜迎二十大”“中华魂（中华好家风）”等为主题，组织离退休干部宣讲团和“五老”志愿者深入中小学校和村（社区）开展中国共产党的光荣历史、优秀革命传统和红色故事主题宣讲活动35场，参与活动1400多人次。各单位结合“一线双联”、支部共建等载体邀请老干部讲党课18场次，开展主题党日活动40场次，参与党员干部1600多人次。发挥老干部先进典型示范带动效应作用。全县广大离退休干部积极响应县委、县政府倡议，带头参与灾后复工复产、人居环境卫生整治等志愿服务活动。组织退休干部开展庆“七一”暨“喜迎二十大·奋进新时代”系列活动和庆重阳文体活动，老干部以唱革命歌曲、书法剪纸、舞蹈曲艺表演等方式庆祝“七一”和迎接党的二十大胜利召开，收集老干部歌颂党的丰功伟绩文章12篇、诗词作品6篇、摄影作品35幅、书画作品33幅、剪纸作品30幅。

【老干部“两个待遇”落实】 2022年，仁化县落实老干部参加重要会议、阅读文件等各项政治待遇，为全县离退休干部订阅《秋光》《老人报》《中国老年报》等。在春节、中国共产党建党日、中国人民解放军建军日、中秋节、重阳节等重大节日慰问老干部、老干部党员205名。落实生活特殊困难离退休干部资金帮扶机制，加大困难离退休干部帮扶力度，帮助困难老干部解决生活实际困难。对全县157名生活特殊困难离退休干部发放困难帮扶资金28.23万元。落实“一人一策”精准服务离休干部工作机制，印发《关于建立健全离休干部“一人一策”精准化服务机制的指导意见》，制定精细化、亲情化、个性化服务措施和信息台账，做到一人一个服务方案，一人一本服务台账。坚持亲情服务到家，生日到来之际，由局领导带队准时为每位离休干部送上生日慰问品和祝福。开通离退休老干部看病就医“绿色”通道，组织离退休干部开展健康体检，举办“老年人健康知识讲座”“老年人卒中健康知识讲座”“老干部防诈骗知识讲座”，组织县人民医院志愿者为行动不便的离退休干部开展上门义诊活动。完善老干部活动场所配置设施，新建县老干部活动中心羽毛球场。落实离退休干部离世后的组织关怀，帮助生活困难的老干部遗属，申请生活困难补助，2022年对离世老干部家属给予慰问金累计2.2万元。坚持“老干部工作无小事，处处体现着真情”，做好老干部来信来访工作，帮助老干部协调解决问题。

【改革攻坚规范化治理】 2022年，县委老干部局转发《关于进一步做好“广东省离退休干部服务管理系统”管理工作的通知》，形成定期检查、指导和督促整改制度。举办离退休干部服务管理系统业务培训班，建立粤政易微信工作群，加强与各单位沟通联系，增强各单位之间的沟通交流和学习借鉴，提高各单位运用信息化手段开展老干部工作的能力。定期收集和分析研判各单位离退休干部基本信息录入情况，加强离退休干部信息审核力度，每月对各单位上月系统日常管理和数据录入情况进行检查通报，督促整改落实。通过规范化治理，提高离退休干部信息化规范化精准化服务管理水平。

【离退休老干部党支部规范化建设】 2022年，县委老干部局按照应建尽建，利于活动、便于管理、注重实效原则，新成立大桥镇、扶溪镇、闻韶镇3个离退休干部党组织。开展“六好”离退休干部党支部创建，抓好离退休干部党支部规范化示范点建设，安排5万元重点抓好城口镇、丹霞街道、董塘镇3个离退休干部党支部规范化示范点建设。县法院离退休干部党支部和长江镇离退休干部党支部被评选为2022年度韶关市离退休干部“六好”示范党支部。

（肖　雪）

机构编制工作

【改革攻坚规范治理】 镇街体制改革深化。2022年，中共仁化县委机构编制委员会办公室（简称县委编办）根据县委关于“改革攻坚规范治理年”工作有关要求，按照《中共仁化县委关于开展“改革攻坚规范治理年”的工作方案》部署，围绕提升基层治理能力任务目标，深化镇（街）体制改革工作。完善镇（街）党（工）委指挥协调机制，组建镇（街）综合治理委员会、公共服务委员会、综合行政执法委员会等统一指挥协调工作平台。优化机构编制资源配置，围绕各镇（街）机构编制情况进行专题调研，摸清各镇（街）编制资源家底，形成调研报告。印发《中共仁化县委机构编制委员会关于分配下达执法编制的通知》，为各镇（街）配备6名执法编制用于加强镇（街）行政执法工作，将自然资源、市场监管等部门70名行政执法专项编制下放给乡镇属地管理，充实镇（街）行政执法人员力量。

做好“应注销未注销”事业单位清理工作。2022年，根据市委、县委关于“改革攻坚规范治理年”工作部署，“应注销未注销”事业单位清理工作纳入规范治理任务清单范畴。县委编办排查“应注销未注销”事业单位4个，完成事业单位清理任务3个。

深化县直单位机构改革工作。2022年，县委编办深化县直单位机构改革工作。印发县民政局、县巡察办“三定”规定。加强仁化县文物保护工作。在县文广旅体局加挂县文物局牌子，整合其内设机构及职能，并增加行政执法编制2名。明确县有关党政部门及中央、省、市驻仁化有关单位安全生产工作职责。加强疾病预防控制工作，在仁化县卫生健康局加挂仁化县疾病预防控制局牌子。调整县直属机关工委的领导职数、强化县自然资源局行政执法力量，增加行政执法编制4名，增设安全和校外培训监管股，理顺党委农村工作部门设置，完善乡村振兴工作体制机制，将中共仁化县委农村工作办公室更名为中共仁化县委农村工作领导小组办公室，仍设在县农业农村局、核定组织部部务委员为副科级（部务委员2名、县委“两新”工委专职副书记1名）。

【事业单位改革和服务工作推进】 落实镇街机构改革，完成编制置换（核减）工作。2022年，县委编办根据市委编办文件精神，核减仁化县事业编制22名（总控制基数117名，5年完成核减任务，累计完成核减88名），并将落实情况向市委编办备案，按时完成相关任务。

事业单位改革和服务工作。2022年，县委编办根据《关于印发广东韶关国家农业科技园区整改工作方案的通知》文件精神，向市委编办上报请示，申请设立“韶关国家农业科技园区管理委员会”为仁化县人民政府直属正科级公益一类事业单位。经县委编委会议同意，县委编办将县粮食和物资储备保障中心由公益二类调整为公益一类事业单位，新核定事业编制3名。在重新核定的仁化县中小学教职工编制总额内，根据学生数测算标准将编制分配到校，加强中小学教师资源统筹管理，均衡配置中小学教师资源。根据“县管校聘”要求，在编制总额内重新调整各公办幼儿园编制，调整公办幼儿园教师岗位86名。按程序办理2022年招聘的82名中小学教师、学前教育教师、医疗卫生专业技术人员、高校毕业生等列编手续。建立县内医疗卫生机构“人才池”管理模式。对卫生系统内下属事业单位人员流动实行备案制管理，完成卫生系统内下属事业单位5人流动备案制管理。完成符合政府安排工作条件退役士兵和随军家属安置列编工作，提供考聘岗位供在编在岗退役士兵考试转岗。完成205个事业单位法人2021年度报告报送工作，报送率100%，并在广东事业单位登记管理网公示。全年全县事业单位登记业务52宗，其中设立登记4宗，变更登记42宗，注销登记5宗，拟注销公告1宗。根据事业单位法人“双随机、一公开”有关要求，随机抽取县新城幼儿园等 5个事业单位开展事业单位法人公示信息抽查工作。

【机构编制实名制系统管理】 完成2021年度机构编制重要事项报告上报。2022年，县委编办根据相关文件精神，要求全县61个机关单位向县委编委报送2021年度机构编制执行情况报告。县委编委向市委编委上报《中共仁化县委机构编制委员会关于2021年度机构编制重要事项的报告》。

做好机构编制实名制系统管理和数据上报工作。2022年，县委编办按照机构编制实名制管理系统管理工作规定和省、市委编办相关工作要求，按规定做好全县实名制管理系统数据监督检查和维护工作，完成2021年度机构编制统计和数据月报上报工作。

加强实名制系统更新维护工作。2022年，县委编办根据市委编办《关于完善机构编制实名制信息的通知》文件，要求全县实名制系统用户按时完善实名制管理系统在编人员和编外人员信息，规范在编人员和编外人员管理。

开展机关事业单位编外人员情况调研工作。2022年5月19日至31日，县委编办根据市委编办相关工作要求，开展全县编外人员情况调研。要求各实名制系统用户单位及时更新录入编外人员信息，对仁化县编外人员进行全面摸底，数据真实、准确、完整地反映了全县编外人员实际情况。

组织开展仁化县机构编制监督检查工作。2022年5月至6月，县委编办开展机构编制监督检查工作，对各实名制单位在坚持党管机构编制、落实机构改革、落实镇街体制改革（综合行政执法体制改革）、落实中小学教职工编制、规范机构编制管理、严肃机构编制纪律、机构编制实名制系统管理等方面工作进行监督检查，对检查出的问题作好汇总，及时反馈对应单位，形成《仁化县关于开展机构编制监督检查工作的情况汇报》上报市委编办。

开展仁化县机构改革评估工作。2022年9月中旬至10月中旬，县委编办组织开展全县层级评估和同级机构改革评估工作。选取县委宣传部、县司法局等10个涉改单位，要求涉改单位参照《机构改革评估指标体系（同级评估）》要求开展自查自评，认真分析本单位机构改革任务落实情况，总结改革经验做法，按要求提交自评情况及相关佐证材料，由县委编办汇总形成《仁化县关于开展同级机构改革评估工作的情况汇报》上报县委编委，并按要求开展县级自查自评，填写机构改革自评表，汇总全县机构改革落实情况，形成全县机构改革评估报告按程序报市委编办。

【网上名称管理】 2022年，县委编办按中央、省、市对网上名称工作相关要求，将财政统一支付的全县机关事业单位中文域名费用汇至政务和公益机构域名注册管理中心，完成各相关单位中文域名缴费和续费工作。

（李诗怡）

保密工作

【保密检查】 2022年年初，仁化县国家保密局（简称县保密局）对全县各机关单位和镇（街）开展2021年度保密绩效考核暨保密风险排查工作。通过检查，全县各单位均未发现严重违规行为及失泄密案件。年底，结合县委要求，制定完善2022年仁化县直机关及镇（街）工作绩效评价保密工作逆向指标扣分考核办法，为绩效考核工作提供依据。不定期对全县各重点单位开展保密专项检查，全面消除风险隐患。

【全县保密工作会议】 2022年，仁化县召开县委保密委员全体（扩大）会议暨全县保密工作会议，传达学习全国、全省、全市保密工作会议精神，分析保密工作形势，通报有关泄密案例，总结2021年全县保密工作，部署2022年全县保密工作。

【保密宣传教育】 2022年，县保密局组织开展保密宣传教育月活动，通过征订杂志、线上宣传、播放专题片、发放手册等途径开展保密知识宣传教育。开展新招录公务员保密工作培训，由县保密局专人向新入职公务员普及保密知识。开展线上保密业务培训，组织全县保密干部学习保密工作相关知识，提升业务水平。动员全县各单位征订《保密工作》《保密科学技术》等保密业务书刊，以及宣传挂图等，要求全县各级各单位通过多种载体宣传保密法纪。

【定密涉密人员管理】 2022年，县保密局按照定密、涉密人员管理工作有关要求，指导全县辖区内机关、单位及镇（街）开展2022年度定密统计、国家秘密变更、解密审核和涉密人员确定工作，及时做好报送和汇总。加强涉密人员备案管理，教育引导各单位注意加强临聘、借调人员保密教育，提高保密意识，抓好保密队伍配备与建设。

（申　坤）

巡察工作

【概况】 2022年，中共仁化县委召开4次研究巡察工作常委会会议，传达学习中央、省市巡视巡察会议文件精神，审议巡察五年规划，听取每轮巡察情况和整改情况汇报等。落实县委书记专题会听取巡察情况汇报制度，全年召开会议5次，听取巡察情况和书记点人点事整改落实情况汇报，研究讨论有关巡察事项。每轮巡察抽调新提拔副科级党员领导干部和党员后备干部参加巡察，挑选各行各业优秀人才到巡察组，提升巡察质量。突出中共仁化县委巡察工作领导小组办公室（简称县委巡察办）党支部政治建设。每轮巡察各巡察组都建立临时党支部，加强巡察干部教育、管理和监督，组织临时党支部党员到董塘镇安岗红色教育基地和石塘双峰寨等地参观。组织巡察干部参加省、市业务培训。每轮巡察前，邀请纪委监委、财政、审计等部门人员进行专题培训授课，组织观看广东省巡察干部培训教材等。全年组织巡察业务培训4次，邀请10名业务骨干授课，参训64人次，提升巡察干部履职能力和业务水平。9月，配合县委组织部重新组建县委巡察人才库，人才库人员保持100名。实行巡察人员动态管理，根据工作要求，对不适应巡察工作人员及时调整补充。

【政治巡察】 2022年，县委巡察办坚持政治巡察职能定位，围绕“三个聚焦”对被巡察单位开展全面政治体检。全年开展常规巡察2轮，完成对12个县直单位、镇（街）和26个村（社区）党组织的巡察，发现问题227个，移交问题线索10条，向相关职能部门反馈意见建议6条。配合市委开展土地房屋征收专项巡察、乡村振兴资金管理使用暨农村集体“三资”管理专项巡察和提级交叉巡察。完成一届县委巡察全覆盖任务23个，占总任务的34.3%。完成村（社区）巡察全覆盖任务43个，占总任务的34.4%。

【巡察整改】 2022年，仁化县完善修改《巡察整改三个环节》，印发关于加强巡察整改和成果运用任务清单，规范巡察整改程序和巡察整改责任。落实巡察整改有效，提出整改要求，压实被巡察单位整改主体责任。对没有完成整改的问题，建立台账继续跟踪，要求定期汇报整改进展情况，直至问题整改完成销账。两轮巡察反馈问题363个，完成整改360个，整改率99.2%。完善和制定制度223项，挽回经济损失32万余元，解决人民群众急难愁盼问题一批。协助配合抓好交叉提级专项巡察整改，指导督导完成涉粮领域专项巡察和土地房屋征收巡察整改。完成乡村振兴资金管理使用暨农村“三资”管理专项巡察的反馈整改。如期完成上级巡视巡察指导督导反馈问题的整改工作。

【巡察制度建设】 2022年，县委巡察办制订“三定”方案，推进机构、职能、权限、程序、责任法定化。按照市委巡察办部署，如期完成试点工作，建立县委巡察机构与组织、宣传、政法等6个部门协作配合机制，明确县委巡察机构与组织部门之间，重点围绕巡察情况通报、开展选人用人专项检查等6个方面密切协作，与宣传部门就加强信息共享、加强宣传报道等4个方面进行协作等，形成联动监督、资源共享、优势互补的巡察工作新格局。规范巡察流程，细化巡察清单。针对被巡察村（社区）党组织特点，根据巡察监督重点梳理制定《仁化县村级党组织巡察监督重点细化清单（92条）》。整理汇编制度。收集整理财务管理、津补贴发放、公务接待、公车使用等制度汇编成《仁化县委巡察工作常用财经管理制度文件选编》，为开展巡察工作提供政策依据。

（朱　毅）

史志工作

【全县史志工作会议召开】 2022年6月1日，仁化县史志办公室（简称县史志办）召开仁化县党史地方志工作暨年鉴业务培训会议，传达学习习近平总书记关于史志工作的重要论述精神以及全国、全省、全市党史、地方志工作有关会议精神，部分单位作先进经验交流发言，全面总结2021年史志工作，部署2022年史志工作，对各镇（街）、县各单位史志工作撰写（主笔）人员进行年鉴业务培训，110余人参训。

【党史挖掘】 2022年，县史志办做好党史资料收集整理工作，完成省、市党史部门和县委、县政府交办的党史征研工作任务，协助、配合做好长征国家文化公园（仁化段）建设保护规划、中组部红色美丽乡村先行试点红山镇新白村建设等涉红色史料的挖掘及整理，发挥史志部门“存史、资政、育人”职能作用。

【《仁化党史研究资料选编（1921—1949）》出版核校】 2022年，县史志办做好《仁化党史研究资料选编（1921—

1949）》的出版核校工作。该书于1997年7月内部印刷，收集1921年至1949年仁化党史有关资料，包括中国共产党、中国国民党有关的文件、报告、会议记录、报刊文章、消息报道、日记、回忆录以及有关考证、专题和论文。9月，完成该书初稿核校并送出版社审稿。

【《仁化县革命遗址通览》核校】 2022年12月，县史志办完成2020年388处革命遗址普查成果《仁化县革命遗址通览》核校稿，待省、市定稿后再行出版。

【《仁化县志（2001—2020）》试点编修工作】 2022年，县史志办继续做好第三轮《仁化县志（2001—2020）》试点编修工作。截至12月底，县志编修工作完成各大部类责任编辑，进入合纂。

【《仁化年鉴（2022）》编纂】 2022年，县史志办抓好年鉴方案设计、撰稿人业务培训、组稿及年鉴编纂质量等工作。10月，完成67.9万字初稿。12月，《仁化年鉴（2022）》由方志出版社出版发行。

【地方志资料年报验收】 2022年，县史志办完成2021年度地方志资料年报收集、验收等工作，呈报单位覆盖全县84个单位，资料总字数逾170万字。

【《仁化古山寨》编印】 2022年，县史志办联合按照“查找一批、记录一批”工作目标，开展仁化古山寨遗址普查工作，分别于4月和7月编印《仁化古山寨（丹霞篇）》《仁化古山寨（董塘篇）》。书籍主要反映丹霞街道、董塘镇范围内多个古山寨名称由来、位置、历史变迁、现状等，是仁化县首批古山寨调查成果，为进一步发掘、保护、利用古山寨历史文化提供资料支撑。

【党史方志驿站建设】 2022年，县史志办在县老干部活动中心、县退役军人服务中心、县卫生健康局、石塘镇风度书屋、红山镇新白村党群服务中心、丹霞街道高坪社区和黄屋村党群服务中心7个点设立党史方志驿站，精选《仁化红色故事》《仁化年鉴》《仁化县情》等一批有代表性、针对性、可读性强的党史和地情书籍，把党史、地方志文化向基层延伸。

【史志宣传】 2022年，县史志办宣传部门加强联动，拍摄红色文化专题片《初心如磐——阮啸仙与仁化暴动》。《峥嵘岁月——双峰寨保卫战旧址》《东南亚最大铅锌矿生产基地在哪》等稿件被刊载于“方志广东”公众号，《仁化首批5家党史方志驿站向市民免费开放》《〈仁化古山寨（丹霞篇）〉面世，它居然这么鲜有》被刊载在“南方+”公众号。完成《红色红山》《广东乡村传统体育》《广东地理标志产品》《广东乡村经典菜肴》《韶关古村》《韶关市红色村故事》等仁化部分组稿工作。

【其他工作】 2022年，县史志办贯彻落实县委、县政府交办有关工作，配合做好“一线双联”“民情夜访”“巩文巩卫”“改革攻坚规范治理年”等工作，到乡村振兴挂点村丹霞街道黄屋村开展“固定党日+”活动12次，开展“民情夜访”50余次，帮扶贫困户1.1万元，参与“巩文巩卫”累计时长145个工时。

（陈瑞琪）

档案工作

【档案“三个体系”建设】 2022年，仁化县档案馆做好档案资源体系、利用体系、安全体系“三个体系”建设。新增纸质档案410卷又6920件。截至12月，馆藏纸质档案总量86067卷又110938件。参与县重大会议活动档案收集归档工作，参与拍摄22场次，拍摄照片920张。全年查阅档案492人次，利用档案776卷/件，复印3359页。完成原县文化局59卷共628件档案的开放鉴定工作。做好数字档案馆运行、维护和日常管理，修复档案数据74卷，备份系统目录数据及新增档案数据237.14十亿字节（GB），定期检测移动硬盘、磁盘阵列等备份载体。全年无安全事故发生。

【全县档案工作提升】 2022年，县档案馆协同县档案局对全宗卷整理、会计档案及相关单位各门类档案等进行归档业务指导，提升全县档案归档质量。仁化县董塘镇安岗村通过广东省档案工作服务农村基层社会治理试点验收。5月，县档案馆2018—2020年业务建设排名全市第一，获市优秀等级。6月，县档案馆、县档案局联合开展“喜迎二十大·档案颂辉煌”暨国际档案日系列宣传活动。“七一”期间，县工信局、县司法局、县统计局、县妇幼保健院等单位组织党员干部200余人到县档案馆爱国主义教育基地开展“七一”主题党日活动。8月10日，仁化县档案馆被确定为仁化县少先队校外实践教育营地（基地）传统文化类。8月24日，仁化县档案馆成功接入全国档案查询利用服务平台，实现全国档案查阅“一网通办”。公众可通过国家档案局官方网站进入平台，填写查档需求信息，档案馆工作人员根据查档需求，在本馆检索相关档案信息，通过平台将查档结果发送至查档人账户，并快递邮寄到目标档案馆自取等方式提供所需档案。

【档案信息化】 2022年，县档案馆按照“存量数字化、增量电子化”要求，推进档案信息化进度。开展档案“双套制”管理，做好各单位档案工作人员档案数字化业务指导及数字化副本移交接收工作，完成12个全宗单位9904件6万页数字化副本验收接收。完成馆藏纸质档案数字化扫描149卷7.5万余页，累计完成馆藏纸质档案数字化6.18万卷241万余页，完成馆藏量数字化率60%。完成1396卷1.05万件档案目录与副本挂接，累计挂接5.99万卷。推动档案工作由传统管理、利用模式向现代、专业化模式转变，馆藏信息及时、方便提供给利用者，服务群众效率得到提升。

（顾　燕）

县委党校（开放大学）工作

【干部教育培训】 2022年，中共仁化县委党校（简称县委党校）举办科级干部任职培训班、村（社区）党组织书记（主任）培训班、初任公务员培训班、党员发展对象培训班、选调生培训班和党外干部培训班6期，参训498人。

【党史学习教育宣讲】 2022年，县委党校派出6名骨干教师参与党史学习教育宣讲55场，受众2870人次。其中，宣讲党的二十大精神15场次，受众576人次；宣讲省第十三次党代会精神16场次，受众962人次；宣讲《习近平谈治国理政》第四卷24场次，受众1332人次。

【红色现场教学】 2022年，县委党校依托红军长征粤北纪念馆、城口红色小镇、铜鼓岭纪念园、石塘双峰寨、安岗红色村5个现场教学点，开拓系列红色课程，探索专题教学、体验教学、访谈教学等模式，打造“红色为主色、绿色为基色”特色课程体系，策划提升阮啸仙与粤北农民暴动（市区—仁化）教学线路，打造大桥金喆园“绿色”单元教学点。全年承接广东南岭干部学院等省内外机关和企事业单位学员红色现场教学38场，1690余人次。

【学历教育】 2022年，仁化开放大学抓好开放大学春秋两季学历教育招生工作，开设专科行政管理、法律事务和本科行政管理、法学4个专业，春季招生录取42人、秋季招生录取41人。全年有专科学历班8个、本科学历班10个，在学学员239人。

【老年教育】 2022年3月31日，广东老年大学仁化学院在仁化开放大学挂牌成立。9月28日，老年大学举行首届秋季开学典礼。本届老年大学秋季班有在读学员70人，开设健康养生、书法、合唱3个专业，其中合唱专业与县老干部大学合办。

（刘耀东）

仁化县人民代表大会

综述

2022年，仁化县人大常委会围绕县委中心工作和全县发展大局，认真践行全过程人民民主，切实履行宪法和法律赋予的各项职责。全年召开县人民代表大会1次，县人大常委会会议5次、主任会议12次，听取和审议“一府一委两院”工作报告14项，依法作出决议决定11项，依法任免国家机关工作人员42人次，完成县第十六届人大第二次会议确定的各项年度目标任务，为推动全县经济社会稳定发展和民主法治建设贡献人大力量。

重要会议及决策

【仁化县第十六届人民代表大会第二次会议】 2022年3月11—12日，仁化县第十六届人民代表大会第二次会议在县城召开。听取和审议《政府工作报告》《仁化县人民代表大会常务委员会工作报告》《仁化县人民法院工作报告》《仁化县人民检察院工作报告》，审查《仁化县2021年国民经济和社会发展计划执行情况与2022年国民经济和社会发展计划草案的报告》《仁化县2021年财政预算执行情况和2022年财政预算（草案）的报告》，审议《仁化县2021年环境状况和环境保护目标完成情况报告》。票决仁化县人民政府2022年度民生实事项目，测评2021年度民生实事办理满意度。

【常委会会议】 2022年，仁化县第十六届人大常委会召开会议5次，主要学习新修订的《中华人民共和国地方各级人民代表大会和地方各级人民政府组织法》（简称《代表法》）；审议和通过有关人事任免事项；审议并表决通过《仁化县国民经济和社会发展计划审查监督办法》《仁化县预算审批监督办法》《仁化县人大常委会审议意见跟踪落实办法》；听取和审议县政府关于2021年县八件惠民实事、县十五

2022年3月11日，仁化县第十六届人民代表大会第二次会议在仁化县城召开 （龙全明 摄）

届人大七次会议代表建议办理情况，关于2020年度县本级预算执行和其他财政收支审计查出问题整改情况、仁化县2022年上半年国民经济和社会发展计划执行情况、2021年度县本级预算执行和其他财政收支的审计工作、仁化县2022年上半年预算执行情况、仁化县存量隐性债务“清零”的情况等报告，关于提请审定《关于仁化县地方政府性债务管理情况的报告》的议案；听取关于2021年规范性文件备案审查工作情况，检查《广东省促进革命老区发展条例》实施情况、2022年八项民生实事实施情况，调研省道246线康溪至大岭段改线工程、县教育“双减”工作推进情况，视察生活垃圾分类回收处理、冷链食品安全、打击治理电信网络诈骗犯罪、巩固全国文明城市创建成果、县人民法院贯彻实施《中华人民共和国民法典》（简称《民法典》）工作情况等报告；审查和批准关于开展第八个五年法治宣传教育的决议（草案）、仁化县2021年县级决算草案的报告、2022年县级财政预算调整方案的报告。

重要活动

【省人大常委会成员到仁化调研】 2022年1月7日，广东省人大常委会副主任王学成一行在韶关市委副秘书长谢祥腾陪同下，结合《广东省革命遗址保护条例》立法工作到仁化县红军长征粤北纪念馆、红军街和恩村开展调研，并到城口镇人大代表中心联络站检查。4月26日，广东省人大常委会副主任张硕辅一行在韶关市政府市长陈少荣、市人大常委会副主任凌振伟陪同下，到仁化县周田镇平甫村人大代表联络站调研，实地察看夏富村、牛鼻村等沿线乡村振兴建设情况。

【市人大常委会成员到仁化调研视察】 2022年，韶关市人大常委会到仁化县开展森林防火、县镇人大规范化建设、教育“双减”、基本医疗保障、红色资源和古村落保护立法项目、招善引爱、深入推进爱国卫生、乡村振兴等工作情况调研；调研督导推进人大代表联络站“三化”建设工作；检查规范性文件备案审查、“基层医院独立医疗污水处理系统建设”情况回头看工作；开展《中华人民共和国环境保护法》《广东省环境保护条例》《广东省促进革命老区发展条例》等行政区域执法检查。

主要工作

【监督工作】 2022年，仁化县人大常委会制定《仁化县国民经济和社会发展计划审查监督办法》，听取审议计划执行情况、国有资产管理、政府债务管理等报及国有自然资源资产管理专项报告，开展全县重点项目建设情况专项调研，建议深化财政绩效管理，防范化解政府性债务风险，提高财政资金使用效益。围绕推进乡村振兴，开展乡村产业发展、粮食生产安全、农村人居环境整治等调研和视察，建议在粮食安全、产业发展、农村改革等方面下好“先手棋”。专题调研县义务教育“双减”政策落实和特殊儿童接受优质教育情况，建议补齐短板、提升档次，让儿童得到更好的教育。调研锦江河及县域中小河流域综合治理情况，视察生活垃圾分类回收处理工作，督促加大河流治理和垃圾分类处理力度。检查县域自然村集中供水全覆盖工作情况，提出加强供水设施管护，确保村民喝上放心水。聚焦社会关注，组织视察冷链食品安全工作情况，守护群众“舌尖上”的安全。坚持每季度定期督查八件民生实事实施情况，提出加快推进民生实事建议意见22条。

【人事任免】 2022年，仁化县人大常委会坚持党管干部和人大依法任免相统一的原则，依法做好人事任免工作。严格落实任命前法律知识测试、任命时作表态发言、任命后颁发任命书、宪法宣誓等制度。全年依法任免“一府一委两院”和县人大常委会机关工作人员42人次，实现县委人事安排意图。

【重大事项决定】 2022年，仁化县人大常委会认真实施县人大常委会讨论决定重大事项办法，听取审议预算执行、预算调整等工作报告，及时作出相关决议决定。加强县人大常委会审议意见的跟踪督办，推动县委决策部署的落实。

【民主法治建设】 2022年，仁化县人大常委会调研《中华人民共和国消防法》实施情况，建议探索网格化消防安全治理模式，全面提升消防救援能力和水平。专项视察县法院实施《中华人民共和国民法典》情况，建议建立健全实施《中华人民共和国民法典》协作机制，提升审判运用《中华人民共和国民法典》综合能力。听取审议开展第八个五年法治宣传教育议案。视察全县打击治理电信网络诈骗犯罪工作情况，建议加大宣传教育，提升打击治理成效。制定实施《县人大常委会规范性文件备案审查工作办法》，全面加强规范性文件备案审查工作。全年依法审查县政府规范性文件1件，校对历年在省人大常委会规范性文件备案审查平台报备的规范性文件11件。

2022年8月9日，仁化县人大常委会组织部分市、县人大代表专项视察县重点项目建设情况　（陈艳芬　摄）

【代表工作】　高标准搭建履职平台。2022年，仁化县人大常委会制定实施推进人大代表联络站标准化、规范化、常态化建设工作方案，推动11个已建镇（街）代表联络中心站提档升级，指导新建村级代表联络站25个，打通代表联系群众的“最后一公里”。制订实施“县人大常委会组成人员联系代表、代表联系选民”实施意见和工作计划，常态化开展常委会组成人员联系代表、代表联系选民活动。开展“更好发挥人大代表作用”主题活动，累计组织各级人大代表682人次参加主题活动，收集社情民意186条，形成代表建议39件，助力爱国卫生运动和乡村振兴工作。

高质量办理代表建议。2022年，仁化县人大常委会建立健全“集中交办、重点督办、跟踪落实、结果反馈、代表评判”建议办理工作机制，常态化跟踪督办县第十六届人大第一、二次会议的3件议案和59件建议，推动解决事关经济社会发展和人民群众切身利益的实际问题一批。

高水平强化服务保障。2022年，仁化县人大常委会组织县镇人大代表通过集中轮训和个人自学等方式，加强《中华人民共和国宪法》《中华人民共和国全国人民代表大会和地方各级人民代表大会代表法》《中华人民共和国各级人民代表大会常务委员会监督法》等法律法规和党的二十大精神学习。组织人大代表100余名分两期到井冈山干部学院开展履职培训，提高人大代表综合素质和履职能力。邀请代表参加常委会会议及视察、调研、检查等活动200余人次。

【自身建设】　2022年，仁化县人大常委会贯彻实施“巩固基础、强化履职”行动方案，健全《2022年镇（街）人大工作评价指标及权重》等制度，加强对镇级人大工作业务指导，提升县镇人大工作规范化水平。贯彻落实市委关于开展“改革攻坚规范治理年”工作的决策部署，重新修订县人大常委会审议意见跟踪落实办法，督办“一府一委两院”落实审议意见14项。研究制定《仁化县预算审批监督办法》，常态化加强预算及执行情况监督。严格执行中央八项规定精神，统筹安排视察调研、执法检查等活动，减轻基层负担。履行党风廉政建设“一岗双责”制度，持续加强人大代表和人大机关干部党性党风党纪和廉政教育。推进模范机关建设，强化机关岗位职责，推行一线工作法，细化机关工作清单，推动人大机关干部工作重心下沉。组织县人大常委会机关常态化抓好挂点黄坑村的乡村振兴和县城网格二区的巩固全国文明城市成果等工作。组织县、镇两级人大通讯员采写人大工作信息，全年采编和报送人大新闻稿件150余篇，在《韶关人大》和韶关人大网站等媒介刊发稿件30余篇。

（谢耀华　黄林珍）

仁化县人民政府

综述

2022年，仁化县人民政府（简称县政府）面对严峻复杂的宏观经济形势、较大洪涝灾害、持续高温干旱等多重超预期因素叠加冲击，坚持以习近平新时代中国特色社会主义思想为指导，在市委、市政府和县委的坚强领导下，在县人大和县政协的监督支持下，团结依靠全县人民，坚定不移贯彻新发展理念，奋力推动高质量发展，经济社会呈现总体平稳、后劲增强的良好发展态势。仁化县获得2022年全国休闲农业重点县、全国科普示范县、国家县域商业建设行动示范县、全国义务教育优质均衡发展先行创建县、省级健康县等全国、省级、市级称号60余个。全年地区生产总值119.26亿元，同比上年增长6.9%，增速全市排名第一；农林牧渔业产值增长15.3%，规上工业增加值增长14.7%，固定资产投资完成40.38亿元，地方一般公共预算收入5.33亿元，同比增长11.62%。

重要会议

【县政府常务会议】 2022年，县政府召开县政府常务会议23次，主要讨论同意或审议通过《政府工作报告》《仁化县分布式光伏开发方案》《仁化县森林防火规划（2021—2025年）》《仁化县公共服务“十四五”规划》《仁化县妇女、儿童发展规划（2021—2030年）》《红军长征过粤北重点展示园建设项目立项的请示》《仁化县强化招商引资工作实施意见（试行）》《仁化县关于推动食品安全“两个责任”落地落实工作实施方案》等。

【县政府工作会议】 2022年，县政府召开工作会议126次，研究推进安全生产、招商引资、固定资产投资、工业经济发展、镇域经济发展、重点项目调度、专项债券项目、垦造水田、涉农资金使用、生态环境保护、锦江河流域综合治理、山水林田湖草沙生态保护修复、交通安全系统防范、信访等相关工作。

县政府办公室工作

【行政督促检查】 2022年，仁化县人民政府办公室（简称县政府办）紧贴县政府工作做好参谋助手、协调服务和督查督办，全年协助县政府召开常务会议23次，专题协调会议31次；办理督办事项逾400件，开展实地督查60余次。做好挂点石塘镇上中坌村乡村振兴工作，调研指导21次，开展支部共建活动4次，森林防火等工作31次，“一线双联”、民情夜访46次，收集问题36件，解决问题36件。向上中坌村投入人居环境整治资金5000元，慰问脱贫户3900元，开展消费帮扶21924元。

【政务工作】 2022年，仁化县以县政府、县政府办名义下发各类文件504件（含各类会议通知、会议纪要等），收到各部门专项报告、请示280件，收到市以上文电4836件（次）。做好相关会议记录、纪要，撰写领导有关会议讲话、工作总结、督办情况汇报材料，撰写《政府工作报告》。全年向上级报送各类信息稿件18篇，被市委《韶关信息》采用1篇、市政府《政务信息》采用6篇，撰写调研报告20余篇。做好档案整理、归档、保密工作。

（刘雪娟）

接待和机关事务管理

【公务接待】　2022年，仁化县机关事务管理中心严格执行中共中央八项规定精神，落实《党政机关国内公务接待管理规定》《党政机关厉行节约反对浪费条例》《仁化县接待工作制度》等有关规定，全年无超标准、超规格接待情况。接待到仁化调研、检查及招商洽谈等国内人员595批次8330人次，其中接待省领导18批次，省、部级各类综合调研检查、督察组162批次，港澳同胞4批次。接待侨胞2批次。完成县党代会、县“两会”等重要会议会务及后勤服务工作。11月，获市接待办通报表扬。

【办公用房管理】　2022年，县机关事务管理中心加强全县行政事业单位办公用房规范化管理工作。建立全县96个党政机关办公用房数据台账，根据办公用房调整情况更新数据。8月，牵头组织开展全县党政机关办公用房信息统计报告工作，核查党政机关办公用房数据，实地抽查部分单位，无超标情况。

【物业管理】　2022年，县机关事务管理中心落实安全生产责任制，按照规定程序开展县三中心一馆办公室修缮、县政府家属区自来水改造工程等项目，完善各类物业合同签订，规范各类项目相关资料保存和归档程序。有序开展县政府大院日常安保、消防、保洁绿化、水电维护、公共设施设备维修等工作，集中整治县政府家属区停车秩序和卫生环境。

【公务用车管理】　2022年，县机关事务管理中心做好公车管理平台车辆出行轨迹监控、公务用车运行数据录入督导和审查工作，完成全县公务用车北斗系统更新和安装工作，对接指导各相关单位处理公车相关业务审批96单。规范各单位车辆编制，细致核查各单位编制核定情况，对县财政局等单位进行编制重核和数据核实，厘清车辆编制使用模糊情况。严肃公务用车管理纪律，规范全县公务车辆使用管理。

【会务管理】　2022年，县机关事务管理中心提升会务服务质量，注重服务人性化、标准化、规范化。全年，完成县委、县人大、县政协大型会议服务15次，提供各类会议服务189场，其中，县政府礼堂、县三中心一馆三楼会议服务54次，其余楼层会议服务135次。

【乡村振兴】　2022年，县机关事务管理中心定期到乡村振兴挂点村走访调研119次。选派党员担任驻镇帮镇扶村工作队队员。6月19日，到大桥镇开展防汛抢险救灾工作，组织安全转运受灾群众500余人，协助大桥镇及时联系安置点安置受灾群众50余户200余人；是日起，抽调人员到挂点村下徐村开展水渠清淤、塌方路段清理、内涝疏通等灾后复产支援工作，持续3周。

（邱小利）

行政服务

【政务服务“一门办”】　2022年，仁化县有1595个政务服务事项进驻县级政务服务大厅，进驻率100%，实现应进必进。注重政务服务大厅人性化管理，完善帮办代办窗口，形成申请、接收、帮办（代办）、办结、反馈、归档的闭环流程，增添老花镜、放大镜、手写板、助听器、助视器等适老适残化辅助器材，设置特殊群体帮办代办服务窗，新增等候区图书阅览室。截至12月底，县政务服务大厅办理审批事项业务149082件，其中即办件数为88389件，承诺办件数为60688件，上门服务受理业务5件。在服务大厅显著位置设置二维码公示墙，公开高频事项、一件事主题、工程建设事项办事指南，通过手机微信“扫一扫”功能快速查询事项办理材料、时限等办事流程信息。合理布局办事专区，设立企业开办“一网通办”窗口，将办结时限压缩至0.5个工作日。在全市县（市、区）级率先设立“首贷服务窗口”，由综合窗口人员兼职首贷导服员，在为个体或法人做好企业注册服务的同时，与银行对接主动提供首贷业务服务。

【政务服务“一网办”】 2022年，仁化县行政服务中心完善政务服务事项规范标准、办事指南。6月，抽查全县各单位行政审批事项实施情况。全县38个部门认领政务服务事项1526项，“一窗受理率”95%，事项网办率100%，“最多跑一次”事项占比率100%。提升审批便利度，联合市场监管局、税务、公安、人社等部门形成工作合力，从“减环节、压时间、降费用”方面，推进开办企业“一网通办、一窗通取”工作。从办事群众需求方、证明材料开具方以及审批机构等源头全面梳理政务服务事项，拓展“无证明”城市建设广度和深度，坚持“法无规定”的证明事项一律取消，“法有规定”的证明材料无须群众和市场主体提交为导向，通过数据共享、部门协助、当事人承诺等方式，实现办事过程无须提交证明材料。梳理明确证明事项1526项，直接取消215项，通过电子证照核验方式办理1081项，通过告知承诺、部门核验等方式办理314项。完善“跨域通办”工作，对照《韶关市异地代收代办模式“市内通办”事项清单》（135项），组织县相关部门在省政务服务事项管理系统内做好事项要素更新调整，修订跨域通办类型、通办区域、通办形式等信息。全县市内通办事项1712项。落实服务平台“好差评”工作，全县镇、村“好差评”大厅每个月均100%完成推广任务，办事评价覆盖度完成率、主动评价率均在99%以上，未收到差评工单，综合评分9.95分（满分10分）。

【“12345”政务服务】 2022年，仁化县行政服务中心以制度推进政务服务便民热线、网络问政服务质效工作落实。与县检察院共同建立检察院监督与行政服务常态化协作配合机制，促进依法行政，维护人民群众合法权益。截至2022年12月底，县“12345”政务服务便民热线管理办公室向各承办单位转派诉求工单4975件，其中，“12345”热线电话呼入3948件、微信公众号工单457件、门户网站工单247件、市长信箱31件、人民网地方领导留言板16件、主动录入5件。向承办单位转派知识库查无纠错工单410件，按时办结410件，按时办结率100%。除24件工单需跨年处理（均在规定办结时限内）外，已办结4951件，未出现超期办理情况。得到市民满意度评价转派工单4229件，其中，市民评价满意296件、基本满意3429件、不满意504件，工单处理满意率88.08%。

（黄伟华）

外事工作

【对外经贸交流合作服务】 2022年，仁化县外事局联动工信部门和产业园区，推动吸引优质涉外资源。其中，新加坡铂瑞公司（BR METALS PTE.LTD）在仁化投资贵金属综合利用项目成功签约。开展企业申办亚太经济合作组织（APEC）商务旅行卡意愿摸查工作，为企业对外经贸交流合作提供便利。

【对外宣传】 2022年，仁化县外事局发挥丹霞山世界地质公园的国际影响力和仁化县是全国文明城市、国家全域旅游示范区等品牌效应，配合开展“走读广东·粤游粤红”自驾游系列活动，积极筹备丹霞山马拉松、环丹自行车赛等品牌赛事，对外宣传展示“善美韶关，仁爱仁化”魅力，讲好中国故事、传播仁化声音。加大“走出去”力度，县域韶关凯鸿纳米材料有限公司、浙江汉和能源发展有限公司等企业参加第五届中国国际进口博览会。配合县委宣传部组建对外宣传工作专班，在境外媒体平台Meta推出红山白毛茶新闻宣传稿件1篇、美丽中国系列涉及丹霞山图文10余篇。

【涉外安保】 2022年，仁化县外事局贯彻“外事为民”思想，摸查仁化县海外人员情况，联动加强新形势下海外安全教育和领事提醒。

（梁欢欢）

信访工作

【概况】 2022年，仁化县信访总量509件，比上年下降21.8%。网上信访121件次，比上年下降34.2%。来信信访34件次，比上年下降15%。

2022年6月24日，仁化县信访局在县城仁爱广场开展《信访工作条例》宣传 （肖　霞　摄）

【新时代信访工作格局】 2022年，仁化县委、县政府高度重视信访工作，多次召开县委常委会会议、县党政班子会议、书记专题会议、县政府常务会议、信访联席会议等，专题研究部署信访工作。县委书记、县长等县班子领导包案化解疑难信访问题，接待来访群众，阅批群众来信，解决民生信访问题。县信访工作联席会议领导成员敢于担当，研判信访案情，商讨工作对策，协调处理具体问题。全县形成党委统一领导、政府组织落实、信访工作联席会议协调、信访部门推动、各方齐抓共管的信访工作格局。

【《信访工作条例》学习宣传贯彻】 2022年5月1日，《信访工作条例》实施。仁化县召开县委常委会会议、县政府常务会议、信访工作联席会议专题传达学习《信访工作条例》，全面部署贯彻落实工作。将《信访工作条例》学习纳入县委理论学习中心组、党校党性教育、新任公务员培训、信访干部教育培训规划内容，建立常态化学习机制。县信访工作联席会议牵头指导督促各镇各单位运用线上线下多种方式开展《信访工作条例》进社区、进学校、进单位、进场所、进农村的全覆盖学习宣传，营造办事依法、遇事找法、解决问题用法、化解矛盾靠法氛围。

【领导接访下访】 2022年，仁化县继续发挥领导接访优势，及时就地解决群众诉求，县四套班子领导每周二9时至12时轮流在县人民群众来访接待大厅接待来访群众，接访实行AB岗接访制，确保接访领导不空缺。结合“一线双联”、“民情夜访”、乡村振兴等工作开展领导下访约访活动，畅通和拓宽社情民意表达渠道，推动民生信访问题妥善解决。引入律师、信访督查员等第三方力量参与接访，提升信访实效。全年，县领导开展领导接访下访活动143次，接待来访群众115批次273人次。各镇（街）开展领导接访下访活动1160次，接待来访群众489批次892人次。律师参与接访44次，接待群众62批次128人次，提供法律咨询服务62批次。

【初次信访事项日清日结】 2022年，仁化县落实省信访局《关于实施初次信访事项转交办“日清日结”工作机制的通知》精神，指定专人负责每天定时定点查看信访系统，对上级转交办初次信访件，第一时间填报信访部门督办人，第一时间转交至责任单位，第一时间督促责任单位签收案件并填报责任领导，确保初次信访事项“日清日结”落地落实。压缩优化工作办理流程，将初次信访事项列入县信访干部全员包案督办，列入责任单位分管领导包案调处，及时回应群众关切，提高信访事项一次化解率和群众满意率。初次信访案件140宗，按期办结率100%，满意率88.6%。

【信访积案化解】 2022年，仁化县统筹推进信访积案化解。国家信访局交办仁化县第一批信访积案13宗，第二批信访积案8宗，两批共化解20宗，化解率95.2%。县信访工作联席会议办公室排查筛选重点信访案件38宗，纳入县领导包案化解，已化解办结29宗，正在化解9宗。

（谭梅兰）

中国人民政治协商会议仁化县委员会

重要会议

【政协第十二届仁化县委员会第二次会议】 2022年3月10日至12日，政协第十二届仁化县委员会第二次会议在仁化县城召开。会议听取和审议《中国人民政治协商会议第十二届仁化县委员会常务委员会工作报告》，审议通过《中国人民政治协商会议第十二届仁化县委员会第二次会议决议》。大会应到委员168人，实到委员146人。县直有关单位、市直垂直管理单位有关部门、各镇（街）主要负责人及特邀人员应邀列席大会。县委副书记、县长陈夏广在闭幕会上讲话。

【常务委员会会议】 2022年，政协第十二届仁化县委员会召开常务委员会会议4次（第二次至第五次常务委员会会议）。

政协第十二届仁化县委员会常务委员会第二次会议。2022年3月7日，政协第十二届仁化县委员会常务委员会第二次会议在县三中心一馆七楼县政协常委会会议室召开，传达学习贯彻《习近平法治思想学习纲要》、省长王伟中在韶关调研指示精神和中共韶关市委十三届二次全会精神；通过辞职委员名单；协商通过县政协十二届二次会议议程（草案）和日程（草案）、《政协第十二届仁化县委员会常务委员会工作报告（审议稿）》；研究部署县政协十二届二次会议筹备工作和其他日常工作。

政协第十二届仁化县委员会常务委员会第三次会议。6月28日，政协第十二届仁化县委员会常务委员会第三次会议召开，传达学习贯彻习近平总书记重要文章《努力建设人与自然和谐共生的现代化》《坚定不移走中国人权发展道路　更好推动我国人权事业发展》和中国共产党广东省第十三次代表大会精神；听取县政府、县法院、县检察院和各政协小组2022年上半年工作情况通报，协商通过《政协仁化县委员会常务委员提交年度履职报告工作制度》《政协仁化县委员会关于提高提案工作质量的实施意见》。

政协第十二届仁化县委员会常务委员会第四次会议。9月22日，政协第十二届仁化县委员会常务委员会第四次会议召开，学习贯彻习近平总书记在省部级主要领导干部专题研讨班上的重要讲话精神、习近平总书记在中共中央党外人士座谈会上的重要讲话精神和习近平总书记在中央统战工作会议上的重要讲话精神；研究部署当前重点工作。

政协第十二届仁化县委员会常务委员会第五次会议。12月23日，政协第十二届仁化县委员会常务委员会第五次会议召开，传达学习贯彻党的二十大精神和中共广东省委十三届二次全会精神，听取县政府2022年经济社会发展情况通报及2022年提案办理工作情况通报，听取县法院、县检察院2022年工作情况通报、各政协小组2022年工作情况汇报，审议通过辞职委员名单，研究部署当前重点工作。

【专题议政性常委会会议】 2022年9月22日，政协第十二届仁化县委员会召开专题议政性常务委员会会议，听取县中职教育发展情况汇报。县政协常委会委员作专题议政性发言，提出意见建议。

【主席会议】 2022年，政协第十二届仁化县委员会召开主席会议12次。主要是深入学习贯彻党的十九届历次全会和党的二十大精神以及党中央决策部署，学习贯彻习近平总书记对广东重要讲话重要指示批示精神，学习贯彻习近平新时代中国特色社会主义思想，学习贯彻《习近平谈治国理政》第四卷精神，学习贯彻省委、市委、县委全会精神；协商讨论县政协常委会2022年工作要点，2022年度召开的政协常委会会议程等事项，政协第十二届仁化县委员会第二次会议的日程和议程以及常委会报告等事项；选择事关全县经济、政治、文化、社会、生态建设以及群众最为关切的重大课题，进行协商；协商讨论加强与各民主党派、工商联、人民团体、无党派人士、“三胞”（台胞、港澳同胞、侨胞）及其眷属、民族宗教界人士和社会各界的联系与交流；协商讨论发挥政协人才荟萃优势，做好招商引资工作；协商讨论增减县政协十二届委员等事宜。

重要活动

【专题调研活动】 2022年，县政协围绕事关全县经济社会发展重大课题，组织开展“镇村污水处理设施建设”“我县‘一区多园’建设发展情况”“乡村产业振兴及人居环境长效管护”“建立完善网格基层治理模式，积极推动市域社会治理工作”专题调研活动4次，研究分析存在的问题和困难，提出意见建议，形成质量较高的调研报告，供县委、县政府参考决策。县委、县政府主要领导对调研报告及时作出批示，要求相关部门深入研究，认真采纳，抓紧落实。

【专题视察活动】 2022年，县政协围绕全县重点工作、民生工程和群众关注的热点问题，采取实地视察、走访群众、座谈研讨等形式，组织开展“关于落实教育‘双减’政策专题视察”“关于我县‘厂区变园区、产区变城区’试点建设工作情况专题视察”“关于仁化桥危桥改造建设推进情况联合视察”“关于我县依法治县工作专题视察”专题视察活动4次，形成视察报告，为县委、县政府决策提供参考。

【专题协商活动】 2022年，县政协开展专题协商议政性常务委员会会议1次，专题协商活动2次。紧贴县委、县政府中心工作及群众关注的热点、焦点和难点问题确定协商主题，围绕“推动我县中职教育高质量发展”召开专题议政性常务委员会会议，围绕文旅工作和乡村振兴工作组织开展红军过粤北重点展示园建设项目协商活动和仁化县牛羊产业园建设协商活动。政协委员通过专题协商，深入研究，提出一系列切实可行的建议和意见，得到政府部门积极回应和解决。

【专项监督活动】 2022年，县政协加强和改进民主监督工作，提高民主监督能力和水平，切实履行政协民主监督职能，凝聚各方面智慧和力量，彰显民主监督效能。县政协班子成员和机关干部结合开展“一线双联”“民情夜访”活动，深入基层一线走访慰问群众，到挂点镇、村指导乡村振兴、美丽乡村建设、粮食生产、森林防火、防汛抗洪等专项监督工作，推动各项工作开展落实。

主要工作

【提案工作】 2022年，县政协提升提案工作科学化水平，制定和印发《仁化县政协关于提高提案工作质量的实施意见》，从提案质量、办理落实标准、督促检查等方面提出具体标准规范和要求，坚持提案科和提案委“二审制”，严把立案关；加强办理协商，提升提案办理质效；强化跟踪督办，确保提案落地落实；积极探索创新，提升提案工作服务水平。县政协十二届一次、二次会议期间，收到县政协委员、有关团体提交的书面提案92件，经审查立案68件。按照“分级负责、归口办理”原则，县政府将立案提案交由24个主办单位、44个会办单位办理，办复率100%，满意率100%。精选“关于加快县城北环路建设争取早日建成通车的提案”等一批群众普遍关注、影响较大的提案作为重点提案，明确由县党政主要领导领办、县政协班子成员督办。积极向市政协提交提案。其中，《关于支持发展仁化县竹产业的提案》获市政协2022年度优秀提案二等奖。

【团结联谊工作】 增强团结合作共事。2022年，县政协坚持团结和民主两大主题，发挥政协组织优势作用，加强同各党派团体和各族各界人士联系合作，主动邀请民主党派、工商联参加政协组织的各类调研视察和民主监督活动，支持民主党派、工商联和无党派人士在全体会议、常委会会议、调研视察、协商监督等议政平台中发挥主力军作用。组织召开各界人士座谈会和各民主党派、无党派人士、工商联、新阶联工作座谈会，听取各界人士对县委、县政府、县政协的工作意见和建议。开展走访委员活动，落实主席会成员联系委员制度，密切同党外知识分子、非公有制经济人士、新的社会阶层人士的联系交流。

做好界别群众工作。2022年，县政协广泛联系和动员界别群众，协助县委、县政府做好协调关系、理顺情绪、化解矛盾等工作。鼓励和支持委员深入基层、深入界别群众，宣传党和国家方针政策，及时反映群众意见建议。突出政协特色，做好界别群众思想政治工作。加强与宗教界人士、信教群众的交往交流，宣传贯彻党的民族宗教政策，促进民族团结、宗教和睦。组织引导港澳委员举办学习中共二十大精神专题讲座和学习分享会；港澳委员积极联系各界民众，支持特别行政区政府依法施政，共同维护和促进香港、澳门长期繁荣稳定。

深化联谊交流工作。2022年，县政协发挥人民政协联系面广、渠道多元优势，做好省市政协到仁化调研接待工作，加强与兄弟县区政协联谊联系，接待省内外政协组织到仁化县调研视察、考察交流31批次225人次。推动组建珠三角仁化商会，加强与商会联络联谊，凝聚乡贤力量，助力招商引资。有计划地带着课题“走出去”，到省内外和周边地区考察学习，交流工作经验，开拓工作思路。

【文史宣传】 2022年，县政协常委会坚持政协文史工作统战性质，注重发挥政协文史资料“存史、资政、团结、育人”功能作用，经过调查研究、收集资料、整理编辑，发掘古村落历史文化，编辑出版专辑《仁化古村落》（仁化文史第二十二辑）。向县融媒体中心投稿并在“仁化发布”公众号上发布新闻简讯30余条，向市政协投稿并在“韶关政协”公众号上发布新闻简讯13条。做好各界先进政协委员的宣传报道工作，录制和展播4名政协委员的“委员风采”。

【“委员工作站”建设】 2022年，县政协统筹资源，建成“委员工作站”6个。内设工作站、读书室、委员讲堂，供委员学习交流、协商议政、收集社情民意，提升政协委员政治理论水平和履职、服务基层群众能力。举办委员学习培训活动，组织45名县政协委员和政协系统干部到湖南大学开展履职能力提升培训。

【高质量发展工作】 2022年，县政协围绕全县经济发展、乡村振兴、民生福祉等问题议政建言，提出意见建议一批。精选“双变”（厂区变园区，产区变城区）改革试点、省级产业转移工业园区建设议题，组织开展专题视察、专题调研、专题协商活动，提出意见建议14条。围绕基层社会治理综合网格管理服务体系开展专题调研，提出意见建议15条。聚焦法治政府示范县建设，开展专题视察，提出意见建议6条。开展仁化县未成年人思想道德建设工作协商活动，提出意见建议14条。

【民生工作】 2022年，县政协围绕全县城乡污水处理设施建设运行开展专题调研，学习外地先进经验，提出意见建议8条。结合全国义务教育优质均衡发展县创建工作，组织开展落实教育“双减”政策专题视察，围绕完善制度建设、提高教学质量、优化师资配置等提出意见建议16条。组织召开县中职教育高质量发展专题议政性常委会会议，6位常委作重点发言，提出意见建议22条。动员广大委员立足本职岗位，发挥自身作用，投身“6·23”洪涝灾害救灾一线，协助保护人民群众生命财产安全。结合“6·30”扶贫济困活动，发动政协委员及所属企业开展捐款捐物，共计人民币100余万元。

（钟文君）

中国共产党仁化县纪律检查委员会　仁化县监察委员会

综述

【政治担当强化】　2022年，仁化县纪委监委将学习宣传贯彻党的二十大精神列为县纪委常委会“第一议题”、理论学习中心组“第一专题”，组织“学习贯彻党的二十大精神·乡镇纪委书记谈”、支部共建、基层宣讲和集中研学等活动，结合班子成员包片督促指导挂点联系基层纪（工）委，围绕“一体推进不敢腐、不能腐、不想腐”等课题开展调研。围绕乡村振兴、安全生产等重点领域监督工作，建立健全监督检查清单4份，具体化精准化常态化监督推动各级各部门履行政治责任。开展防汛救灾、森林防灭火、维稳安保等方面专项监督检查17轮，开展乡村振兴驻镇帮镇扶村领域突出问题专项整治，发现并督促整改问题827个，下发提醒函17份，印发通报4期。统筹考核党风廉政建设主体责任落实情况，制订《中共仁化县纪委关于进一步加强纪检监察机关同级监督工作的实施方案》，加强对“一把手”和领导班子的监督，建议分管县领导对4名县直单位“一把手”进行提醒谈话，各级纪委收到同级领导班子成员提交述责述廉报告233份，各级纪委书记对同级党政领导班子成员开展谈心谈话135人次。严把选人用人政治关，规范审慎回复党风廉政意见474人次。

【中共仁化县纪委十四届二次全会】　2022年2月17日，中国共产党仁化县第十四届纪律检查委员会第二次全体会议在县政府礼堂一楼会议室召开。县委副书记、县长陈夏广出席全会并讲话，县委副书记刘海旺传达十三届市纪委二次全会精神。县委常委、县纪委书记、县监委主任许细桥主持会议。全会审议通过工作报告《弘扬伟大建党精神　坚持严的主基调不动摇　为奋力推进仁化在新征程中事项高质量发展提供坚强保障》。

2022年2月17日，中国共产党仁化县第十四届纪律检查委员会第二次全体会议在仁化县城召开　（龙全明　摄）

主要工作

【一体推进“三不腐”】 2022年，仁化县纪委监委保持政治定力，坚定不移纵深推进反腐败斗争。全县纪检监察机关受理群众信访举报80件次，其中，检举控告类77件次。处置问题线索208件，立案102件，给予党纪政务处分95人，移送检察机关2人，挽回经济损失455.47万元。重点查办粮食购销领域腐败案件，立案8件，给予党纪政务处分8人。发挥县委反腐败协调机制作用，县委反腐败协调小组其他成员单位向县纪委监委移送问题线索45件，通过核查线索转立案34件。扎实推进追逃防逃工作，成功劝返外逃7年职务犯罪嫌疑人1名。做好查办案件“后半篇文章”，印发案件剖析材料，通报典型案例，发出纪律检查建议书2份、监察建议书16份。在涉粮腐败案件中，推动各相关职能部门建立健全县级储备粮监管制度等长效机制一批，制订《关于在全县粮食领域开展“以案为鉴、以案促改”专项整治工作的实施方案》，用身边事教育身边人，实现标本兼治、综合治理。科学把握纪法情理内在联系，精准运用“四种形态”批评教育帮助和处理267人次，其中第一种至第四种形态，分别占比63.3%、28.8%、4.5%、3.4%。建立定期回访机制，开展受处分党员教育管理监督，支持处分影响期满、表现好的干部进一步使用。精准规范实施问责，问责党员领导干部、监察对象23人。向县纪委监委主动投案并交代违纪违法问题10人。

2022年7月26日，县纪委监委、县妇联组织全县新提拔的副科级年轻干部及其家属，在城口红色小镇开展“清风传家·家庭助廉”廉政教育活动 （邱少芸 摄）

【“四风”纠治】 2022年，仁化县纪委监委坚持党性党风党纪一起抓，常态化开展监督检查，严肃查处违反中央八项规定精神和隐形变异的“四风”（形式主义、官僚主义、享乐主义、奢靡之风）问题。集中开展纪律作风监督检查83组次，发现并督促整改问题128个，责成9个单位批评教育20人，责令1人作出书面检查；给予党纪政务处分20人；发出通报5期，实名通报20人。围绕“改革攻坚规范治理年”纪律作风保障，牵头组建专项监督检查组4个，开展监督检查6轮，发现并督促整改问题167个。牵头制订《仁化县关于加强新时代廉洁文化建设的实施方案（试行）》，推动红色廉政文化建设，开展廉政教育、提醒活动。注重引导扣好廉洁从政“第一粒扣子”，组织初任公务员和新提拔领导干部开展廉政教育，组织年轻干部和重要岗位领导干部旁听职务犯罪案件庭审。强化家庭家教家风建设，组织开展“清风传家·家庭助廉”廉政教育活动。广泛宣传廉洁理念，统一设置制作村级党组织党风廉政建设宣传栏，建设基层廉政书屋，建立办好县纪委监委微信公众号“丹霞清风”。

【群众身边腐败和不正之风整治】 2022年，仁化县纪委监委维护人民群众利益，坚决整治群众身边腐败和不正之风。分层分类统筹联动开展群众反映强烈突出问题专项治理，在自主开展的行政执法领域突出问题专项整治工作中，发现问题12个，向有关单位下发问题反馈函6份。在土地房屋征收工作腐败和作风问题、违规占地建房突出问题、损害营商环境问题、破坏生态环境问题4项专项整治工作中，发现问题线索67件，立案23件，给予党纪处分28人。开展自建房安全隐患排查工作监督检查3轮次，发现并督促整改问题7个。推进基层正风反腐。严肃查处涉黑涉恶腐败问题，立案1件，给予党纪处分1人。处置涉镇村级党员干部违纪违法线索129件，立案59件，给予党纪政务处分47人。探索建立基层群众性自治组织人员受纪律处分的执行制度，联合组织、民政等有关部门制定《关于村（社区）干部处分（处理）决定薪酬执行的工作指引（试行）》。

【政治巡察】　2022年，仁化县纪委监委深化政治巡察，发挥全面从严治党“利剑”作用。制定《仁化县委巡察工作常用财经管理制度文件选编》《仁化县村级党组织巡察监督重点细化清单》等，推动巡察监督。有效统筹监督力量，采取“巡单位带村”等方式开展常规巡察2轮，完成12个单位和26个村（社区）党组织巡察工作，发现问题227个，移交问题线索10件。配合市委开展土地房屋征收专项巡察、乡村振兴资金管理使用暨农村集体“三资”管理专项巡察和市委第一轮提级巡察。加强沟通协同，印发《县纪委监委县委组织部县委巡察机构落实〈关于加强巡察整改和成果运用的意见〉任务清单》，增强整改监督合力。压实被巡察党组织整改主体责任，严把巡察整改质量关。组织对十三届县委第十二轮巡察和十四届县委第一轮巡察反馈问题整改落实情况进行检查，完成整改问题360个，完善和制定制度223项，挽回经济损失32万余元。

【纪检监察体制改革】　2022年，仁化县纪委监委推进纪检监察体制改革，推动纪检监察工作高质量发展。推行办案协作区工作机制，强化“室组地”协作联动，在全县设置办案协作区3个，对协作区内疑难、复杂、重大案件提请协作办理。全年，通过办案协作区机制处置问题线索25件，立案25件，给予党纪政务处分25人，移送检察机关审查起诉1人。拓展协作区职能外延，将协作区机制运用在工作纪律作风问题等交叉监督检查方面，破解基层监督难困扰。落实派驻机构联络员机制和轮流驻点坐班监督机制，由综合派驻的各驻在部门确立派驻机构联络员1名，适时参与监督工作，增强派驻机构监督力量。制订《仁化县纪委监委派驻机构轮流驻点坐班监督实施方案》，驻点坐班监督55个单位，发出监察建议书3份，发现并督促整改问题294个，移送问题线索2件，立案1件，推动分管县领导对单位“一把手”进行提醒谈话4人。

【纪检监察规范化】　2022年，仁化县纪委监委落实“第一议题”制度，用党的创新理论武装头脑、指导实践、统领工作。结合实际制定《仁化县纪委监委领导班子关于进一步加强自身建设的十项措施》，县纪委常委会全覆盖听取镇（街）纪（工）委工作述职和派驻机构派驻监督工作情况汇报。健全完善学习会学习制度，每月开展集体学习1次，把学习会打造成政治学习、业务学习、工作研究的“一站式”平台。坚持用制度管事管人，制定《仁化县纪检监察队伍能力提升工作措施》等制度，印发《关于进一步深化镇街纪检监察工作规范化建设试点工作方案》，选取董塘镇、周田镇、长江镇和城口镇作为试点镇，提高纪检监察工作规范化、法治化、正规化水平。坚持以事察人，破除论资排辈，提拔重用13人，激发干事创业内生动力。组织召开青年干部座谈会，常态化开展“以案代训”。开展系统内部风险隐患排查工作和全覆盖家访活动，召开系统防范化解风险隐患暨干部监督工作会议，聘请第二届特约监察员。纪检监察干部1人获全省纪检监察系统先进工作者嘉奖。

（赖剑和　李鸿财）

民主党派·群众团体

中国民主促进会仁化县支部

【思想建设】 2022年，中国民主促进会韶关市仁化县支部（简称民进仁化县支部）组织会员认真学习中国共产党第二十次全国代表大会精神，中共中央总书记习近平在中共中央统战工作会议、党外人士座谈会上的重要讲话精神以及《习近平谈治国理政》第四卷内容。组织会员交流聆听中共二十大报告的体会，通过微信群发表感受14篇。9月25日，民进仁化县支部组织骨干会员20余人到始兴中共战时省委和地下交通站遗址参观学习。

【组织建设】 2022年，民进仁化县支部加大会员的教育培训力度，组织会内人大代表、政协委员进行履职培训。召开参政议政工作例会2次。注重组织发展工作质量，严把会员入口关，新发展会员6人，其中副科级干部2人。年内，民进仁化县支部被民进韶关市委会评为会务工作先进基层组织、组织建设先进基层组织，会员朱家强、赖丽恒被评为会务工作先进个人，会员冯紫娟被评为参政议政先进个人，会员邓田庭被评为组织建设先进个人，会员邓敏被评为抗疫先进个人。民进仁化县支部主委邓田庭入选广东省作家协会会员。

【参政议政】 2022年，民进仁化县支部发挥民主党派参政议政作用，组织会员到仁化县周田镇新庄工业园开展调研，利用“两会”平台履行职能，为仁化经济社会发展作出贡献。年内，民进仁化县支部提交的《关于加快县城北环路建设争取早日建成通车的提案》《关于加快推进我县生活垃圾分类处理工作的提案》及与文教卫体政协小组共提的《关于全方位推进校园公交进一步优化全域教育环境的提案》获评2021—2022年县政协优秀提案，其中《关于加快县城北环路建设争取早日建成通车的提案》被列为县重点提案，并获县委书记、县长陈夏广及县政协主席谢林茂督办，《关于全方位推进校园公交进一步优化全域教育环境的提案》获副县长叶剑斌、县政协副主席包伟红督办。支部会员冯紫娟获评2022年度政协委员履职考核优秀等次。

2022年民进仁化县支部提交提案、议案、建议一览表

表1

名称	属性	作者	参政议政身份
关于加快县城北环路建设争取早日建成通车的建议	集体提案	民进仁化县支部	—

续表1

名称	属性	作者	参政议政身份
关于全方位推进校园公交进一步优化全域教育环境的提案	集体提案	民进仁化县支部	—
关于加快推进我县生活垃圾分类处理工作的建议	集体提案	民进仁化县支部	—
关于成立仁化县“120”救护中心，强化院前急救能力，全面提升县域急救水平的建议	个人提案	肖　帆	县政协委员
关于为公职人员提供统一饭堂就餐资格的建议	个人提案	冯紫娟	县政协委员
关于加强我县乡镇学校学生接送车辆管理的建议	个人建议	范增珍	县人大代表
关于请求县政府协调解决社区党群服务中心办公场所的建议	小组建议	范增珍	县人大代表
关于对仁化县第一中学校内存在违规经营小店整治的建议	个人提案	肖粤桃	县政协委员

【服务社会】　2022年，民进仁化县支部发挥自身优势，创新思路服务社会，鼓励会员在各自岗位上建功立业，得到社会各界好评。春节期间，组织开展送对联下乡活动，送出对联300副。到周田镇开展“仁化县本土文化进校园”活动，举办讲座1次。

（范增珍）

仁化县总工会

【概况】　2022年，仁化县总工会（简称县总工会）获得2022年韶关市“劳动者杯”围棋赛第五名、2022年“韶关工会集体协商竞赛”一等奖；县总工会职工服务部梁银娇获得“最佳协商代表”称号。广东志成冠军电气器材科技有限公司被授予2022年广东省五一劳动奖状；仁化县城口镇丰源温泉被评为广东省技术工人疗休养基地；仁化农商行爱心驿站站点被全国总工会评为最美工会户外劳动者服务站点；国家税务总局仁化县税务局工会职工书屋被评为2022年“韶关市职工书屋”。

【基层工会建设】　2022年，仁化县新建基层工会17家，其中，百人以上非公企业工会2家；发展会员731人。完成民主换届25家，其中，非公企业工会9家。加强与人社、网信办、市场监管的沟通协调，推进互联网平台企业、快递企业、货运企业建立工会组织，推进入会新就业形态劳动者在“粤工惠”平台实名认证。吸收新就业形态劳动者入会267人；在“粤工惠”平台实名认证228人，实名认证率85.39%。做好镇（街）工联会、“三个一批”（建设一批社区、园区工会联合会，建设一批社会化工会工作者队伍，建设一批会、站、家一体化的职工之家阵地）和社会化工会工作者建设工作。下拨68.17万元至11个镇（街）工联会、产业转移工业园工联会用于维护职工权益。新招聘社会化工会工作者8名，安排联系县各镇（街）工会联合会和工业园工会联合会。

【送温暖品牌系列活动】　2022年，县总工会投入13万元开展春节、“五一”国际劳动节、中国人民警察节及关爱志愿者送温暖慰问活动，惠及64户困难职工、97名劳模、6名人民警察及192名志愿者。投入7.12万元开展夏送清凉活动，惠及36家基层工会会员及16个创文网格区志愿者。发放救灾补助资金8万元，惠及各基层工会会员79人。由市总工会发放金秋助学救助金0.9万元，为3名在读大学生缓解经济压力。

【职工合法权益维护】　2022年，县总工会以健全劳动关系协调机制为重点，依法保障劳动者合法权益。强化工会律师顾问团宣传与服务工作，投入6万元签约韶信律师事务所，深入企业和职工中做好法律宣传、咨询工作。开展律师进企业活动9次，覆盖企业13家，接待职工来电14人次，为职工解决法律难题11起，接待职工来访17人次，为职工解决法律疑问14起。协助2家企业和村、开发区（社区、工业园区）审查、修改单位规章制度，受惠职工130人次，为职工挽回经济损失6.02万元。加大协调化解劳资纠纷调处力度，“工会+法院”劳动争议诉调对接工作室妥善调解案件6宗，涉及劳动者6人。推进集体合同与工资集体协商制度，开展工资集体协商“集中要约行动”，倡导通过职代会形式提交职工代表审议促进职工收入与经济发展同步，推进工资集体合同订立，解决非公有制企业职工劳动工资、社会福利等问题。开展“安康杯”竞赛，以“落实全员安全责任，促进企业安全发展”为主题，对县内企业进行安全生产宣传，安全生产技术比武、演练，安全生产培训，组织县域12家企事业单位开展“安康杯”竞赛活动，提升职工安全生产意识和技能。

【劳动技能大赛】 2022年，县总工会组织举办仁化县第十三届劳动技能大赛，动员广大职工积极投身经济建设主战场。组织仁化供电局、广东志成冠军电气器材科技有限公司等10余家企业开展有特色、有亮点的劳动技能竞赛，覆盖职工3000余名，带动5000余名职工参与企业岗位练兵、技术比武。

【城镇困难职工解困脱困工作】 2022年，县总工会常态化开展困难职工帮扶工作。全县完成市级动态建档困难职工6户21人。

【劳模（职工）创新工作室创建】 2022年，仁化县有劳模（职工）创新工作室6家。其中，新创建职工创新工作室2家，成功申报市级创新工作室4家。

【服务阵地建设】 2022年，县总工会组织仁化农商行爱心驿站站点参与省总工会举办的“最美工会户外劳动者服务站点”推荐活动，完善爱心驿站设施设备，提高为户外高温劳动者服务的水平。推荐仁化县城口镇丰源温泉申报“广东省技术工人疗休养基地”，并于7月成功申报为韶关市第一批技术工人疗休养基地。推进“粤工惠”平台建设，开展赠送电影票等福利线上普惠服务。“粤工惠”平台登记工会组织110家，平台会员数11682人。

【工会助推乡村振兴】 2022年，县总工会对挂点村大桥镇水江村建档立卡脱贫户29户82人开展常态化帮扶，与市总工会共同投入22.3万元支持水江村大桥街商业楼加建工程和大桥镇水江村文化广场建设。与市总工会、县人社局、大桥镇政府联合开展“粤菜师傅”“南粤家政”“农村建筑工匠”“农村电商”“家庭保洁员”技能培训，参训104人。发动全县工会组织使用工会福利开展消费帮扶工作，把五马寨、金喆园等本土农业企业纳入消费帮扶定点采购单位。在大桥镇开展“学党史、颂党恩，守护安全伴成长”防溺水知识培训、家风知识讲座、中华优秀传统故事分享会等活动8场。到挂点村参与防汛救灾，参与转移安置受灾群众200余人，连续下村开展灾后复产复建工作15天。

【巩固文明城市创建成果】 2022年，县总工会巩固文明城市创建成果，每月开展主题“巩文”活动1次。开展“我们的节日·春节”——2022年仁化县总工会迎新春“送万福赠春联”文化文艺志愿服务活动、“我们的节日·元宵”——2022年仁化县“浓情元宵　春暖人心”关爱困难群众志愿服务活动等新时代文明实践活动25场次。

【仁化县丹霞街道办事处工会联合会】 2022年，丹霞街道工会新建企业工会1家，指导1家企业工会完成换届。做好“粤工会”平台建会、会员认证等工作，维护工会会员合法权益。订阅《中国工人》1份、《工人日报》3份、《南方工报》10份，向县级以上主流媒体投稿4篇，被采用2篇。

【仁化县锦江电力开发总公司工会委员会】 2022年，锦电公司工会围绕安全生产，组织会员参加各类劳动技能竞赛。其中，1人获省“安康杯”竞赛优秀个人；瑶山电站队、黄屋电站队在锦电公司工会组织的劳动技能大赛中分获不同项目的第一名。做好职代会及其提案工作，调动职工参与民主管理积极性。满足职工精神文化生活需求，组织开展

"奋进新征程、建功新时代"拔河比赛、女职工春游烧烤活动等活动，组织职工参加仁化县2022"工会杯"象棋比赛、仁化县"工会杯"乒乓球比赛。弘扬劳模精神，开展"十佳员工""十佳岗位女能手"评选活动，公司财务科获评县"巾帼文明岗"，1人获评县"三八红旗手"，1人获评韶关市"优秀书香家庭"。开展关爱职工"送温暖"活动，慰问离岗退休职工9人，送上慰问品计7200元；慰问住院职工及病亡职工家属32人次，送上慰问品及慰问金计1.59万元；救助困难职工5人，发放救助金6000元；为在职职工265人购买住院综合互助保障，有23名职工获得理赔；开展生产一线职工慰问活动和传统节日慰问活动。通过"以买代帮"到乡村振兴帮扶点购买消费帮扶农副产品给职工做福利16.07万元。

（刘绮云）

【仁化县丹霞丰源温泉酒店入选全省首批技术工人疗休养基地】 2022年6月，仁化县丹霞丰源温泉酒店被广东省总工会命名为全省首批技术工人疗休养基地，成为全省65家入选单位之一。

（刘雪娟）

中国共产主义青年团仁化县委员会

【概况】 2022年，仁化县有镇（街道）团（工）委11个，县直属机关事业单位团（总）支部25个，学校团委5个，学校团（总）支部11个，"两新"团支部27个，在册团员6780人。

【共青团仁化县第十七次代表大会】 2022年9月27日至28日，中国共产主义青年团仁化县委员会第十七次代表大会在县城召开。会议总结上一届共青团县委工作，确定未来五年仁化县共青团工作方向，谋划工作思路；选举产生新一届共青团县委常委委员、书记、副书记。

【团组织建设】 2022年，中国共产主义青年团仁化县委员会（简称团县委）团县委按照广东共青团基层建设"命脉工程2.0"要求，抓实抓严各项团务工作。新发展团员483人，新增团支部453个。5月，组织新老团员、团干在石塘镇双峰寨开展"青春心向党 建功新时代"仁化县2022年新团员集中入团仪式暨"五四"表彰活动，表彰优秀共青团员（干）36人，优秀团组织18个。推荐团组织、团员团干参加韶关市"五四"评优评先活动，获优秀组织4个、优秀个人14人；推荐优秀团干参加团市委"学习总书记讲话奋进新时代新征程"党团课评比活动，肖颖、罗艳芬获得"韶关青年好讲师"称号。罗艳芬、吴嘉欣的《喜迎二十大、永远跟党走、奋进新征程》获评"灯塔工程"第二届韶关市中学（职）团校"十佳微团课"。召开共青团仁化县第十七次代表大会。开展共青团基层组织改革，成立仁化县共青团基层组织改革工作领导小组，印发《仁化县共青团基层组织改革工作实施方案》。11月底，召开仁化县共青团基层组织改革工作动员部署会。

【少先队工作】 2022年，仁化县夯实少先队基础建设，有2328名少年儿童分批入队。成立"红领巾巡讲团"，常态化开展巡讲100余场。组织开展学习各类主题队课及"红领巾爱学习"网上队课，各中队均聘请少先队校外辅导员1名。完善少先队社会化工作体制，结合县域资源拓展少先队实践教育平台，公布县级少先队校外实践教育营地（基地）21个。评选出县级优秀少先队组织11个、队员53人，"红领巾奖章"二星章集体章26个、个人章160个。举办2022年仁化县少先队鼓号操比赛。推荐2名少先队员参评韶关市"2022年第七届寻找'最美南粤少年'"活动，获韶关"自强好少年"称号1人、"活力好少年"称号1人。获评"全国优秀少先队员"1人、"广东省优秀少先队辅导员"1人、"广东省优秀少先队员"2人、"韶关市优秀辅导员"3人、"韶关市优秀少先队员"10人、"韶关市优秀少先队集体"中队3个、"韶关市优秀少先队集体"学校2个。在团市委、市教育局、市少工委举办的"红领巾争章"活动中，159名少先队员及2个中队、2个学校大队获得市级三星章荣誉。

2022年仁化县少先队校外实践教育营地（基地）一览表

表2

类别	名称	地点
红色革命类	石塘双峰寨	仁化县石塘镇石塘村委会
	铜鼓岭红军烈士纪念园	仁化县丹霞街道高联村
	长江镇中山公园	仁化县长江镇锦江村
	长江镇广州会馆	仁化县长江镇东风街
	仁化暴动纪念碑	仁化县丹霞街道城南矮岭头东面山冈
	红山镇红军长征革命烈士纪念碑	仁化县红山镇新白村委会老屋村小组
	董塘镇安岗村思诒堂	仁化县董塘镇安岗村
	韶关市红军长征粤北纪念馆	仁化县城口镇
传统文化类	仁化县图书馆	仁化县镇仁桥北路
	仁化县档案馆	仁化县政府三中心一馆10楼
	仁化县青少年宫	仁化县锦江路2号
	仁化县博物馆	仁化县新城东路11号
	仁化县新华书店	仁化县建设路27号
科普研学类	仁化县气象防灾减灾自救互救认证科普中心	仁化县政府三中心一馆1楼
	仁化县五马寨生态园	仁化县大桥镇五马寨林场
	韶关金喆园生态农业有限公司	仁化县大桥镇长坝村委会廖子坑村小组
	石塘镇蚂蚁公社	仁化县石塘镇水历村历林村小组
	石塘镇玉粟酒坊	仁化县石塘镇石塘村委会
警示教育类	仁化县禁毒教育基地	仁化县中等职业技术学校
	仁化县起点法治教育基地	仁化县人民检察院2楼
	仁化县反腐倡廉警示教育基地	仁化县自然资源局9楼

【助力乡村振兴】 2022年，团县委结合乡村振兴工作，招募选派大学生志愿者31人到乡镇开展为期两年的乡村振兴志愿服务，全县共有大学生乡村振兴志愿者42人。争取山区计划教师志愿者17人到县辖山区学校支教，并定期组织关心慰问。搭建县各单位与青年大学生之间的交流平台，组建一支由46名在校大学生组成的大学生协会骨干队伍。组织50余名大学生到董塘镇新龙村、石塘镇双峰寨开展研学活动，为家乡发展建言献策。开展“展翅计划”，县机关企事业单位提供实习见习岗位100余个。组织40余名青年创业就业人才参加“领头雁”培训班。助力新白村红色村建设，开展关心关爱农村“一老一小一妇”活动、“强思想政治教育、做新时代好少年”主题教育。暑期组织大学生志愿者到镇（街）开展“七彩假期”情暖童心志愿服务活动，为400余名留守儿童营造快乐暑假。联系爱心企业为县域215名贫困学生争取助学金约10万元，慰问品价值约3万元。

【志愿服务活动】 2022年6月，团县委号召各级团组织、志愿服务队伍参与受灾村（社区）抗洪救灾，组织团员团干、志愿者共同参与复工复产志愿服务活动，配合抓好灾后复工复产工作。统筹做好全县40余个交通路口文明劝导志愿服务站点常态化提供志愿服务。完成“3·5”学雷锋志愿服务月活动，表彰“最美”系列志愿服务集体和个人，成立专业志愿小分队，定期到村、社区开展志愿服务活动。组织70名青年开展“七夕”联谊活动暨青年婚恋观教育。

【改革攻坚规范治理】 2022年，团县委坚持问题导向，落实改革攻坚规范治理年各项工作。及时召开工作部署会，制订规范治理计划。针对团属社会组织联系不密切，团组织建设不规范等问题，印发《仁化县团属社会组织管理制度》，以走访调研、志愿服务、自身建设为抓手，强化团属社会组织团组织建设。开展志愿服务活动13次，主要领导开展调研活动4次、集中学习4次。

【预防青少年违法犯罪】 2022年，团县委常态化开展爱党爱国主题实践活动，组织青少年到红色教育基地参观学习。结合团队课，学习习近平总书记在庆祝中国共产主义青年团成立100周年大会上的重要讲话精神，收听观看党的二十大开幕会。开展仁化县网络安全宣传周青少年日主题活动，教育引导青少年正确认识和使用网络。继续擦亮“预防青少年违法犯罪‘护苗’志愿宣讲团”特色品牌，引导未成年人养成知法、懂法、守法，组织宣讲团开展“护苗”宣讲20余次。落实未成年人受侵害强制报告制度，做好预防青少年群体违法犯罪工作。

（朱欣如）

仁化县妇女联合会

【仁化县妇女第十四次代表大会】 2022年12月13日，仁化县妇女第十四次代表大会在仁化县城召开，主要听取仁化县妇联第十三届执委会工作报告、选举县妇联第十四届执委会委员。召开选举仁化县妇联第十四届执行委员会第一次全体会议，选举仁化县妇联第十四届执行委员会主席、副主席。

2022年12月13日，仁化县妇女第十四次代表大会在仁化县城召开

（县妇联　供）

【思想政治引领妇女群众】 2022年，县妇联突出政治引领作用，发挥“巾帼风采”宣讲队作用，通过“微宣讲”、拉家常等方式深入到基层、田间地头宣讲党的二十大精神20余次。组织“巾帼风采”宣讲队参与“永远跟党走 奋进新征程”百姓宣讲大赛，获优秀奖。11月，县妇联被中国妇女报社（全国妇联网络信息传播中心）评为“2022年度妇女宣传舆论阵地建设”先进单位。通过支部共建活动及邀请党代会代表、党校教师和县宣讲团成员等授课或作专题辅导方式，强化妇联党支部建设。开展“七一”老党员慰问活动，为50年以上党龄的老党员颁发纪念章。

【妇联基层组织建设】 2022年，县妇联指导基层妇联开展换届工作。9月，全县各镇（街）妇联、县直机关妇委会完成妇联组织换届选举工作，共选举产生执委424名。全县11个镇（街）选举产生主席11名，专兼职副主席23名；18个机关妇委会选举产生主任18名，专兼职副主任31名。妇联干部队伍结构优化，在83名主席、专兼职副主席中，本科及以上学历70人，占84.3%，40岁及以下61人，占73.5%，40岁以上22人，占26.5%。

【妇女儿童发展规划工作落实】 2022年，县妇联根据全国、省、市妇女儿童发展规划以及与省“十四五”规划纲要要求，牵头开展县妇女儿童发展规划编制工作。7月，《仁化县妇女发展规划（2021—2030年）》《仁化县儿童发展规划（2021—2030年）》通过县政府常务会议及县委常委会会议审议，并印发颁布。6月14日，广东省妇儿工委专家组到仁化调研儿童友好城市建设，对仁化县儿童友好型城市创建工作给予肯定。8月和12月，仁化县先后被广东省妇工委确定为实施广东省妇女儿童发展规划示范县、广东省首批儿童友好城市示范县（均是全市唯一）。

【家庭教育】 2022年，县妇联通过“儿童之家”“家长学校”开展弘扬中华优秀传统文化等主题活动，举办线上线下家庭教育培训40场次。邀请家庭教育专家、心理咨询专家、“仁爱仁家”家庭教育讲师团到社区家长学校开展“书香飘万家”“好家风好家教好家训”“心理健康知识普及”等主题家庭教育知识讲座10余场次。开展推荐评选“最美家庭”“书香家庭”“绿色家庭”等活动，获评市“最美家庭”2户、“绿色家庭”3户、“优秀书香家庭”2户，获评县“最美家庭”12户、“绿色家庭”14户、“优秀书香家庭”12户。

链接

市“最美家庭”：黄娟家庭（“十大最美家庭”）、袁敏娇家庭。

市“绿色家庭”：李雨静家庭、赖莹家庭、刘润凤家庭。

市“优秀书香家庭”：黄田招家庭（“十大优秀书香家庭”）、卜彩云家庭

县“最美家庭”：李琼花家庭、胡桂敏家庭、黄新连家庭、胡倩家庭、李志文家庭、钟鲁萍家庭、曾微家庭、叶春燕家庭、曾燕华家庭、邓小娟家庭 、朱贱凤家庭、何美琴家庭。

县“绿色家庭”：梁秀萍家庭、张小英家庭、刘润凤家庭、李红娇家庭、刘娟家庭、张雪雁家庭、徐贵珍家庭、钟美玲家庭、李宏基家庭、赖莹家庭、贺小君家庭、李雨静家庭、邓连娣家庭、刘永清家庭。

县“优秀书香家庭”：顾艺家庭、刘根凤家庭、曾聪家庭、张政洲家庭、何国超家庭、邱兰婷家庭、张炜家庭、邱全有家庭、蒋威家庭、李林桓家庭、邱志珍家庭、冯国勇家庭。

【妇女儿童合法权益维护】 2022年3月，县委组织部联合县妇联印发《关于运用“一线双联”“民情夜访”开展妇女儿童走访慰问的通知》，督促各单位强化执委对（精神残疾、智力残疾）“两类”妇女儿童的联系服务。开展走访慰问困境妇女、家庭约100人次，发放慰问品、慰问金累计4万元。为妇女儿童家庭提供心理疏导80次，个案服务8宗，举办心理健康讲座、团体心理辅导活动8场。

【婚姻家庭信访】 2022年，仁化县办理结婚登记852对，离婚427对（其中民政办理离婚登记327对，法院离婚案件结案164宗，其中判决61宗，调解60宗，撤诉22宗，准予离婚100宗，不准予离婚21宗）。畅通妇联主席“12338”热线电话，使妇女群众遭受家庭暴力、婚姻关系等问

题方面及时得到“娘家人”的帮助与指导。结合国际劳动妇女节、母亲节、国际家庭日等开展《中华人民共和国未成年人保护法》《中华人民共和国反家庭暴力法》《中华人民共和国家庭教育促进法》《中华人民共和国妇女权益保障法》宣传活动10余场次，受益妇女儿童1000余人次。接待妇女群众来信来访74宗，结案率100%，提供法律援助1宗。

【“巾帼行动”助力乡村振兴】 2022年，县妇联以提技赋能为抓手，让广大妇女在助力乡村振兴中绽放“她”力量。通过妇女小额贷款工作推进会和培训会，推动全县妇女小额贷款工作有序开展，发放贴息贷款160万元，帮助广大妇女实现创业梦想。提升妇女创新创业技能和综合素质，举办直播带货电商培训2场，技能培训3场次，培训超200人次。“龙舟水”期间，号召和组织广大妇联干部、巾帼志愿者及妇女群众参与到防汛抢险、灾后复工复产工作中。走访慰问受灾严重的巾帼基地和女能手企业，送上恢复生产帮扶资金和物资计3万元。

（宁家红）

仁化县科学技术协会

【2021—2025年全国科普示范县创建】 2022年9月8日至9日，省科协检查组到仁化开展检查验收工作。11月22日，中国科协举办2021—2025年第二批全国科普示范县（市、区）认定跨省抽查工作视频会议，采取线上抽查方式，对广东省全国科普示范县（市、区）创建工作进行检查验收，仁化县作为广东省两个抽查县之一参加抽查视频会议。

【科普阵地建设】 2022年，仁化县新增市级科普教育基地3个、县级科普教育基地6个，累计有全国科普教育基地1个（丹霞山国家级自然保护区）、省级科普教育基地5个、市级科普教育基地14个、县级科普教育基地22个。全县创建科普示范镇（街）2个、示范村（社区）89个、科技示范户194户、科普示范家庭26户，科普e站3个。

【寻找“最美科技工作者”活动】 2022年5月、6月，县科协联合县委宣传部、县科技局开展寻找2022年仁化县“科技工作者”学习宣传活动，评选出仁化县“最美科技工作者”10人：黄俊锋、李文、赖智玲、谢秋莲、陈升、陈广财、吴翠丽、郑莉莉、刘知命、周遵亮。并对获奖者进行颁奖、慰问和采访。

【科技活动周活动】 2022年5月21—28日，县科协在全县开展2022年全国科技活动周“走进科技　你我同行”主题活动。通过深入11个镇（街）农村，向群众派发《广东省科学技术普及条例》、农业技术、食品安全、健康知识、碳达峰碳中和等科普书籍和宣传资料1000余份。

【“全国科普日”活动】 2022年9月15日，县科协联合县委宣传部、县工信局、县林业局等多个部门在周田镇举行主题为“喜迎二十大，科普向未来”2022年仁化县“全国科普日”的活动，采取联合优质资源整合方式，开展信息技术、科学教育、自然资源、生态文明、节水科普、乡村振兴、卫生健康、应急科普、林草科普、科普文学创作、食品安全等相关领域科普活动和科普宣传，发放科普宣传资料5000份。

【青少年科学普及活动】 2022年，县科协联合县创森办在仁化县石塘镇源宸酒业有限公司科普教育基地开展“科普（研学）自由行”活动，有50余个家庭100余名学生及家长参加，发放科普宣传资料和宣传品100余份。

【“农村夜校”试点村建设】 2022年，仁化县完成红山镇新白村“农村夜校”建设工作。有25个“农村夜校”试点村，各类专家人才师资团队58个。县科协通过线上线下培训，推广农业新技术，组织针对性培训600余期次，参加培训2.5万余人次。

【科技人才招引机制】 2022年，县科协积极推动仁化县博士服务团工作站人才交流和引进工作，协助鸿伟木业引入并搭建“竹宝南岭团队”。通过博士团服务工作站，由省林科院选派15名具有博士学位科技人才组成科技特派员团队，到丹霞街道、黄坑镇、闻韶镇、董塘镇、石塘镇开展技术交流与合作。8月，邀请广东省中青年科学家7名到仁化开展人才对接和技术合作，现场签订合作框架协议，助力仁化企业创新和乡村振兴发展。

【科普信息宣传】 2022年，县科协多形式开展科普信息宣传工作。与县融媒体中心合作，在《仁化新闻》电视栏目和“仁爱仁化”App开辟“科普专栏”，每个星期推送“科普中国”资源信息，为市民群众提供丰富的科普学习内容。通过“微信朋友圈”第五条、短信平台发送等渠道，精准投放系列科普宣传活动信息，推送100万人次。在仁化县人民政府门户网开辟“科普专栏”，实时发布科普活动信息和资讯29篇。

【科普志愿服务】 2022年，县科协每月至少1次组织科普志愿服务队下乡开展文明实践志愿服务活动，做好乡镇和企业科技服务供需对接，邀请农业技术专家到周田、大桥、红山、董塘等镇举办花生、水稻、茶叶种植技术培训班，参加培训200人。培育打造农村带货主播及电商销售人才提升培训550人。

（李启强）

仁化县归国华侨联合会

【侨界基层组织建设】 2022年，全县有归侨17人。仁化县归国华侨联合会（简称县侨联）定期召开常委会、全委会，研究相关工作，通过会议向归侨侨眷宣传仁化社会经济发展情况、宣传仁化招商引资现状和政策，引导归侨侨眷和海外侨胞积极参与和支持仁化家乡经济社会建设。推进“侨胞之家”建设工作，8月10日，仁化县首个“侨胞之家”在丹霞街道老城社区挂牌成立。

【为侨服务】 2022年，县侨联在节日期间结合慰问活动逐家逐户普遍走访归侨侨眷50人次，组织节日慰问活动2次，慰问困难归侨和老归侨15人次。争取上级侨联资金为10位困难归侨发放贫困归侨救助补助资金3万元。走访调研侨属企业广东威玛新材料科技有限公司、广东志成冠军集团有限公司仁化分公司，了解受洪灾影响及灾后复工复产情况，企业发展现状及生产经营中遇到的困难和问题，指导企业用好用足有关惠企政策，协调相关部门发挥合力，帮助企业解决实际困难和问题。维护合法侨益，组织县涉侨纠纷调解员到市侨联参加业务培训，推进全县涉侨纠纷多元化解机制建设。通过线上线下多种形式面向侨界群众开展宪法、民法典及涉侨法律法规等普法宣传教育活动。

【“招善引爱”活动】 2022年3月，县侨联在韶关市侨联关心下，争取广东省侨联仁爱基金会支持，统筹捐赠救护车1辆给仁化县红山镇卫生院，提升县基层医疗单位应急救治能力。12月，开展“霍宗杰先生捐赠爱心棉衣”发放活动，向老归侨和困难群众发放棉衣100件。

【改革攻坚规范治理】 2022年，县侨联以“改革攻坚规范治理年”为抓手，制订规范治理计划，破除难点堵点问题。6月22日，制定出台《仁化县侨联捐赠款物管理使用制度》，规范侨界慈善捐赠款物接收、管理、使用、监督等流程问题。召开县侨联常委会4次、全委会1次，推进“侨胞之家”建设。9月28日，开展“侨心颂党恩，喜迎二十大——共庆国庆节、重阳节”主题活动。开展侨法宣传活动，通过发放宣传资料、现场解答咨询等互动方式，提高归侨侨眷知侨法、懂侨法、用侨法意识。

【助力乡村振兴】 2022年，县侨联按照县委部署，与县委统战部、县工商联共同到驻镇帮镇扶村工作挂点单位丹霞街道高联村开展乡村振兴工作。结合开展“一线双联”“民情夜访”“固定党日+”及灾后复工复产等活动，走访帮扶对象、支持农村人居环境整治43次。在“6·30”广东扶贫济困日活动中，联系侨界爱心人士、侨资企业向挂点帮扶村捐赠2.05万元，助力乡村振兴、灾后复产重建、村党支部设施完善等工作。

（彭文琪）

仁化县工商业联合会

【“四好”商会建设】 2022年，仁化县工商业联合会（简称县工商联）以“2020—2021年度全国‘五好’（政治引领好、队伍建设好、商会发展好、作用发挥好、工作保障好）县级工商联”为新起点，推进所属商会改革工作。走访10个乡镇街道商会，完成城口、周田镇2家商会注册工作。加强与商会和企业联系，指导、协助乡镇商会建设成为“四好”（政治引领好、队伍建设好、服务发展好、自律规范好）商会，促进商会发挥作用，加快企业发展。10月，周田镇商会完成网上注册并做好创省“四好”商会报送资料上报省工商联待批。

【“百企兴百村”活动】 2022年，县工商联联系和引导民营企业开展“百企兴百村”活动。会员企业捐赠光彩事业和社会公益事业121.9万元（其中“6·30”广东扶贫济困日捐款77.9万元），其中，仁化县建筑安装工程有限公司捐资43.4万元，广东志成冠军集团有限公司捐资24万元，仁化县丹霞新城房地产开发有限公司捐资17万元，广东方卓建设工程有限公司捐资7万元，韶关创盛源工程建筑有限公司捐资6.3万元，仁化县奥达胶合板有限公司捐资6.3万元。有18家企业结对帮扶全县各乡镇。

【巩文工作】 2022年，县工商联按县委有关要求及县文明办工作部署做好各项工作。引导会员依法经营、依法治企、依法维权、推动构建亲清新型政商关系。组织会员积极参与巩文、巩固扶贫成果行动，参与巩文志愿者行动会员30余人，支持巩固扶贫成果行动会员约100人。

（叶华青　陈燕莎）

仁化县文学艺术界联合会

【概况】 2022年，仁化县文学艺术界联合会（简称县文联）管辖仁化县摄影家协会、仁化县书画家协会、仁化县音乐协会、仁化县观赏石协会、仁化县作家协会。5个协会共有会员262名（县摄影家协会88名、县书画家协会48名、县音乐协会43名、县观赏石协会26名、县作家协会57名）。其中，国家级会员12名（县摄影家协会10名、县音乐协会1名、县观赏石协会1名），省级会员47名（县摄影家协会37名、县音乐协会2名、县观赏石协会2名、县作家协会6名），市级会员63名（县摄影家协会38名、县书画家协会8名、县音乐协会4名、县观赏石协会1名、县作家协会12名）。

【精品展示】 2022年，县文联开展“庆七一·喜迎党的二十大”挥毫颂党恩暨学习宣传贯彻党的十九届六中全会精神书法展，展出书法精品60余幅。开展“庆国庆”书法线上展、“国庆随手拍”线上展活动，在“仁爱仁化”App、仁化文明网等平台“强国复兴有我·网上展示”栏目展出书法作品18幅。举办学习宣传贯彻“党的二十大精神”文明实践活动之书法展示，50幅优秀作品入选参加巡展。整理中国传统村落恩村、广东省古村落风度村等古村落图文资料，在仁化发布、韶关旅游、韶关民声网、韶关头条等平台推出“围观古村”系列。

【文学创作】 2022年，县文联编辑出版《丹霞》杂志1期，刊登文学作品30余篇、摄影作品30余幅、书法作品10余幅。开展“中秋咏月共团圆”诗词创作大赛活动，通过线下评比、线上投票评选出优秀作品学生组10首、成人组11首，结集编印成《2022年仁化县“中秋咏月共团圆”诗词作品创作大赛作品汇编》。

【文艺志愿服务活动】 2022年，县文联联合市文联、县新时代文明实践中心在大桥镇、县实践中心举办“迎春节 文化进万家”送春联送祝福文化文艺志愿服务2场，采取“点单”“派单”“接单”及分散组织群众领取、志愿者上门赠送等方式，向低保户、留守老人、脱贫户、就地过年工人派发春联及“福”字帖2000余副（幅）。联合县新时代文明实践中心开展拍摄“最美全家福”文艺文化志愿服务活动，为“光荣在党50年”老党员、道德模范、“仁化好人”等拍全家福、送幸福照，用图片记录和展现群众“传承好家风、团圆过大年”的做法，获得人民网、新华网、南方日报社、大众摄影杂志社等关注报道。县摄影家协会与县创建国家森林城市工作领导小组办公室等单位联合举办以“春意”“夏趣”“秋实”“冬韵”为主题的生态林业摄影大赛。组织县音乐协会、县锦江之声交响乐团到高坪社区晟泰花园小区开展“喜迎二十大·奋进新征程”管弦乐进社区演出活动。开展南国书香节仁化分会场系列活动之“红色故事代

2022年8月23日，“阅读粤精彩　一起向未来”2022年南国书香节仁化分会场“红色故事代代传”故事分享活动（城口专场）在城口镇举行

（县文联　供）

代传”故事分享（城口专场）、“书香润仁化　风度传千年”活动（风度村专场）。

【文艺人才培养】 2022年，县文联开展“结对子·种文化”培训活动，组织县书画家协会、县音乐协会常态化开展书法培训、管弦乐培训等志愿服务活动。加强未成年人思想道德建设，举办“强国复兴有我”系列活动之书法进校园、“传颂经典·诗韵丹霞”经典诵读进校园活动。

【获奖情况】 2022年4月19日，中国摄影家协会授予仁化县“中国摄影创作基地”（2022年1月至2027年1月）称号，仁化县成为全省唯一获评“中国摄影创作基地”的城市。县摄影家协会会员加入中国摄影家协会1人、广东省摄影家协会3人，会员作品《仁化土法造纸》（谢锦树）入选粤港澳（东莞）非遗传承影像展，《醉丹霞》（刘贤琴）、《龙宫探路绘春秋》（谢锦树）分别入选《大众摄影》俱乐部联展2022年第3期、第4期，何乃战作品《铺就美好家园》《乡村环境美》分获广东金牌乡村摄影师擂台赛金奖、优秀奖，《载歌载舞庆丰收》（魏为）、《风雨彩虹　广东丹霞》（罗兆祥）入选“庆祝党的二十大胜利召开”广东摄影展。县书法家协会会员加入韶关市书法家协会1人。县音乐家协会会员作品《阳光温暖梨壁岭》（卢家赋）获词曲中国2022当代百首优秀作品评选银奖。县作家协会会员作品获市级以上奖项48篇。

（邱晓梅）

仁化县残疾人联合会

【残疾人康复】 2022年，仁化县残疾人联合会（简称“县残联”）动员0～6岁残疾儿童77人到市、县康复机构接受抢救性康复训练，为肢体残疾儿童3人适配矫形鞋，为申请残疾人配发辅助器具262件。

【残疾人保障】 2022年，县残联规范开展残疾人证办理工作，新增持证残疾人696人，全县持证残疾人总计6424人。发放重度残疾人护理补贴34047人次、困难残疾人生活补贴15884人次，总计发放两项补贴1156.51万元。加强残疾人托养和照护服务。实施社区康园中心项目，助推“广东兜底民生服务社会工作双百工程”项目，11家社区康园中心有登记会员226人，为16~59周岁智力、精神和重度肢体残疾人提供日间照料服务。

【残疾人就业】 2022年，县残联开展2022年应、往届未就业高校残疾人毕业生就业需求调查，摸底登记未就业高校残疾人毕业生7人。安排就业困难残疾人到本地区公益性岗位就业33人。发动企业，设置聘用残疾人岗位，推荐就业困难残疾人到企业就业1人。推荐残疾人到广东省残疾人粤北就业培训中心参加就业技术培训5人，帮助残疾人申请残疾人汽车驾驶技能培训补贴13人。依法实施按比例安排残疾人就业年审工作，已安置登记残疾人的用人单位89家，已安置登记就业残疾人170人。

【残疾人教育】 2022年，县残联为残疾学生发放广东省扶残助学补贴21人，协助指引残疾大学生新生网上申请南粤扶残助学补贴3人。

2022年8月23—30日，仁化县残联举办仁化县持证残疾人基本状况调查培训班（第五期）　　（县残联　供）

【残疾人服务】　2022年，全县完成居家无障碍改造项目年度任务122户。8月15—23日，组成评残鉴定组到各镇（街）开展免费评残服务，提出申请291人，新评定持证残疾人207人。8月23—30日，仁化县残联举办仁化县持证残疾人基本状况调查培训班（第五期），培训调查员130人，在全县128个村（社区）完成调查登记表6394份，录入率100%。

（张　浵）

仁化县红十字会

【“红十字博爱送万家”活动】　2022年春节前夕，县红十字会开展“红十字博爱送万家”活动，到董塘镇河富村、白莲村、新龙村和石塘镇石塘社区等地慰问困难群众80户，送上毛毯、花生油、冲锋衣、新春礼包等物资计值18844元。

【新农合大病救助】　2022年，县红十字会争取上级资金，救助参加农村合作医疗特困病人群众4人次，救助金额3200元。

【助学工作】　2022年4月，县红十字会在董塘镇河富村开展捐资助学活动，向17名脱贫户在校学生发放助学金1.7万元。

【救护培训工作】　2022年4月27日，县红十字会在董塘镇河富村开展应急救护知识宣传活动，发放各类应急救护手册，受益人数80人次。9月底，派出1名干部参加广东省红十字会应急救护师资（初级）培训班，经培训合格，成为中国红十字会应急救护培训师。

【困难儿童救护工作】　2022年，县红十字会通过各种渠道在全县范围内筛查白血病儿童、先天性心脏病儿童，帮助患儿申请救助。帮助先天性心脏病患儿完成免费手术治疗3例，帮助白血病患儿获得小天使基金会批复救助2人，每人救助金额3万元，共计6万元。

【器官捐献和造血干细胞捐赠工作】　2022年，县红十字会开展人体器官捐献、造血干细胞捐赠知识宣传普及工作，提高公众认知度和接受度。1名志愿者成功捐赠造血干细胞。

【乡村振兴】　2022年，县红十字会坚持每周到乡村振兴挂点帮扶点董塘镇河富村进村入户至少1次，调研了解精准脱贫后群众生产生活状况，指导村基础设施建设、产业发展等工作，协助做好乡村振兴考核、反诈骗宣传、农村人居环境综合整治等各项工作。春节前夕，向脱贫户发放慰问物资，支持河富村农村人居环境综合整治经费3000元。6月，洪灾发生后，投入人力物力协助开展群众疏散转移等工作，对接镇政府及时将社会捐款3万元用于河富村灾后重建，向群众发放一批价值2.15万元的温暖箱、夹克衫等物资。

（谭芳苗）

法 治

政法委与综治

【全面从严治党】 2022年，中共仁化县委政法委员会（简称县委政法委）坚持党对政法工作的绝对领导，认真学习贯彻习近平总书记对政法工作的重要指示精神、习近平法治思想及《中国共产党政法工作条例》，配套完善制度机制台账及工作台账。严格贯彻执行《新时代政法干警“十个严禁”》工作要求，巩固深化全国政法队伍教育整顿成果，加强与纪检监察机关的工作衔接和协作配合，持续深化政法系统正风肃纪，打造忠诚干净担当的新时代政法铁军。

【捍卫国家政治安全】 2022年，县委政法委坚定不移贯彻总体国家安全观，牢牢把握政法领域意识形态安全，围绕县委中心工作，深入推进维护国家政治安全9个专项行动，成立专门工作领导小组，明确工作职责，压实工作责任，有计划、有部署地做好重点防控，全年全县政法领域内未发生影响意识形态和国家安全事件。

【高水平建设平安仁化】 2022年，县委政法委坚持以建设高水平平安仁化为目标，扎实推进平安仁化建设各项工作落实，全面提升人民群众安全感、幸福感。常态化开展扫黑除恶斗争、专项打击整治养老诈骗、坚持严厉打击电信网络诈骗等工作，加大违法犯罪打击力度。强化群防群治工作力量，成立由各平安建设成员单位和镇（街）组成的红袖章平安志愿者队伍，有红袖章平安志愿者4000余人。牵头组织开展道路交通安全整治、校园周边治安整治、防范一氧化碳中毒等多项专项工作，防范各类社会风险。

【社会大局稳定】 2022年，县委政法委围绕为党的二十大胜利召开营造安全稳定政治环境这一主线，周密部署，高效联动，召开调度会议14次。持续深入开展矛盾纠纷专项治理，加强行业领域风险排查，将梳理出的矛盾风险全部纳入县领导和部门领导包案及调处，提醒相关单位及时做好风险防控和处置。妥善化解突发事件，抓好安保维稳各项措施落实，将矛盾纠纷、风险点有效化解在基层。

【基层社会综合治理】 2022年，县委政法委以强化党建引领基层治理、发掘镇（街）特色治理模式、创新行业治理经验“三步走”为基础，推进全县市域社会治理现代化创新品牌样板打造，明确城口镇“传承红色文化基因，助推基层社会治理”等11个镇（街）特色治理样板。科学规划网格，将全县划分为284个网格，将治安巡防、纠纷排查、矛盾化解、基层服务、消防安全等事项纳入综合网格管理，做到责任明确、响应及时、服务到位。运用“粤平安”社会治理云平台统一管理网格事件，录入事件22367件，办结22255件，办结率99.5%。

【法治建设与宣传】 2022年，县委政法委深入贯彻落实习近平法治思想，全面推进依法治县工作。打造电视栏目《政法之窗》，推进政法新媒体创新发展，围绕仁化中心大局和政法重点工作开展正面宣传。完善县法学会队伍建设，牵头组织开展法治宣传和调研、“百名法学家百场报告会”和“民法典宣讲乡村行”等活动。健全完善执法监督体系，组织召开全县国家司法救助工作联席会议，保障社会公平正义，重点督促政法单位严格落实“三个规定”，协调推动解决“执行难”问题。

（叶选明）

法治政府建设

【学习贯彻习近平法治思想】2022年，仁化县以习近平法治思想为指导，结合开展党史学习教育，在县委常委会会议、县政府常务会议、县依法治县委员会会议上及时传达学习习近平总书记在中央全面依法治国委员会各次会议的重要讲话精神。县委理论学习中心组举办集体学习研讨习近平法治思想2场次。将习近平法治思想作为普法宣传首要任务，并将《习近平法治思想学习纲要》纳入年度培训必训内容。组织领导干部开展案件旁听庭审活动，推行领导干部任职及新晋公务员入职宪法宣誓制度。落实法治政府建设情况定期报告制度，全县11个镇（街）26个政府组成部门按期做好2021年法治政府建设年度报告及公开工作。落实《仁化县落实党政主要负责人履行推进法治建设第一责任人职责情况列入年终述职内容工作实施方案》，全县各级党政领导及领导班子470余人完成2021年度述职述廉述法报告。

【法治保障和服务】　2022年，仁化县推进政务服务“一门办”“一网办”，深化“互联网+政务服务”。全县1526项政务服务事项进驻县级政务服务大厅，进驻率100%。拓展“无证明”城市建设广度和深度，对1526项证明事项进行梳理，直接取消215项，通过电子证照核验方式办理1081项，通过告知承诺、部门核验等方式办理314项。推动“互联网+政务服务”向乡村延伸，布设“粤智助”政府服务自助机112台，行政村覆盖率100%，可办理高频事项177项。全县“粤智助”自助机办理政务服务业务量9.07万笔，服务群众3.5万人次。挂点联系“四上”企业由134家增至165家，累计走访企业1825次，受理企业诉求事项7宗、解决企业诉求事项5宗，办结率71.4%。加强政府权责清单建设，明确职责权限，及时向社会公开县级37个部门权责清单6521项、11个镇（街）权责清单500项。

【行政决策规范】　2022年，仁化县制定印发《2022年度仁化县政府规范性文件制定（修订）计划目录》《仁化县人民政府2022年度重大行政决策事项和听证事项目录》。规范制定程序，严把审核关，行政决策实行全过程人民民主。审核制定印发政府规范性文件1件，重大行政决策事项2件。健全政府法律顾问业务运作机制，审核政府文件72件、合同73份。按照法定程序完成行政复议备案审查、行政诉讼应对、依申请公开等工作事项。

【行政执法】　2022年，仁化县加强督导检查，对全县25个行政执法单位2021年度行政执法案卷进行评查。开展行政执法领域突出问题专项整治。加强行政执法人员资格管理和行政执法队伍建设，组织行政执法人员综合法律知识网上考试2次，举办全县行政执法人员培训班，受训300余人。严格落实行政执法“三项制度”，积极推进乡镇街道综合行政执法改革，制定印发《关于加强仁化县镇（街）综合行政执法统筹工作的通知》《关于做好仁化县镇（街）综合行政执法工作业务指导的通知》，加强镇街综合行政执法统筹协调。

【行政权力运行规范】　2022年，仁化县建立督查清单制，实行登记、交办、反馈、审核、办结全流程闭环管理，组织办理督办事项386件，办理领导批示件8件，编发督查通报3期，办结完成率100%。自觉接受人大、政协监督，办理人大议案建议62件、政协提案92件，答复率100%。加强审计监督，计划安排实施审计项目24个，完成审计项目23个，完成计划的95.8%。严格落实政务信息公开制度，县政府门户网站主动公开信息59条。

【矛盾纠纷化解】　2022年，仁化县落实行政复议责任，全面审查行政机关行政行为，协调行政机关主动纠错化解矛盾。受理行政复议案件33宗，结案33宗。行政诉讼案件58宗，开庭审理55宗，负责人出庭应诉54宗，出庭应诉率98.2%，胜诉率70.7%。坚持发展新时代“枫桥经验”，全县各级调解组织受理调解各类纠纷1236件，调处成功1230件，调处成功率99.51%。以“刘日红工作室”为蓝本，搭建“庭所联动联调”工作平台，打造基层矛盾纠纷化解新模式。协力化解纠纷381件，基层法庭新收案件同比降幅达21.38%。以调解和仲裁处理矛盾纠纷，积极开展劳动保障监察执法检查，处理劳动争议案件226宗，其中案外调解154宗，涉案金额951万元，仲裁结案率98.61%，调解率94.67%。

【公共法律服务体系健全】2022年，仁化县推进县、镇、村公共法律服务三级实体平台规范化建设，优化县级公共法律服务中心设置，按照“3+X”要求设置法律援助、法律咨询、公证等业务专窗，满足“窗口化、综合性、一站式”服务需求。坚持和完善一村（社区）一法律顾问工作，聘请25名律师开展各类法律培训、上法治课526场次，出具法律意见14次，解答各类法律咨询1446次。为群众办理公证案件211宗，受理法律援助案件323宗，认罪认罚案件252宗，接待法律咨询来人来访222人次。

【法治文化建设】2022年，仁化县开展“八五”普法法治宣传活动40余场次，派发宣传资料1.5万余册，组织参加韶关市法治文化季活动并获奖。加大法治文化建设力度，结合村居实际制作特色法治宣传栏、法治标语，在县城新东大街风度书房内设立法治主题书屋，县司法局新业务用房融入法治文化元素。

（甘枚丰）

2022年10月31日，仁化县司法局在绿道广场开展“美好生活·民法典相伴”群众性法治文化活动（县司法局 供）

公安

【维稳安保工作】2021年，仁化县公安局（简称县公安局）完成春节、“五一”国际劳动节、北京冬奥会、冬残奥会、全国两会、党的二十大及省第十三次党代会等重要时期安保工作。做好“龙舟水”防汛抢险工作，出动警力557人次、车辆150辆、冲锋舟5艘，协助排查处置树木倒伏、山体滑坡、道路塌方等险情342处，疏导涉水交通175次，配合当地政府完成应急抢险145次，转移护送被困群众1420人次。参加维稳安保任务28次，零失误。全县公安机关获县委、县政府表扬1个，获韶关市公安局表扬2个，获市委、市政府通报表扬1个，获省公安厅通报表扬5个。县公安局在2022年度韶关市反走私综合治理工作考评中排名第二，获得优秀等次；在机要密码部门“喜迎二十大，忠诚保畅通”岗位练兵竞赛中排名第一，在2022年度机要密码工作考核中获得优秀等次；在2022年全省群众安全感（全省排名第一）和公安工作满意度（全省排名第九）全市排名双第一。

【刑事侦查】2022年，全县刑事侦查工作坚持严厉打击违法犯罪，重拳出击守护平安。以常态化扫黑除恶斗争为重要抓手，结合“破小案、保平安”春季行动、夏季治安打击整治“百日行动”等专项行动，深入推进反诈、禁毒、“双反”（反偷渡反走私）三大攻坚战，持续重拳出击，创建平安仁化。立各类刑事案件610宗，破280宗，破案率45.9%，命案零发生。“百日行动”期间（6月22日至9月30日），立案188宗，同比上升11.9%，破案138宗，同比上升126%。提请批准逮捕案件93宗、147人，同比下降19.8%、下降20.5%；检察院批准逮捕57宗、77人，逮捕率52.38%；移送审查起诉案件267宗、304人，同比上升30.88%、上升5.19%。成功抓获流窜始兴、仁化多地实施盗窃的犯罪嫌疑人陈某，侦破系列入室盗窃案40余宗。坚持全市禁毒“一盘棋”理念，对省目标案开展统一收网行动，抓获涉案人员25名。获2022年全省扫黑除恶斗争满意度排名第一，平安建设工作满意度全市排名第一，打击整治养老诈骗专项行动满意度全市排名第二。

【经济犯罪侦查】　2022年，县公安局围绕“利剑守平安”春季护航专项行动，从各方面入手查找线索，最大限度消除涉金融领域风险隐患，全力维护社会稳定和市场经济秩序。立刑事案件10宗，破案8宗，刑事拘留3人，提请逮捕人1人，移送起诉4人，取保候审14人，抓获网上追逃人员4人。经侦部门获2022年专项打击工作考评优秀等次。

【治安管理】　202年，县公安局主动防范化解风险，社会大局持续稳定。在春节、省党代会等各重要节点前及“百日行动”期间开展社会面集中清查整治行动，筑牢全县社会面管控坚实防线，营造良好社会治安环境。严格落实24小时“动中备”社会面巡逻防控，“百日行动”期间全天候开展武装巡逻，与派出所巡逻警力形成“网络”交叉式巡逻体系，全面提高街面见警率和管事率。做好全县中小学幼儿园安全检查工作，开展校园安全检查7轮，对发现问题的教学点及时指导做好整改工作；落实校园“护学岗”机制，在上下学重点时段、校园周边重点地段、学生主要途经路段加强巡逻防控，及时发现并消除各类安全隐患。开展“五大要素”风险隐患摸排管控行动，围绕6个方面33类要素135个风险点开展全方位、全覆盖摸排整治，减少“民转刑”“刑转命”案事件发生。全年，全县发现受理治安案件681起，查处422起，查处率61.96%，查处违法人员196人次。

2022年8月31日，广东省公安厅“百日行动”反偷渡反走私集中统一行动督导组到仁化县督导检查　　（县公安局　供）

【道路交通管理】　2022年，县公安局强化交通安全管理，开展道路交通安全专项整治，全县道路交通安全形势持续平稳向好。根据市、县《关于做好全市坝顶堤岸通道、山区景区道路安全隐患治理工作的通知》要求，推进坝顶堤岸通道、山区景区道路安全隐患治理工作，排查坝顶堤岸通道隐患34处、山区景区安全隐患8处、急弯陡坡道路安全隐患3处，全部完成整治。深化摩托车“送考下乡”和“带牌销售”，办理机动车业务17160起（其中带牌销售摩托车812辆）、驾驶人业务4855起（其中送考下乡1304人）。“减量控大”专项行动总分排名全市第三。

【出入境及往来港澳台户政管理】　2022年，县公安局贯彻落实全省加强“反偷渡、反走私”和“三非”（非法入境、非法居留、非法就业）治理工作，提升服务群众水平。审批各类户籍申请603人次，审核人像比对任务13条，其中注销户口4人。签发居住证540人次，签发居民身份证7803张，制作临时身份证853张；受理护照20人次，往来港澳通行证371

人次，前往港澳定居1人次，往来台湾地区通行证1人次；录入国家工作人员报备登记（更新备案）502人次，查询反馈国家工作人员报备情况371人次。根据韶关市困难家庭中特殊群体排查救助专项行动要求，仁化县无户口困难群众13人，协调相关部门办理入户材料，推进解决无户口人员登记工作，帮助困难家庭群众办理入户登记6人，其中有2名民政反馈无户籍人员为“三非”外国人。开展无户口人员排查清零专项行动，发现无户口人口114人，其中已办理入户31人。

【公安法治】 2022年，县公安局强化法治保障服务能力，推动基层公安法治规范化建设，深化“公安法治行动计划”，整治推诿扯皮、有案不立、压案不查等执法突出问题。发挥侦查监督与协作配合作用，加强与检法机关沟通对接，参与各类疑难案件研究会商。与检察院会商5次，研究疑难案件8件。审批刑事拘留129人，取保候审296人。受理刑事复议案件5宗，其中维持3宗、撤销2宗。落实刑事案件“两统一”工作机制，审核提请逮捕147人，批准逮捕77人，不批准逮捕70人，移送审查起诉267宗、304人。在2022年度年终执法质量考评中排名第四。

【警务督察】 2022年，县公安局开展明察暗访490次，专项督察313次，出动督察警力926人次，检查单位、执勤点975个次，督导检查社会面单位、场所159个次，开展基层民辅警酒精测试抽查3248个次，发现问题95个，提出督察建议20条，下发整改通知8份，现场纠正问题85个。编发《警务督察》、督导检查情况通报18篇。对民警开展党内谈话44人次，其中日常谈话33人次，提醒谈话10人次，警诫谈话1人次，科所队长教导员30人次，其他民警14人次；谈话内容包括政治纪律、组织纪律各35次，廉洁纪律、群众纪律、生活纪律各34次，工作纪律67次。

（邓红莲）

检察

【“五好”基层检察院建设】 2022年，仁化县人民检察院（简称县检察院）对标“五好”（党的建设好、检察理念好、职能发挥好、能力素质好、纪律作风好）基层检察院建设标准，立足仁化检察实际，通过强团队、强业务、强品牌、强阵地等举措，助推基层检察院建设。县检察院获评全省先进基层检察院、全省新时代“五好”基层检察院，《构建党建+未检“起点模式”，共筑未成年人保护防火墙》案例获评全省检察机关党建业务深度融合优秀案例，第一检察部获评韶关市青少年维权岗，获全省检察系统先进个人称号1人、个人三等功1人，获全市优秀公诉人称号1人。

【平安仁化建设】 2022年，县检察院能动履职，为平安仁化建设创造稳定司法环境。严厉打击刑事犯罪。批准逮捕涉电信网络诈骗、盗抢骗、破坏生态环境、走私国家禁止进出口货物等案件32件42人；以盗窃罪、故意伤害罪、容留他人吸毒罪、生产销售伪劣产品罪、洗钱罪、污染环境罪等提起公诉46件76人；办理危险驾驶案件158件159人。落实宽严相济刑事政策。把预防和化解社会矛盾贯穿执法办案始终，对过失犯罪、轻微伤害等危害不大案件适时启动刑事和解机制，坚持少捕慎诉慎押，实现由对犯罪的惩治转向对犯罪的矫正。不批准逮捕70人，不起诉50人。落实党的二十大会议及重大节日、重点时期安保维稳工作部署，严格执行24小时值班和“零报告”制度。

【刑事检察】 2022年，县检察院受理审查逮捕案件91件145人，审结提请逮捕案件93件147人，批准逮捕57件77人，不批准逮捕36件70人。受理审查起诉案件275件316人，审结277件344人，适用认罪认罚从宽制度251件300人，认罪认罚适用率达91.41%，确定刑量刑建议提出率96.92%，已作出有罪判决247人，量刑采纳率达99.55%，追诉14人。常态化开展扫黑除恶，办理涉黑专案，起诉20人。践行办案监督理念，提前介入案件38件，监督公安机关撤案1件、立案4件，发出侦查活动监督通知书、纠正违法通知书及检察建议共50份，整改率100%。强化“两法衔接”工作效能，建议行政机关移送涉嫌刑事犯罪案件7件11人，公安机关全部立案侦查。打击整治养老诈骗，办理养老诈骗案件3件6人。落实最高人民检察院"七号检察建议""八号检察建议"，规范寄递企业管理，抓实安全生产诉源治理。做好刑事执行检察监督，督促看守所向办案单位催办案件106件110人，向市检察院汇报并请求催办案件2件3人。针对看守所羁押期限管理违规问题、社矫机构及财产刑执行机关工作问题等，制发监督文书67份，均已整改纠正。

【民事行政检察】　2022年，县检察院通过积极筛查案件线索、行政非诉执行监督、建立检察监督与行政服务衔接配合机制等举措，推动民事和行政检察工作取得新突破。办理民事检察监督案件10件。其中，依法支持进城务工人员提起民事诉讼2件，两名务工人员追偿24080元劳动报酬诉讼请求获县法院判决支持。办理行政检察监督案件17件。其中，对1件行政违法行为监督案件进行检察公开听证，听取人大代表、政协委员、律师意见后依法作出处理决定，实质性化解当事人和行政机关存在多年的行政争议。依托与县行政服务中心衔接配合机制，收集群众举报投诉相关线索，拓展案源，推动行政机关依法解决人民群众操心事、烦心事和揪心事。

【公益诉讼检察】　2022年，县检察院收集案件线索52件，立案35件。发出诉前检察建议和函17件，均被采纳。提起刑事附带民事公益诉讼案件2件，均获法院判决支持。其中办理安全生产、公共安全"等外"领域公益诉讼案件12件。聚焦红色资源保护，督促职能部门落实检察建议和《仁化县烈士纪念设施保护修缮方案》，整改零散烈士墓保护不当、管理缺失等问题，将152名零散安葬的烈士遗骸迁入铜鼓岭等4座烈士墓园集中安葬、集中管护。关注环境资源保护，设立丹霞山生态保护检察联络室，与丹霞山管委会建立信息共享、案件线索移送、案情通报平台，保障丹霞山绿色发展。维护社会公共利益，形成《关于仁化县餐饮油烟污染治理问题的调研报告》呈报县委，获县委主要领导批示肯定。守护人民群众美好生活，针对食品安全、"飞线"充电、机动车占道等问题，联合市场监管、公安等职能部门，开展诉源治理，维护仁化县全国文明城市形象。

【未成年人检察】　2022年，县检察院受理涉未成年人审查逮捕案件16件19人，受理涉未成年人审查起诉案件19件23人；提前介入侵害未成年人案件18件；为涉罪未成年人提供法律援助12人次，对7名涉罪未成年人犯罪记录予以封存；对3名未成年被害人家庭发放国家司法救助金5万元。推进未成年人法治教育，多形式开展法治教育活动67场次。4月，建成集教育、体验功能于一体的仁化县起点法治教育基地1个。

【三个规定】　2022年，县检察院狠抓防止干预司法"三个规定"落实，通过组织拍摄廉洁文化主题微视频《拒绝》等形式，结合"两微一端"媒介向广大群众宣传"所有违规过问或干预、插手司法检察办案都会被记录在案、全程留痕、有据可查"等相关规定，让领导干部及人民群众共同了解并遵守"三个规定"。抓实"逢问必录"，督促干警严格执行重大事项记录报告制度，防止司法案件受到违规干预和司法人员被"围猎"，保障独立、公正、廉洁司法环境。记录过问、干预、插手检察办案等重大事项71件。

【智慧检务】　2022年，县检察院在"12309中国检察网"公开案件程序性信息325条，办理辩护律师网上预约阅卷申请14次，完成律师网上在线阅卷5次，协助对外提供电子卷宗45次。发挥"两微一端"新媒体作用，发布检察信息、工作动态670条（其中微信210条、微博270条、"今日头条"190条）。自编自导情景剧《爱·回家》，拍摄《"检察蓝"守护"英烈红"》等短视频9条。

【乡村振兴】　2022年，县检察院结合"一线双联""民情夜访""乡镇吹哨、部门报到"等举措，投入近10万元用于挂点村灾后复工复产、农田灌溉、消费帮扶等，纾解群众急难愁盼。落实"司法救助助力巩固拓展脱贫攻坚成果助推乡村振兴"等专项活动，联合县民政局、乡村振兴局等10个部门成立联席办公室，完善工作衔接机制，形成国家司法救助和社会救助工作合力。受理审查国家司法救助案件7件，决定给予救助7件8人，发放国家司法救助金15.49万元。

（温观华）

法院

【概况】 2022年，仁化县人民法院（简称县法院）受理各类案件2682件，审结2479件，结案率92.43%，近三年新收案件总体呈下降趋势。

【依法维护社会稳定】 2022年，县法院依法审结各类刑事案件233件，判处罪犯270人。做好诉讼各环节风险防范和应对工作。常态长效开展扫黑除恶斗争，依法审理被告人范某等20人重大涉黑案。严惩走私冻品等犯罪3件3人。打防并重强化禁毒综合治理，新收毒品犯罪案件同比下降66.6%。

【依法惩治危害群众切身利益犯罪】 2022年，县法院参与净网、断卡专项行动，严惩涉电信网络诈骗案件5件5人。开展打击整治养老诈骗专项行动，审结诈骗老年人钱财犯罪案件2件3人，追回受骗老人被骗款项2.5万余元。严惩制假售假违法犯罪，审结生产销售假烟犯罪案件4件6人。依法惩治侵财犯罪，审结盗窃犯罪案件23件33人。严惩醉驾等犯罪行为，审结危险驾驶、交通肇事等犯罪案件149件。

【依法惩治腐败犯罪】 2022年，县法院保持惩治腐败高压态势，严惩"靠粮吃粮"粮食购销领域腐败行为，审结职务犯罪案件3件3人。

【法治化营商环境建设】 2022年，县法院贯彻落实法治是最好的营商环境要求，审结一审民商事案件1251件，化解金融借贷纠纷126件。开展损害营商环境突出问题专项整治，坚决查纠损害营商环境的腐败、作风和责任问题。搭建"法院普法、法官讲法、企业家学法"法企互动平台，常态化送法进企、走访，助力提升企业家法律素养和依法治企能力。

【依法促进民营企业健康发展】 2022年，县法院建立健全一站通办、多元解纷、诉调对接、高效速执等工作机制，审、执结涉民营企业民商事案件221件。坚持善意文明司法，合理适用活封活扣等灵活保全措施。开展涉中小微企业专项执行行动，妥善办理拖欠民营企业、中小微企业账款案件，为62家企业追回欠款418.85万元。

【依法服务生态文明建设】 2022年，县法院严厉打击污染环境、非法采矿等违法犯罪行为，审结环境资源案件6件14人。贯彻预防和恢复性司法理念，判决破坏生态环境公益诉讼案被告人适用刑罚同时，依法赔偿损失和支付修复费用，实现惩治犯罪和修复生态的统一。

【依法服务乡村振兴发展】 2022年，县法院服务乡村振兴，为建设宜居宜业和美乡村注入法治动能，化解涉农村土地、农村产业发展和乡村旅游等纠纷14件。坚持以案说法，选取家事、邻里纠纷等典型案件，常态化开展巡回审判、法治讲堂，推进移风易俗，服务乡风文明。

【依法保障民生】 2022年，县法院全面准确适用民法典，审结民生领域案件74件。加强劳动者权益保障，开展根治欠薪专项行动，追回欠薪108.08万元。推进家事审判改革，依法维护"老弱妇幼"权益，妥善化解婚姻、抚养、赡养等家事纠纷292件，发出人身安全保护令1份。

【依法守护未成年人健康成长】 2022年，县法院开展打击侵害妇女儿童权益犯罪专项行动，审结侵害妇女、儿童权益刑事案件13件17人，重刑率47.06%。坚持教育感化挽救方针，预防和减少重新犯罪，对6件涉及8人的未成年人犯罪案件落实法庭教育、判后帮教。落实法治副校长、共建法治校园工作机制，为青少年提供丰富多彩的法治教育课程。11月，刑事审判庭获评2021—2022年度韶关市"青少年维权岗"。

【一站式诉讼服务】 2022年，县法院整合各类司法资源和社会力量，25个特邀调解组织、159名特邀调解员常驻法院调解平台，为群众提供多样化解决纠纷渠道，减轻群众诉累。完善移动微法院、互联网法庭等一站式服务平台，全面运行网上巡回法庭，广泛开展无接触式诉讼服务。网上立案1114件，网上开庭252次，在线调解1416次。

【执行难攻坚】 2022年，县法院保持高压执行不松劲，执结案件942件，执行到位金额8131.33万元，同比增长82.09%。深化执行联动，会同公安机关建立查人扣车联动机制，打通查人找物、财产变现、协同联动、精准惩戒等堵点。依法实施信用惩戒，发布失信名单534人次，限制消费766人次。探索推行“预拘留”执行措施，105名被执行人主动履行判决义务。引入第三方网络司法拍卖辅助机构，打造“法院+网拍平台+辅拍机构”司法网拍新模式，网络拍卖47件拍品85次，成交额1013.53万元，成交转化率95.65%。

【基层社会治理】 2022年，县法院会同金融机构、行业协会引入涉金融、中小企业纠纷专业解纷力量，“法院+”多元解纷路径拓宽，推动诉前调解成功案件1566件，新收案件同比下降3.42%。深化“枫桥式人民法庭”创建，在全市法院率先探索试行“庭所共建”解纷新模式，打造基层治理新路子。人民法庭充分运用“人民法庭+基层调解组织”办案模式，与辖区90个基层治理单位协力化解纠纷381件，3个法庭新收案件同比降幅21.38%。

【审判质效三年行动】 2022年，县法院加强审判监督管理，完善定期通报、分析研判、督促预警、案件评查等机制，收结案实现良性循环。巩固拓展繁简分流改革成果，扩大小额诉讼、简易程序适用范围，推广类型化案件要素式审判，小额诉讼程序适用率同比上升9.52个百分点，

2022年7月8日，仁化县人民法院与仁化县司法局举行“庭所共建”签约仪式　　（县法院　供）

72.07%的民商事一审案件得到快速审理，案件平均审理用时为全市法院最短。清理长期未结案件，落实院领导“包案”和“督办”双重责任制，长期未结案件同比下降45.45%。完善审委会、专业法官会议重大疑难复杂案件研判机制，全面推行类案及关联案件强制检索，促进法律适用和裁判尺度统一，案件改判发回重审率下降至4.84%。

【改革攻坚规范治理】 2022年，县法院推进“线上为主、线下为辅”电子集约送达改革，通过电子送达、直接送达、邮寄送达等多渠道提升送达质效，电子送达、集约送达诉讼文书6235次。出台《司法委托操作规程》，将对外司法鉴定委托归口统一管理，严格落实审鉴分离，以规范化程序、合法化手续、透明化操作提高效率，保障公平。

【执法队伍建设】 2022年，县法院全面加强党的政治建设，铸牢干警政治忠诚。全院90余名干警响应号召，下沉社区、乡村服务群众，担负防汛救灾等政治责任。突出实战实用实效导向，组织干警参加各类培训37期974人次。选树先进典型，激励创先争优，全院3个集体和1人获得市级以上表彰。

（卓碧君）

司法行政

【普法宣传】 2022年，仁化县司法局（简称县司法局）开展法治宣传活动40余场次，派发宣传资料1.5万余册。加强国家工作人员、青少年法治教育，组织领导干部和国家机关工作人员开展旁听庭审活动和2022年度学法考试。组织参加韶关市法治文化季活动，所选送演讲选手获得三等奖。

【人民调解工作】 2022年，县司法局建立“庭所联动联调”机制，以“刘日红人民调解工作室”

为蓝本，搭建“庭所联动联调”工作平台。规范“庭所联动联调”程序，实现矛盾化解“1+1＞2”效果。全县受理各类纠纷案件1236件，调处1236件，调处成功1230件，调处成功率99.51%，涉及金额635.16万余元。各镇（街）司法所排查重大矛盾纠纷153次，排查发现矛盾纠纷89件，成功预防纠纷76件。7月，“刘日红人民调解工作室”被韶关市司法局授予三等功。

【社区矫正工作】 2022年，仁化县全面推进“智慧矫正中心”建设，规范刑事执行工作。9月16日，新社区矫正中心正式启用。强化社区矫正和安置帮教管理，组织矫正对象到县社区矫正中心开展集中点名及参加公益活动。全年入矫接收社区矫正对象128人，解除社区矫正122人。截至12月31日，在册监管社区矫正对象73人，其中缓刑71人，假释2人，暂予监外执行0人。社区矫正对象未出现脱管、漏管情况，监管率100%，再犯罪率为零。

【安置帮教工作】 2022年，县司法局衔接接收刑满释放人员251人，其中监所刑满释放人员119人，解除社区矫正人员132人。安置248人，安置率98.8%，帮教251人，帮教率100%。在册监管安置帮教对象无打架斗殴、聚众闹事等行为。

【司法行政视频会见工作】 2022年，县司法局引导会见人通过微信“粤省事”办理视频会见预约。视频会见148场，会见人数325人次，每月开放号源100个以上。

【公证工作】 2022年7月，县司法局启用“广东省公证行业综合信息平台办证系统”，简化当事人提交证据材料手续。出台《仁化县公证为民便民工作方案》，为老年人等弱势群体提供上门办证服务。办理公证案件242宗，及时完成办结案件归档工作。

【法律援助工作】 2022年，县司法局落实法律援助值班制度，坚持“应援尽援”原则做好法律援助工作，保障社会贫弱群体合法权益，受理法律援助案件323宗，认罪认罚案件252宗，接待法律咨询来人来访222人次。

【一村（社区）一法律顾问】 2022年，仁化县驻村（社区）法律顾问25人参与人民调解，为村（社区）组织或群众提供法律专业意见、为符合条件群众提供法律援助。开展各类法律培训、上法治课526场次，出具法律意见14次，解答各类法律咨询1446次。

【公共法律服务体系】 2022年，县司法局推进县、镇、村三级实体平台规范化建设工作。各实体平台在广东法律服务网实体平台综合服务系统每日值班时长达到8小时，登记咨询记录189条，工作记录246条。组织驻村（社区）律师开展形式多样、内容丰富的法律服务。加强公共法律服务案例库建设，推荐的典型案例《广东省韶关市仁化县法律援助处对农民工张某某劳动争议提供法律援助案》被“12348中国法网”（中国法律服务网）采用并发布。实施乡村（社区）“法律明白人”培养工程，选聘出“法律明白人”375名，超额完成培养任务。开展“民主法治示范村（社区）”创建，红山镇新白村、城口镇恩村村成功创建2022年省级“民主法治示范村”。

（甘枚丰）

军 事

人民武装

【思想政治建设】 2022年，中国人民解放军广东省仁化县人民武装部（简称县人武部）紧扣党史学习教育和党的二十大精神学习，抓好新条令和安全条例、保密条例的落实，筑牢思想防线，强化行为规范。开展安全教育和军车交通违章整治活动。经常性开展党的纪律教育，集中组织观看《铁纪强军》纪律教育系列专题片和基层法纪教育片，强化党员干部敬畏法纪、收敛知止的思想和行动自觉。

【军事训练工作】 2022年，县人武部对照《年度军事职业教育实施方案》标准，制订个人年度军事职业教育计划，利用军事职业教育开展相关学习教育，提升所属人员岗位任职能力，领导干部及2名文职人员已按计划完成全年军事职业教育课程内容。利用“最后一小时”组织现役干部和文职人员进行体能训练及军事理论学习，提升队伍综合军事素质能力。组织专武干部、民兵教练员、民兵干部骨干集训以及民兵入队集训、军分区民兵骨干群众性比武竞赛。完成年度民兵训练任务。指导基层武装部利用民兵应急分队点验等时机，围绕抢险救灾、防汛抗洪等急难险重任务进行专项训练，提高基干民兵军事素质和专武干部、民兵骨干组训能力以及遂行多样化任务能力。

【部队管理】 2022年，县人武部统筹配置财力资源，严格管控经费预算支出，确保经费投入向中心工作聚焦，提高经费使用效率。发挥纪委和基层风气监督员作用，落实经费开支公开公示制度，确保物资采购和零星工程建设阳光透明。成立工作专班，运用新的资产登记系统完善各类资产登记统计，建立常态化资产清查制度。抓好后勤重点行业领域整肃治理，规范后勤行业领域秩序，落实福利待遇政策，调整伙食收费标准，优化伙食菜单。开展危房排查整治和枪弹大清查，梳理资产管理领域“三类”问题，逐步报废积压报废资产。

【征兵工作】 2022年，县人武部聚焦主责主业，着重提升兵员征集质量。召开征兵工作动员部署会、体检业务培训会多次。创新宣传发动方式，张贴宣传海报，协调人社、教育、公安等部门，筛选适龄青年信息，组织专武干部、民兵营连长走村串户点对点宣传发动。建立常态化上站体检机制，大学毕业生随报随检，完成年度新兵征集任务。

【双拥工作】 2022年，县人武部发挥军地桥梁纽带作用，配合县委、县政府做好创建全国和广东省“双拥模范县”各项工作，营造军民共建、合力创城氛围。组织发动干部职工和民兵参加植树造林、人居环境卫生整治、乡村振兴等活动。

【抢险救灾】 2022年，县人武部发动民兵参与县大桥镇抗洪抢险应急任务107人次，支援武江区灾后重建工作50余人次，支援始兴县山火扑救行动62人次。

（谭岳娟）

人民防空

【人防警报系统建设】 2022年，仁化县人民防空办公室（简称县人防办）巩固和完善疏散基地，落实防护重要经济目标。按照市人防办统一要求，结合警报试鸣，组织防空疏散演练。加强防空警报系统建设，新增固定警报器，完成人防警报检测维护任务。组织开展各人防警报点管理维护人员集中培训。9月18日，防空警报试鸣当天，全县警报器、多媒体显示屏投入试鸣，经各警报点工作人员现场回馈，成功率100%，城区覆盖率100%。

【人防结建工程监管】 2022年，县人防办抓实结建政策贯彻执行，突出“调结构、强管理、重质量、增效益”，抓人防工程建设规划编制、单建“窗口”工程建设、结构调整，全程监督在建人防工程质量，加强竣工人防工程维护管理。开展人防工程安全生产隐患大排查，重点检查在建人防工程，对排查期间所发现隐患马上落实整改，防范各类事故发生。完成县城辖区新建人防工程验收工作。加强人防工程日常管理，每月定期巡视，针对发现问题及时责令整改，要求建设单位签署安全生产责任书，制定相关应急抢险预案。做好老旧人防工程普查工作。制订《仁化老旧人民防空工程普查工作方案》，收集各镇（街）、县相关单位普查资料。

【行政执法】 2022年，县人防办按照“双随机、一公开”要求，对保留行政许可项目进一步简化程序和流程，提高审批效率。做好使用证发放工作，依法处置“12345”平台投诉问题，保护业主、开发商、物业各方合法权益。加强各部门沟通协调，联合把关检查，严格审核每个人防工程建设项目人防设计，通过对照图纸、施工现场对照实际面积、审批表对照收费金额“三对照”原则，实现结建管理科学化。

【人防法规宣传】 2022年，县人防办加大人防宣传力度，结合“九一八”事变纪念日、“12·4”国家宪法日、“12·13”南京大屠杀死难者国家公祭日等节点，多形式、多渠道宣传人防法律法规知识。向县域初中和城区小学配发人防知识教育课本2000册，发放教育光盘40张、人防宣传赠品2000份，联合县教育局在县田家炳小学（县人防教育示范基地）开展人防宣传教育及疏散演练活动，参与师生150余人。联合县媒体中心编制人防宣传新闻稿件，通过电视台、公众号等新闻载体，向社会宣传普及人防法规和人防知识，提高覆盖率。结合“9·18”试鸣警报工作，在县高坪社区组织人防志愿者培训，发放人防宣传知识手册300余份、人防赠品400余份，解答群众防空应急相关问题。多次开展人防知识宣传教育工作，向4个社区发放人防宣传单及宣传纸巾2000份。组织开展人民防空知识竞赛；组织各镇（街）、相关单位参与全省2022年人民防空知识竞赛，获奖34人，县人防办获“优秀组织奖”。

【应急准备建设】 2022年，县人防办推进县人防应急指挥中心指挥信息系统建设，参与和市（县）地面指挥中心互联互通工作，实现协同统一调度功能。提升人防指挥通信能力，抓好日常训练，完成人防机动指挥通信训练7次，其中，参加省级人防机动指挥通信训练1次、全市人防机动指挥通信训练5次、组织县人防机动指挥通信训练1次。依托现有人防指挥信息系统，有效检验和提高机动通信保障能力。完成医疗救护、交通运输、抢险抢修、综合救援、伪装设障5项人防专业队重组工作，新增治安、通信专业队，做好培训演练、资料整理和信息采集等工作。

（周鸿雁）

武警仁化中队

【概况】 2022年，中国人民武装警察部队广东总队韶关支队执勤三大队仁化中队（简称武警仁化中队）以习近平强军思想为引领，深入贯彻新时代军事战略方针，以建设“听党指挥、能打胜仗、作风优良”人民军队为目标，始终把思想政治建设放在首位，坚持实战化军事训练，完成执勤处突各项任务。

【军事训练】 2022年，武警仁化中队始终以中央军委主席习近平训词训令为引领，聚焦备战打仗，大抓练兵备战，按纲施训、从严治训、科学组训，坚持“任务牵引、课题主导、周期循环”，从难从严从训练，提高部队遂行各类任务能力。

【执勤战备】　2022年，武警仁化中队贯彻勤训并重理念，以执勤任务为牵引，坚持勤训结合、岗位练兵、按纲施训、科学组训。以质量为核心，加强针对性执勤训练，开展“五小练兵”活动，加大专勤专训、专哨专训力度，加强战法研究，提高部队情况处置能力。贯彻“全面建设、体系防控、科技强勤、确保安全”执勤十六字方针，树立底线思维，铸牢官兵“忠诚、奉献、无私、无畏”精神品格，常态组织战备方案演练，保持应急备战水平。出动官兵完成省内武装押解勤务6起。

【后勤保障】　2022年，武警仁化中队后勤保障工作积极适应新体制、新标准、新要求，坚决贯彻执行中央军委、武警部队和广东总队关于后勤建设一系列重要指示，牢固树立服务官兵理念，完善制度，抓好后勤建设和管理，增强综合保障能力，改善部队生活条件。

【安全管理】　2022年，武警仁化中队贯彻中央军委主席习近平关于维护国家政治安全和社会稳定的一系列重要指示，深化落实新时代执勤安保规范化集训精神，以新修订的执勤规章为基本依据，以执勤规范化建设达标为重要抓手，通过学法规掌握标准要求，抓对照促进规范落实、严排查整治执勤隐患，提升执勤安全底数和规范化建设水平，实现“硬隐患”清仓归零、“软隐患”递减可控和对内有效约束、对外有效防范、对发生的情况有效处置，确保执勤目标绝对安全。

（马振特　吴　献）

退役军人事务

【优抚政策落实】　2022年，仁化县退役军人事务局落实各类优抚政策，优抚对象生活水平普遍高于当地群众生活平均水平。对义务兵立三等功士兵何旺明、马绍鲜、黄常青、邓建强、李金源、熊辉德、潘熙康、蒙昌盛增发当年优待金50%，优秀义务兵增发当年优待金30%，对现役士官和军官立功受奖给予一定奖励。开展“关爱功臣、送医送药活动”，为老复员军人等优抚对象开展健康体检和诊治活动。

【优待证申领】　2022年，县退役军人事务局落实国家和省、市关于优待证申领工作部署，优待证办理率90%以上，居全市前列。

【退役军人帮扶援助】　2022年，县退役军人事务局做好困难退役军人帮扶援助解困工作，为需救助困难退役军人申请省应急救助资金。为1~6级残疾退役军人购买城镇医疗保险、大病医疗保险，对符合条件退役军人发放门诊补贴、住院医疗补助等。对大病医疗救助优抚对象发放救助金。按时足额发放企业军转干部生活困难补助。

【退役军人安置就业】　2022年，县退役军人事务局按照“一站式”报到工作流程，接收退役士兵，组织退役士兵参加适应性培训，完成政府安排工作退役士兵安置工作。为县事业单位工勤岗位退役士兵争取事业管理岗位考聘。借助网络平台发布招聘信息800余条，组织招聘会5场，提供就业岗位，促成退役军人达成就业意向。组织退役军人参加广东省退役军人技能培训示范班培训，受理应征入伍服兵役高等学校学生国家教育资助申请。推荐2个项目参加韶关市第一届“军创杯”创业创新大赛，分别获得二等奖、优胜奖，县退役军人事务局获优秀组织奖。

【荣誉体系建设】　2022年，仁化县全面落实退役军人荣誉激励机制，开展悬挂光荣牌工作。开展欢送新兵活动，向入伍新兵宣讲优抚政策，赠送纪念品。开展最美退役军人评选活动，评选出仁化县“最美退役军人”邓旺胜、叶孝新、余文勇、肖军、郑戈、高玉峰、莫敏、曾燕华等9人，“最美军嫂”陈小燕1人。邹建雄获评“2022年广东最美退役军人”。组织退役军人党员代表、企业困难军转干部等参加“老兵永远跟党走”系列活动2场。

【退役军人服务体系建设】　2022年，仁化县提升县退役军人服务中心及镇（街）、村退役军

2022年1月20日，县委副书记、县长陈夏广（右二）慰问优抚对象周圣誉（右三）（县退役军人事务局 供）

人服务站建设。提高退役军人服务中心（站）工作人员服务水平，举办县、镇、村三级退役军人服务站能力提升视频培训班。每月安排各镇（街）退役军人服务站工作人员到县退役军人服务中心随岗锻炼，组织镇（街）退役军人服务站工作人员培训5次，开展“大练兵”“大比武”业务能力测试。

【走访慰问】 2022年春节、八一建军节期间，仁化县党政主要领导带队慰问驻韶关军分区等部队，走访慰问重点优抚对象，赠送慰问品。县四套班子领导及各镇（街）领导相应到挂点镇（街）、村（社区）开展走访慰问。县直单位开展各类拥军优属活动。“9·30”烈士纪念日，组织走访慰问烈属活动。

【烈士褒扬纪念】 2022年，县退役军人事务局按照“应迁尽迁、集中管护”原则，争取资金260余万元，高质量完成仁化县铜鼓岭红军烈士纪念园等7座烈士纪念园提质改造，以园林式标准做好4座烈士纪念园修建及绿化养护工作，高标准做好公祭场所仁化烈士英名墙修建工作，将156名零散安葬的烈士遗骸集中迁入董塘、黄坑、铜鼓岭红军烈士墓园，并在仁化县铜鼓岭红军烈士纪念园举行仁化县零散烈士墓集中入园仪式。6月，接受省退役军人事务厅组织的县级以下英雄烈士纪念设施整修工程验收工作重点抽查。开展清明烈士祭扫活动，倡导线上“云祭扫”、现场“代祭扫”，全县参加“网上祭英烈”活动约5000人。开展“9·30”烈士纪念日公祭活动，县四套班子成员、县直单位负责人，武警战士、公安民警、退役军人、烈属及师生代表约320人在红陵烈士纪念园参加烈士公祭活动暨向烈士纪念碑敬献花篮仪式。各镇（街）同步举行烈士纪念日公祭活动。

【双拥共建】 2022年，县退役军人事务局落实军地“双清单”工作，装修县人武部公寓楼，更换武警仁化中队部分营房门。运用多媒体广泛宣传双拥政策，开展科技、教育、文化、法律进军营活动。在仁化县人民政府网站开设国防教育宣传专栏和双拥专栏，在主要公共场所设置户外双拥宣传广告17张。通过给职工、学生、村民宣讲党的二十大精神、战斗英雄事迹、红色故事，开展国防教育，讲述军民鱼水情故事，激发广大群众爱国拥军热情。

（谭慧明）

交通·邮电·信息业

国道省道公路建设与管理

【概况】 2022年，韶关市仁化公路事务中心管养国道106线、323线、535线，省道244线、246线、342线和县道887线，总养护里程196.88千米，其中国道108.56千米，省道85.57千米，县道2.75千米。

【公路建设】 2022年，仁化公路事务中心根据韶关市公路事务中心要求，完善国道106线仁化县沿线设施和标线，主要对国道106线K2112+072（广东桥）—K2180+791（茨菇塘）68.72千米路段路面病害、沿线标志、标线、水沟、路缘石等进行修复或处治。核定预算207.12万元，9月26日开工，10月22日完工。

【公路养护】 做好路容整治及公路养护工作。2022年，仁化公路事务中心公路技术状况指标（MQI）国道年值为93.88，省道年值为91.89。完成清扫路面2778千米，清洗标志牌75块、示警桩135根、防护栏392千米，人工除草65757千米，除草剂除草601千米，喷洒蚂蚁药103千米，清理水沟832千米、塌方5775立方米、涵洞689道，修剪路树338千米，清理倒塌树木、竹708棵，修复路基33立方米，修补坑槽沉陷罩面597平方米，清疏桥涵排水553孔，维修清理伸缩缝735米，油树135千米，灌缝204千米，补种标志牌35块、道口桩71根、路树120株。

国省道水毁修复工程。2022年6月，连续强降雨导致国道106线部分路段出现路基边坡滑塌、推移，路面起拱，路侧边沟损毁等情况。仁化公路事务中心按照流程选取监理及有资质的施工单位对16处水毁路段进行修复，均在时间节点完工，保障了国省道公路安全畅通。

预防养护修复工程。2022年，仁化公路事务中心开展国道106线预防养护修复工程。①国

2022年6月24日，仁化公路事务中心养护人员在塌方现场清理道路

（仁化公路事务中心 供）

道106线K2120+090—K2135+649段路肩处置工程，主要挖除该段旧路肩12559米后，按4厘米厚AC-13 SBS改性沥青路面表面层+石油沥青下封层+局部基层采用20厘米C20素砼基层的结构进行重铺处置。核定预算424.95万元，10月13日开工，10月31日完工。②国道106线K2112+072—K2174+000段路面功能性修复工程，主要对贯通板厚2条以上裂缝的混凝土板、裂缝宽度约15毫米以上的板、裂缝宽度大于3毫米的混凝土板，采取挖除旧板浇筑新板的处置措施；对广东桥段路面结构采用挖除重铺26厘米厚水泥混凝土路面+不等厚C20素混凝土进行处置。核定预算151.1万元，10月14日开工，11月15日完工。

国省道桥梁养护工作。2022年，仁化公路事务中心做好桥梁养护工作，确保公路桥梁安全运行。7座桥梁修复养护项目，均在时间节点前完工。其中，上寨桥、周田大桥（新、旧）、古洋小桥、康溪梁桥于7月5日完成工程竣（交）工检测；古洋桥（新、旧）、马岭桥、大桥桥（新、旧）于10月22日完成工程竣（交）工检测。对马岭桥、竹山下桥、康溪2号桥、江下桥实行桥梁伸缩缝维修，6月1日开工，6月30完工。

【安全生产管理】 2022年，仁化公路事务中心以“科学发展、安全发展”为宗旨，加强安全生产管理。压实安全生产主体责任，提高安全意识。开展“安全生产月”“安全生产南粤行”等安全生产系列宣教活动，提高职工安全意识和技能。加强应急管理。开展警示教育、安全生产培训各4期，培训职工63人次，开展应急抢险演练1次。加大巡查力度，及时发现问题，解决问题。全年无生产安全事故发生。做好恶劣天气期间辖区国省道应急保通工作。汛期期间，出动应急抢险救援队伍27支158人次、车辆或设备68台、小型装载机4台、大型装载车2台，投入抢通费71.78万元，清理辖区道路存在边坡塌方隐患37处、塌方3955立方米、水浸1处、路基下塌1处。

（刘洁真）

地方公路与交通运输管理

【概况】 2022年，全县公路通车总里程数2244.52千米，公路密度101.7千米/百平方千米。国道203.33千米（其中国家高速干线84.32千米），省道233.87千米，县道189.74千米，乡道公路487.04千米，村道499.74千米，乡村小路630.8千米；按技术等级，一级公路14.27千米，二级公路104.09千米，三级公路352.79千米，四级公路1342.15千米，等外公路346.9千米。纳入交通运输行业管理客运经营企业有韶关市粤运汽车运输有限公司仁化汽车站1户，拥有客车98辆2252个座位。货运企业19个，有货运车辆151辆2177.05吨位。营业机动车驾驶培训学校有雄达驾校、天成驾校、宏泰驾校3家，有教学车辆168辆。乡镇班车线路43条，客运班车40辆，城乡客运一体化覆盖率100%。符合通班车条件行政村班车通达率100%。车辆维修业户已备案企业44户。乡镇渡口4个，渡船4艘。

【交通重点工程建设】 截至2022年12月底，仁化县交通运输局（简称县交通运输局）完成省道517线城口至红山段路面改造主体工程，建设里程31.36千米，总投资8148万元，完成投资约7000万元。完成周田镇治超非现场执法监测点1个，完成投资约770万元。完成周田镇超限检测点、丹霞西片区超限检测点治超卸货场2个，完成投资约700万元。

【“四好农村路”全国示范县创建】 2022年，县交通运输局着力构建“内畅外联”现代化综合交通路网体系，推动农村公路由“窄”变“宽”、由“通”向“畅”、由“线”成“网”，打造“畅、安、舒、洁、绿、美”通行环境，助推乡村振兴。完善县、镇、村三级路长工作机制，制度化、规范化、常态化巡查整治全县公路路域环境，开展农村公路涉路乱象整治，联合公安交警部门依法查处酒驾、从业人员违章行为及运输车辆带泥上路、超限超载、涉嫌货物脱落、扬撒、飘散、洒漏等污染路面行为，巩固整治成效。

【县乡道路桥梁养护】 2022年，县交通运输局完成路网联结工程建设项目县道811线凡口矿至大岭工业园路面改造（4.11

千米）、县道315线漂塘至胡坑段路面改造（9.95千米）、乡道044线董塘八一至岩头段路面改造（3.31千米）、村道401线江头至格顶路面改造（2千米）4项，合计里程19.37千米。完成单改双工程建设项目10项，合计里程17.576千米。完成危桥上围坑桥（2月20日完工）、大坑桥（7月5日完工）、自然头桥（8月3日完工）、斜周桥（8月3日完工）、高塘桥（10月15日完工）、董塘桥（11月7日完工）、介江桥（12月16日完工）改造7座。

【交通安全宣传】 2022年，县交通运输局加强安全生产及消防宣传教育，提高运输企业安全意识，举办培训班22场，参加培训1276人。开展安全生产咨询服务宣传日活动，发放宣传单、宣传手册、宣传环保袋各1万余份，接受群众咨询1500余人次。开展“珍爱生命远离危险，拒乘非法营运车辆”主题交通安全宣传活动7场，向师生派发“珍爱生命，拒乘非营从你我做起”等宣传资料9000余份。以现场讲解、悬挂横幅、派发传单等方式，在董塘、扶溪、长江、闻韶等镇客运站场、市场开展交通安全宣传，派出执法人员140余人次，出动执法车辆25台，派发“打非”传单、宣传环保袋5000余份。

【交通运输行业服务监管】 2022年，县交通运输局规范市场准入门槛，提高规范行业标准。办理普通货物运输车辆年审280辆，新增道路普通货物运输许可21户、普通货物运输车辆51辆，注销道路普通货物运输业户3户、营运车辆12辆。做好道路运输管理及统计工作。抓好春运、汛期、安全月、中秋、国庆黄金周期间道路运输市场管理。通过加强日常智能定位系统管理，认真审核营运车辆燃油补贴发放标准，做好运输行业燃油补贴工作。发放营运车辆燃油补贴352.66万元，发放渡口渡船燃油补贴26.26万元。畅通群众投诉途径，及时解决群众投诉，处理交通运输行业投诉30余宗。做好“四好农村路”运输服务工作，统筹城乡交通运输一体化发展。

【春运】 2022年春运期间，全县发出客运车辆14152班次，同比下降4.3%，客运量13.86万人次，同比下降9.97%。完成客运周转量4.84百万人千米，同比下降19.2%。实现春运无安全事故、无旅客滞留、无有效投诉。

【交通运输综合执法】 2022年，县交通运输局常态化开展运输行业安全生产检查工作，检查企业安全生产80家次。通过检查，发现的问题均能得到及时整改，未发现重特大安全隐患。在各主要运输企业和渡口开展突发事件应急处置演练活动5次。强化客、货运和水运执法整治工作，查处货车超限超载288辆，卸货3212.2吨；查处无货运从业资格证12宗、源头治超3宗、无道路运输证2宗。推进治超基础设施建设进度，完成治超卸货场主体建设2个。强化联合执法整治客运市场，查处非法营运车辆案件3宗。加强客运企业源头检查，重点检查市际、县际客运大巴、网约大巴车、旅游包车，未发现违法违规客运车辆。强化危货运输、驾培、水上运输监管工作，检查危货运输车辆100余辆次，查获未经许可擅自从事危货运输经营1宗。加强辖区驾培学校整顿整治工作。加强水上丹霞、乡镇渡口码头汛期安全执法检查。

【汛期交通抢险】 2022年6—7月，持续强降雨导致仁化县出现多处路段边端塌方、水漫路面、路树倒塌及道路附属设施受损等情况，水毁道路累计造成经济损失约3500万元。县交通运输局启动防汛救灾预案，集中力量投入抢通保畅工作。6月1日至7月4日，累计出动应急抢险救援队伍180支850人次、车辆和设备309台次，发现边坡塌方785处，清理660处约7万立方米，投入抢险保畅资金295万元。

【仁化汽车站】 2022年，仁化汽车站开往市际包车车辆8台，县际线路车辆21台，县内线路车辆69台。发车班次18.49万班（韶关班线3.11万班、农客班线13.88万班、城市公交1.39万班、包车0.11万班），比上年同期下降13.83%。完成客运量180.02万人次，比上年同期下降13.82%。

【仁化县雄达机动车驾驶员培训学校】 截至2022年年底，雄达驾校有标准合格教练车91台，教练员157人，招收学员1695人，培养合格驾驶员1680余人。

【仁化县天成机动车驾驶员培训学校】 截至2022年年底，天成驾校有标准合格教练车39台，教练员42名，招收学员875人，培养合格驾驶员763人。

【仁化县宏泰机动车驾驶员培训学校】 截至2022年年底，宏泰驾校有标准合格教练车38台，教练员54人，招收学员1404人，培养合格驾驶员1400余人。

（周国强　曾文如）

邮政

【概况】 中国邮政集团有限公司广东省仁化县分公司（简称邮政仁化分公司）设县综合办公室、市场部、金融业务部3个，综合服务（金融、邮政服务）网点新城路支局、丹霞大道支局、董塘支局、周田支局、扶溪支局、长江支局、城口支局及红山支局8个，邮政服务网点凡口支局、石塘邮政所、黄坑邮政所、大桥邮政所、闻韶邮政所、丹霞山邮政所6个，辖县城揽投站。公司班子开展调研29次。开展党的建设暨党风廉政建设专题总结部署1次。及时学习传达违规违纪问题通报，开展提醒谈话5次。

【普遍服务】 2022年，邮政仁化分公司投入超20万元整治普服场所、设施，压降单人普服点3个，优化乡镇邮路3条，“营业时间达标率”“条码平信丢失率”全市排名第一，综合指标全市排名同比前进4名。未发生重大质量事故和中央、省级媒体负面曝光事件。机要通信失误率为零，完成高考涉密考卷服务工作。

【业务发展】 2022年，邮政仁化分公司落实县乡村三级物流体系建设。通过利旧复用、租赁等种方式规划县级仓配处理中心、镇级周转运营中心（支局所）、村级电商服务站（邮乐购站）三级快递物流体系节点建设。“两中心一站点”按计划时间完成建点。3条县乡邮路完成从摩托车向汽车邮路升级，邮路优化率100%。金融转介标杆点实现金融转介22个。42个村级站点助力仁化特色农产品上行3.12万件，形成“金融、电商、寄递”全要素集成。

【和谐企业建设】 2022年，邮政仁化分公司抓好员工关爱工程，投入8.8万元，做好冬送温暖、夏送清凉、重大节假日和业务旺季等走访慰问活动。推进建家工作，及时维修漏水房屋、更换损坏物品，改善员工生活环境。

（陈诗华）

信息化建设

【信息基础设施建设】 2022年，仁化县有现网基站1018个（新增128个）；5G基站464个（新增183个）；解决历史未覆盖、老大难无线网络黑点区域47个。截至12月底，全县光缆总长度10637.85千米（新增639.5千米）；宽带端口171078个（新增4800个），农村及偏远地区网络覆盖水平提升。通信基础设施建设重点完成城市区域、城市间主干道、乡镇区域、城市与乡镇间主干道、高速路段连片覆盖，其他区域优先满足人口聚集区域覆盖，逐步向农村区域延伸，逐步解决散、远、偏等自然村信号覆盖问题。

【弱电线路整治】 县城弱电线路整治。2022年，仁化县工业和信息化局（简称县工信局）将县城内新城片区、老城片区、水南片区和高坪片区的弱电线路（不含电力线）分别由中国电信仁化分公司、县融媒体中心、中国联通仁化分公司和中国移动仁化分公司包片整治，重点整治社区周边300米、农贸市场周边300米、主干道两旁无物业小区、背街小巷等场所弱电线路混乱现象，解决县城弱电线路违章乱拉、乱挂和安全隐患问题，完成整治点位69个。

农村弱电线路整治。2022年4月，县工信局围绕“2022年全县行政村通信线路整治完成率达到75%，到2025年完成全县所有行政村通信线路整治”目标，助力乡村振兴，与县乡村振兴局一起牵头，将各镇（街）、县财政局、县融媒体中心和县各运营商纳入专班，明确各单位职责，形成农村通信线路整治工作合力。7月22日，印发《仁化县农村通信线缆整治工作实施方案》，明确了整治范围和验收标准。通过韶关市中介超市选取全过程咨询服务公司，从现场勘查、设计、预算、招标、监理等方面提供专业指导和服务，合法合规有序推进整治项目。9月30日，施工队进场。截至12月底，完成丹霞街道和长江、董塘、扶溪、闻韶、红山、石塘、周田、大桥、黄坑等11个镇（街）、82个行政村整治，整治完成率75.2%。项目总投资1127.15万元。

【信号保障】 2022年6月，仁化县因发生洪涝灾害致部分通信线路受到影响，县工信局第一时间协调各通信运营商，加强重点区域网络指标实时监控，迅速抢修退服基站、中断光缆，保障全县网络总体安全有序，正常推进防汛抢险各项工作。

【无线电安全保障】 2022年5月底，县工信局向市工信局申请安排专业人员，到全国高考考点仁化中学做好电磁环境净化、监测排查安全隐患、排除有害干扰、指导学校屏蔽器合理设置等工作，分析考点电磁环境和信号屏蔽器监测情况，防范打击利用无线电作弊行为，确保高考公平公正。

【工业企业信息化服务】 2022年2月，县工信局组织电池企业广东威玛新材料科技有限公司、广东盛祥新材料科技有限公司2家申报第六批锂离子电池行业规范公告，推动电池产业转型升级发展。6月，组织电池企业广东志成冠军集团有限公司、广东英业达电子有限公司、广州市凯捷电源实业有限公司3家到华韶数据谷参观，对接二期工程电池供应事宜，增加县域电池企业销售渠道。

（朱帆杰　李晓玲）

数字政府建设

【网络信息安全】 2022年，仁化县加强单位网站和信息系统排查，督促各责任单位完成整改。5月、10月，仁化县政务服务数据管理局联合县公安局、县委网信办对县农业农村局、县市场监管局、县住建管理局、县自然资源局等单位开展网络安全检查2次。主要检查落实中共中央办公厅《党委（党组）网络安全工作责任制实施办法》情况、网络安全事件应急预案制定情况、信息系统迁移上云和安全等保测评情况、机房运维情况，检查过程中所发现的问题均督促相关单位完成整改。

【旧OA系统数据迁移】 2022年4月，县政务服务数据管理局将仁化县办公OA系统（旧OA系统）公文数据迁移到韶关市电子政务综合应用平台（新OA系统），完成旧OA系统中122个单位约165万份公文迁移，配置到新OA系统103个单位账号上，供新OA系统查询旧OA系统历史公文数据。

【政府信息公开及政务新媒体发布和监管】 2022年，仁化县政务服务数据管理局加强政府信息公开平台与政务新媒体日常管理，做好政府信息公开平台的推进、指导、监督管理及政务新媒体建设和发展，规范性文件和政策性文件政策解读工作，督促各主办单位做好政务新媒体管理和更新，严格落实“三审三校”和保密审查制度。及时注销关停一批“僵尸”“睡眠”和无力维护账号，注销“大桥旅游”微信公众号、“仁化县自然资源局”微信小程序和“仁化县知识产权局”微信小程序3个政务新媒体。牵头完成仁化县政府网站重点领域专栏从韶关市政府网站平台迁移到县政府网站及栏目改版调整、网站增加适老化及无障碍功能工作。

【乡镇权责清单更新调整】 2022年，仁化政务服务数据管理局组织县有关单位在广东省政务服务事项管理系统上动态更新乡镇权责清单，及时、准确在广东政务服务网政务公开栏向社会公开县级37个部门权责清单6521项、11个镇（街）权责清单500项。通过建立健全权责清单动态管理机制，与广东政务服务网实现数据互联互通，做到权责清单信息公开化、流程标准化、运行数字化。

【改革攻坚规范治理】 2022年，仁化县政务服务数据管理局成立“改革攻坚规范治理年”工作领导小组，召开局内部改革攻坚推进会2次和局党组会议2次，召开仁化县改革攻坚规范治理政务服务领域会议1次。依托“12345”热线平台，拓宽企业和群众投诉反馈渠道。印发《仁化县“改革攻坚规范治理年”投诉举报受理专线工作方案》，畅通投诉举报受理渠道，提高工单办理质量。组织县有关单位梳理政务服务事项线上线下办事指南，抽查县各单位行政审批事项实施情况，督促各部门完成整改，及时更新完善办事指南，规范办事指南信息。开展“减材料、减时限、减环节、提高即办程度”工作，优化审批流程，组织全县各单位完成政务服务事项标准“二次统筹”工作，群众办事时限压缩率84.6%，即办率97.7%。

【“粤智助”政府服务自助机推广使用】 2022年，仁化县投放“粤智助”政府服务自助机12台，全县镇村一级共有“粤智助”政府服务自助机124台，行政村设备投放覆盖率100%，累计上线高频服务事项105项，通过“粤智助税e站”“非接触式”税费服务线上平台自助办税功能办理税务事项34项，“粤智助”自助机办理政务服务业务量13.5万笔，服务群众约3.5万人次。

【数据交换共享】 2022年，仁化县政务服务数据管理局推进省政务大数据中心韶关分节点应用，组织县有关单位参加广东省政务大数据中心线上培训会13次。开通各有关单位公职人员系统使用权限，梳理政务数据可公开目录，指导相关单位在省政务大数据中心韶关分节点上传数据和申请数据，协助供水、燃气等单位在大数据中心平台归集涉企信用信息。全县在大数据中心上线本地数据303条，其中，文件类型138条、库表类型165条。

【“互联网+监管”系统应用和监管数据汇集】 2022年，仁化县政务服务数据管理局组织县各单位在国家“互联网+监管”平台有序录入监管数据并认领本部门监管事项。全县监管事项数量428项，实施清单数量560项，有监管行为事项428项，监管覆盖率100%。各单位在省“互联网+监管”平台认领部门监管事项认领率100%，补充完善实施清单内容完成率和完备度100%。

【“无证明”城市建设】 2022年，仁化县政务服务数据管理局全面梳理政务服务事项，全面吸收上级公布事项，从办事群众需求方、证明材料开具方以及审批机构等源头全面梳理，坚持“法无规定”证明事项一律取消，“法有规定”证明材料无须群众和市场主体提交为导向，通过数据共享、部门协助、当事人承诺等方式，做到应清尽清，实现办事过程无须提交证明材料。梳理明确证明事项1526项，直接取消215项，通过电子证照核验方式办理1081项，通过告知承诺、部门核验等方式办理314项。

（吴秋云）

中国电信股份有限公司仁化分公司

【概况】 2022年，中国电信股份有限公司仁化分公司（简称仁化电信）辖城区、董塘、周田、长江、城口5个营销服务中心，服务网点遍布全县各镇（街）。

【信息化建设】 2022年，仁化电信新建光端口716个，光端口累计5万个。新开通5G基站21个。开展电信服务质量提升“一号工程”工作。落实服务宣传、召开服务聆听攻坚会、组织服务培训、报送和分享学习优秀服务案例等具体工作，月度实体渠道满意率和装维人员“十分满意”率保持排名全市前三。

【企业管理】 2022年，仁化电信深化违反中央八项规定精神问题专项整治行动，做好重要节点廉洁提醒和监督检查工作。班子成员每周深入营服中心，实地了解中心生产经营中存在的困难和需求，及时协调解决问题。坚持正确选人用人导向，选任五级副经理3人，岗位晋升20人。

【支持地方建设】 2022年，仁化电信及时制订挂点村丹霞街道城南村及脱贫户帮扶规划，完善城南村14户脱贫户帮扶动态，完善城南村“数字乡村”智能网络建设，加强城南村扶贫资产管理工作。结合“一线双联”“民情夜访”周三夜访，了解脱贫户生产生活、教育、就业、医疗及收入情况，及时帮助解决生产生活困难。协助城南村委做好森林防火、安全生产、社会风险排查化解和社会面稳定等工作，支援该村抗旱经费2000元。“6·30”广东扶贫济困日，发动公司员工向城南村委捐款2080元。按期、按质落实县十四网格区和县工信局督办的各项巩固文明城市整改工作。

（朱亚梅）

中国移动通信集团广东有限公司仁化分公司

【网络建设】 2022年，中国移动通信集团广东有限公司仁化分公司（简称仁化移动）在实现城区、镇区连片覆盖5G信号基础上，加快5G网络建设和完善5G信号覆盖。建设5G精品网络、全光网络，助力建设数据中心集聚区，实现行政村以上5G连续覆盖、镇以上千兆宽带接入能力，夯实数智仁化“新基建”基础。新建5G基站152个，4G站点弱覆盖区域信号补强32个，解决历史信号黑点7个，解决5个自然村、6个家宽覆盖历史黑点和1198户企业宽带网络覆盖问题。

【市场运营发展】 2022年，仁化移动经营业绩继续保持区域第一大通信运营商主导地位，用户规模及营业收入稳定增长，网络规模和服务质量持续优化。与仁化县人民政府签署“5G+智慧区县”战略合作协议，发挥5G核心新基建优势和“网+云+应用+安全”新型信息化服务能力，赋能仁化数字经济发展和产业转型升级。为村委打造智能安防监控系统，打通信息化互联网进村入户“最后一公里”，助力乡村振兴。

【社会责任担当】 2022年，仁化移动根据省、市公司打击治理电信网络新型违法犯罪工作要求，贯彻落实习近平总书记重要指示批示精神和全国“断卡”行动工作部署会精神，严厉打击整治开办贩卖电话卡等违法犯罪活动。派遣骨干员工入驻县反诈中心，协助反诈中心开展涉案手机卡整治、防诈宣传、预警劝阻等工作。8月，助力反诈中心在县城丹霞新城某小区端掉架设简易GOIP设备为诈骗分子提供通信技术支持窝点1个，成功抓获犯罪嫌疑人2人。参与巩文巩卫、乡村振兴、森林防火、安全生产等工作，开展志愿服务133人次，服务时长达345.5小时。

（刘洁灵）

中国联合网络通信有限公司仁化县分公司

【创新促发展】 2022年，中国联合网络通信有限公司仁化县分公司（简称联通仁化分公司）坚持党建引领，加强党风廉政建设，以高质量党建引领企业高质量发展。提升企业治理能力，激发内生活力。优化经营模式，实现公众市场再提升。依靠5G引领、融合带动，打造全业务产品体系，实现“1+多”融合发展。开展组织生活学习2次，党支部书记讲党课4次，组织党员干部参与基层营销一线帮扶和党员示范岗活动 10人次。联通仁化分公司获评韶关市公司“优秀生产单位”“最佳政企营销团队”“最佳公众营销团队”，唐振辉获评中国联通集团公司“劳动模范”、广东联通2019年度“优秀基层管理者”、韶关联通“先进党务工作者”，何琳燕获评“广东省公司优秀党员”“韶关市分公司劳动模范”。

【网络接入能力提升】 2022年，联通仁化分公司将光纤到户（FTTH）作为面向家庭客户宽带接入方式，提高全网宽带用户签约带宽。面向用户推出宽带“智慧沃家”App、智慧工程师“装维助手”App、智能家居设备WOLINK协议，实现互联网化运营。全县有现网基站266个（新增68个），5G基站95个（新增9个）。

【市场经营】 2022年，联通仁化分公司发挥5G网络优势、终端优势和资费优势，推进团队营销模式转型，客户和收入保持高速增长。

【服务水平提升】 2022年，联通仁化分公司强化管理，全面提升服务质量，落实整改精神，解决实际问题，提升营业员综合服务水平。在原有服务基础上，增加渠道管理、设备维护、用户回访和后台支撑等服务，提高全员综合业务能力。

（何智艳）

供电·供水·供气

供电

【概况】 2022年，广东电网有限责任公司韶关仁化供电局（简称仁化供电局）完成售电量13.26亿千瓦时，固定资产投资0.23亿元，当年电费回收率100%。主动服务仁化“双碳”目标，清洁能源100%消纳，完成“十四五”配电网规划与中低压配电网保底方案，规划项目393项，项目总投资2.44亿元。巩固拓展脱贫攻坚成果同乡村振兴有效衔接，完成农网改造投资2712万元。落实具备执行免费电条件“低保”户、“五保”户2610户，执行率100%。定点帮扶投入20万元，消费帮扶9.12万元。第三方客户满意度得分89分，在韶关各县区供电局中排名第一；连续4年获得地方政府公共服务满意度评价第一；8个职创项目获韶关供电局创新创意大赛发布奖。未发生五级及以上事故事件。年度12项考核指标、13项重点任务均达到满分值。2022年度业绩考核获A级。

【安全生产】 2022年，仁化供电局未发生电力生产安全事故。电力生产安全八级事件5起，下降50%，实现年度安全生产目标。守住人身风险防控底线。利用“南网强安”平台，规范生产班组安全学习模式；利用智慧安监系统，实现由安全生产监督向主要监督安全生产保障体系运作、人员队伍履职尽责情况转变。围绕“铁腕反违章、同心保平安”从严治安20条举措，加强高风险控制措施落实监督；“线上线下”督查3841项，查处违章行为265起；发出承包商违章处罚通知单179份，扣分3.76分。发现隐患232项，全部完成整改。落实严肃整治酒驾醉驾十条举措，未发生红线及扣分事项。严抓综合治理，完成防冰抗冰加固项目2项，冰区线路抗冰能力由30年一遇提升至50年一遇。政企联动开展防山火隐患专项治理，全面排查公用线路和专变用户线路，清理山火隐患1391处。推进网络安全风险防范，实现“护网2022”零失分，全年无网络安全事故。完成党的二十大等保供电任务29项。

【经营管理】 2022年，仁化供电局严控经营管理，落实企业所得税优惠政策，加强可控成本预算管控，年度可控成本预算完成率99.95%。完成20个基建项目快速结算工作，支付在建工程资金1362万元，资本性项目转增资产2009万元，增资转固率100%。统筹消化闲置物资1066万元，闲置物资利用率0.72%。完成电能替代电量规上项目2个，电能替代电量3578.73万千瓦时，指标完成率357.87%。完成充电枪建设任务15支，实现乡镇全覆盖。严抓问题整改，开展攻坚克难、审计整改工作，解决痛点难点以及历史遗留问题一批。制定攻坚克难任务32项，完成任务销号20项，其余12项处于有序推进阶段。做好6项审计迎审配合工作，制定审计措施60条，完成23条，其余措施有序落实。

【电网建设】 2022年，仁化供电局完成配电网规划项目库修编，改造中压线路302.615千米，新建配变226台，新增配变容量617兆伏特安培，改造低压线路

740.7千米。完成工程项目固定资产投资2087万元，投产配网基建项目38项，建成紧急、业扩基建项目18项。实施电网建设结合基建配网数字化应用推广，运用RTK（载波相位差分）技术加快推进基建项目。实施“守安全、抓进度、保供电，奋战100天”专项行动，加快电网构建完善，保障电网稳定运行。抓好运维管理，全面推进中压集约化运维，实现配网运检分离；推进配网智能作业班纵向发展，加快“两精两飞”完成速度，提升问题发现及时率。结合精巡图片识别线路缺陷2048项，解决紧急、重大等缺陷57项。运用南网智瞰、电网战略运行平台，围绕台区重过载、低电压等问题，运用大数据管控模式及时解决线路缺陷问题，完成止跳线路16条，解决缺陷2159处。

【创新突破】 2022年，仁化供电局建立仁创工作室统筹创新工作，8个项目获得韶关供电局创新创意大赛发布奖。组织开展管理创新课题申报5项，在韶关供电局综合线条发布会上发布创新课题2项。计量运维班获韶关供电局班站所党支部“打擂比武”优秀奖。完成电网管理平台协同转资、业财协同两大攻坚，加强项目全过程管理，提高账卡物一致率。全面推进供电所标准化建设，城口供电所、周田供电所获四星级供电所称号，丹霞供电所营业厅获韶关供电局金牌营业厅称号。完成本地化修编供电所标准化建设典型问题清单整改提升工作。丹霞人才管理体系被列入韶关供电局新型电力系统示范区建设项目集内容。

【企业管理】 2022年，仁化供电局开展组竞聘6批次，选聘岗位27个，聘任30人次，班站所长公开选聘上岗率90%。深化经理层任期制契约化管理，实现从组织考核到个人考核的转变。建立“重奖、保障、津贴”等多重正向激励机制，专项奖励金激励员工1069人次。举办仁化县供电系统配电线路工、装表接电工技能竞赛。完善丹霞人才选拔培养方案，举办青年人才能力提升系列活动3期。抓好岗评结果应用，完成岗级调整18人次。加大矛盾调处力度，多渠道收集职工诉求建议15条，纳入职工利益矛盾纠纷调处2条，解决2单，矛盾诉求解决率100%。

【党风建设】 2022年，仁化供电局发展党员10人。开展巡察整改“回头看”，针对巡察发现的18个问题，制定整改措施167项，严格执行“两审一评”进行销号，按时完成集中整改措施91项，76项巩固提升措施持续开展。推进“党支部建设全面提升年”工作，筑牢安全廉洁防线。检查作风建设“45条”和减负措施17条落实情况，发出通报5期。压实监督责任，聚焦业务管理背后的作风问题，发出点人点事通报2份。落实严肃整治酒驾醉驾十条举措，未发生酒驾醉驾、违规违纪违法事件。建立宣传激励方案，投稿154篇，其中内宣采用140篇次，外宣采用38篇次（其中，央媒刊登5篇次、省级媒体刊登12篇次），同比增长175%。利用“韶关普法”“南网强安”等平台，组织开展法制宣传教育活动5场。

（余　翔　王春生　凌朝晖）

供水

【概况】 2022年，仁化县县城、丹霞山、广东铝厂、格顶矿和董塘镇、石塘镇、丹霞街道办圩镇、部分村庄由香港中国水务集团仁化银龙供水公司（简称仁化银龙供水公司）供水人口约10万人，由各镇（街）自建饮水工程供水人口17万余人。

【城市供水】 基本情况。2022年，仁化县城、丹霞山、广东铝厂、格顶矿和丹霞街道办、董塘镇、石塘镇等区域供水，均引入赤石迳水库水，活水期水库补充水量每天保持在30万立方米以上。每天检测监控水厂出厂水，定期检验水厂制水原水，委托仁化县疾病预防控制中心每月作全分析检验，保证供水管网水质合格率。水厂内设备有常用机组5台，备用机组2台，使用自动加压电频设备，水泵房加压5千克出厂（国家标准水压2.8千克）。制水工艺选用网格絮凝反应，蜂窝斜管沉淀，石英砂过滤，气、水一体反冲组成。工艺流程先进，符合国家标准。定期清洗反应池、沉淀池，采用水力排泥阀排污；清水池封闭通气。消毒设备选用二氧化氯消毒剂发生器，保障水厂供水水质安全。日供水能力4万立方米，供水面积约

25平方千米，管网总长约180千米；用水人口约10万人，供水量710万立方米，日最高峰为2万立方米。实行阶梯用水水价：居民生活用水第一阶梯用水价格1.65元/立方米、第二阶梯用水价格2.38元/立方米、第三阶梯用水价格4.55元/立方米，合表用户1.9元/立方米，非居民用水价格3.04元/立方米，特种经营用水价格4.2元/立方米，消防、环卫、绿化用水1.64元/立方米（以上价格含水资源费0.2元/立方米），县政府对县城居民用户加征污水处理费0.85元/立方米、其他用户加征1.2元/立方米。

县城自来水厂管理。2022年，仁化银龙供水公司抓好安全生产，运营稳定、安全，每月出厂水合格率100%，安全生产事故率为零。加强公司员工管理。组织开展“世界水日”节水宣传活动、“服务进社区”活动、“情润一线，夏送清凉”活动、“保护母亲河”活动、“关爱留守儿童”活动、“慰问困难群众”活动、“助力高考”活动、“水厂开放日”活动、“服务品牌故事大赛”活动、“情系女职工，女神节温情送祝福”活动、八一建军节拥军优属走访慰问等系列活动。4月，公司被仁化县总工会评为“先进单位”。

县城自来水厂备用水源建设。2022年，仁化县实施县城自来水厂备用水源建设工程。取水水源为澌溪河水库。新建输水管线3.28千米，新建镇墩30个、支墩160个、标志桩16个、进排气阀井3座、排泥阀（湿）井3座、检修阀井1座、伸缩节井3座。

澌溪河灌区渠首（雷达）流速仪　（县水务局　供）

【农村供水】　2022年，仁化县实施镇村老旧供水设施升级改造工程项目（黄坑镇下营村），项目概算投资381.75万元，合同总金额313.11万元，主要是更换下营村委会供水主管及村内管网，建设供水管道23.547千米及相关配套设施，解决下营余屋等13个村小组约1500人农村饮水安全问题。7月12日开工，11月10日完工。

（李恩泽）

供气

【管道天然气供应】　2022年，仁化县因没有连接到国家管网供气，仍由仁化县安顺达管道天然气有限公司提供县城及周边住户1.72万户、商业用户145户、工业用户13户用气。年设计最大供气3900万立方米，实际年供气约800万立方米。建设管网60千米，投资建设配套设施总额1000万元。购进LNG（液化天然气）约815.1万立方米，总销气量815.1万立方米，其中，工业用户547.3万立方米、居民用户267.8万立方米，销售额3912.5万元，平均单价4.8元/立方米。

【石油液化气供应】　2022年，仁化县有获得燃气经营许可证石油液化气经营企业仁化县石油液化气有限公司、仁化县赤佬坝液化气有限公司、仁化县铁燃燃气有限公司、仁化县瑞山液化气有限公司、仁化县凡口亮亮液化气有限公司、仁化县建辉液化气有限公司6家，总销售石油液化气1815吨，总销售额1270.5万元。

（黄仁佑　李　曼）

水利·气象事业·水文监测

水利

【调度与防御工作】　2022年，仁化县水务局（简称县水务局）抓好汛前安全检查及防汛安全准备工作，做好入汛（3月21日）24小时值班工作，发出《关于做好当前调度工作的紧急通知》5次。在岁末年初、春节前后、汛前、汛期、“五一”国际劳动节、国庆节等时间点，组织开展全县水库、水电站、山塘和在建水利工程安全生产检查工作。各镇（街）全面摸排检查辖区内所有水利工程。制订印发《仁化县水旱灾害防御体系标准化建设工作方案》，聘请技术公司推动仁化县水旱灾害防御体系标准化建设项目，在大桥镇召开仁化县大桥镇水旱灾害防御体系标准化建设核查验收会议，率先全市完成试点镇建设任务并通过验收。7月中旬后，全县降雨明显减少，与多年同期总蓄水量减少1200万立方米。县水务局强化各项防旱抗旱保供水工作措施，全力保障生活、生产及生态用水需求，最大限度减轻旱灾损失。科学蓄水保水，组织召开用水调度会商会议，发挥水库调蓄功能，加强水利工程管理与维护，提高水资源利用率。

【抗洪抢险】　2022年“龙舟水”期间(5月21日至6月21日)，全县累计降水748.4毫米，比历年同期偏多185%。5月11日，县水务局组织党员干部等技术骨干力量组成5个检查组，深入全县11个镇（街）、各水利工程管理单位开展防汛备汛安全大检查工作。6月19—21日，开展防汛安全隐患排查。6月19日、20日，组织县防汛抢险轻舟应急中队，出动船艇14艘，转移受灾群众55人。

【水利工程建设】　2022年，仁化县实施万里碧道建设项目、中小河流治理项目、病险水库和病险山塘除险加固项目及用水计量设备提升改造，总投资4363.47万元。

锦江河丹霞街道段碧道建设项目。工程位于仁化县丹霞街道，建设起点为狮头岭，建设终点为上游西岸村西岸组，总规划长度10千米，7月18日开工，年底完成主体工程，概算总投资1684.44万元。

中小河流治理工程。治理河总长4.13千米，新建护岸长3.86千米，清淤疏浚4.13千米，新建清水平台6座、排水涵管8座，9月21日开工，计划2023年3月完成工程主体建设，概算总投资1222.34万元。

病险水库除险加固工程。实施神前水库、新韶水库除险加固工程，主要为坝基灌浆，坝顶硬化，放水斜涵、溢洪道修复，新建消力池等。9月开工，年底主体完工。概算总投资672.04万元。

山塘除险加固工程。实施丹霞街道大众塘山塘、屋背岭山塘，董塘镇大科里山塘、伯公坑山塘，黄坑镇松树冲塘、棱角塘，周田镇柑树龙山塘、下坑山塘，大桥镇莲塘山塘、老虎山塘除险加固工程10宗，主要为坝体加固、溢洪道加固、输水涵管加固等。4月开工，年底完工。概算总投资720.65万元。

【小水电管理】 2022年，仁化县有电站256座，总装机193565千瓦，其中，引水式水电站181座、混合式水电站48座、河床式水电站27座。需进行小水电生态流量监控监测设施建设251座，完成227座，其中161座接入省监管平台，24座计划2023年6月底前完成。整改类电站需完善立项审批手续74座，完成电站立项审批手续5座（有64座电站已报县发改局，待上报市里完善立项审批手续）。有193个环评审批问题，完成环评审批手续131个；176个土地预审（审批）问题，完成171个。有电站退出任务4座，完成电站资产评估，向退出类电站业主发出《关于关闭涉自然保护区水电站的通知》等工作，计划2023年6月完成电站退出工作。完成小水电安全生产标准化创建43座，其中，安全生产标准化一级电站1座、二级12座、三级30座。完成农村小水电大坝安全鉴定评审18座，评审结果均为二类坝。

【水资源管理】 2022年，仁化县实施取水许可和计划用水制度。保有有效取水许可证数313户，其中，河道外取水65户、河道内取水248户。按时完成取水许可管理台账录入及数据更新、上报。办理取水许可证146宗，注销取水许可证3宗。延续103宗（其中10宗为同时延续及变更），换发6宗（其中2宗为同时换发及变更），新发29宗，变更20宗。加强取水计量管理，落实取水计量设施安装工作。河道外取水户取水计量安装率95.85%。组织开展河道外取水户和公共供水大户计划用水工作。严格按照水利部要求，将水资源论证合并入取水许可审批。年度开展建设项目水资源论证6宗。加强水法规宣传力度，采用悬挂横幅、张贴标语、LED屏幕滚动宣传、微信平台推送和喇叭播放等多形式开展宣传，走村入户发放宣传资料1.8万份、生活小常识画册2000余份，在主要交通要道悬挂宣传横幅100余条，在村居张贴标语300余条，发送节水倡议短信3400余条。推进县域节水型社会建设工作，选取赤石迳灌区管理所、塘村引水渠管理所、高坪水库管理所、澌溪河水库工程管理所、赤石迳水库管理所作为水利行业项目创建对象；落实机关节水型单位创建，选取县三中心一馆中32家机关作为创建对象；推进节水型学校创建，选取仁化县田家炳小学作为创建对象。9月12日，召开3个节水项目验收会。

【水土资源保护】 2022年，县水务局督促生产建设单位做好生产建设项目水土保持方案编制审批工作。完成水土保持方案编制及审批工作项目12个，收缴入库水土保持补偿费11.8万元。做好在建项目巡视检查工作。做好生产建设项目水土保持“天地一体化”工作。开展水土保持信息化工作，在规定时限内完成上级交办任务。全国水土保持规划实施情况评估及水土保持目标责任考核工作，完成新增水土流失治理面积2.4平方千米。

【水政执法】 2022年，县水政监察大队结合河道采砂形势，严格开展水政执法。落实《仁化县水务局开展打击非法采砂专项整治行动方案》《县水务局打击非法采砂巡查方案》。落实执法人员24小时备勤、夜间巡查、节假日执法巡查等制度。组织巡查执法166次，出动执法人员664人次、执法车辆166车次，其中节假日巡查31次，联合镇（街）政府及其他部门执法巡查11次。立案查处水事违法行为2宗。

【河湖管理】 2022年，仁化县有河流108条，总长1055.28千米。其中，市管河道1条，县管河流3条，纳入管护范围近900千米。流域面积50平方千米以上河流27条，总长 579.25千米，全部完成管理范围划定和采砂规划编制。辖内山塘290座、水库53座。全县各监测断面水质监测指标均达到地表水环境质量Ⅲ类标准，县城区集中式饮用水水源地水质达标率以及地表水断面水质达标率均为100%，无V类水体。仁化县在2021年度全市河长制工作考核中获优秀奖。

落实巡河要求，开展日常巡查管护工作，县级河长开展巡河63人次、镇级河长开展巡河4080人次、村级河长开展巡河5258人次。河长巡河发现问题105个，办结率100%。实施河道管护市场化运营模式，开展河道管护工作。投入资金937万元，出动16261人次、船车5800次，清理各河段水上漂浮物和生活垃圾约9961吨。实施仁化县锦江河丹霞街道段项目碧道建设，启动仁化

2022年10月24日，县河长办与南雄市水务局召开浈江河流域跨界河湖问题治理会商会议　　（县水务局　供）

县红山镇新白红色美丽乡村碧道建设项目、仁化县锦江河长江镇段碧道建设项目前期设计工作。做好流域面积50平方千米以下河道管理范围划定工作。常态化开展沿江岸线百日攻坚行动，排查河道管理范围内堆放固体废弃物11处、在河道管理范围内的乱搭乱建问题9处、违规种养问题3处及非法捕鱼2宗，均完成清理整治。开展河道水域非法洗砂洗泥整改专项工作、妨碍河道行洪突出问题排查整治工作，未发现有泡洗山砂、建筑垃圾、淤泥等破坏生态环境现象。完成省水利厅下发的遥感图斑清单83个，自主排查发现并上报问题7宗，销号7宗，销号率100%。与南雄市签订浈江河流域跨界河湖问题治理会商协议书。

【水库移民工作】　2022年，仁化县有水库移民2879户10981人，其中大中型水库移民2835户10797人，分布于城口、大桥、丹霞街道、董塘、扶溪、红山、黄坑、石塘、周田9个镇（街）38个行政村115个自然村；小型水库移民44户184人，分布于大桥镇大桥村叶屋、榕树下、新村、东风村小组以及古洋村鹿子坑村小组。投入水库移民直补资金约570.92万元，直补发放10955人。投入移民资金约1248万元，用于移民村公共基础设施、基本口粮田和农田水利等建设，建设50立方米蓄水池1处、路面硬化527平方米、渠道3.15千米、机耕道1.2千米、光伏发电3处以及新农村建设（挡土墙、文化广场、护栏、太阳能路灯）15处。

（李恩泽）

【仁化县获“碧道红包”资金奖励】　2022年4月，省河长办对2020年、2021年两个年度万里碧道建设成效明显的24个县（市、区、镇）予以激励，并给予共计2亿元的资金奖励。其中，仁化县上榜，获1000万元奖励资金。

（刘雪娟）

气象事业

【业务质量】　2022年，仁化县气象局地面测报台站平均错情率0，台站个人平均错情率0，报表错情率0，农气测报表错情率0，业务质量均达到上级业务部门考核标准。

【气象服务】　2022年，县气象局结合仁化县特色、优势农业产业，开展农气情报预报、春耕春播、夏收夏种专题气象服务、田园气象等特色农业气象服务。向当地政府和有关部门发布《天气报告》40期、《重大气象信息快报》29期、《重大气象信息专报》15期、《雨情简报》26期、《气象干旱监测专报》34期、《春运气象专报》40期、《高（中）考气象服务专报》13期、《春耕春播专报》9期，发布预警信号141次（314镇街次），服务18.63亿人次。

【公共服务和决策服务】　2022年汛期，仁化县气象局在组织、规章制度、人员配备及仪器设备等方面做足准备。密切关注天气变化，实行24小时值班及领导带班制度，遇有重大天气过程，有条不紊开展气象服务工作。每天通过微信、微博公众平台发布24小时和未来3天预报；每周五通过短信平台发布未来一周天气预报；每月制作《气象月报》《气候影响评价》报送到各相关服务单位。针对春运、春播、夏收夏种、高（中）考天气、中秋假期、国庆假期等重大活动及重要天气过程，做好决策气象服务。发送气象决策短信312条，服务37.97万人次。

【防雷减灾工作】 2022年，仁化县气象局严格履行气象行业安全生产职责。加强气象灾害防御重点单位气象安全巡查，配合县应急局开展全县易燃易爆和危化场所行业领域气象灾害防御暨防雷安全生产检查，联合县应急、住建部门开展2022年广东省重点单位气象灾害防御专项执法检查工作。发现问题及时向业主单位进行反馈，整理相关台账每月汇总上报安委办。做好雷电灾害事故调查、取证、分析、汇报和宣传工作。开展气象灾害防御知识培训和宣传，举办气象灾害防御知识暨气象信息员培训班，利用仁化县气象防灾减灾自救互救认证科普中心科普宣传平台和下乡镇、进企业、进村居等渠道开展气象灾害防御、防雷安全宣传。

【人工影响天气工作】 2022年，仁化县气象局按照《2022年度广东省人工影响天气业务安全检查工作方案》要求，完善人工影响天气业务安全台账。年初发布人工影响天气工作计划，作业前通过微信公众号“仁化天气”“仁化发布”等渠道发布作业公告。做好人影作业人员培训、备案、保险购买，作业装备管理日常维护、作业点安全射界图更新、周边环境勘察，人员弹药存储运输管理，弹药出入库记录、公安办理弹药运输证，作业信息上报，规章制度更新等工作。开展人工增雨作业13次，发射增雨火箭弹53枚，未发生人影作业安全生产事故。

（王倩婧）

水文监测

【水量监测】 2022年，仁化水文站负责监测仁化县内各河流水量。有水文站1个、中小河流水文站4个、巡测断面1个、雨量观测站18个、大中型水库观测站4个、冰冻灾害监测站点1个。均实现水位、雨量自动测报。

2022年仁化站雨量观测站一览表

表3

水系	河名	站名	观测场地点
北江	浈江	周田	广东省仁化县周田镇
	百顺水	黄坑	广东省仁化县黄坑镇
	闻韶水	闻韶	广东省仁化县闻韶镇白竹村
	灵溪水	大围	广东省仁化县周田镇大围村新屋场
	锦江	长江	广东省仁化县长江镇
	扶溪水	扶溪	广东省仁化县扶溪镇蒙屋街
	城口水	兰洞	湖南省汝城县三江口镇东岭兰洞
	城口水	城口	广东省仁化县城口镇老盐街
	黎屋水	五渡村	广东省仁化县红山镇五渡村
	黎屋水	厚坑	广东省仁化县城口镇厚坑

续表3

水系	河名	站名	观测场地点
北江	锦江	仁化	广东省仁化县丹霞街道水南村
	董塘水	石塘	广东省仁化县石塘镇礼园村
	董塘水	大水坝水库	广东省仁化县石塘镇上中坌村大水坝水库
	西水	前洞（仁化）	广东省仁化县红山镇前洞村前洞小学
	百顺水	大坝	广东省仁化县黄坑镇高塘村大坝组
	城口水	东光	广东省仁化县城口镇东光村
	董塘水	猴子坪	广东省仁化县石塘镇猴子坪村
	锦江	瑶山	广东省仁化县丹霞街道夏富村瑶山组

【水质监测】 2022年，仁化县域内水质监测断面有仁化、周田、金牛农庄人行桥、赤石迳水库、锦江水库、高坪水库6个，实现河流水功能区和中型水库水功能区水质评价。水质断面由韶关水文测报中心安排采样，广东省水环境监测中心韶关分中心进行水质化验。

2022年仁化县域内水质监测站点一览表

表4

监测站点	分布地址	监测频次	监测项目
周田	仁化县周田镇司土坝村	1年4次	pH、电导率、六价铬、总氮、铜、铅、镉、硫化物、砷、硒、汞、氨氮、高锰酸盐指数、阴离子表面活性剂、挥发酚、总磷、氰化物、五日生化需氧量、溶解氧、叶绿素、硫酸盐、氟化物、硝酸盐氮、氯化物、锌、铁、锰、透明度、水温
仁化	仁化县丹霞街道水南村	1年12次	
赤石迳水库	仁化县董塘镇赤石迳水库	1年4次	
金牛农庄人行桥	仁化县丹霞镇夏富管理区牛鼻组	1年12次	
锦江水库	仁化县锦江水库	1年12次	
高坪水库	仁化县红山镇	1年4次	

【水文服务】 2022年，韶关水文分局向当地政府提供流域内降水量、径流量、水质水情咨询服务。

（文小平　谢理丽）

城乡建设·环境保护

城乡规划

【机构调整】 2022年3月，仁化县完成仁化县城市规划委员会换届工作。将仁化县城市规划委员会调整为仁化县国土空间规划委员会，制定《仁化县国土空间规划委员会章程》，明确仁化县国土空间规划委员会组成人员、专家顾问组成员。

【规划会议】 2022年，仁化县国土空间规划委员会组织召开会议11次，审议议题73个。

（谭理智）

城镇建设与管理

【重点工程建设管理】 仁化县城镇污水处理设施提质增效建设项目。2022年，仁化县开展大桥、长江、董塘、扶溪、黄坑、石塘、闻韶、周田、红山9个镇雨污分流基础配套设施建设，敷设DN500污水管6660米、DN400污水管17881米、DN200污水管28426米、DN160污水管29590米、DN110污水管（含房屋雨污分流立管）62556米，砌筑污水检查井2927座、支管检修口4477座，破除/恢复道路64031平方米，路面沥青恢复23800平方米，开挖排水管渠18993米，整改董塘镇污水处理厂1处。项目工程总投资约19363.31万元，其中，建筑工程费14809.73万元、设备及工具购置费500万元、工程建设其他费用2293.28万元、基本预备费1760.3万元。

中心城区建设品质提升。2022年，仁化县对政府宿舍、人民医院宿舍、公安局宿舍、石油公司宿舍、检察院宿舍5个老旧小区实施改造以及实施县城雨污分流项目。7月开工建设，12月完工。完成实验学校至高坪路改造项目140米、幼儿园西侧市政道路230米及仁化县老城区提质改造项目（碧桂园配套道路500米）。

镇（街）整治提升“139+”行动。2022年，仁化县完成第三批整治提升垃圾、污水、“六乱”整治5个镇，基础工程开工建设9项，获得专项债券支持7000万元。截至12月底，5个镇45个基础工程完成44个，完成率98%。城区污水整治，由韶关粤海绿源环保有限公司负责县生活污水处理厂运营管理及配套管网日常维护，确保污水处理厂稳定达标运行。日处理污水约3万吨，县城管网累计完成敷设约40千米。仁化县住房和城乡建设管理局（简称县住建管理局）每月对粤海公司进行监督管理和考核。垃圾整治，县城环卫保洁作业常态化进行，日收集清运生活垃圾约85吨，加强公共区域消杀以及提高生活垃圾清运频率，垃圾随产随清。加快推进城区生活垃圾分类试点，开展城区生活垃圾分类试点宣传活动进小区25次、进学校2次，发放宣传资料约2万份。安排专人开展“六乱”及“两违”巡控巡查和整治10634次，清理乱堆放现象1089处、乱停放现象2455处，疏导流动摊贩16503人次，办理外墙装修审批5处、道路审批1处、户外广告审批154处，拆除违规搭建广告140处3771.8平方米。

【城市执法】 2022年，县住建管理局执法大队开展“六乱”巡查8116次，清理占道经营现象11284次、乱堆放现象336次、乱拉挂现象30次、乱张贴现象41次、乱停放现象2450次，疏导流动摊贩12427人次，发放整改通知书99起，发现并安置流浪乞讨人员3起，拆除违规搭建70宗，计2408.6平方米。

【环境卫生管理】 2022年，县环境卫生管理所向运营公司发送出各类问题整改通知713份，接收到整改情况反馈713份，整改完成率100%，责任片区内无卫生死角、无纰漏。

【绿化管理】 2022年，县市政公司定期养护县城行道树、主次干道绿化带及公园广场绿化，修剪低矮行道树4次、县城绿化带13次，施肥2次，全面割草、除杂草3次。养护环丹沿线绿化36.6万平方米，每月修剪1次，每季度施肥1次，每半年修剪草坪1次。加强县城及公园绿化巡视，及时处理风雨天气造成的树木倾斜倾倒折枝情况，排除安全隐患，排险修剪树木21棵。

【路灯监管】 2022年，县园林所巡查维护县城范围及国省道沿线路灯，维修更换县城路灯53盏、国省道沿线路灯187盏，更换线路5763米。完成县城樟树头花坛、大岭工业园、丹霞楼、明珠广场年限较长、存在安全隐患4座高杆灯置换及维修安装工作，更换LED灯头17套。解决高坪新村群众难题，在没有安装路

县园林所工作人员在维修路灯 （莫令军 摄）

灯小巷安装简易路灯3盏。

【房屋征收管理】 2022年，县房屋征收管理中心做好县房屋征收管理工作。配合做好市委第八专项巡察组对仁化县土地房屋征收专项巡察工作。完成县交警大队综合楼第二期15户补偿款支付、已征收补偿房屋交接和将房屋移交给县公共资产管理中心管理等工作；该项目共涉及住户20户（其中19户选择货币补偿方式，1户选择房屋产权调换补偿方式）。完成县城老街排水排污工程项目最后1户房屋征收补偿合同的签订、补偿款支付及搬迁工作；该项目所涉及被征收户7户补偿款支付、搬迁及征收房屋移交工作，已全部完成。根据县政府工作要求，委托测绘、评估公司完成县交警大队办公楼及土地、原建设路派出所、大岭汽车检测站及周田交警中队土地和房屋面积测绘、价值评估工作，总评估面积11336.61平方米，土地测量面积26343.17平方米。开展梅花村地质灾害点和县城老街排水排污工程项目已征收房屋及附属设施拆除预算、拆迁公司选定，委托第三方实施上述已征收房屋拆除，消除安全隐患。组织人员会同相关单位开展并完成原化工厂安置房办证工作。

建筑业管理

【房地产业和建筑业总产值】 根据资质房地产开发公司联网直报数据和县房管所提供网签交易数据：2022年，仁化县1—12月房地产开发企业完成投资约6.66亿元，同比上年下降49.6%；商品房销售约16.22万平方米，同比上年下降14.9%，商品房销售额约9.4亿元，同比上年增长20.3%。12月，全县新建商品住房平均成交价格5780元/平方米，房价环比增长51.42%；非住宅平均成交价格4535元/平方米。1—12月，二手房交易面积6.18万平方米，交易额1.9亿元。1—12月，新增商品房预售面积13.07万平方米。12月底商品房库存

总量26.66万平方米，其中住宅20.99万平方米、非住宅5.67万平方米。产值14.93亿元，同比上年增加0.47%。房屋新报建项目26项，面积28.94万平方米，工程造价7.81亿元。

【建筑节能】 2022年，仁化县抓好散装水泥发展应用、墙体革新和建筑节能工作。新备案开工工程项目24项，建筑面积28.93万平方米，全部严格执行建筑节能强制性标准实施。竣工工程项目20项，建筑面积24.81万平方米，施工企业均严格按照审图公司审查后的图纸组织施工和验收。申报基本级绿色建筑工程8项，二审通过，建筑面积约4.37万平方米；申报一星级绿色建筑工程4项，二审通过，建筑面积约4.22万平方米。

【工程预结算管理】 2022年，县建设工程标准定额站做好工程造价信息采集整理和发布，提高信息质量，发布人工或材料信息6期。

【建筑设计】 2021年，仁化县建筑设计室执行国家强制性条文、标准规范，做好工程勘察、设计工作。通过抓好工程设计管理，提高设计水平，缩短设计周期，实行会审制度，提高设计质量。完成大小工程设计项目40项。完成建筑工程设计项目县人民医院补短板项目（中医科改造、场地、道路、停车场改造等）、县森林消防大队营房改造、仁化产业转移工业园（厂房、办公、宿舍、道路、停车场、场地平整、雨污管网、控规修规等建设工程设计项目）、新城幼儿园门口路面硬底化、城口卫生院业务楼及附属用房、扶溪卫生院迁建（门诊综合楼、宿舍楼、场地设计等）、董塘中学学生宿舍楼建设工程，闻韶、扶溪、黄坑3个镇“139”墟镇改造，闻韶、扶溪、红山3个镇污水改造，仁化县餐厨垃圾处理，城口镇上寨村三斗种组新村建设（家园重建），仁化县城镇老旧小区改造项目（三期）工程，气象局防雷设计（长江、闻韶、扶溪、城口4个镇）等。完成竣工图设计项目董塘镇红旗村整治工程、董塘岩头村厂房、石塘卫生院宿舍改造等多项。完成建筑方案设计项目城口市场、黄坑幼儿园、工信局市场等多项。

【测绘工作】 2022年，仁化县市政工程公司抓好工程测绘工作，做到测绘数据及时、准确、规范。完成仁化县城镇老旧小区改造项目（三期）老旧小区周边污水处理配套基础设施建设项目一标、二标、三标测量，房地产项目仁化县丹霞新城学府里、丹霞新城阳光里（二期）测量，教育强镇项目车湾小学、红山镇中心幼儿园、城口镇中心幼儿园、石塘镇中心幼儿园、县中等职业学校实训楼、县实验学校测量，工业项目源著能源设备有限公司、仁化卓邦新型材料有限公司、广东供销（仁化）天业冷链物流产业园建设、动物营养生物饲料研产销基地工程测量，以及红山镇卫生院、仁化县人民医院专家大楼测量等项目30余个，测量服务性收费260万元。

房地产管理

【住房保障】 2022年，仁化县贯彻落实国家和省、市住房保障工作有关政策，推进保障性安居工作，做好公共租赁住房管理和分配工作，解决低收入家庭住房困难问题。经公示无异议后，安置符合申请公共租赁住房对象11户，发放城镇住房保障家庭租赁补贴21户，补贴资金3.24万元。

【直管公房与房屋租赁】 2022年，县房产管理所加强直管公房管理，加大公房维修费用投入力度，改善公房居住条件，确保公房住户生产生活安全。投入9.78万元，用于公产房楼顶补漏、阳台杂草清除、下水道修补疏通、下水管更换、墙体维修、排污管安装、门窗维修、树脂瓦更换、镀锌板铁皮镂空字门牌及镂空字喷漆等，更换楼顶不锈钢天孔口盖板2个。

【房地产交易备案】 2022年，县房产管理所加强房地产交易备案管理，执行房地产交易和商品房预售监管机制，利用房地产交易登记网络信息平台，严格控制一房多卖现象，保护消费者合法权益，促进房地产市场健康发展。办理各类房地产交易2835宗，其中二手房548宗、商品房2287宗，出具房产交易信息查询结果证明354份。

【白蚁防治】 2022年，仁化县房屋白蚁防治所做好新建房屋白蚁预防及居民建筑白蚁灭治工作，组织员工通过互联网进行业务知识技能强化学习，提高白蚁防治服务质量和工作效率。完成新建房屋现场施药22宗，约39.87万平方米，上门灭治白蚁9宗，完成“白蚁预防合同”登记备案22份。

（黄仁佑　李　曼）

生态环境保护

【环境影响评价】　2022年，韶关市生态环境局仁化分局（简称市生态环境局仁化分局）依法开展建设项目审批，分类管理受理项目。做到不越权审批项目，不私自降低环评等级。对不符合国家产业、行业政策，不符合县区域总体规划建设项目，坚决不批。对原需审批的环境影响登记表项目备案，要求项目建设单位在国家建设项目环境影响登记备案系统进行备案，不再需要审批。审批建设项目环境影响评价文件16宗，建设项目环境影响登记表备案系统备案项目37个，项目总投资22.54亿元，环保投资2941.62万元。

【环境执法监管】　2022年，市生态环境局仁化分局依法行政，多措并举，维护县域环境安全。推行排污许可“一证式管理”，结合“双随机”抽查、污染投诉、建设项目环境监察和上级环保部门组织开展的各类专项执法检查、督察等，将安全生产工作融入日常执法检查，做到逢检必查安全生产，建立风险隐患台账，督促企业落实整改，压实企业主体责任。出动执法人员898人次，检查企业416家次，下达责令改正违法行为决定书9份，查处环境违法行为6起，作出行政处罚决定4起，结案5起。加强扫黑除恶工作宣传，没有发生因环境污染引发的事故和群体性事件。提升依法治理能力，统筹谋划生态环境治理项目，严格管控环境安全风险，开展尾矿库企业环境隐患排查和危险废物专项整治，推进医疗垃圾处置能力提标改造建设。

2022年1月28日，韶关市生态环境局仁化分局执法人员到企业开展环境执法巡查　　（吴浪波　摄）

【环境信访】　2022年，市生态环境局仁化分局受理群众投诉73件，其中，电话投诉（含“12345”工单）61件、来信（含“12369”工单）12件，涉废水污染投诉4件、废气污染投诉37件、噪声污染投诉25件、畜养类投诉7件。信访投诉到场率和调处率均为100%，没有发生因环境污染引发的事故和群体性事件。

【环境减排】　2022年，市生态环境局仁化分局根据《韶关市污染防治攻坚战指挥部关于印发〈韶关市2022年主要污染物总量减排工作计划〉的通知》精神，围绕化学需氧量、氨氮、挥发性有机物“三项指标”，分解落实减排工作责任，制订减排工作计划，抓好工业减排工程建设及污水处理工程建设，开展减排项目跟踪督导，加强环境管理。完成仁化县福永家庭农场化学需氧量和氨氮减排项目、仁化县宝阳木艺制品有限公司挥发性有机物减排项目、大桥镇污水处理厂等5家镇级污水处理厂减排台账。

【环境监测】　2022年，市生态环境局仁化分局按照新《中华人民共和国环境保护法》关于环境质量监测要求，做好县城区域空气质量监测等各项监测工作，为环境监管和领导决策提供科学依据和技术支持。获得空气质量监测数据52108个、降水监测数据352个、城市水质监测数据

2022年8月1日，韶关市生态环境局仁化分局工作人员在丹霞山开展环境监测　（黄满辉　摄）

7185个（其中饮用水水质监测数据1544个）、地表水水质监测数据5641个、噪声监测数据116个（其中区域环境噪声监测数据101个）、道路交通噪声监测数据15个。出具监测报告、报表等364份。监测数据显示，地表水水质监测达标率100%，饮用水水质达标率100%，空气质量优良率94.8%，区域声环境质量保持较高水平。

【环境宣传教育】　2022年，市生态环境局仁化分局开展“6·5”世界环境日主题系列宣传活动，通过“生态和美”志愿服务进校园、社区宣传和送法进企业宣传等形式，传播环保理念，倡导环保低碳生活，弘扬环境文化。开展各类环保宣传教育活动及学法普法活动30次，参与活动3500余人次，派发环保知识资料2万余份。

【环保信息公开】　2022年，市生态环境局仁化分局借助“仁化县政府网”“韶关市重点领域信息公开平台”等信息发布平台，做好环境信息公开工作。公开重点领域信息94条，其中空气环境信息12条，水质环境信息18条，建设项目环境影响评价信息27条，国控企业污染物自动监控信息12条，挂牌督办和行政执法信息12条，国家重点监控企业污染源监督性监测信息4条，行政处罚信息6条，企业环境信用评价信息、核与辐射安全信息、土壤污染防治信息各1条。督促国控重点污染源企业每月将排污数据上网公开，对网上操作不规范企业下达责令整改通知。各企业均能及时、真实公开环保信息，未发现虚报、瞒报、迟报信息现象。

【生态功能区考核】　国家重点生态功能区县域环境质量考核工作是仁化县重点工作之一。2022年，仁化县争取中央财政拨付国家重点生态功能区转移支付经费23001万元，比上年多争取1227万元，其中运用转移支付经费建设项目有大气污染防治资金投入30万元、江河湖库水系综合整治投入1851.96万元、农业资源及生态保护补助资金投入1262.3万元、水利发展资金575.08万元、林业生态保护恢复资金7197.68万元、其他专项转移资金4267.22万元。

【中央环保督察】　2022年，仁化县印发实施《仁化县贯彻落实第二轮中央生态环境保护督察整改方案》《仁化县第二轮中央生态环境保护督察报告整改清单化调度汇总表》，优化完善工作职责和工作机制，夯实全县第二轮中央生态环境保护督察工作组织保障。针对中央生态环境保护督察反馈韶关涉仁化的16个共性问题，细化制定整改措施51项，逐项开展生态环境保护督察问题整改，其中要求2022年底前完成的2项任务已完成，提前完成整改任务1项，其余13项任务按时序推进。

（胡宗松）

经济综合管理

发展和改革

【相关编制文件】 2022年，仁化县发展和改革局（粮食和物资储备局）（简称县发改局）协助制定并印发《仁化县公共服务发展“十四五”规划》《仁化县2022年上半年国民经济和社会发展计划执行情况的报告》《仁化县2021年国民经济和社会发展计划执行情况及2022年计划草案的报告》《仁化县2022年新型城镇化和城乡融合发展工作要点》，县发改局牵头县公安局、县农业农村局等7个部门制定并印发《关于仁化县促进农业转移人口市民化加快新型城镇化的若干政策措施》及8个配套文件。县发改局制定《仁化县人民政府办公室关于印发仁化县储备粮管理联席会议制度的通知》《仁化县人民政府办公室关于印发仁化县粮食流通监督检查制度的通知》《仁化县人民政府办公室关于印发仁化县粮食质量安全风险监测管理制度的通知》《仁化县人民政府关于印发仁化县处置被污染粮食实施方案（试行）的通知》《仁化县人民政府办公室关于印发仁化县县级储备粮实施方案（试行）的通知》，加强县级储备粮油管理与被污染粮食处置工作，增强部门间协调配合，确保全县粮食安全。

【年度计划编制及执行情况】 2022年，县发改局完成《仁化县2022年国民经济和社会发展计划执行情况及2023年计划草案的报告》《仁化县2022年上半年国民经济和社会发展计划执行情况的报告》等编制工作。牵头制定并印发《关于仁化县促进农业转移人口市民化加快新型城镇化的若干政策措施（试行）》及8个配套文件，将常住人口城镇化率和户籍人口城镇化率2022年目标化，其中，城镇常住人口城镇化率比2021年提升1.4%，户籍人口城镇化率比2021年提升1%。

完成城口历史文化特色小镇典型材料申报、仁化县产业有序转移承接平台及产业链有关素材。收集上报《广东省促进革命老区发展条例》执法检查资料。

【依法治价管费】 2022年，县发改局开展督促落实收费目录清单制度，各收费单位严格执行政策收费管理规定。实行收费公示制度，按规定设置收费公示栏。执行国家收费政策，没有发现自立项目、自立标准等收费行为。行政事业性收费实行财政“收支两条线”管理；收费单位贯彻落实国家停征、免征和降低行政事业性收费政策，按规定的收费项目、收费标准收费。深化价格改革，加快完善由市场决定价格机制，明确政府价格管理范围和权限，激发市场活力。

【价格监测监审】 2022年，县发改局掌握市场信息，密切关注价格动态，做好各项监测数据上报工作，包括自来水价格、天然气价格、殡葬收费、污水处理费、生活垃圾处理费、水资源费等。印发仁化县2022—2024年农业水价综合改革实施计划。市下达仁化县2022—2024年农业水价综合改革计划新增灌区实施面积7680公顷（其中，中型灌区1566.7公顷，其他灌溉6113.3公顷），按照实施计划任务，制定实施计划，2022年计划完成灌区2333.3公顷（其中，中型灌区820公顷，其他灌溉1513.3公顷），2023年计划完成灌区2260公顷（其中，中型灌区746.7公顷，其他灌溉1513.3公顷），2024年计划完成灌区3086.7公顷（其中，其他灌溉3086.7公顷）。

【价格费用调整】 2022年，县发改局完成县管道天然气销售价格调整：3月4日起，居民阶梯气价第一档由3.86元/立方米调整为4.30元/立方米（含税，下同）；第二档由4.25元/立方米调整为4.73元/立方米；第三档由5.02元/立方米调整为5.59元/立方米。非居民销售价格（按基准价管理，以基准价为基础，在上浮20%、下浮不限的范围内协商确定）由3.21元/立方米调整为3.65元/立方米。完成县公办幼儿园保教费调整：从2022年秋季开学起执行县城公办幼儿园收费标准，小班、中班、大班分别是520元/人·月、510元/人·月、500元/人·月；乡镇公办幼儿园收费标准为小班、中班、大班分别是420元/人·月、410元/人·月、400元/人·月。完成仁化中学学生住宿费调整：调整已安装空调学生宿舍住宿收费标准为440元/生·学期；未安装空调学生宿舍住宿收费标准仍按《关于调整中小学校住宿费标准的通知》（仁价字〔2007〕23号）规定收费标准收费，即每学期按250元/生执行。

【行政事业性收费】 2022年，县发改局要求收费单位贯彻落实国家停征、免征和降低行政事业性收费政策，严格按规定收费项目和收费标准收费，未发现擅自设立收费项目、分拆收费项目、提高收费标准等违规乱收费现象。

【投资管理和服务】 2022年，县发改局完成固定资产投资项目审批、核准和备案工作共167项，总投资额207.49亿元。其中，审批项目92项，总投资额123.44亿元；核准项目1项，总投资额0.02亿元；备案74项，总投资额84.03亿元。加强政府投资项目事中管理，严格评审项目建设过程中设计调整建设内容、造价概算等事项。按照《仁化县县级政府投资项目管理办法》要求，加强项目增加概算管理，严格按照程序批复项目增加投资行为。加强项目跟踪服务力度，每个季度汇总项目建设进展情况，不定期到重大项目实施地点查看，掌握项目动态，及时了解项目建设过程中存在的困难和问题。做好工程项目招标核准及后续招投标工作指导、协调和监督。配合开展好房屋建筑和城市基础设施等工程建设项目审批制度全流程、全覆盖改革，包括从项目立项至竣工验收和公共设施接入服务全过程，覆盖行政许可等审批事项和技术审查、中介服务、市政公用服务以及备案等其他类型事项，实现统一审批流程，统一信息数据平台，统一审批管理体系，统一监管方式。加强煤矸石资源综合利用改革，根据市有关要求，9月15日，县政府与煤矸石电厂签订“M4点煤矸石出让合同”“M8、M9、M10点煤矸石出让合同”；10月13日，县政府与煤矸石电厂签订“M4煤矸石堆北部点煤矸石出让合同”。10月28日，仁化县煤矸石综合利用领导小组办公室根据企业申请，为企业办理取用点煤矸石核准手续。优化审批流程，政府投资审批类项目办结时限由20个工作日压缩为承诺3个工作日完成，备案类项目办结时限由3个工作日缩减为1个工作日。

【粮食储备管理与流通】 2022年，县发改局抓实粮食安全生产，与县粮食企业总公司签订安全生产责任书，落实安全储粮和安全生产检查，开展粮食流通监督检查32次。开展安全隐患排查整治专项行动和全面开展问题整改“回头看”专项行动。落实国家粮食收购政策，完善粮食收购制度，开展粮食收购备案，规范收购秩序。全县粮食收购市场平稳有序，未出现大范围农民“卖粮难”情况。政策性粮食收储和轮换等资金落实，未出现挤占挪用收购资金情况。多渠道筹措市场化收购资金，与农发行建立健全粮食收购贷款信用保证基金等融资担保机制。监督检查县级储备粮轮换完成情况，确保数量真实，规模库存达到市政府下达规模。抓好粮食质量安全管理，督促储备承储企业建立健全粮食质量安全档案，确保政策性储备粮食质量达标。落实安全生产行业指导和管理责任。组织开展安全生产应急演练和安全生产培训，规范企业员工安全储粮行为，提高安全生产意识。开展政策性粮食销售出库监督检查，出库粮食质检符合食品安全指标，未发生“出库难”。粮食应急网点更新维护常态化，开展网点检查和更新维护工作，发放更新维护费用8000元。启动仁化县粮食仓储物流建设项目，建设骨干粮库。

（朱 轩）

自然资源管理

【国土空间规划编制】 2022年，仁化县自然资源局（简称“县自然资源局”）坚持空间规划优先，推进《仁化县国土空间总体规划（2020—2035年）》编制工作。完成“三区三线”（根据城镇、农业、生态三类空间对应划定的城镇开发边界、永久基本农田保护红线、生态保护红线三条控制线）划定工作和国土空间规划总体规划阶段性编制工作，形成国土空间规划编制文本和8个专项调研成果，加强底图底数梳理和城市定位、发展战略、产业体系和中心城区方案研究。调整现代农业、高新科技、绿色能源等领域4个重点项目土地利用总体规划，完成仁化县粮食储备库项目、韶关35千伏走马坪输变电工程、年产1万吨动力电池级碳酸锂和年产3万吨三元前驱体正极材料、仁化县扶溪卫生院另址新建项目预留城乡建设用地规模使用方案的审批备案工作，落实重点项目建设用地规模。

【耕地保护工作】 2022年，仁化县结合实际编制《仁化县2022年度耕地“进出平衡”总体方案》，取得县政府同意批复，并报市自然资源局、市农业农村局、市林业局备案。结合近年耕地转为其他农用地及农业设施建设用地情况以及县域各专项规划需求，确定2022年度“耕地转出”需求14.12公顷。根据县农业农村局耕地“非粮化”整治工作，确定“耕地转入”地块19.37公顷。

【拆旧复垦】 2022年，仁化县完成4个项目计5.28公顷拆旧复垦指标交易工作，增加县级收入3565.08万元。

【垦造水田】 2022年，仁化县实施垦造水田项目7个，按照“政府牵头、市级验收、县级组织、镇村参与、市属国有企业实施建设”模式推进。均完成立项，立项规模计106.61公顷。率先超额完成2020年市下达的垦造水田任务，新增水田95.4公顷，新增耕地93.53公顷，出田率95.1%，实现新增“耕地指标”和“水田指标”双重效益。超额完成市级下达仁化县2021—2022年86.67公顷立项实施任务。10月28日，在第三季度全市垦造水田工作推进会上，仁化县因垦造水田进度全市排名第一，被授予红旗表彰。

【项目征地及用地报批】 2022年，县自然资源局抓好建设用地报批工作，取得用地批复12个批次，批复总面积39.93公顷，保障了大唐光伏、阳光电源升压站、沙田柚加工流通集聚中心项目、安顺达天然气门阀站项目（黄坑、周田）、污水处理厂项目、农产品冷链加工项目、大岭粮仓项目、周田产业转移园区项目等用地需求。

【土地市场管理】 2022年3月，仁化县结合实际制订《仁化县2022年度国有建设用地供应计划》，按照供应计划，严格执行“净地”出让规定，健全项目准入联合会审机制，以及县招拍挂领导小组联合会审制度，加强国有土地出让工作。出让国有地块26宗，总面积30.3公顷，土地出让金总额1.64亿元。

【土地收储】 2022年，县自然资源局按照储备计划依法依规开展土地收储工作，完成国有土地收储26宗，收储面积73.57公顷。

【地质灾害防治】 2022年，仁化县有在册地质灾害隐患点17个，落实24小时应急汛期值守工作制度与汛期地质灾害防治工作分片制度。6月“龙舟水”期间，新发现地质灾害风险点5处，4处威胁50人以下隐患点已被纳入省地质灾害排查系统，1处威胁百人以上隐患点已上报省厅审核。建立“1331”群测群防网格化体系，开展地质灾害群测群防人员技能培训。全年未发生突发性地质灾害。

【矿产资源管理】 2022年，县自然资源局推进全县矿产资源合理开发利用。开展非煤矿山企业巡查检查60余次。在“龙舟水”期间及中秋节等重要节假日时段，联合应急、公安部门开展非煤矿山安全生产联合检查，加强矿山企业开采活动监测监控。加大县内矿业权监管力度，加强与上级和矿山企业沟通协调，确保资源供应，加强矿业权审批，推进广东省绿色矿业发展示范区建设。

【确权登记工作】 房地一体农村不动产登记发证工作。2022年4月，仁化县“房地一体”项目通过市级验收，8月，通过省级抽查。9月20日，最终成果提交省技术中心，9月21日，通过省技术中心汇交检查完成最终成果汇交。汇交宗地114021宗，其中宅基地108877宗、集体建设用地5144宗。省系统中，仁化“房地一体”宅基地应发证37692宗，已发33465宗，发证率88.79%；集体建设用地登记应发证481宗，已发111宗，发证率23.08%。

自然资源统一确权登记工作。2022年2月初，出台《仁化县自然资源统一确权登记工作实施方案》，对各相关部门工作统一安排、落实责任。市下发确权登记工作任务清单后，对县级任务中8个自然保护地落实预算230万元。

2021年变更调查工作。由于2021年度国土变更调查在“三调”后需监测全地类变化，导致图斑量大幅增加、现势性要求更高，依托广东省“智能调查云”平台，采用“调查、核查、建库一体化”新作业模式开展国土变更调查工作。2021年，共下发图斑3315个，在收到外业调查举证上线数据后，使用省下发的外业调查及举证软件对图斑进行拍照举证，在严格把控外业拍照质量、以实地现状认定地类为原则基础上，调查工作底图上每块变化图斑的地类、范围、权属和面积等实际情况。2022年8月30日，县自然资源局按照要求，依据省级下发终审意见完成三上数据库成果建库工作。

【不动产登记办证】 2022年，仁化县不动产登记全面实行“一窗受理”，由不动产登记中心3名工作人员及房管所1名工作人员作为“一窗受理”窗口工作人员，统一收取房管、税务、登记中心所需办证材料。不动产登记时限由法定的30个工作日压缩到“一天一小时”办结。全年收件20604份，办结发出不动产权证书18077本，登记证明2527份，办结业务20604宗，办结率100%。

【执法监察】 2022年，县自然资源局执法监察部门开展违法建筑治理工作，加大“两违”巡察力度。加大县城辖区内违建行为查处整改力度，推进违法建筑规范治理。组织各级力量，拆除违法建筑56宗，拆除面积计42102.29平方米。坚决整治农村乱占耕地建房行为。新增农村乱占耕地建房问题1宗，违法占用耕地0.02公顷，已完成整改。开展打击非法采矿专项行动。通过制订《2022年仁化县打击非法采矿专项行动工作方案》，严肃查处矿产资源领域违法违规行为。立案查处非法开采案件6宗，作出行政处罚5宗，落实罚款5000元，移送公安机关立案侦查1宗，先行登记保存车辆机械设备1台。做好涉自然资源领域信访工作。办理市信访局转办件3宗、县信访局交办件5宗、“12345”政府服务热线（网络问政）案件67宗，办结66宗，处于办理1宗；办理仁化县每日舆情交办件3宗。

（谭理智）

统计

【概况】 2022年，仁化县实现生产总值119.26亿元，增长6.91%，增速全市排名第一，且各季度生产总值在全市排名均靠前，一季度、上半年和前三季度仁化县生产总值分别在全市排名第二、第四和第一。全年全县农林牧渔业产值增长15.3%，规上工业增加值增长14.7%。仁化县统计局在全市统计能力建设工作中被韶关市人民政府评为先进单位；在持续巩固和深化基层统计“7个一”规范化建设取得较好成果被韶关市统计局评为县级先进单位；在韶关市统计局组织的统计业务工作综合评价中排名第五，获三等奖；在规模以上工业企业统计规范建设工作中表现较好被韶关市统计局被评为全市规模以上工业企业统计规范建设先进单位；在2022年度韶关城乡一体化住户调查工作中表现突出被国家统计局韶关调查队通报表扬；1篇分析获得全市优秀分析报告三等奖，10篇分析信息获得县领导肯定批示。

【统计水平提高】 2022年，县统计局加强经济监测预警，按照统计报表制度要求，完成2021年年报和2022年各专业月度、季度报表工作，每季度召集GDP成员单位协同研判，科学预测分析主要经济指标完成情况，强化全县经济运行情况有效监测和研判，撰写统计分析39篇。打造优质统计服务，编制并派送《仁化统计月报》11期，编制《仁化县2021年国民经济和社会发展统计公报》、《2021年仁化县统计年鉴》、每月统计分析等统计资料在政府网站公布。优化部门联动机制，紧抓入库工作，培育经济新的增长点。根据税务部门、供电部门提供的税收和用电量等数据，摸排梳理出准“四上”企业名单，抓新增企业和投资项目入库管理，指导企业申报入库17家。健全项目入库工作机制，定期比对核实投资项目库，指导投资项目入库111个。做好住户调查大样本轮换工作，完成调查大样本轮换工作各项任务。

【基层统计规范化建设】 2022年，县统计局推进统计基层基础规范化。制定《乡镇（街道）统计基础建设制度》，规范镇（街）统计调查“五有六化”建设和广东农村统计调查双基示范村“四有三化”建设。加强统计基层基础建设情况数据核实。全县11个镇（街）、125个村（社区）成立统计调查室，配备统计人员1～2名，统计调查工作制度统一规范上墙，统计台账规范完善；“四上”企业均建成统计台账124家。推动基层统计“7个一”规范化建设，成立基层统计“7个一”规范化建设工作领导小组，配强统计力量，加强统计业务培训，完善统计资料，各镇（街）、村（社区）基层统计基础建设、统计规范化建设得到加强。县统计局在全市统计能力建设工作中取得优秀成绩被韶关市人民政府通报表扬，石塘镇被评为优秀乡镇，新城社区居委会、董联村、石塘村、水口村、江南村、古洋村、上坪村、高塘村被评为优秀村（社区）。县统计局在持续巩固和深化基层统计“7个一”规范化建设取得较好成果被韶关市统计局评为县级先进单位，董塘镇和大桥镇被评为先进乡镇。董塘镇、红山镇被韶关市统计局和国家统计局韶关调查队评为统计能力建设先进乡镇，康溪村、莲河村、恩村村和新白村被评为先进村。

【统计激励机制强化】 2022年，仁化县率先全市制定《仁化县关于促进镇域经济高质量发展奖惩方案》，对镇（街）、企业以及乡镇党政领导干部明确奖惩措施，并在市委常委会上作经验分享，奖惩方案作为样板在全市推广。推进镇（街）经济发展监测工作。加强各镇（街）统计服务指导，强化培训，组织专业力量，到各镇（街）开展镇域经济、农村统计、农村住户调查等培训，多次召集各镇（街）分管领导和统计员集中培训，提高统计业务能力。

【统计执法监督】 2022年，仁化县严格按照省、市统计造假不收手不收敛问题专项纠治工作要求，成立仁化县和仁化县统计局开展统计造假不收手不收敛问题专项纠治工作领导小组，制定《仁化县人民政府办公室关于印发仁化县开展统计造假不收手不收敛问题专项纠治实施方案的通知》《仁化县统计局统计造假不收手不收敛问题专项纠治实施方案》，明确具体任务、责任分工、完成时限，及时召开专项动员部署会。围绕“四个结合”，做到“四个必查”，对查找出的问题形成销号台账，确保立行立改，健全防惩统计造假长效机制。结合“四上”企业大走访活动、“双随机”统计执法检查，以及督促企业月度报表3种形式，引导企业主动参与、积极配合、依法统计。强化部门沟通，合力推进工作。加强与县纪委监委及派驻纪检监察组协作配合，开展统计造假不收手不收敛问题专项纠治工作安排部署，共享纠治工作信息，巩固统计数据质量安全防线。

【第五次全国经济普查筹备工作】 2022年，县统计局及时印发《仁化县统计局关于组建第五次全国经济普查筹备领导小组及办公室的通知》，明确筹备领导小组成员名单、领导小组办公室成员名单及各工作组职责，形成各司其职、密切配合、统筹推进的“五经普”筹备工作体系。强化经费保障，科学编制预算，在盘点现有可用手持电子终端、数据处理设备数量基础上，重点保障“两员”补贴等相关经费预算和申请，确保项目预算科学准确。县级“五经普”经费预算纳入全县财政预算并得到落实。强化上下联动，提前谋划部署。强化工作落实，完成各项筹备工作，包括第五次全国经济普查筹备机构的组建、宣传方案制定、投入产出调查、经费预算、条件保障、基本单位专项整顿工作、一套表单位核查等前期各项准备工作，明确仁化县“五经普”筹备工作方向和目标。

【统计法治建设】 2022年，县统计局高质量开展依法统计宣传和培训。推动习近平总书记关于统计工作重要讲话、指示批示精神和中央《防范和惩治统计造假弄虚作假重要文件选编》，以及《广东省统计条例》等在县委常委会会议、县政府常务会议专题学习，推动统计法律法规进党校、进镇街、进村居、进企业。多形式推动法治宣传落实落细，发放统计法律法规宣传折页350份，《中华人民共和国统计法》《中华人民共和国统计法实施条例》合印小册子30份，购买法治宣传品（其中雨伞1700把、保温壶120个）4.36万元。扛起防范和惩治统计造假责任，不断释放依法统计信号和传导严惩数据造假压力。严格规范开展统计执法检查，执法检查企业（固定资产投资项目）16家，完成同步开展的入库退库企业专项检查工作（自2021年以来所有入退库企业和固定资产投资项目）核查。全部企业、项目数据真实有效。严格执行执法监督机制。按照《关于县委巡视机构与县统计局工作协调机制的意见（试行）》要求，与县委巡察办进行第十四届县委巡察单位工作协调2次，形成部门齐抓共管长效机制。

（罗　培）

审计

【审计成果】 2022年，仁化县审计局计划安排开展审计项目23个（政策落实跟踪审计3个、财政审计4个、经责审计8个、资源环境审计3个、企业审计2个、公共投资审计2个、民生审计1个），实际完成审计项目26个（其中项目计划23个、临时交办3个），完成计划的113.04%，审计共查出管理不规范金额57677.68万元，违规金额986.11万元，非金额计量问题209个，提出审计意见和建议68条，依法移送纪委处理书1份、移送税局核查函1份。

【党对审计工作的领导】 2022年，仁化县委审计委员会、县审计局向县委、县政府报送审计报告26篇，得到县委、县政府主要领导批示14次。县审计局将领导批示件作为政治要件办理，建立工作台账，明确具体责任和完成时限，及时跟踪督办。9月6日，县委书记、县委审计委员会主任陈夏广主持召开县委审计委员会第九次会议，传达学习中央、省委、市委审计委员会会议精神，审议有关工作事项，研究部署县委审计委员会下一阶段工作。

【政策跟踪审计】 2022年，县审计局把推动中共中央及省委、市委、县委重大战略实施、重大部署落实作为主线，紧扣统筹推进经济社会发展，防范化解风险。完成仁化县2021年财政直达资金审计、仁化县2022年医防融合政策落实情况审计、仁化县2022年支持市场主体纾困发展政策措施落实情况专项审计项目，开展县捐赠款物接收使用及物资储备管理等情况审计，揭示重大政策措施执行中的具体问题和风险隐患，以审计监督保障“六稳”“六保”任务落实。

【财政预算执行审计】 2022年，县审计局开展县本级预算执行、决算草案和其他财政收支审计，把握财政运行整体情况，分析预算编制和执行、财政资金分配使用和绩效管理等方面存在的风险隐患和体制机制问题，关注地方政府债务及债券资金管理使用、暂存暂付性挂账、垦造水田推进等专题，促进财政资金规范安全高效使用，推动财政政策提升效能，防范化解财政风险，关注县教育局、县慢病站等单位部门预算执行情况，促进强化部门预算执行，厉行节约，提高资金使用效益。

【经济责任审计】 2022年，县审计局完成经济责任审计项目7个，其中，党政工作部门审计项目（含事业单位、人民团体）4个，占比57.14%；地方党委、政府审计项目3个，占比42.86%。任中审计项目4个，占比57.14%。对同一单位（地区）

2名领导干部同步实施的项目2个，占审计项目总数28.57%。审计查出问题金额4234.29万元，其中，违规金额71.55万元，占比1.69%；管理不规范金额4162.74万元，占比98.31%。向纪检监察、税务部门移送线索4条。5月13日，召开2022年度经济责任审计工作联席会议，听取2021年经济责任审计工作总结及整改情况汇报，审议2022年下半年经济责任审计项目，围绕制度建设、审计项目计划、审计结果运用、绩效管理审计，以及如何协调解决经济责任审计工作中的突出问题等方面开展研讨，推进经济责任审计监督与干部管理监督、纪检监察、巡视监督、机构编制监督检查和国资监管等工作有效结合。

【自然资源资产审计】 2022年，县审计局完成董塘镇、城口镇、周田镇领导干部自然资源资产离任审计项目，审计发现问题24个，提出审计建议22条，涵盖林长制落实、林业资源保护、耕地资源保护、矿产资源保护等领域。开展仁化县2021年广东粤北南岭山区山水林田湖草沙生态保护修复工程试点专项资金管理使用情况专项审计，重点审计项目前期调研、项目推进情况、专项资金使用情况和项目绩效情况等方面内容，审计发现问题20个，提出审计建议16条。采取多种措施加大审计发现问题整改力度，完成问题整改20条。

【固定资产投资审计】 2022年，县审计局开展政府投资工程专项及资金审计项目4个，审计发现问题57项，管理不规范金额3471.67万元，提出审计建议13条。审计发现政府投资工程项目存在未完成项目绩效目标和工程造价控制不到位，揭露违法转包、多付工程款、未按图纸施工等问题。

【电子数据审计】 2022年，县审计局加强信息化建设，推动“金审三期”终端部署，完成21台计算机设备终端部署工作，指导审计业务人员熟悉使用“金审三期”终端常用系统功能模块及操作设置，推进以“金审三期”为核心的信息化建设和应用。开展大数据审计运用操作培训，提升审计业务人员大数据水平。6月，开展SQL SERVER数据库基础应用培训课程，指导审计业务人员熟悉数据库使用基本操作。强化大数据审计技术在审计项目中的运用，结合项目实际情况，运用“金审三期”审计经验方法库、审计典型案例库中的大数据审计思路及所掌握的大数据审计手段，探索大数据审计在审计项目中的运用，拓宽发现问题线索的方法和途径。

【审计整改】 2022年，县审计局贯彻“审计—整改—规范—提高”主线，压紧压实被审计单位主体责任、主管部门监督管理责任和审计机关跟踪督促责任，清单化、闭环式推进整改落实，做实审计监督“下半篇文章”，一体推进揭示问题、规范管理、促进改革，以审计整改成果维护审计监督的严肃性和权威性。完善审计整改工作台账，持续跟踪督促未完成整改问题落实整改，科学推进整改销号。

【改革攻坚规范治理】 2022年，县审计局加强与国资部门沟通协作，深化国有企业和国有资本审计监督，规范治理企业经营行为。完成仁化县金叶发展公司2019年度至2021年度资产、负债和损益情况审计，与国资部门共享审计成果，发挥共同监督作用。核查县水务局下属5家水力发电企业2021年收支情况，并向县政府主要领导专题汇报核查结果情况。加强对国企内部审计工作监督和指导，摸底调查县属国有企业内审工作，掌握国企内审机构和内审业务情况，助力完善国有企业内部管理控制。

（刘紫韵）

市场监督管理

【概况】 2022年，仁化县市场监督管理局（简称县市场监管局）坚持把党建工作纳入局党组工作总体布局，研究制定2022年度机关党的建设工作要点和党建工作责任清单，层层落实党建工作责任制。原机关党委下属6个支部，经报县直机关工委批准，整合为3个机关党支部，完成支部换届选举工作。召开专题会议部署意识形态工作（含网络意识形态工作），研究制定2022年意识形态工作要点。每季度分析研判意识形态工作。组织相关职能部门落实扫黄打非、户外广告监管、舆情监控及网络意识形态等市场监管领域意识形态工作。做好网络安全隐患排查。开展迎接党的二十大网络意识形态安全专项保障工作和组织开展2022年文娱领域市场经营活动专项治理，未发现违法违规行为。按照上级工作部署及要求，推进食品药品、工业产品和特种设备安全生产，强化价格监管，未发生食品药品、工业产品、特种设备安全事故和突发事件。

【商事制度改革】 2022年，县市场监管局实施“一网通办、一窗通取”服务模式，全面推行企业开办“马上办、零成本”改革措施。企业通过“马上办”拿到营业执照后，马上进行首套印章免费刻制，办事群众在2小时内拿到公章、财务章、发票专用章和法人私章首套4枚印章，实现企业开办全流程零成本，缩短企业开办时间。全年，为214户企业办理首套4枚印章免费刻制，办理登记业务4635宗，全部登记业务均实现100%在承诺时限内办结，零投诉。

【餐饮环节监管】 2022年，县市场监管局开展春秋季学校食堂及其周边餐饮单位检查、敬老院食堂检查，重点检查餐饮单位是否持有效食品经营许可证经营，从业人员是否持有效健康证明上岗，以及食品原料、食品添加剂索证索票和采购记录登记情况，食品加工场所卫生情况，餐具、饮具的清洗、消毒、保洁情况。对检查过程中所发现问题，下发监督意见书要求餐饮单位及时整改，消除隐患。

【食品日常监管】 2022年，县市场监管局全覆盖完成食品经营风险分级工作，其中A级单位1172家，B级单位70家，C级单位0家，D级单位51家。组织开展食用植物油专项整治，在全县植物油生产单位监督抽检植物油产品5批次，检测结果均合格；全县获证食品小作坊125家，小作坊从业人员健康证明持有率100%，监督抽检小作坊产品66批次，检测结果均为合格。加强特殊食品电子追溯系统应用工作，有96家特殊食品经营单位加入该系统。

【药品医疗器械化妆品安全监管】 2022年，县市场监管局加强重点品种高风险品种（疫苗、麻醉药品、精神药品和易制毒药品等）专项检查、药械化不良反应（事件）监测、药品经营企业跟踪检查工作。监测上报药品不良反应207例，完成率117.6%；医疗器械不良事件103例，完成率117%；化妆品不良反应23例，目标完成率153.3%。完成38家药店跟踪检查，任务完成率158.3%；责令32家不符合GSP要求药店限期整改。有68家医疗机构达到规范药房药库标准。

【打击违法工作】 2021年，县市场监管局开展打击传销、走私及食品药品监管工作，强化价格监督检查和反垄断执法。出动执法人员978人次，查处案件142宗，涉案货值334.1万元，罚没款50.73万元，其中，两宗涉嫌走私冻肉案件已移送公安并立案。

【“四品一械”抽检】 2022年，县市场监管局结合各类专项抽检任务、抽检计划，抽检县域“四品一械”（药品、餐饮食品、保健食品、化妆品、医疗器械），完成食品抽检667批次，合格643批次，不合格24批次，不合格处置率100%；抽检保健食品8批次、药品36批次、化妆品8批次、医疗器械3批次，其中，医疗器械不合格1批次，已立案查处。完成食用农产品快检11769批次，检出不合格产品170批次，处置不合格产品265.49千克。

【质量提升工程】 2022年，县市场监管局推进质量强县考核工作，开展危险化学品道路运输专项整治、油品质量专项整治行动、高考期间质量安全监管专项行动及农村产品质量监管等工作。开展各类工业产品质量抽检，检出1家企业生产的1款产品不合格，已整改完毕。指导“林下南药（草珊瑚）种植”“菌类科普研学服务”2个企业成功申报“省级标准化试点项目”，此项工作走在全市前列。引导和支持企事业单位积极参加标准制修订，组织符合条件企业3家成功申报韶关市“参与标准制修订奖励”项目。

【特种设备检查】 2022年，县市场监管局出动安全监察人员543人次，检查特种设备使用单位222家次，抽查特种设备497台（套），发出特种设备安全监察指令书28份，发现存在事故隐患156项，立案查处案件4宗，已完成整改。

【消费维权】 2022年，县市场监管局处理调解消费投诉394宗，其中“12345”热线工单（网络问政）291宗、来人来信及其他系统投诉举报103宗，挽回消费者经济损失19.26万元，接受来电咨询140人次、来访咨询72人次。

【知识产权工作】 2022年，县市场监管局出台《仁化县促进知识产权创新发展和强化知识产权保护的若干措施》，申报“韶关市创建和提升地理标志产品保护示范区”项目并扎实推进。县第一件地理标志证明商标“扶溪大米”获得国家知识产权局核准。建立仁化县知识产权维权援助服务站，成立仁化县知识产权纠纷人民调解委员会，查处知识产权案件8宗。全县发明专利授权13件、实用新型授权147件、外观设计授权34件，万人发明专利拥有量2.9件，增长率25.68%；商标注册183件，有效商标注册总量2092件。

【广告监管】 2022年，县市场监管局通过开展深入摸排、加强日常巡查和定期开展网络监测等方式，重点排查监测涉导向性问题广告、虚假违法广告、校外培训广告、养老诈骗广告、非法集资广告资讯等，引导和督促其履行发布前审查的法定义务，自觉抵制虚假违法广告。出动执法人员315人（次）、执法车辆105台（次），监测、检查各类广告657条次，立案查处3宗，发出责令改正通知书9份。强化网络交易监管，网络监管数据库已录入网络交易主体信息880户，在线监测检查635户，未发现违法违规行为。

【市场主体信息公示】 2022年，县市场监管局加强组织指导全县企业年报公示工作，利用本地电台、电视台等媒体宣传，通过上门通知、群发短信、电话告知等多方式进行告知。全县企业应报年报1923户，已报1894户，年报率98.49%，年报率同比增长0.71%，名列全市第一。

【乡村振兴】 2022年，县市场监管局指派专人驻镇帮镇扶村，开展帮扶工作，巩固脱贫成果。以“一线双联”“民情夜访”为载体，组织在职党员干部深入挂点村进村入户，参与挂点村农村人居环境整治，宣传基层党建、乡村振兴、生态环境保护相关政策规定。支持乡村振兴经费3万元（其中，支援挂点村浒松村2.5万元，支援莲河村复工复产帮扶资金0.5万元）。

【个体私营企业发展】 2022年，仁化县个体劳动者协会和私营企业协会通过集中培训、分片学习、发放资料、问卷测试等形式，开展法律知识培训学习。为创业就业人员提供信息指导、政策咨询、协调联系等服务，促进创业带动就业。与县文明办共同开展文明商户创建活动，被评为县文明商户个体私营企业4户。组织部分个体和私营女业主代表与县市场监督管理局妇女干部一起欢度“三八”国际劳动妇女节。开展“10·18”光彩服务日活动，为广大个体私营业主提供无偿服务。

（吴孙强　李　莹）

应急管理

【概况】 2022年6月，经县委编委会议研究，同意将仁化县安全生产应急救援指挥中心办公室更名为仁化县应急事务中心，加挂仁化县应急救援大队牌子。仁化县应急事务中心（仁化县应急救援大队）为县应急管理局管理一类公益事业单位，正股级。主要承担应急管理、安全生产和防灾减灾公益性宣传教育；轻舟抢险运输；协助管理综合应急救援队伍、应急救援车辆、设备设施、物资等工作。全年，仁化县发生生产经营道路交通事故12起，死亡2人；未发生工矿商贸生产安全事故。

【应急救援体系完善】 2022年，县应急管理局完善应急预案体系建设、信息互通和处置联动机制。修订印发《仁化县突发公共事件总体应急预案（修订版）》《仁化县安全生产防范责任机制》《仁化县森林火灾信息互通和处置联动机制》《仁化县突发事件信息互通和处置联动机制》，通过“三大机制”落实安全防范责任，多部门信息互通和处置联动形成合力，共同及时参与突发事件处置。投入8万元升级维护会议系统设备，保障应急系统会议、指挥调度会议正常召开300余次，建设完成拥有防汛监测预警、林火监测预警、态势感知、指挥调度多功能综合应急管理平台，实现突发事件等信息智能接收上报。县突发事件预警信息发布系统已接入省“三防”信息接收应急保障系统等平台5个，实现信息共享。

【危险化学品安全风险集中治理】 2022年，县应急管理局协调县公安局、县消防大队、县交通运输局、县市场监管局等部门对重点企业开展硝酸铵、“小化工”、易燃易爆气体、重大节假日等专项联合检查。开展老旧装置风险评估整治和危险化学品安全生产大排查大整治行动。检查企业3家，发现一般隐患问题26项，除1项隐患问题需延期至2023年4月20日外，其余均得到整改。制定《仁化县危险化学品事故应急处置联动机制》，开展非法违法小化工专项整治工作，出动检查人员150人次开展摸排，未发现非法违法“小化工”。吸取吉林长春“9·28”重大爆燃事故教训，开展醇基燃料安全专项整治工作，出动检查人员350人次，检查单位、场所334家，发现使用醇基燃料52家，检查发现一般隐患问题19项，均完成整改。吸取河南安阳厂房“11·21”特别重大火灾事故教训，开展化工、医药及危险化学品企业特殊作业专项检查，检查企业3家，发现一般隐患问题2项，均完成整改。

【烟花爆竹打非治违】 2022年，全县辖区内有烟花爆竹批发企业1家、零售店33家。县应急管理局出动检查人员315人次，排查隐患问题12项，均完成整改。打击烟花爆竹非法行为12宗，其中非法存储3宗、非法经营3宗、非法运输6宗，收缴没收烟花爆竹6260件。

【执法监督】 2022年，县应急管理局完成年度监督检查计划中有关执法工作，办理露天采石场行政处罚案件1起、加油站行政处罚案件1起、铝加工深井铸造行政处罚案件1起、危化品行政处罚案件2起，共罚款7.8万元。重大节假日聘请专家参与检查行动并向各企业反馈检查建议。

【矿山企业日常安全监管】 2022年，县应急管理局开展地下矿山综合整治、非煤矿山安全生产专项整治三年行动。建立问题隐患和制度措施“两个清单”，制定时间表路线图，明确整改责任单位和整改要求，全力管控尾矿库安全风险。3月，省应急厅组织专家到凡口铅锌矿尾矿库进行头顶库安全风险评估检查，查出隐患4处，已完成整改。做好非煤矿山防汛度汛安全生产工作。多次到各矿山企业现场检查防汛工作，发送防汛度汛信息146条次。

【汛期暴雨洪涝台风灾害风险防控】 2022年4月15日，县应急管理局组织全县“三防”业务能力暨地震地质灾害防治培训，提升全县“三防”体系人员工作能力和“三防”工作体系建设，247名“三防”工作责任人员参加培训。组织修编完善《仁化县防汛防旱防风防冻应急预案》，4月29日，联合自然资源局、教育局、广东省核工业二九〇研究所在仁化第一中学联合开展地质灾害应急演练和《仁化县防汛防旱防风防冻应急预案》演练。“龙舟水”期间，组织召开强降雨强对流防御工作会议8次，联合县水务、气象、自然资源、农业农村、住建管理、交通运输、文广旅体局等有关成员单位会商研判，全面做好防风、防汛防旱等极端天气安全防范工作。根据县气象预警信息，在应急系统预警信息平台发布预警信息（一键通、短信）计7.02万条。6月，仁化县发生50年一遇特大暴雨，县应急救援大队在县委、县政府统一部署下，发挥连续作战精神，完成抢险救灾任务，被韶关市委、市政府评为全市抗洪救灾突出贡献集体。9月20日，组织制定和印发《2022年仁化县抗旱工作实施方案》。向各镇（街）借出抽水机15台、潜水泵8台、输水软管25捆，解决801.2公顷农田用水困难。12月25日，组织制定和印发《仁化县防御低温冰冻灾害工作方案（试行）》，明确各镇（街）各成员单位防冻职责。前置棉被、防寒服、毛毯等防冻物资到各镇（街）2次共1830件；统筹各有关职能部门在气象预测预警信息发布、安全隐患点防冻排查、用水管网设施防护、交通道路养护、种植业和畜禽水产养殖生产防寒指导、敬老院及特殊群体走访等多方面协同应对。

【森林防灭火】 2022年，县应急管理局结合春节、清明、

“五一”国际劳动节等重大节假日及重点时期，制订印发森林防灭火工作方案、应急预案，发出工作指令5次计21条，下发各类通知、方案40余份。加强宣传教育，强化野外火源管控。设置森林防火临时检查站74个，发放禁火令、森林防火倡议书、安全知识小册等宣传资料30万余份，森林防火标语、横幅等1.2万余条。县应急救援大队每天不少于两个中队40人在岗备勤，定期检修各类装备机具，分4个巡查组从上午8时30分至晚上7时，携装深入镇、村开展巡查检查并靠前驻防。完成县应急救援队伍营房改造（装修）项目。建立50人的森林消防队伍，逐步向“多灾种、大应急”综合应急救援方向发展。投入近200万元加强队伍基础设施建设及防灭火装备储备。全年，全县未发生一般性及以上森林火灾。县应急救援大队根据市森防办统筹部署，经县森防指领导同意，出警支援周边县（市、区）森林火灾扑救工作17次，出动救援人员441人次。

【救灾物资保障】 2022年，县应急管理局及时制订物资采购计划，购置必要的救灾物资，确保灾后各类救灾物资及时供应。做好救灾物资调配发放，以及灾民转移安置和全倒户核查工作。核查全倒户56户150间，涉208人；严重损房4户5间，涉13人。发放集中安置人员生活费用20.72万元，应急期生活救助71.49万元；补发应急期生活救助1.08万元；运输救援物资（含搬运费）0.83万元；全倒户过渡期补助38.71元万；购买食品类应急物资10.55万元；转移灾民生活费用8.16万元；全倒户省级补助90万元。

（罗　姗）

消防救援

【概况】 2022年，仁化县消防救援大队（简称县消防大队）围绕防火和灭火救援“两个中心”工作，持续保持火灾形势和队伍“两个稳定”。定期分析研判辖区火灾形势，聚焦突出问题落实严防严控措施，健全行业部门联勤联动机制，推动县政府出台《仁化县人民政府关于印发县、镇领导干部消防安全“责任清单”和2022年度“工作清单”的通知》《仁化县关于建立消防安全重点专项整治常态化考评约谈工作机制的通知》《仁化县“十四五”消防救援事业发展规划》《仁化县民宿消防安全治理工作方案》等制度方案。结合“双随机、一公开”和专项整治行动，开展“三小”“三合一”场所专项整治，深化行业系统消防安全大排查、社会单位消防安全自查自改、消防安全“十大危险源”大整治、消防安全暖企活动，紧盯重点区域、重点行业、重要节日、重大活动等“四个重点”，深化打通生命通道、“小火亡人”、电气领域、校外培训机构“四项治理”。强化灭火救援主职主业，面对洪涝灾害、灭火救援、交通事故等高效施救，接警出动382起，出动人员4224人次、车辆708辆次，其中火灾136起、社会抢险救援107起、社会救助114起、公务执勤21起、其他出动4起，抢救及疏散人员62人，抢救保护财产价值1352万元，完成“3·26”丹霞山游客迷路、“6·19”重大洪涝灾害、“8·17”老人山上晕厥等救援任务。

【队伍安全管理】 2022年，县消防大队推进“两个经常性工作”，开展专项整治活动。通过

2022年3月26日，丹霞山发生3名外地游客雨夜迷路被困险情，仁化县消防救援大队接警后，派出救援人员上山搜救。图为消防救援人员冒雨上山搜救

（县消防大队　供）

警示教育、签订拒绝酒驾承诺书、邀请交警部门专业人士授课、岗亭配备酒精测试仪、行政车辆和私家车张贴警示标语等措施，落实酒驾整治工作。定期开展安全教育与检查活动，协调落实车辆装备维修保养工作，杜绝车辆“带病执勤”。成立营区安全及维修工作小组，定期检查营区电线、天然气管道、器材装备等。通过购买服务方式对营区进行“除白蚁、除四害”工作，严防触电、中毒和季节性灾害。全大队年未发生人员、网络、泄密、车辆等安全违规事件。

【执勤训练】 2022年，县消防大队紧盯“全灾种”“大应急”，打造专业性应急救援队伍。开展全员岗位大练兵，加大体能、技能战术训练广度与深度，严格落实每月议训制度，每月开展“月会操”“月演练”，制定业务会操奖惩措施。在韶关消防救援支队组织的月会操中，大队获团体第五名、个人第三名、个人第一名各1次。落实战备值班、战备演练、战备形势分析和战备检查等制度。结合人员培训、借调、休假（轮休）等实际，及时修订完善战备方案编成。结合辖区形势，开展战备教育。分析驻地防期、汛期形势，部署战备工作。坚持以“练为战”为训练准则，严密组织各科目训练。推选优秀业务骨干参加各类培训，对标“全灾种”“大应急”建队，2人参加总队装备技师培训，1人参加无人机飞手培训，3人参加支队组织的基层指挥员暨班长骨干培训，2人参加应急通信骨干培训班，1人参加支队消防舟艇驾驶员培训，2人参加支队驾驶员班，4人参加驾驶员复训。提升乡镇消防救援能力，落实城口镇专职消防队营房装修、办公设备及专职队员人员经费，完成挂牌及法人登记，正常开展执勤备战。

【防火宣传教育】 2022年，县消防大队紧抓火灾防控能力，优化消防安全环境。县辖区社会面火灾形势稳中向好，未发生较大影响及人员伤亡火灾。投入宣传经费近30万元，推进消防宣传工作，与移动公司签订战略合作关系，通过微信平台发布消防宣传广告，仁化10万群众观看和受益。与宣传、教育等7个部门联合发文，推进消防云平台注册和学习，注册人员从最初的8000余人增加至2.5万余人，学习积分从7分上升到42分。发动消防志愿者活动56次，组织社会单位通过“粤商通”平台预约消防培训53次，培训人员约5000人。检查单位612家（次），下发责令改正通知书107份，临时查封6家，处罚86家（次），挂牌重大火灾隐患3家，“七类”执法案由占比36.14%，轻微火灾登记45起，开展一般火灾调查2起，全县560家“三合一”场所隐患全部清零。在执法质量考评工作中，县消防大队排名第一季度全市第二、第三季度全市第四；在“三合一”场所专项治理考评中，取得第二季度全市第一名，第三季度全市第四名；在打通生命通道整治中，排名第二季度全市第三。

【消防基础设施建设】 2022年，县消防大队按照总队、支队要求，对现有大队办公楼进行重新装修，符合大队执法规范化硬件要求，提升大队执法环境和规范化要求。狠抓队站装备建设，争取县委、县政府支持，将消防装备建设规划纳入本地“十四五”消防规划内容，按照《城市消防站建设标准》（建标152—2017）开展装备达标建设工作，投入68万余元配齐指战员基本防护装备和专业队装备，落实通信指挥车项目专项经费90万元。积极请示汇报县委、县政府，按省与地方财政1：1的比例配套550万元落实老区苏区扶持政策配套经费，购置高喷消防车1台，配齐消防员个人防护装备和灭火救援器材装备。

（黄常桃）

国有资产监督管理

【国企改革】 2021年3月2日，成立仁化县国有（集体）资产监管工作领导小组，强化县属国有（集体）资产监管，以国有（集体）资产保值增值为目标，健全国有（集体）资产监管体系。8月，经县委编办批复成立仁化县国有资产服务中心，为县工业和信息化局管理公益一类事业单位，承担监管企业国有资产保值增值，推动国有企业改革重组，完善相关企业制度等工作。8月底，组织召开多部门“僵尸企业”出清工作联席会议，明确出清工作有关程序及要求，成功出清试点出清企业1家。有序推进供给侧结构性改革有关工作。9月，完成仁化县仁兴资产运营有限责任公司注册登记，整合县工信下属多家企业人员、资产，减少县属国有企业数量，提升国有企业质量。

【转制企业管理】 2021年，县工信局收回位于县城新东横路、占地面积400多平方米的原县百货公司（县属关停转制企业）仓库使用权，该资产由县属国有企业仁兴公司管理并对外出租。解决县建材厂国有划拨用地与丹霞街道办康溪村瑶前组林权证重证问题，瑶前组林权证被注销，收回原县建材厂部分国有划拨用地。赎回仁化县水泥厂、仁化县矿产公司等9户国有企业在中国银行债权，有效盘活所赎回资产，成功出让仁化县水泥厂部分地块。

（李勇明　刘　灏）

【规范国有资产处置】 2022年3月29日，县公共资产管理中心协助县高坪自然保护区处置长江凹背坑电站，成交金额46.45万元。5月7日，处置行政事业单位报废资产一批，成交金额10.21万元。

【资产盘活】 2022年，县公共资产管理中心优化资源配置，深挖资产资源增值潜力，实现国有资产增值最大化，增加财政收入。通过委托评估，招标租赁等公开方式，确保资产资源保值增值。已纳入县锦霞投资开发有限公司统一管理的县直行政事业单位经营性资产出租出借收入，由县锦霞投资开发有限公司统一收取，在扣缴相关税费后统一定期上缴县财政，上缴租金收入43.58万元。丹霞实业发展有限公司上缴代管资产租金收入8.14万元。

【资产档案管理】 2022年，县公共资产管理中心执行《档案管理制度》，资产移交书、房屋产权证、物业移交资料、图纸、租赁合同等重要档案实行专人管理、专人负责，分门别类、整理归档，统一存放。建立行政事业单位资产电子档案，查阅档案实行先登记后查阅，使用后及时归档。

【行政事业单位资产管理】 2022年7月，县公共资产管理中心开展第三次资产统计信息工作，将乡镇级国有资产、县属国有企业及镇属企业纳入资产统计范畴。经过各单位重视与配合，完成该项工作。通过对乡镇资产进行摸底调查，登记造册，及对镇（街）财务人员及资产管理人员加强相关业务指导，有效提高镇（街）国有资产管理业务水平，规范了国有资产管理及处置流程。

（彭艳芳）

住房公积金管理

【“惠民公积金　服务暖人心”三年行动】 2022年，韶关市住房公积金管理中心公积金仁化办事处（简称公积金仁化办事处）实施“惠民公积金　服务暖人心”三年行动。推进公积金服务标准化规范化建设，业务操作规范化，服务礼仪人性化，开展窗口人员业务培训和“自查、自纠”找不足、找差距活动，提升窗口服务人员服务能力。接受仁化电视台采访，宣传公积金“跨省通办”“线上办”等业务。强化“跨省通办”服务支撑，建立业务协同、信息交互、业务联办工作联动机制，设立“跨省通办、省内通办”专窗，组织干部职工开展“跨省通办、省内通办”业务培训，学习具体的业务操作流程。利用本地媒体、户外广告、中心网站和公众号等渠道开展公积金政策宣传，通过进企业、进社区、进银行、进楼盘等方式开展上门服务，推动从“群众找服务”向“主动送服务”转变。深化“不动产+公积金”便民服务，将不动产登记电子证照及数据嵌入提取、贷款业务审核，减证便民。通过电子证照共享数据可免提交身份证、结婚证、房产证、购房合同等实体材料。贷款预申请实现网上办理，柜面偿还公积金贷款业务实行全市通办，简化已故缴存人公积金提取手续，网厅新增单位业务回单及委托扣款业务功能，服务更智慧更便民。

【公积金归集】 2022年，公积金仁化办事处根据《韶关市住房公积金缴存管理规定》，做好归集工作。联系未建缴公积金制度企业，为企业开展住房公积金政策宣讲会做好归集扩面工作。主动上门蓓蕾幼儿园、美神养殖等5家企业宣讲缴纳公积金益处，促进企业建缴，联合相关部门深入走访企业做好住房公积金政策宣传。截至2022年年底，全县实缴单位374家，新开户单位33家，净增单位26家；实缴职工15653人，新增开户职工1230人，净增职工394人；缴存额33650.4万元，同比增长0.44%。累计缴存总额26.06亿元，同比增长14.8%；缴存余额7.44亿元，同比增长13.09%。

【公积金提取】 2022年，公积金仁化办事处根据《韶关市住房公积金贷款管理规定》通知，连续正常足额缴存住房公积金满6个月的职工，合法有效购买、建造、翻建、大修自住房的，可在签订购房合同或建设工程许可证批准之日起计算一年以内可以申请住房公积金贷款。接受仁化电视台贷款政策专题采访，开展上门宣传贷款新政活动，前往丹霞新城、仁化碧桂园等楼盘、各委托银行开展贷款宣讲会，发放宣传小册子等活动对贷款政策进行详细解读。走访楼盘4家，银行5家，发放宣传册200份。加强住房公积金贷后管理和风险防控工作，确保贷款资金安全。安排专人主动跟踪和推进逾期贷款催收程序，严格按照公积金贷款催收工作流程，落实中心逾期贷款催收情况月报制度，建立逾期催收台账。采取电话、上门催收以及司法催收等手段集中催收。与银行加强沟通，督促银行及时在贷后管理系统上录入逾期催收情况和上传催收资料。年内催收逾期贷款126笔，发出律师函41份。全年，全县发放个人住房贷款227笔6644.8万元（按贷款类型分类，普通贷款186笔，金额5588.7万元；异地贷款40笔，金额1006.7万元；人才贷款1笔，金额49.4万元），同比分别增加1.79%、18.6%。累计发放个人住房贷款14332笔91690.56万元，贷款余额53412.88万元，个贷率72%。逾期率0.0001%。完成档案系统中已上线贷款档案整理工作298笔（2020年1—12月200笔，2021年1—6月98笔）。

【公积金阶段性支持政策落实】 2022年，公积金仁化办事处持续按照市中心有关要求，通过中心门户网站、微信公众号、仁化县融媒体中心、“仁爱仁化”等平台宣传解读住房公积金政策，在窗口摆放公积金政策宣传资料，让社会各界充分知晓住房公积金阶段性支持政策实施范围及办理方式。开展送政策进企业活动，到粤运汽车运输有限公司仁化汽车站、仁化县蓝欣装饰广告部、仁化县浩天发展有限公司、仁化县西岸水电工程管理所、仁化县奥达胶合板有限公司等8家企业入户宣传，与企业领导及经办人仔细沟通，及时为缴存单位公积金宣讲阶段性支持政策。为企业办理缓缴3家，职工104人，涉金额9.1万元，为3笔贷款申请不计逾期阶段性支持政策。

【乡村振兴】 2022年，公积金仁化办事处挂点黄坑镇古竹村，结合“一线双联”“民情夜访”以及挂点村农村人居环境整治等，安排专人联络队员开展乡村振兴工作。“6·30”广东扶贫救济日，定向向单位捐赠500元、个人捐赠600元用于乡村振兴工作。联合村委会开展反诈宣传及扫黑除恶宣传，挨家挨户上门给村民讲解电信诈骗的危害，发放宣传资料，累计走访村民家50户，发放宣传资料100册。洪涝灾害发生后，积极响应“乡镇吹哨、部门报到”工作，开展洪涝灾害灾后复产工作。协助挂点村开展森林防火、安全生产和社会稳定等相关工作；驻守值守驻点，对来往车辆登记排查，确保火种不进山。到村镇宣传引导村民注册电子医保凭证、粤居码，累计注册电子医保凭证112人次，粤居码140人次。

（谭玮玲）

农业农村

农业、农村工作

【概况】 2022年，仁化县农林牧渔业总产值为41.53亿元，同比增长8%，其中农业产值24.3亿元；农村居民人均可支配收入22369元，同比增长2.8%。仁化县被认定为2021年度省级休闲农业与乡村旅游重点县，是韶关市唯一入选的县（市、区），并成功入选2022年全国休闲农业重点县公示名单；红山镇鱼皇村、长江镇学堂坳村被评为2021年度广东省乡村治理示范村；仁化县向阳农机专业合作社被认定为2022年“全省十佳农机社会化服务组织”。

【粮食生产】 2022年，仁化县落实粮食安全党政同责，建立“三包”（县领导包镇、镇领导包村、村干部包村小组）、“四到”（到村、到村小组、到田、到茬）粮食生产责任制。制定出台种粮奖补系列扶持政策，防止耕地“非粮化”，统筹省级涉农资金840万元用于奖补砍除耕地上的失管果园，撂荒地复耕复种、连片水稻种植奖补、新增水稻种植。抓好撂荒耕地复耕复种工作，通过引进大户流转撂荒耕地种植、推广旱直播新技术等多种措施，全面推进撂荒地复耕复种工作。开展“藏粮于技”工作，推广水稻新品种、新技术，生产全程机械化技术，用科技提升粮食生产增产潜力。合理安排水旱轮作、作物间套种等方式，发展玉米、甘薯等旱杂粮种植，增加粮食种植面积。全县粮食种植面积1.01万公顷（其中，早稻面积0.2万公顷，晚稻面积0.6万公顷，其他杂粮面积0.21万公顷），比市下达县的粮食生产任务增加0.02万公顷，增长1.74%。11月3日，在韶关市农业农村第四季度重点工作推进会上，仁化县作粮食生产工作先进典型发言。“仁化县探索‘退果还粮’机制”改革案例得到农业农村部领导肯定性批示。

【畜牧业转型升级】 2022年，仁化县推进畜牧业转型升级。指导养殖场升级改造，建设标准化养殖场，申报省级生猪产能调控基地和省级畜禽养殖标准化示范场，4家养殖场获评省级生猪产能调控基地。规范养殖场资源化利用工作，全县配套异位发酵床养殖场55家，2家种猪场使用发酵罐发酵干粪，4家猪场配备污水处理系统。抓好重大动物疫病防控，按时按质完成强制免疫任务。顺利通过农业农村部组织的春季重大动物疫病防控检查，考核结果优秀。全县生猪总存栏量16.4万头，其中能繁母猪存栏1.3万头，生猪累计出栏26.1万头，与上年同期相比增长36.8%；羊存栏0.63万只，累计出栏量0.51万只，牛存栏0.08万头，出栏0.04万头，同比增长22%；家禽存栏量76.76万羽，出栏量128.4万羽，同比增长5%；肉类总产量2.43万吨，同比增长24.8%。水产养殖面积1683公顷，其中池塘面积1088公顷，山塘水库面积595公顷。水产品产量1万吨；渔业总产值1.7亿元，与上年同期相比减少0.3%。

【“一村一品、一镇一业”建设】 2022年，县农业农村局根据韶关市农业农村局《关于做好2022年省级“一村一品、一镇一业”专业村镇认定工作的通知》要求，组织、指导符合条件村镇做好申报工作，择优推荐上报4个村。10月，丹霞街道狮井村（柑橘）、红山镇新山村（茶叶）、周田镇新庄村（柰李）被认定为2022年省级“一村一品、一镇一业”专业村。截至12月底，全县累计有省级“一村一品、一镇一业”专业镇7个、专业村23个。

【农村人居环境综合整治】2022年，仁化县推进农村污水处理整治，实施农村生活污水处理设施及配套管网建设，全县984个自然村有935个自然村完成农村生活污水收集，收集率95.02%，有853个自然村完成农村生活污水治理，治理率86.69%。以“清洁村庄·献礼二十大”为主题，组织开展村庄清洁大行动，指导各镇（街）定期开展村庄大扫除。推进农村“厕所革命”，完成无害化户厕改造220户，卫生公厕6座，无害化卫生户厕普及率99.8%，累计建成农村公厕198座。加快推进美丽乡村建设，在董塘镇、石塘镇国省道沿线村庄开展“古韵新风　醉美田园”——仁化县西南部田园诗画示范带建设。4月29日，韶关市乡村振兴现场会在仁化召开并现场观摩示范带建设。开展美丽庭院创建活动，引导村民建设“四小园”（小菜园、小果园、小花园、小公园）3800余处35万平方米。加强村内干路建设，提前完成省市下达的66.51千米农村村内干路建设和151.53千米村内支路巷路建设，获得中共韶关市委农村工作领导小组表扬。参加韶关市首届“农行杯”“个十百”（全市打造2条美丽乡村风貌提升示范带、10个美丽乡村、100个美丽庭院）乡村振兴擂台赛，董塘镇新龙村获评“十大美丽乡村”，董塘镇江头村宋福彪家庭，新龙村苟建琼家庭、黄根家庭、黄新城家庭、潘华雄家庭、余国志家庭、余永开家庭、余月胜家庭、詹秀英家庭、张有苟家庭，石塘镇石塘村李修旺家庭11户农户庭院获评“美丽庭院”。

【脱贫攻坚成果巩固】2022年，仁化县持续开展驻镇帮镇扶村联支部工作，落实防止返贫监测帮扶机制，统筹县级“6·30”广东扶贫日非定向资金49万元为2786户脱贫户和返贫致贫监测对象购买防贫险；8月，全县监测对象7户21人消除风险，未发生规模性返贫。截至12月31日，全县有脱贫人口3080户8793人，其中有劳动能力脱贫户2101户7312人、无劳动能力脱贫户979户1481人，享受低保政策2300人、“五保”政策375人、孤儿政策9人、县级财政兜底政策223人，无劳动能力脱贫人口1481人100%纳入兜底保障。脱贫人口年人均可支配收入19940元，增长7.11%，有劳动能力脱贫人口年人均可支配收入20987元，增长7.37%，实现“两个高于”目标。

【新型农业经营主体培育】2022年，仁化县组织开展县级、市级、省级农业龙头企业、示范合作社、示范家庭农场申报监测工作，新增县级龙头企业5家、示范性农民专业合作社3家、示范性家庭农场11家，市级示范性家庭农场10家，省级示范性家庭农场5家。9月，仁化县向阳农机专业合作社被认定为2022年“广东省十佳农机社会化服务组织”。10月，2020年认定的省级示范性家庭农场董塘镇凹背家庭农场和石塘镇铭记家庭农场通过监测。全年全县有省级示范性家庭农场7个。

2022年仁化县新增县级以上农业龙头企业、示范性农民专业合作社、示范性家庭农场一览表

表5

类型	新型农业经营主体名称	级别	认定时间
农业龙头企业	丹霞农夫（广东）生态农业有限公司	县级	2022年8月
	广东省犇犇农业科技服务有限公司		
	广东厚德农业科技发展有限公司		
	韶关市佳禾农业有限公司		
	仁化县源生农业有限公司		

续表5

类型	新型农业经营主体名称	级别	认定时间
示范性农民专业合作社	韶关市吉田种养专业合作社	县级	2022年8月
	仁化县丹霞仁家优质米专业合作社		
	仁化县城丰农民专业合作社		
示范性家庭农场	仁化县石塘镇茂盛家庭农场	省级	2022年10月
	黄坑镇长冲家庭农场		
	大桥镇五马寨家庭农场		
	大桥镇颖川家庭农场		
	周田镇龙坑娥公龙黄金柰李家庭农场		
	仁化县岭头家庭农场	市级	2022年12月
	仁化县宸瑜家庭农场		
	仁化县大桥镇桐航家庭农场		
	仁化县红山镇东坑茶园家庭农场		
	仁化县茶友家庭农场		
	仁化县红山镇红丰家庭农场		
	仁化县石塘镇新红生态源家庭农场		
	仁化县周田镇果子园家庭农场		
	仁化县周田镇辉记家庭农场		
	仁化县华荣家庭农场		
	仁化县大桥镇妙青家庭农场	县级	2022年8月
	仁化县扶溪镇华姐家庭农场		
	仁化县扶溪镇云凤家庭农场		
	仁化县红山镇茶友家庭农场		
	仁化县红山镇红丰家庭农场		
	仁化县红山镇东坑家庭农场		
	仁化县石塘镇进鑫家庭农场		
	仁化县岭头家庭农场		
	仁化县黄坑镇文春家庭农场		
	仁化县周田镇辉记家庭农场		
	仁化县周田镇果子园家庭农场		

【"12221"市场体系建设】 2022年，县农业农村局做好"12221"（建设"1"个农产品大数据平台，组建销区采购商和培养产区经纪人"2"支队伍，拓展销区和产区"2"个大市场，策划采购商走进产区和农产品走进大市场"2"场活动，实现品牌打造、销量提升、市场引导、品种改良、农民致富等"1"揽子目标）市场体系建设工作，围绕仁化白毛茶、长坝沙田柚、丹霞贡柑等特色农产品，加大产销有效对接，积极组织开展各类农产品宣传推介活动。6月18日，在广州市芳村茶叶城开展仁化白毛茶品牌推介活动，发布仁化白毛茶形象IP"白茅君"。9月23日，在周田电商小镇举办"庆丰收　迎盛会"——仁化县庆祝2022年"中国农民丰收节"系列活动。12月，实施"丹霞贡柑"地理标志农产品保护工程项目，组织开展丹霞贡柑品牌发布会、第三届丹霞贡柑果王争霸赛等系列活动。组织各农业生产主体参加各类农产品展销、名茶评鉴大赛等活动，提升农产品知名度，促进产销对接。在2022年韶关市第二届"风采杯"名茶评鉴大赛中，仁化县选送的7个品牌获奖，县农业农村局获评优秀组织奖。加强农产品产地冷藏保鲜设施建设，印发《2022年仁化县农产品产地冷藏保鲜设施建设实施方案》，采取奖补措施，完成新建农产品产地冷藏保鲜设施8个，涉及董塘镇、石塘镇、扶溪镇、城口镇、丹霞街道5个生产主体，项目总投资224.92万元，新增库容2342立方米。

2022年仁化县茶叶获韶关市第二届"风采杯"名茶评鉴大赛奖项一览表

表6

类别	获奖等次	品牌名称	生产单位
红茶类	一等奖	怡皇红	仁化县粤北怡皇茶叶专业合作社
	二等奖	国粤天香	仁化县红山镇丹霞工夫茶叶专业合作社
	三等奖	仙嶂	仁化县红山镇富农茶叶专业合作社
		烟竹红	广东齐民农林科技有限责任公司
白茶类	一等奖	国色天香	仁化县红山镇丹霞工夫茶叶专业合作社
	二等奖	银倒	广东齐民农林科技有限责任公司
	三等奖	金醇红	仁化县红山镇金醇红茶叶专业合作社

【农产品质量安全监管】 2022年，仁化县制订印发《2021年仁化县农产品质量安全监管与监测工作方案》，将农业龙头企业、农民专业合作社示范社、家庭农场、"三品一标"认证企业、"菜篮子"基地等70余家主体纳入监管名录，开展监管名录主体农产品质量安全日常巡查工作，全面排查风险隐患。出动巡查检查人员443人次，巡查检查农产品生产经营主体217家次。推进农产品质量安全基层网格化监管，明确乡镇农产品质量安全监管公共服务职能。建立镇街农产品质量安全监管员和协管员名册，有监管网格11个、网格监管员11名、协管员111名，举办监管员、协管员及生产主体线上线下业务培训21次。开展农产品质量安全网格化示范镇创建工作，为周田镇配备农产品追溯和快检设备。完成红山、大桥、闻韶镇3个镇级农产品快检室建设。抓好农产品专项整治行动，开展食用农产品"治违禁、控药残、促提升"专项行动，抽检"治违禁控药残促提升"三年行动重点治理品种11个163批次，针对监测过程所发现问题，立案4起，结案2起，正在办理2起。开展农产品质量安全监测，完成2022年度食用农产品1.5批次/千

人监测任务即400批次以上定量检测任务523批次，其中，县农检站开展310批次定量检测、委托定量检测213批次；完成种植业产品快检3198批次，合格率99.97%。县级监督抽查103批次，全县农产品质量安全定量监测合格率99.62%。

【高标准基本农田建设】 2022年4月，仁化县重新调整县高标准农田建设工作领导小组。以提升粮食产能为首要目标，以永久基本农田保护区、水稻生产功能区为重点区域，坚持新增建设和改造提升并重、建设数量和建成质量并重、工程建设与建后管护并重，建设高标准农田953.33公顷，总投资4290万元。项目建设涉及丹霞街道官口村、大桥镇大桥村、闻韶镇白竹村等15个行政村。开展小型农田水利试点建设，联合县水务局制订印发《仁化县小型农田水利建设试点实施方案》，建立试点项目清单，探索小型农田水利建设经验、模式。探索高标准农田建后管护新模式，6月1日，县政府办公室印发《仁化县2022年高标准农田建设项目建后管护实施方案》，引入金融保险，创新建立“县+保险+镇+村+农户”建后管护机制，从县财政安排专项管护资金333万元，明确管护建设资金集中用于粮食生产区农田水利设施的水毁灾损修复、除险加固、清淤疏浚等。特大暴雨发生后，保险公司特事特办，快速理赔，保险理赔30宗，赔付理赔资金40万元，县、镇、村、组四级管护队伍快速联动，迅速组织开展抢险修复工作，恢复损毁农田37.33公顷，清淤疏浚42242米，清理回填土方4366立方米，清理涵闸90个，修复灌排渠道14500米、陂头58个、机耕路1.3万米。

【农业科技培训与推广】 2022年，县农业农村局加强农业科技培训和推广，以省、市2022年农业主导品种和主推技术为引领，指导做好全县农业优良品种和先进适用技术推广应用工作。开展2022年广东省农村乡土专家认定工作，通过审核乡土专家24人。举办现代生猪绿色安全养殖技术培训班、地膜花生栽培技术培训班、水稻“三控”技术培训班6期，培训学员200余人次。按省、市农业部门要求，做好2022年高素质农民培育项目相关工作。

【农业行政综合执法】 2022年，仁化县农业农村局开展农资打假专项治理行动，严厉打击各种制售假劣农资商品等坑农害农违法行为。检查农资、饲料、兽药、农机等经营门店及种养殖生产经营企业176家，出动执法人员476人次，查处农产品质量安全案件4宗，罚款80048.85元。开展禁渔期打击非法捕捞专项行动，并结合日常管理，联合县水产资源自然保护区管理站及属地政府在县辖区河段流域开展严厉打击非法捕捞专项行动，重点打击违规使用禁用渔具和“电、炸、毒”鱼等各类非法捕捞行为及集中清理违规网具。出动执法人员162人次，出动船艇18艘次、车辆30辆次、无人机15次，检查渔船437艘次，清理地笼118条、渔网1500米，行政立案1起，罚款1万元，没收涉渔“三无”船舶1艘；司法移送案件1起，司法移送3人。

【强农惠农政策落实】 2022年，县农业农村局全面落实强农惠农政策。发放耕地地力保护补贴1106.6万元，补贴农户31425户，补贴耕地面积8578.25公顷；发放2022年三批次中央财政和一次省级实际种粮农民一次性补贴资金共816.37万元，惠及实际种粮农民67141人次，其中，第一批中央实际种粮农民一次性补贴资金168.99万元，补贴涉及11个镇13371户，补贴粮食种植面积3661.34公顷；第二批中央实际种粮农民一次性补贴资金161.29万元，补贴晚造粮食面积7697.32公顷，补贴涉及11个镇街20186户；第三批中央实际种粮农民一次性补贴资金79.1万元，统筹地力补贴、中央实际种粮农民一次性补贴结余资金237.36万元，合计发放316.46万元，补贴涉及11个镇街33584户，补贴早、晚造粮食面积合计11361.03公顷；省级实际种粮农民一次性补贴资金169.63万元，用于发放晚稻连片种植补助，补贴连片种植大户96户。落实政策性农业保险工作，扩大农业保险覆盖面，将玉米、马铃薯列为新增农业保险品种。完成42015户农业户农房保险工作，保险保费33万余元，全县粮食种植投保面积11278.16公顷。按季节分，早造种植投保面积3350.93公顷，投保金额173.68万元；中晚造7927.23公顷，投保金额471.52万元。按粮食品种分，水稻投保面积9404公顷（早造1721.59公顷、中晚造7682.41公顷），玉米投保面积1874.16公顷（早造1629.34公顷、中晚造244.82公顷）。粮食投保面积占全县粮食种植面积的96.95%。

【农业农村综合改革】 2022年，县农业农村局推进农村集体产权制度改革，累计完成280个集体经济组织股份制改革，量化经营性资产3500万元，完成股份制改革的农村集体经济组织制作和发放股权证书4255本。开展扶持壮大村级集体经济试点工作，建立县农村集体经济发展项目库，有95个村98个项目入库。做好试点申报工作，确定董塘镇瑶族村、闻韶镇下徐村、周田镇上道村、石塘镇京群村、扶溪镇古夏村为韶关市2022年扶持壮大村级经济试点村，试点村工作有序推进。推进农村土地承包经营权流转，新增流转面积665.08公顷。

【“改革攻坚规范治理年”工作】 2022年，县农业农村局成立仁化县农业农村局“改革攻坚规范治理年”工作领导小组，制订《仁化县农业农村局“改革攻坚规范治理年”工作方案》，梳理农业重点领域规范治理任务清单7项。梳理出台规范治理专项行动政策文件清单4项。制订印发《2022年仁化县动物防疫规范治理行动工作方案》《仁化县2022年农村集体“三资”管理突出问题专项整治工作实施方案》《关于建立健全仁化县基层农产品质量安全网格化管理体系建设工作实施方案》《2022年仁化县畜禽养殖废弃物资源化利用工作方案》，规范治理任务有序推进，并取得阶段性成效。

【农业救灾复产】 2022年，县农业农村局指导各镇（街）广大农户和种养企业做好科学防灾减灾工作。成立农业种植组、畜牧水产组、农业园区防汛指导组、高标准农田和渔船指导组、脱贫户灾情核实和研判指导组、后勤保障和农业保险理赔指导组6个救灾复产工作指导小组，到灾区开展农作物、畜牧水产养殖业等救灾复产指导工作。协助保险公司开展水毁或灾损水稻、玉米、农房、水利设施的勘查、理赔等工作，核实水稻受灾113.91公顷，理赔金额54.22万元；玉米受灾160公顷，理赔金额72万元；农房遭受水浸230户，理赔金额40万元。争取上级应急救灾物资和资金，支持救灾复产工作。做好防旱抗旱保生产工作，统筹各级资金448.25万元，通过采取疏通水圳、修渠引水、设备抽水、应急打井等措施，做好抗旱保生产工作，将干旱造成的损失和影响降到最低程度。

【红火蚁综合防控】 2022年，仁化县制订《仁化县2022年红火蚁防控工作方案》，落实红火蚁防控责任区域县、镇、村“三包”责任体系，建立以镇（街）村（居）为单位的网格化管理体系，全面开展统一防控、疫情监测、植物检疫、宣传培训“四板斧”工作。有序开展红火蚁防控项目，建立防控区0.1万公顷、缓冲区0.12万公顷。全县投入防治药剂等药物13.57吨，建立红火蚁防控技术服务队135支，举办技术培训90期，培训防控技术人员2530人次，印发各类宣传资料5.8万份。完成防控面积0.25万公顷，4级至5级疫情发生面积由567.33公顷降至50公顷，核减517.33公顷。5月17日，2022年全市红火蚁春季防控现场会在仁化县召开，仁化县以红火蚁防控“四板斧”工作做法在会上作典型发言。9月，仁化县代表韶关市通过省红火蚁防控效果绩效评价复核组现场复核。

（刘志强）

【仁化县被列为省级休闲农业与乡村旅游重点县】 2022年3月16日，广东省农业农村厅、广东省文化和旅游厅公布2021年度省级休闲农业与乡村旅游示范单位和前八批示范点监测合格名单，确定5个县（市、区）为2021年度省级休闲农业与乡村旅游重点县，仁化县名列其中，是韶关市唯一入选的县（市、区）。

【仁化县首届中国白毛茶文化节暨仁化白毛茶春茶“云”开采活动举办】 2022年4月12日，仁化县首届中国白毛茶文化节暨仁化白毛茶春茶“云”开采活动在红山镇高坪水库坝头半岛举办，多机位、多茶区联动直播展现仁化白毛茶春季采茶实况，带领观众“云”上欣赏茶园美景，进一步做大、做强、做优仁化白毛茶茶叶产业。

【仁化白毛茶品牌推介会系列活动开启】 2022年6月18日，仁化白毛茶品牌推介会在广州市芳村南方茶叶市场开启。该系列活动以“千年原种，白毛韵味”为主题，以仁化白毛茶品牌推介会为载体，包括白毛茶企业专场直播推介、对接洽谈会、茶山参观等活动，进一步打响仁化白毛茶品牌知名度，推动全国白毛茶产业发展。

【仁化3款茶叶获“国字号”奖项】 2022年6月28日，“中茶杯”第十二届国际鼎承茶王赛春季赛获奖名单公布，仁化县有3款茶叶从600余款参赛茶叶中脱颖而出，获得“国字号”奖项：仁化县茶企广东齐民农林科技有限责任公司的“烟竹红杏仁香”获红茶组特别金奖，“红山银刀白毫银针”和“红山银刀白牡丹王”获得白茶组金奖。

【长坝村上榜全国“亿元村”公示名单】 2022年11月2日，2022年全国乡村特色产业超十亿元镇、超亿元村名单公示，仁化县大桥镇长坝村再次蝉联上榜，成为全市唯一连续三年入选乡村特色产业超亿元村名单乡村。

【长坝沙田柚入选2022年第三批全国名特优新农产品名录】 2022年12月5日，农业农村部农产品质量安全中心公布2022年第三批全国名特优新农产品名录，仁化县长坝沙田柚上榜。至此，仁化县丹霞贡柑、长坝沙田柚、红山白毛茶、扶溪大米、平甫柰李均入选全国名特优新农产品名录。

（刘雪娟）

乡村振兴

【农村厕所革命】 2022年，仁化县开展户厕及公厕改造、建设需求摸排统计，制定“十四五”时期无害化户厕改造和卫生公厕建设计划及《仁化县推进“十四五”农村厕所革命实施方案》《仁化县农村厕所革命奖补方案》，完成无害化户厕改造220户，卫生公厕6座，无害化卫生户厕普及率99.8%，累计建成农村公厕198座。

【“个十百”乡村振兴擂台赛】 2022年，仁化县参加韶关市首届“农行杯”“个十百”乡村振兴擂台赛，在董塘镇、石塘镇国省道沿线村庄开展“古韵新风 醉美田园”——仁化县西南部田园诗画示范带建设，年底初步建成。开展美丽庭院创建活动，引导村民建设“四小园”3800余处35万平方米。4月29日，韶关市乡村振兴现场会在仁化召开并现场观摩示范带建设，董塘镇新龙村获评“十大美丽乡村”，江头村、新龙村、石塘村等11户农户庭院获评“美丽庭院”。

【精美乡村建设】 2022年，仁化县结合村庄实际，持续开展补齐村庄基础设施短板和村庄提升建设，提前完成省市下达的66.51千米农村村内干路建设和151.53千米村内支路巷路建设，获得中共韶关市委农村工作领导小组表扬。全县行政村100%达到干净整洁村标准，68.8%达到美丽宜居村标准。923个自然村实现农村生活污水治理，治理率93.8%。984个被纳入规划的自然村全部完成村道路面硬化，通达总里程1946.49千米。

【万名乡贤帮千村活动】 2022年，仁化县制订《仁化县开展“万名乡贤帮千村”活动实施方案》，建立县、镇、村三级“万名乡贤帮千村”乡贤数据库，组织开展2022年韶关市“最美乡贤”评选推荐活动和“走出去、请进来”系列招商活动。全县有乡贤帮扶项目37个，投入资金2114.98万元。

【乡村治理示范村创建】 2022年，仁化县以全国乡村治理示范村董塘镇新龙村为试点，推广运用积分制、清单制，鼓励村民参与乡村治理活动。组织石塘镇、红山镇新白村等9个镇、村开展2022年省乡村治理“百镇千村”示范镇村创建活动。1月，红山镇鱼皇村、长江镇学堂岬村被评为2021年度广东省乡村治理示范村。

【防止返贫动态监测】 2022年，仁化县持续开展驻镇帮镇扶村联支部工作，落实防止返贫监测帮扶机制，统筹县级“6·30”广东扶贫日非定向资金49万元，为2786户脱贫户和返贫致贫监测对象购买防贫险。8月，全县监测对象7户21人全部消除风险，未发生规模性返贫。截至12月31日，全县有脱贫人口3080户8793人，其中有劳动能力脱贫户2101户7312人，无劳动能力脱贫户979户1481人，享受低保政策2300

人、“五保”政策375人、孤儿政策9人、县级财政兜底政策223人，无劳动能力脱贫人口1481人100%纳入兜底保障。脱贫人口年人均可支配收入19940元，增长7.11%，有劳动能力脱贫人口年人均可支配收入20987元，增长7.37%，实现“两个高于”目标。

【帮扶资产管理】 2022年，仁化县加强帮扶资产管理。全县帮扶资产（含扶贫资产）1216项，总值2.86亿元，其中经营类138项，资产总值1.83亿元；公益类1062项，资产总值1.03亿元；到户类16项，资产总值15.52万元。县级经营性帮扶资产3项，总值9878万元；镇级经营性帮扶资产5项；村级经营性帮扶资产130项，资产总值8177.62万元。

【产业、就业、消费帮扶】 2022年，仁化县利用2021年中央资金144.07万元打造乡村振兴车间4间，吸纳就业610人，其中脱贫人口25人。统筹县级经营性帮扶资产收益1408.52万元，按季度分配给脱贫户，为脱贫户人均增收超1500元。统筹安置公益性岗位255人，实现家门口就业，255名脱贫户月均收入1620元。开展消费帮扶活动，推动消费帮扶各类农副产品4349吨1545.84万元。

【乡村振兴督导考核】 2022年第一季度，仁化县由县人大常委会、县政协领导带队，组成乡村振兴战略工作督查小组10个，围绕农村人居环境整治、防返贫动态监测等工作开展实地督查活动。制订《关于开展仁化县2022年乡村振兴“督导日”活动的工作方案》，将11个镇（街）分成4个区采取交叉检查方式，7月起每月定期督导乡村振兴工作。组织开展乡村振兴年度考核，对镇街及乡村振兴参与单位实施考评。在韶关市2021年度乡村振兴实绩考核中，仁化获评优秀，并代表韶关市接受省2021年度乡村振兴实地考核。

（冯旭胜）

【董塘镇乡村振兴车间揭牌】 2022年4月11日，董塘镇乡村振兴车间旭东玩具厂举行揭牌仪式。该车间招募工人420余人，为董塘镇提供就业岗位400余个，工人月工资可达2500~3500元。

（刘雪娟）

国家现代农业示范区建设

【项目考核验收】 2022年，仁化县完成金柚产业集群项目验收。完成长坝沙田柚品控中心、2万立方米多功能冷库和800平方米深加工厂房及配套设施建设，建立全市首个沙田柚品控中心，举办一系列品牌推介活动，搭建销售平台，推进三产整合，助力乡村振兴。完成黄坑贡柑产业强镇建设。新建32公顷丹霞贡柑标准园智能水药肥一体化滴灌和打药系统、丹霞贡柑大数据服务中心、配套改造园区农旅休闲基础设施10公顷，新建1700平方米丹霞贡柑电商运营示范中心和智能冷库880立方米。

【柑橘产业园提质增效】 2022年，仁化县柑橘产业园集聚县级以上农业龙头企业24家，构建柑橘产业联盟。产业链条优化发展加速，实现一、二、三产业融合发展。发展企业超20家，建成现代化、智能化、高效化贡柑分选中心，柑橘产业综合产值17亿元以上，园内农产品加工业产值（二产）与农业总产值（一产）比达到2.6：1。农业机械装备水平提升。柑橘高标准示范基地666.67公顷以上，示范引领现有1.33万公顷贡柑、沙田柚基地实现土地产出率、资源利用率、劳动生产率提升。推广应用物联网、大数据、卫星遥感、无人机作业等新技术。国家现代农业示范区管委会向上级提交国家级柑橘产业园申报材料。

【牛羊产业园建设】 2022年，仁化县牛羊产业园涉及牛羊养殖、奶制品加工、冷链物流、有机肥料厂建设和牛羊屠宰等项目33个，总投资20935万元。成立工作领导小组，通过联席会议及时解决项目推进过程中的问题与难点，规范治理流程，制订《仁化县牛羊产业园项目建设工作方案》等，盘活闲置土地、优化营商环境，广东创盛农业发展有限公司等企业成功落户。33个项目中，项目开工率100%。

【省级毛竹产业园创建】 2022年，仁化县开展毛竹产业园申报创建工作，围绕毛竹笋材两用产业链及其延伸产业，推动竹产业强链延链，促进竹产业做大做强，赋能实体经济、乡村振兴。

2022年10月22日，2023年仁化县毛竹产业园实地核查汇报会在仁化县城举行　　（仁化县国家现代农业示范区管委会　供）

省农业农村厅按程序开展资料评审、实地核查、视频答辩等环节，完成入库公示。

【科技园区整改】　2022年，仁化县农业示范区管委会配合做好韶关国家农业科技园区各项整改工作，由市科技局协调聘请省科技厅3名专家提供指导整改工作全过程服务，指导开展整改工作有关资料与台账。市委编办印发《中共韶关市委机构编制委员会办公室关于设立韶关国家农业科技园区管理委员会的通知》，同意设立韶关国家农业科技园区管理委员会，由仁化县国家现代农业示范区管委会一体化运作，招聘科技园区工作人员4人，已到位。加强核心区建设，做好园区产业链建设和延伸。加大招商引资力度。以科技兴农、产业富民助力乡村振兴，擦亮国字号品牌。提升整体营商环境，落实优惠政策，加强服务水平，有多家企业正式入驻韶关园区。

（黄文彪）

林业

【国土绿化】　2022年，仁化县完成高质量水源林（水土保持）造林更新73.33公顷、高质量水源林（新造林）抚育495.6公顷。全县义务植树46.65万株，尽责率98%。加快生态公益林示范区项目建设，完成锦江两岸公益林示范区（二期）项目建设，完善森林生态监测设备及科普宣传设施。成功申报仁化县石塘上中垒公益林示范区建设项目。推进乡村绿化美化，完成丹霞街道扶其塘村绿美古树乡村建设，加强已建成7个绿美古树乡村后期管护。完成石塘镇田心村、丹霞街道黄屋村、红山镇田螺塘村、董塘镇昌背村4个乡村绿化美化示范点建设。加强林业生态建设项目管护，完成省道246线、大岭工业园、阅丹公路等约27.73千米景观林带绿化项目后期管护工作。做好2019—2023年重点防护林体系工程珠江防护林4733.3公顷封山育林项目后期管护。落实古树名木保护，制订印发《仁化县古树名木保护工作方案》，完成古树名木资源补充调查工作，新增古树123株，古树群8个。完成衰弱、濒危古树抢救复壮25株。完成全县901株古树重新挂牌及管护责任书签订，落实管护责任人。增设古树保护宣传牌33块。

【森林防火】　2022年，县林业局强化森林防火宣传，开展森林防火宣传活动，悬挂宣传横幅170余条，发放《韶关市野外用火条例》《仁化县人民政府森林防火禁火令》《森林火灾案例警示宣传册》13.5万余份、森林防火宣传品7.4万余份。制作森林防火宣传短视频《进入林区　禁止吸烟》、快板《森林防火责任大》、采茶小戏《护林一家》等，在县电视台、“仁化发布”微信公众号上发布，发动干部职工在微信朋友圈转发。在黄坑、红山、扶溪、石塘、闻韶5个镇安装森林防火宣传牌140块。规范临时检查站设置，指导各镇（街）在进山主要路口、重点林区、安全隐患较大区域设置森林防火临时检查站74个，采购帐篷80顶及站牌、标识、服装、防火码、登记本等物资一批，分发到森林防火临时检查站。制订《仁化县森林防火临时检查站工作指引》，规范临时检查站管理。在春分、清明等重要时间节点，指导各镇（街）完善包村、包组、包山头制度，把火源管控责任落实到村、到户、到人。开展森林火灾隐患排查整治，分配各镇（街）开展森林防火“五清”（清坟边、清林边、清地边、清隔离带和清旅游景区内可燃物）工作经费88万元，清理森林火灾隐患点151个，生物防火林带5.5千米，重要道路两旁、重点区域安全隐患面积67.36公顷。强化护林员队伍建设，制订护林员绩效考核方案，投入80余万元用于全县专职护林员绩效考核奖励。压实护林员工作责任，加大北斗巡护手持终端推广应用力度，强化护林员数字化、智能化管理，落实护林员队伍巡山护林“包区域 包山头”网格化巡查管理制度，确保实现森林火灾“打早、打小、打了”目标。健全完善森林防火体系，制订印发《仁化县森林防火规划（2021—2025年）》，完善森林防火综合阻隔系统建设，做好2021年新建生物防火林带61.4公顷新种苗木抚育管护，维护丹霞街道、黄坑镇、长江镇范围内40千米生物防火林带。开展2022年森林资源监测中心提升建设，升级平台和系统，新增高位视频监控4个，完成林火视频监控前端烟雾感应功能升级17个。做好森林火灾风险普查工作，开展政策性森林保险宣传和承保工作，投保生态林保险7.51万公顷、商品林保险4万公顷。

【森林资源保护管理】 2022年，县林业局加大涉林违法犯罪行为打击力度，立案查处行政案件16宗，刑事案件3宗依法移交县公安局查办。加强森林资源巡查管护，坚持开展日常巡查和不定期夜巡，重点做好伐区、环丹区域及斯溪河保护区、锦江河湿地等自然保护地巡查，出动人员1059人次、林政巡查车306次。编制完成《广东省仁化县林地保护利用规划（2021—2035年）》。做好各类重点建设项目用林用地要素保障，办理各类重点建设项目使用林地11宗，批准使用林地面积54.62公顷。依法督促行为人对临时占用林地、违法占用林地进行复绿，完成案件复绿10宗，复绿回收林地面积4.2公顷。抓好林木采伐审批和限额管理，制订年度商品林采伐限额方案，开展2021年度伐区检查工作，对2021年662个伐区执行情况检查结果进行通报。全县完成天然林核定落界8.21万公顷。完成生态公益林精细化管理系统建设、省级以上生态公益林优化项目。督促做好2022年生态公益林补偿资金发放工作，全生态公益林补偿资金发放率92%。开展林业有害生物防控，印发《仁化县松材线虫病防控五年攻坚行动方案（2021—2025年）》《2022年仁化县松材线虫病防控方案》，松材线虫病防治工作纳入各级林长考核范围。对松材线虫、林地红火蚁、马尾松毛虫、华竹毒蛾等10余种常见林业有害生物实施监测，组织各镇（街）、县属各林场专兼职测报员300余人，完成监测面积71.47万公顷次，监测覆盖率100%。聘请第三方公司开展2022年松材线虫病疫情秋季专项普查。加强涉木企业检疫监管、日常检疫检查，检查登记辖区内涉木企业（个人）36家，开展松材线虫病疫木检疫执法行动33次。做好防治技术指导和宣传，开展送药下乡活动，开展防治业务宣传指导15次，发放相关宣传资料1万余份、防治知识手册3500余册。完成2021年秋季专项普查发现的松材线虫病存量病枯死松树清理除害。除治病死枯死松树6996棵。开展重点林区松林松墨天牛飞机施药防治666.67公顷。采取人工方式对不适宜开展飞防区域进行补充防治1466.67公顷。做好林地红火蚁、毛竹食叶害虫等其他病虫害防治工作，每月开展相关调查和防治2次以上，红火蚁发生面积压减至18.02公顷，控制在轻度发生水平以下。完成毛竹枯梢病、黄脊竹蝗等常见病虫害监测5.23万公顷，防治213.33公顷。发出病虫害发生趋势预警预告2次，发放白僵菌等防治药物2吨。

【涉林矛盾纠纷化解】 2022年，县林业局接待群众来信来访96批次271人次，办理信访案件15件。制订涉林矛盾纠纷案件包案工作方案，实行领导包案和工作人员包案制度，落实专人跟进。处理山林纠纷案件39宗。做好丹霞山人工林赎买流转林农思想疏导工作，未发生林农越级上访事件。

【林下经济发展】 2022年，仁化县改造油茶低产低效林333.33公顷，新种油茶林66.67公顷。完成林下经济作物种植152.67公顷。完成丹仁南药省级林下经济示范基地6.67公顷中草药立体种植和5家新型林业经营主体培育补助项目。开展仁化县中草药科普示范园项目建设，探索林下种植中草药生态经营模式。做好首批省级林业特色产业发展基地申报工作，仁化县被认定为广东省首批竹产业发展基地。扶持竹木加工企业鸿伟木业（仁化）有限公司、奥达胶合板有限公司2家，扶持全县竹产业种植发展，认定长江镇冷饭坑毛竹示范基地等10处竹林基地为仁化县竹业特色产业发展基地（试点）。开展红山白毛茶产业宣传推介，通过省林业局联合腾讯大粤网在红山镇白毛茶原种园开展“走进中国白毛茶原种园”直播活动，吸引围观35万人次。举办茶叶培训班2期、林草种苗培训班1期。抓好林业经营主体培育。扶持发展林业经营主体，协助完成韶关爱树民宿客栈等3家南粤森林人家、红山镇金醇红茶叶专业合作社省级林业专业合作社示范社申报工作，做好奥达胶合板有限公司等6家省级示范经营主体复核和监测工作。加强13家食用林产品经营单位质量安全监管，完成市下达的竹笋（土壤）检测任务32个批次。推动林业第三产业加快发展。以森林旅游、森林康养、自然教育为抓手，建设和扶持森林生态示范点一批。丹霞灵溪被认定为“广东省森林康养基地”，五马寨生态园被认定为“广东省自然教育基地”。开展美丽林场建设。

【野生动物保护和自然保护地管理】 2022年，县林业局依法查处非法出售、收购、食用野生动物行为，出动680人次，检查场所169处。结合湿地日、爱

2022年5月22日，仁化县林业局在巴孖园开展共建地球生命共同体——仁化县2022年“国际生物多样性日”生态环境保护主题宣传亲子实践活动 （县林业局 供）

鸟周、国际生物多样性日，多形式、立体化、全方位做好野生动物保护宣传工作，完成线上宣传5次，到各镇（街）宣传11次，发放宣传资料8600余份、“仁化县关于禁食野生动物告知书”2000余份，与169家酒楼、饭店签订“禁食野生动物承诺书”，张贴“禁食野生动物倡导文明新风”宣传牌1600块。筹措50余万元购置红外线相机30台，安装在全县主要生态功能区，建成野生动物监测系统。收容救助野生动物12只。

【国家森林城市创建】 2022年，县林业局做好创建国家森林城市（简称创森）资料完善工作。按照市创森办要求，做好市级森林城市创建档案各项支撑材料的收集、整理和报送工作，督促各创森成员单位对标《仁化县创建国家森林城市指标自查报告任务清单》《仁化县创建国家森林城市总体规划实施报告任务清单》，做好县级创森佐证资料查漏补缺和整理完善工作。开展好创森宣传。开展“走进中国白毛茶原种园”直播活动、生态林业摄影大赛等创森宣传活动。在全县各机关、企事业单位、超市、城市公园、工地围挡、汽车站等场所展示森林城市主题广告。组织发动市民参与韶关创森问卷调查1.8万余人。

【林长制工作全面推行】 2022年，仁化县全面推行林长制工作重心从“建章立制”向“推深做实”转变。县林业局加强林长制宣传培训，设置林长制公示牌135块，张贴宣传海报500余张，悬挂横幅35条，进村入户发放宣传盒装纸巾 6 万份。建立林长责任宣传示范区城南森林公园、石塘镇上中垒2个。在黄坑等5个镇打造“林长制知识”宣传一条街。举办林长制工作培训班6期，培训480人次。制订年度林长制工作要点、全面推行林长

制重点工作任务清单、林长巡林方案等，加强督查考核，发出仁化县2022年第1号、第2号林长令，推动林长制工作落实。县级林长、副林长对重点区域开展巡林70余次，协调解决重点难点问题，示范带动镇、村级林长巡林8000余次。

【林业安全生产】 2022年，县林业局坚持“党政同责、一岗双责、齐抓共管、失职追责”原则，落实“管行业必须管安全、管业务必须管安全、管生产经营必须管安全”要求，全力抓好林业安全生产。压实森林防火责任，强化森林防火巡查宣传，开展隐患排查整治，严格野外用火管控，加强督导检查，确保森林防火工作平安。加强行业安全生产监管，组织人员到各镇（街）木材生产加工企业开展安全生产监督检查，检查木材加工厂、涉林企业57家次，排查隐患13处，全部完成整改。组织人员对各林场办公楼、宿舍、林区公路以及林业工程项目开展汛期风险隐患排查，及时整治风险隐患。按县政府部署，组织党员干部组成救灾小组，协助大桥镇转移受灾村民20余人。

【改革攻坚规范治理】 2022年，县林业局按照县委改革攻坚规范治理工作部署，成立改革攻坚规范治理工作领导小组，加强建章立制，制订印发《仁化县古树名木保护工作方案》《仁化县林业局关于做好2022年各类重点项目用林需求保障工作方案》等6项，推动改革攻坚规范治理工作制度化。对照县规范治理办《各部门各单位规范治理工作台账》，完成全部涉林业规范治理事项10项。根据《广东省林业局关于开展林业改革发展综合试点工作的通知》，稳步推进林业改革综合试点工作。

（刘文平　阮慧婷）

【灵溪河森林康养基地上榜广东省森林康养基地试点单位】 2022年1月30日，广东省林业局公布《关于公布2021年省级森林康养基地（试点）名单的通知》，经过各地级以上市林业主管部门组织申报和审核推荐、专家评审、网上公示等程序，仁化县灵溪河森林康养基地被认定为2021年广东省森林康养基地（试点）。

【仁化两地入选广东省自然教育基地】 2022年7月20日，广东省林业局办公室印发《关于公布2022年广东省自然教育基地认定名单的通知》，韶关市五马寨自然教育基地入选2022年广东省自然教育基地，丹霞山世界地质公园入选2022年广东省高品质自然教育基地。

【仁化一课例入选广东省优秀自然教育课程】 2022年9月8日，广东省林业局自然教育工作领导小组办公室印发《关于公布2022年广东省自然教育之星和广东省自然教育优秀课程评选结果的通知》，丹霞山管委会申报的《红石头的故事——了解丹霞地貌沉积过程》入选2022年广东省优秀自然教育课程，马丽荧入选2022年广东省自然教育之星。

【仁化县竹产业发展基地入选广东省林业特色产业发展基地名单】 2022年10月24日，广东省林业局公告广东省首批林业特色产业发展基地名单，仁化县竹产业发展基地入选。毛竹是仁化县的主要竹种，面积2.36万公顷，约占竹林总面积的83.87%，在长江、红山、城口、闻韶等镇有多个连片万亩竹林，建有长江镇塘洞、冷饭坑毛竹丰产抚育基地及闻韶镇江南毛竹丰产示范区等，长江镇被誉为“中国毛竹之乡”。

【董塘镇古树群上榜“广东十大最美古树群”】 2022年11月25日，广东省林业局公告“广东十大最美古树群”评选结果，仁化县董塘镇古树群入选。

（刘雪娟）

畜牧兽医水产业和农作物病虫监测

【概况】 2022年，仁化县规模猪场（户）保有量60家，生猪总存栏量16.4万头，其中，能繁母猪存栏1.3万头，生猪累计出栏26.1万头，与上年同期相比增长36.8%；羊存栏0.63万只，累计出栏量0.51万只，牛存栏792头，出栏350头，同比增长22%；家禽存栏量76.76万羽，出栏量128.4万羽，同比增长5%；肉类总产量2.43万吨，同比增长24.8%，牧业总产值比上年增长10%。畜禽规模养殖比例高于上年水平，畜禽粪污综合利用率94%，规模养殖场粪污处理设施装备配套率

100%。水产养殖面积1683公顷，其中，池塘面积1088公顷，山塘水库面积595公顷。水产品产量1万吨，与上年同期相比减少0.2%；渔业总产值1.7亿元，与上年同期相比减少0.3%。

【养殖监管】 2022年，县畜牧兽医水产局加强养殖监管，成立畜禽养殖督查组5个，每10天督查各镇（街）、养殖场（户）落实工作，通报存在安全生产隐患、防控防疫不到位、环保不达标单位，并跟踪落实整改。

【动物防疫检疫】 2022年，县畜牧兽医水产局订购禽流感疫苗70万毫升，发放62.4万毫升；订购猪口蹄疫疫苗19万毫升，发放17.3万毫升；订购牛羊口蹄疫疫苗6万毫升，发放4.85万毫升；订购小反刍兽疫疫苗2.5万毫升，发放2.27万毫升；订购发放猪瘟疫苗3万头份、猪蓝耳病疫苗0.24万头份、鸡新城疫疫苗80万羽份、狂犬病疫苗700头份。监测口蹄疫猪血清学检测抗体470份、牛羊血清学检测抗体288份，猪蓝耳病血清学检测抗体465份、猪瘟血清学检测抗体272份、禽流感血清学检测抗体443份、鸡新城疫血清学检测抗体445份、牲畜布鲁氏菌病血清学检测抗体481份、小反刍兽疫血清学检测抗体74份。养殖环节病死生猪无害化处理总数3446头。产地检疫开出检疫证明动物B和动物A证共6355份。非洲猪瘟排查生猪场所6317个，屠宰场738次，出动排查人员7233人次，排查生猪284.61万头。生猪养殖环节、屠宰环节瘦肉精检测猪尿1967份。完成春秋强制免疫任务，免疫家禽禽流感免疫145.6万只，免疫率99.9%；猪口蹄疫免疫22.5万头，免疫率99.9%；牛羊口蹄疫免疫1.12万头，免疫率99.8%；小反刍兽疫免疫0.9万头，免疫率99.6%。要求全县养殖规模场（大户）除强制免疫病种外，自行免疫猪瘟、猪蓝耳病等。建立防疫检查汇报制度，深入镇（街）、村、养殖规模场（户）检查防疫措施落实情况，及时解决防疫过程中所遇到的问题，查漏补缺。春秋防疫期间，实行各镇（街）免疫进度周报告制度，每周四由各兽医站向县局报告工作进度1次。选取丹霞街道、董塘镇作为动物防疫示范镇，各镇选定示范村2个、示范场2个，发挥辐射作用。

【水生动物养殖】 2022年，县畜牧兽医水产局开展水产养殖用投入品三年专项行动，出动检查人员60人次，配合检查水产兽药店4家、水产饲料店4家、水产养殖场30户，未发现有违法行为。做好水产养殖受灾统计和灾后复产工作。指导水产养殖户清理过水鱼塘漂浮垃圾，修复塘基，向养殖户讲解受污染养殖水体消毒方法并发放消毒药物，协助养殖户重新投放鱼苗恢复生产，加强疫病监测，防止灾后发生疫病，并向养殖户宣传渔业保险相关信息，保障养殖户生命财产安全。完成水产养殖种质资源普查和水域滩涂养殖证推广。完成仁化县第一次水产养殖种质资源普查项目实施。加强办证信息宣传力度，做好相关证照办理工作。走访养殖户40户，入户宣传相关办证信息，办理水域滩涂养殖证涉养殖水域11.44公顷。

【农作物病虫监测】 2022年，县畜牧兽医水产局向上级各相关部门提供书面汇报72次，电话汇报64次，通过广东省病虫信息平台传送病虫调查数据123次，撰写、发布农作物病虫情报14期（水稻6期、柑橘6期、花生1期、其他经济作物1期）1210份。及时上报病虫发生动态及测报灯诱虫情况至广东省农业有害生物信息平台17692条。完成水稻、柑橘主要病虫监测及数据上报广东省农业有害生物预警防控中心95期。及时准确报送草地贪夜蛾发生情况和动态至全国农作物重大病虫害数字化监测预警系统80期。开展水稻螟虫性信息素诱测监测，上报广东省农业有害生物预警防控中心16期，录入数据276条。

【惠农政策落实】 2022年，县畜牧兽医水产局组织开展政策性农业保险工作。养殖保险投保母猪4250头、育肥猪89600头、仔猪80670头，申请发放中央财政补贴3284.88万元，省级财政补贴169.98万元，市、县级财政补贴各612727.5元。

【指定道口工作】 2022年，县畜牧兽医水产局根据省农业农村厅、省公安厅、省交通厅、省市场监督管理局《关于实施省外动物及其产品入粤指定道口管理工作的通知》精神，在武深高速城口出口处（上寨桥旁）设立仁化县入粤指定道口检查点，组织专职人员6名（其中站长1名）实行24小时值班制，开展仁化县指定道口入粤动物及动物产品监督检查工作。排查运输生猪车辆5383车次，生猪214619头；生猪产品车辆124车次，产品789.54吨。

（罗贵强）

农业机械

【概况】 截至2022年年底，仁化县农业机械总动力12.94万千瓦，比上年增长1.2%。拖拉机2928台，拖拉机配套农机具2963台/套，水稻插秧机196台，收割机95台，茶树修剪机150台，无人机17台，其他农机具一批。水稻生产机耕率98.97%，机插率34%，机收率97.73%，水稻耕、种、收综合机械化率79.11%，农作物综合机械化率52.29%。

【农机购置补贴】 2022年，上级下达仁化县农机购置补贴资金60万元。全县发放补贴资金59.37万元，受益农户56户，补贴机具84台，其中，旋耕机43台、微耕机10台、无人机4台、田园管理机2台、收割机2台、秸秆粉碎还田机3台、茶叶烘干机1台、茶叶揉捻机1台、轮式拖拉机14台、报废补贴机具水稻插秧机4台。仁化县农业机械事务中心（简称县农机中心）加大农机购置补贴宣传力度，印制、发放宣传农机购置补贴纸巾盒600个、牙签筒300个，环保袋1500个，悬挂横幅8条。

【协助农机管理】 2022年，县农机中心协助县农业农村局争取上级资金支持，推进农机化进程。争取2022年省级涉农资金380万元，用于粮食烘干设施建设。协助落实变型拖拉机注销工作。10月，协助完成已注册且通过年审变型拖拉机农户全部签署强制注销“变型拖拉机”告知书，完成年度任务数15台（3年注销变型拖拉机371台）。

【农机技术推广】 2022年，县农机中心做好农机专业合作社指导服务工作。9月，仁化县向阳农机专业合作社被认定为2022年“全省十佳农机社会化服务组织”；10月，仁化县向阳农机合作社刘永福代表韶关市参加全省农业行业职业技能大赛（农机维修工），获得优秀奖。开展形式多样农机（具）推广使用活动，培育新型农机技术人才。组织大型农机宣传推广活动2次，印制派发宣传资料1500余份。5月20日，在县现代农业综合馆举办新型农用多功能无人机操作技术现场培训班，镇（村）干部、农机技术人员等50人参加。7月29日，在石塘镇举办2022年水稻有序机械抛秧观摩现场会，镇（村）干部、种粮大户代表等40余人参加。

【水稻生产机械化】 2022年，仁化县贯彻落实中央一号文件稳定粮食生产要求，强化现代农业科技和物质装备支撑，支持农民专业合作社新建工厂化育秧大棚以及稻谷烘干房6300余平方米，落实购置耕整机、联合收割机耕整地机等机械购置补贴农户54户，提升水稻生产全程机械化水平，全县代育代插、代耕代种等托管服务水稻面积0.19万公顷。

【协助农机执法】 2022年，县农机中心协助县农业农村、交警、交通等部门开展农机安全隐患排查整治工作。在重大节假日前、春耕备耕和汛期期间，协助开展农机安全生产隐患排查工作6次，检查农机合作社、农机经销商、农机大户等21家次。

【农机安全生产宣传】 2022年，县农机中心开展农机安全生产宣传及上路交通安全宣传12次，悬挂农机安全宣传横幅11条，张贴标语195张，发放农机安全生产宣传单1800余份、农机安全及“扬尘治理”宣传手册400余份。举办农机安全生产培训班4期。协助举办农机安全应急演练1次，各镇（街）农业机械手、种植大户等100余人参加。全县未发生农机安全生产事故。

（许美花）

工　业

综述

【工业发展概况】　2022年，仁化县规上工业企业总数38家，完成工业总产值112.8亿元，增长21.1%，工业增加值33.7亿元，同比增加14.7%，超额完成市下达12.5%的增速任务，增速全市排名第一。完成工业投资13.6亿元，同比下降31.3%。完成技改投资2.9亿元，同比下降74.7%。完成制造业投资8.6亿元，同比下降39%。省属企业实现增加值25.8亿元（占规上工业增加值76.5%），同比增长10.5%；非省属企业实现增加值7.9亿元，同比增长26.3%。支柱行业实现增加值26.9亿元，同比增加9%，其中，有色金属行业实现增加值24.4亿元，同比10.3%；电力、热力生产和供应业实现增加值2.5亿元，同比下降2.5%。

【绿色工业发展】　产业结构逐步优化。2022年，仁化县战略性新兴产业主要以新能源、新材料产业为主，总产值17亿元，增加值4亿元，占全县规上工业增加值11.9%。有色金属支柱产业逐步转型升级。6月，董塘凡口绿色工业园区的丹霞冶炼厂建成炼锌渣绿色化升级改造项目试产，处理丹霞冶炼厂现有锌氧压浸出系统自产炼锌渣18.3万吨/年，厂外省内含铅、含铜废物10万吨/年，达产后可形成锌渣处理能力35万吨/年；镉钴回收生产线采用湿法冶炼工艺回收镉和钴产品，处理丹霞冶炼厂现有锌氧压浸出系统净化车间产出净化渣以及镓锗铟铜综合回收系统产出的萃铜余液等。

能源产业提质增效。2022年，仁化县推进光伏、新型储能、抽水蓄能产业发展，引进光伏项目6个、新型储能项目3个，已签约抽水蓄能项目1个（周田灵溪）。鼓励、支持华粤煤矸石电厂进行生物质耦合发电技术改造。县域能源结构逐步由传统的水、火电结构向水、火、光伏、生物质等多种结构转变。

新能源动力电池材料产业发展。2022年，仁化县抓住相关行业市场急速膨胀最佳时机，将新能源电池产业打造为支柱产业。仁化县优势产品主要有电池级碳酸锂、硫酸镍、硫酸钴等。全县有新能源动力电池材料规上企业广东威玛新材料科技有限公司、广东盛祥新材料科技有限公司2家，新能源动力电池产业增加值占全县规上工业企业的10.5%，占整个产业转移工业园的73.6%。广东威玛新材料科技有限公司完成产值8.8亿元，同比增长192.2%，增加值2.2亿元，同比增长179.3%；广东盛祥新材料科技有限公司于2022年初开工建设，6月投产，完成产值5.5亿元，增加值1.4亿元。

【重点在建项目】　2022年，仁化县建立工业项目管理信息台账，加强项目跟进力度，加快推进新签约项目落地。主动与企业对接，发扬“店小二”精神，协调解决企业在建设过程中遇到的难题。抓好广东凯捷电源有限公司年产160万千伏安时蓄电池生产基地新建项目，韶关睿勤新能源科技有限公司新能源电池材料项目，广东派顿新能源有限公司年产100万千伏安时铅酸蓄电池、年产150兆瓦太阳能电池组件、50万千伏安时锂电组装建设项目，仁化康普盾储能科技有限公司200兆瓦/400兆瓦时独立储能项目，广东麦特新材料科技有限公司年产150吨精铟加工搬迁建设项目等新建项目沟通协调工作。做好广东志成冠军集团有限公司仁化分公司铅酸蓄电池生产规模扩建项目，广东盛祥新材料科技有限公司废旧锂电池拆解回收利用项目第二期，广东英业达电子有限公司高性能铅炭长寿命电池及锂、钠电池和碳复合材料生产线技术改造项目等重点扩产改造项目服务工作，协助企业申报上级专项资金。协助配合相关职能部门做好服务工作，促进广东宏远锂电新材料生产项目，中金岭南磷酸铁锂电池项目磷酸铁锂电池，铂、钯、铑贵金属回收项目和威玛新材料科技有限公司三期建设等项目尽快落地。各类项目做到定期上门，了解项目进展，对出现的问题及困难协助企业马上解决。

（庞国雄　吴静涛）

【重点项目集中开竣工】　2022年，韶关市项目集中开竣工（仁化县分会场）新开工项目77个，总投资70.43亿元，年度计划投资21.54亿元，完成投资22.17亿元，其中，工业项目17个，总投资32.4亿元，年度计划投资4.32亿元。新竣工项目36个，总投资12.83亿元，其中工业项目11个，年产值15.11亿元。市重点项目24个，完成计划投资比例105.4%，超过市下达年度目标任务。新签约招商引资项目31个，投资总额83.55亿元。

（朱　轩）

电力工业

【水力发电】　截至2022年年底，仁化县有水电站256座，其中，锦电公司4座、县水务局下属电站5座、石塘镇4座、董塘镇8座、丹霞街道办3座、红山镇40座、长江镇74座、扶溪镇27座、城口镇39座、闻韶镇10座、大桥镇3座、周田镇12座、黄坑镇27座，总装机容量19.34万千瓦，其中，1万千瓦以上电站3座，装机容量4.72万千瓦；0.1万千瓦以下电站230座，装机容量9.26万千瓦。年发电量680832.64万千瓦时，比上年增长32.69%。

（李恩泽　黄建华）

【火力发电】　2022年，仁化县火力发电企业有仁化县华粤煤矸石有限公司1家，投入352万元，发电量3.48亿千瓦时，比上年下降45.09%，上网电量3.12亿千瓦时。

（朱　轩）

锦江电力开发总公司

【概况】　2021年，锦江电力开发总公司（简称锦电公司）实现发电量15841.09万千瓦时，上网电量15523.01万千瓦时，发电收入8603.64万元，上缴财税3529万元（其中，上缴税费1529万元，上缴财政2000万元）。全年实现安全生产无重大责任事故。

【安全生产】　2022年，锦电公司科学精准调度锦江上下游梯级水库群，汛前将水位拉低至123.32米，腾空库容，根据天气变化情况调节库容。统筹抓好防洪、发电，保持高水头运行，减少发电耗水量，增加发电量。6月，启动一级响应，科学优化调度，适时实施开闸泄洪，把水位拉低到汛限水位1米以下，在134米的标准水位运行，腾出库容以备后续强降雨。支持锦江两岸农田灌溉。

【被退出电站工作】　2022年年初，锦电公司辖下锦江电厂、丹霞电站、瑶山电站、塘洞电站被列入《仁化县小水电清理整改“一站一策”退出方案》退出类电站。该4座电站合计装机容量4.39万千瓦，占公司所属电站总装机容量4.89万千瓦的89.7%。公司多次召开专门会议研究对策，向县委、政府及上级行业部门汇报，寻找权威部门专家论证该4座电站综合利用功能难以替代的论证报告，争取改变4座电站被清退。

【技改和检修】　2022年，锦电公司锦江电厂建成一级标准，下游3座电站建成二级标准。抓好机电设备维护、检修和技改工作，提高厂站安全生产水平和经济效益。完成锦电大厦办公楼电梯更换1台；锦江电厂大坝自动监测系统、大坝检修闸门电动葫芦、检修排水泵、厂变保护单元箱升级改造；黄屋电站2F机组转轮检修；丹霞电站2号机组定子线圈技术处理、1号机组空冷器管路改造、两台机组主轴密封和导水机构漏水检修及充水阀技术改造、清污机及清污车故障处理、清污机链条更换、拦污栅栅片加固、清污机检修、桥式起重机整车电气部分技术改造；瑶山电站起重机主、副钩高度限位装置技改，大坝九孔泄洪闸门开度仪技改及加装机械行程限位开关，技术供水系统管路、滤水器改造，主变压器检修；九龙岩电站增加渠道内清污机设备改造；塘洞电站厂房前护堤重建、水库大坝护堤建设等工作。

【职工教育培训】 2022年，锦电公司科协组织首次开展企业职业技能等级认定工作，职工通过职业技能等级认定123人。与广东省岭南工商第一技师学院（韶关校区）进行企校合作开展新型学徒制培训强化实训，参加职工81人。接收适龄青年3人开展见习培训。开展思想政治专题宣讲会2次，参与160人次。开展雷雨季节反事故措施、汛前防洪应急预案演练、《电力安全工作规程》考试等。

【综治、人事、工青妇工作】 2022年，锦电公司抓好社会管理综治、工青妇、文秘、劳资、档案、车队、后勤服务等工作，办好内刊《锦电通讯》，开展"十佳员工""十佳岗位女能手"评选活动，用活各种载体宣传公司。组织20人参加"青春向党·奋斗强国"主题五四青年节座谈会。开展"奋进新征程、建功新时代"拔河比赛、劳动技能竞赛等活动5次，参与活动238人次。组织参加仁化县2022年"工会杯"象棋比赛和乒乓球比赛2次，参与8人次。探望慰问退休职工4人，送上慰问金3200元；慰问生病职工及其家属、生育职工、老人去世职工等28人次，送上慰问金1.33万元；慰问老党员和困难党员12人次（其中有2名是高坪社区老党员），送上慰问金3316元；开展春节退伍军人慰问活动；奖励高考取得优异成绩职工子女7名，奖励金2.5万元。

【库区农作物淹没补偿】 2022年，锦电公司加强库区情况调查走访、核实，做好库区各项工作。做好工农协调30余宗，发放青苗补偿款等60余万元，发放库区"两头"人员（老、少人员）520人生活扶持金50余万元。

【企业社会责任担当】 2022年，锦电公司推进乡村振兴、锦江流域环境综合治理、巩文巩卫、帮扶解困等工作。筹集资金27.01万元用于董中村亮化工程、岭背村小组球场护网安装及湾塘和岭背村小组灾后部分受损路段道路硬底化、复工复产帮扶、脱贫户房屋修缮等。开展锦江流域环境综合治理，巡查锦江水库至瑶山水库40余次，投入资金74.41万元打捞锦江水库、黄屋水库、丹霞水库和瑶山水库垃圾、浮莲等漂浮物5400余吨。参与创文网格六区卫生整治志愿服务活动374次4380人次、文明交通劝导60次500人次。开展消费帮扶16.07万元，"6·30"广东扶贫济困日捐款20万元（其中10万元定点给董塘镇董中村委会）。

（刘春香）

有色金属行业企业

【概况】 2022年，仁化县有色金属行业规上企业完成工业总产值69.7亿元，同比增长19.7%；完成工业增加值24.4亿元，同比增长10.3%，占全县规上企业增加值的72.4%。全县规模以上有色金属行业企业主要有凡口铅锌矿、丹霞冶炼厂、韶关市鑫众钨业有限公司、仁化县博世铝业有限公司、韶关中润金属科技有限公司、韶关盈瑾金属有限公司。

【有色金属重点企业】 **凡口铅锌矿**。（参见"中央、省、市驻仁化单位"类目"深圳市中金岭南有色金属股份有限公司凡口铅锌矿"分目）

丹霞冶炼厂。（参见"中央、省、市驻仁化单位"类目"深圳市中金岭南有色金属股份有限公司丹霞冶炼厂"分目）

韶关市鑫众钨业有限公司。原名韶关市鑫海仁丹钨业有限公司，位于仁化县桂花村，主要生产钨粉、碳化钨粉等产品。2022年，年产值8316万元，同比上年增长89%。

仁化县博世铝业有限公司。是韶关市铝型材重点生产企业，位于仁化县产业转移工业园。2022年实现生产总值1.46亿元，同比上年增长7.6%。

农产品深加工工业

【概况】 2022年，仁化县仍处于起步探索阶段，规模较小加工厂有仁化县农民头食品有限公司、山楂大叔韶关农业科技有限公司、韶关市五马寨菌业有限公司等，无该类规上工业企业。

【农产品深加工工业发展方向】 2022年，仁化县通过支持新型经营主体建设恒温库、分选生产线、包装生产线，发展保鲜、储藏、分级、包装等初加工设施，鼓励多元化跨界投资发展农产品网、箱、袋等关联产业，提高农产品采后加工技术能力和产业化程度，推动仁化县农产品基地田头冷藏保鲜冷库群建设。实施农产品精深加工提升行动，挖掘现代农业产业价值，加工发展一批具有仁化特色的农产品，推动初加工、精深加工、综合利用加工和主食加工融合发展，促进加工副产物资源化利用，延长现代农业产业链向纵深发展，增加农业产业附加值。

【农产品深加工工业项目】 2022年，仁化县完成仁化县和而友生态农业有限公司现代化柑橘种植加工综合示范基地项目、韶关市韶州红食品有限公司年产1000吨坚果炒货一期项目建设。引进广东金色丹霞食品有限公司年产10万吨食品系列生产建设项目、韶关市鱼动乐食品发展有限公司鱼类水产品及农副产品加工项目、广东创盛农业发展有限公司优质羊奶制品冷链加工一体化中央厨房新建设项目等一系列农产品深加工项目。

竹木加工工业

【概况】 2022年，仁化县规上竹木加工企业有鸿伟木业（仁化）有限公司、仁化县奥达胶合板有限公司2家，共完成工业总产值5.7亿元，同比下降5.8%，完成工业增加值1亿元，同比下降7.9%。占全县规上企业增加值的3.1%。

【竹木加工重点企业简介】 鸿伟木业（仁化）有限公司。2022年，产值3.7亿元，同比增长14.5%。投资0.85亿元，建设年产20万立方米全竹及竹木复合刨花板生产线1条。

仁化县奥达胶合板有限公司。是广东省唯一集科研、制造、检测于一体竹胶合板生产企业。2022年，产值1.97亿元，同比下降29.6%。

（庞国雄　吴静涛）

【鸿伟木业（仁化）有限公司广东省博士工作站揭牌】 2022年5月27日，鸿伟木业（仁化）有限公司广东省博士工作站举行揭牌仪式，仁化县实现博士工作站零的突破。（刘雪娟）

工业园区建设与管理

【概况】 2022年，丹霞开发区主要管理仁化县产业转移工业园和仁化县小企业创业集聚区，代管县城东湖工业园。中金岭南有色金属绿色循环产业示范园由深圳市中金岭南有色金属股份有限公司负责开发建设，仁化县竹产业园未启动开发建设。

仁化产业转移工业园。规划总面积492.27公顷，规划形成“2+6+1”（“2”即两条发展轴线，分别为沿新庄大道、工业二路—滨江西路，形成南北向、东西向两条发展轴线；“6”即六个产业区，分别为有色金属深加工南区、有色金属深加工北区、金属回收加工南区、金属回收加工北区、稀贵金属深加工区以及虎门—仁化对口帮扶产业共建区；“1”即一个配套区，为桥南综合服务区，包括园区管委会、商业商务设施、职工公寓等）功能结构，投入建设资金逾8.75亿元，实现通水、通电、通路等“九通一平”建设。2022年，有高新技术企业9家，科技型中小企业7家，省级研发机构3个，市级研发机构8个，拥有高新技术产品35项，授权知识产权数量106件，其中，发明专利10个，实用新型专利96个。完成固定资产投资10.14亿元，同比下降29%，其中工业投资完成8.67亿元，下降30%，基础设施完成1.47亿元，同比下降24%。完成规模以上工业总产值22.1亿元，规模以上工业增加值4.94亿元，税收约4332.86万元，其中，新能源电池材料企业贡献工业生产总值14.34亿元，占64.9%，贡献工业增加值3.63亿元，占73.4%。就业人数1715人。技改投入1.9亿元。

仁化县小企业创业集聚区（大岭工业园）。总体规划面积180.53公顷，是“广东省小企业创业基地（第一批）”，以竹木制品、机械制造、制衣业为主，基础设施完善。2022年，有企业16家，其中规模以上企业3家，实现规模以上工业总产值6.46亿元，增加值1.26亿元，完成税收1191.9万元。

2022年仁化县产业转移工业园区规模以上企业一览表

表7

仁化县产业转移工业园				
企业名称	主要产品	产值（万元）	增加值（万元）	税收（万元）
广东志成冠军集团有限公司仁化分公司/广东志成冠军电气器材科技有限公司	铅酸免维护蓄电池与极板、输配电及控制设备类不间断供电电源（UPS）配套装置	7195.1	1689.4	706.92
韶关中弘金属实业有限公司	球形氢氧化镍、硫酸镍、碳酸镍、电解铜板	0	0	1228.16
广东威玛新材料有限公司	电池级碳酸锂、硫酸镍溶液、硫酸钴溶液、硫酸锰	88178.1	22370.8	965.4
广东升隆电源有限公司	铅酸蓄电池	5503.4	1292.2	269.91
韶关元泰资源科技有限公司	碳化钨、钨粉、钼制品、钴制品	8845.7	2152.8	69.04
韶关富鑫有色金属有限公司	阴阳极板、铅合金	19468.6	1719.1	112.54
广东英业达电子有限公司	不间断电源、应急电源、铅酸蓄电池等	4275.4	1003.9	209.56
广东西力电源有限公司	太阳能电池、不间断电源、应急电源、铅酸蓄电池等	2939.7	690.2	255.63
韶关凯鸿纳米材料有限公司	纳米氧化锌、粗铅、精铁粉	3375.5	831	96.71
仁化县博世铝业有限公司	铝型材、铝合金	14553.6	1699.9	134.66
广东讯天新能源有限公司	铅酸蓄电池	2736.4	642.5	99.26
广东盛祥新材料科技有限公司	锂电池材料加工	55239.2	14014.2	48.86
韶关盈瑾金属有限公司	智能空调铜管	6940.2	810.6	29.86
广东天鹰新能源科技有限公司	铅酸蓄电池	2119.3	497.6	106.35

续表7

仁化县小企业创业集聚区				
企业名称	主要产品	产值（万元）	增加值（万元）	税收（万元）
仁化县奥达胶合板有限公司	人造板、建筑模板、集装箱板、细木工板、竹木制品	19734.8	3694.4	406.9
鸿伟木业（仁化）有限公司	木制品加工	37423.4	7005.7	294.72
仁化县安建混凝土有限公司	商品混凝土、商品砂浆	7420.9	1935.4	490.29
总计		285949.3	62049.7	5524.77

【基础设施建设】 2022年，仁化县产业转移工业园区基础建设（一期）项目总投资18750万元，完成排水排污管道等配套项目200米、产业园110千伏输变电配套工程2千米、产业园配套停车场车位200个、产业园场地平整工程约40公顷。

【新入驻企业建设】 2022年，园区新入驻企业在建项目进展顺利。仁化卓邦新型材料有限公司生产环保新型材料项目进入验收。广东电网有限责任公司110千伏高基输变电工程项目竣工验收。广东源著能源设备有限公司纳米硅镁高低温环保蓄电池项目完成厂房搭建3栋，封顶办公楼1栋。广东西力电源有限公司年产100万千伏安时铅酸蓄电池建设项目、韶关盈瑾金属有限公司年产8000万件空调管路件项目、广东盛祥新材料科技有限公司已竣工验收投产。广东凯捷电源有限公司、韶关睿勤新能源科技有限公司进行厂房建设。仁化友联科技有限公司进行基础设施建设。

【招商引资】 2022年，丹霞开发区引进企业签约并注册项目12个（总投资30.2亿元），完成市下达招商任务。重点招商项目有广东宏远锂电材料项目（总投资10.4亿元）、韶关睿勤新能源科技有限公司新能源电池材料项目（总投资5亿元）等。

（蔡裕峰）

新能源产业与发展

【概况】 2022年，仁化县推进新能源项目光伏发电、化学储能、抽水蓄能3个领域建设。其中，建成地面光伏项目董塘镇土壤修复与150兆瓦光伏发电综合利用示范项目、董塘镇100兆瓦集中式光伏扶贫与土壤改良综合示范项目、大唐仁化农光互补光伏项目3个，累计完成投资约21亿元；在建项目屋顶光伏项目、扶溪镇农光互补光伏项目2个，计划投资3.95亿元，累计完成投资约1.55亿元；拟建项目11个，计划投资约21.3亿元。

【地面光伏发电项目】 2022年，仁化县有已完工地面光伏发电项目3个：阳光电源公司（后转让给吉林电力股份有限公司）董塘镇土壤修复与150兆瓦光伏发电综合利用示范项目（2017年建成，占地246.7公顷）、董塘镇100兆瓦集中式光伏扶贫与土壤改良综合示范项目（2018年建成，占地200公顷），实现年发电量约2.5亿千瓦时；大唐公司仁化农光互补光伏项目一期工程，装机容量75兆瓦，工程总投资3亿元，项目大部分已并网。正在推进项目7个：耀阳公司（明阳公司）、云伊公司、仁电公司（广东电力公司）、睿光公司（海南睿电）、方骏公司（大舜公司）已与县政府完成投资协议签订，开展项目租地流转工作（其中方骏公司扶溪古夏村光伏项目已动工建设）；粤水电、深圳能源公司项目处于选址征求意见阶段。

链接

耀阳公司计划在丹霞街道、董塘镇建设共计60兆瓦地面光伏项目，拟用地116.31公顷，计划投资2.3亿元，现阶段考虑到施工难度和后续青苗补偿问题需变更项目用地。

云伊公司计划在丹霞街道、闻韶镇、黄坑镇、周田镇建设共计160兆瓦地面光伏项目，拟用地178.47公顷，计划投资6.99亿元，部分项目正编制接入系统报告。

仁电公司计划在丹霞街道、董塘镇、周田镇、石塘镇建设共计150兆瓦地面光伏项目，拟用地105.07公顷，计划投资7.5亿元，已完成石塘镇项目部分用电流转。

睿光公司计划在黄坑镇建设100兆瓦地面光伏项目，拟用地153.33公顷，计划投资4.5亿元，已与黄坑镇3个村委会9个村小组签订涉项目用地租地协议，进入租地手续完善阶段。

方骏公司在扶溪镇建设21兆瓦农光互补光伏项目，拟用地25.07公顷，计划投资0.95亿元，一期项目租地约13.33公顷，已动工建设。

粤水电公司计划在董塘镇、周田镇、石塘镇建设共计50兆瓦地面光伏项目，拟用地63公顷，计划投资2.1亿元。

深圳能源公司在仁化县拟用地经相关部门研究，涉及丹霞街道和董塘镇共55.33公顷可用地块，但地块较为分散，该公司暂未确定是否建设。

【屋顶分布式光伏项目】 2022年7月，县政府与国家电投集团云南国际电力投资有限公司签订屋顶分布式光伏项目投资协议，在县辖区内合理利用屋顶资源开发77兆瓦光伏项目，计划投资3亿元。建设完成第一批试点屋顶（县自然资源局、县交通运输局、县应急管理局、县城北小学、县妇幼保健院）光伏项目。

【化学储能项目】 2022年，仁化县有化学储能开发意向项目仁化康普盾储能科技有限公司仁化县200兆瓦/400兆瓦小时独立储能项目（计划投资9亿元）、仁化汉和储能科技有限公司仁化县300兆瓦/600兆瓦小时独立储能项目（计划投资15亿元）、仁化县仁海能源有限公司仁化500兆瓦/1000兆瓦小时共享储能项目（计划投资20亿元）、仁化县云伊电投200兆瓦/400兆瓦小时新型独立（共享）储能电站项目（计划投资6亿元）4个，各项目处于前期选址阶段，暂未有实质性进展。

【抽水蓄能项目】 2022年11月，县政府与国家电投集团云南国际电力投资有限公司签订抽水蓄能项目投资协议，计划在周田镇灵溪村建设1200兆瓦抽水蓄能项目，投资80亿元。完成现场勘查和部分现场地形图、地勘测绘工作，开展规划报告编制。

（朱　轩）

中小企业管理

【中小企业概况】 仁化县中小企业主要分布在采矿、冶炼、有色金属加工、电力、竹木加工、锂电池综合回收利用等行业。据市场监督管理部门统计，截至2022年12月底，全县有登记注册私营企业1820家、个体工商户11848户，其中，新增中小微企业285家、个体工商户1224户。新增广东盛祥新材料有限公司及下转上小微企业广东古粤新能源科技有限公司、仁化县森辉节能科技有限公司、康溪长发建材有限公司4家，其中，广东盛祥新材料有限公司当年完成产值5.5亿元。

【中小企业责任担当】 2022年，仁化县各企业落实主体责任意识，做好安全生产，履行社会责任，助力乡村振兴工作。担负“巩固脱贫成果、助力乡村振兴”社会责任，在“6·30”广东扶贫济困日扶贫捐款活动中有34家工业企业认捐205.17万元，为全县乡村振兴事业发展及6月特大暴雨灾后重建等慷慨解囊。

【中小企业减负纾困解难】 2022年，仁化县民营经济领导小组办公室发挥为企服务意识，助力企业高质量发展。加大对国家、省市出台支持中小企业和个体工商户纾困发展政策的宣传与指导，按照政策要求落实各项税收优惠措施，开展“行业划型、行业分类”专题培训39场、其他政策宣传培训4场。落实县领导挂点联系企业制度，及时为企业排忧解难，建立问题清单工作台账，协调各相关职能逐项解决。26家次企业提出需要县政府协调解决事项30项，其中办结28项，2项因政策或存在争议等原因处于协调办理阶段。按要求开展防范化解拖欠中小企业账款有关工作。按照“属地管理、分级负责，谁主管谁负责”原则，聚焦机关、事业单位、大型企业对中小企业形成的货物、工程、服务款项拖欠开展排查并建立台账，做到应报尽报，避免漏报，严禁瞒报，协调化解3个存在拖欠工程项目共涉及拖欠资金153.21万元。全年无大型国有企业拖欠中小企业账款情况，没有收到清欠线索问题事项。

【中小企业竞争力】 2022年，仁化县引导企业增强市场竞争能力，突出重点，加大中小微企业政策扶持力度，引导企业走专、精、特、新发展路子，实现资源高效利用和循环利用，促进中小企业发展。指导做好专精特新中小企业申报、专精特新“小巨人”企业培育等工作，建立企业培育储备库，遴选并推荐英业达电子有限公司等4家企业申报市级专精特新中小企业，其中，英业达电子公司、讯天新能源公司2家企业成功申报为市级专精特新企业，仁化县奥达胶合板有限公司等5家企业成功申报为2022年广东省创新型中小企业及广东省专精特新中小企业；推荐仁化县奥达胶合板有限公司申报国家专精特新“小巨人”企业，通过市级推荐但未通过省级评审。支持企业申报技改、科技资金，提高企业自主创新能力，做好省级高成长企业资金申报及入库工作，为仁化县奥达胶合板有限公司省级高成长企业申报省级促进经济高质量发展专项资金（民营经济及中小微企业发展）贷款贴息项目资金19.41万元，并做好2023年项目入库推荐工作。发放2021年成功升报为市级专精特新企业的奥达公司和建东公司第一批奖励金共16万元，剩余24万元预计作为第二批于2023年拨付。发动符合申报促进小微工业企业上规模发展项目入库的森辉节能、古粤新能源、韶关盈瑾金属等企业按要求申报，通过市级评审，古粤新能源成功申报入库。按省市通知要求做好2021年新升规的韶关盈瑾金属公司等6家企业申报省、市升规奖励资金共140万元及2020年小升规后2021年工业增加值仍保持10%以上增长的闽盛建材公司企业奖励20万元，博世铝业有限公司等10家企业获得县制造业小微企业贷款贴息共29.68万元。

【中小企业服务】 2022年，仁化县优化为企服务意识，落实纾困惠企政策。落实县领导挂点联系企业制度，县领导定期到挂点企业走访调研，及时为企业排忧解难26家次。加快培育高新技术企业，建立科技型企业、高新技术企业培育库，落实研发补助及相关优惠政策，支持中小企业与高校、科研机构建立长期稳定产学研结合关系。加大中小微企业政策宣传培训力度，深入企业宣传指导国家、省、市县扶持中小企业发展政策120余家次，组织辖区内中小微企业参加市工信局举办的线上惠企政策宣讲会。

【中小企业融资问题解决】 2022年，仁化县加大融资服务力度，强化市场主体金融支持，发展普惠金融，缓解企业特别是中小微企业融资难、融资贵问题。发挥政银企金融工作联席会议制度作用，定期召开金融专题会议及培训会议，加强政银企间政策衔接及工作对接。8月，举办产融合作助力战略性产业集群建设融资洽谈会，鸿伟木业（仁化）有限公司、奥达胶合板有限公司、五马寨生态园、恒泰渣土运输有限公司等40余家工业、农业、旅游、建筑等各领域企业代表参加。加强仁化县中小企业贷款风险补偿基金管理，组织推荐中小微企业纳入中小企业库，推荐广东丹霞印象集团有限公司等21家企业纳入中小企业库，11家次企业共获得贷款额度8710万元。

（庞国雄　连柳娇）

商　贸

国内贸易综述

【概况】　2022年，仁化县完成社会消费品零售总额25.79亿元，同比上年增长0.2%。限上批发业销售额7.76亿元，同比增长10.64%；限上零售业销售额1.88亿元，同比增长24.07%；限上住宿业营业额0.48亿元，同比下降22.84%；限上餐饮业营业额0.48亿元，同比增长27.18%。

【流通规模】　2022年，仁化县做好“限上”企业申报工作，引导县域新增和限下批发、零售企业向限额以上企业发展，壮大商贸流通业，提升经济增长基础。有限额以上批发（年主营业务收入2000万元及以上）、零售贸易业（年主营业务收入500万元及以上）、住宿和餐饮业法人企业（年主营业务收入200万元及以上）40个。其中，新增限上批发企业1家、限上零售企业6家。

【商业经济多元化】　2022年，仁化县商业经济保持平稳增长，大型商场超市、休闲酒店饭店、汗蒸休闲会所、专业艺术摄影、黄金专卖店、美发足浴、连锁餐厅和众晟商贸有限公司等传统商业经济不断发展。实施“专业市场+电商+物流”商业发展模式，加快电子商务和信息服务业发展，推动现代物流和商贸服务等产业融合发展。12月，仁化县成功申报第一批国家县域商业建设行动示范县。

（何梅娣　卓　佳）

【招商引资】　2022年，仁化县新签约项目31个，合同投资额83.55亿元。新开工产业项目34个，完成投资额21.6亿元。

【省级经济开发区申报】　2022年，县工信局牵头组织省级经济开发区申报工作。5月31日，市政府通过申报材料，并将关于申请设立广东仁化经济开发区申报材料报省政府；暂未批复。

（李勇明　邓慧娟）

供销合作

【概况】　2022年，仁化县供销系统实现销售总额35499.39万元，其中，农资销售5527.09万元，供应农资12637.11吨（其中，化肥销售12206.5吨，农药430.61吨）；日用消费品销售12079.76万元；农产品加工与销售14755.69万元；再生资源2249.5万元，综合服务营业额634.35万元，物流业营业额253万元。社会贡献总额243.38万元。

【联农带农服务网络】　2022年，仁化县供销合作社联合社（简称县供销社）坚持“党建带社建、村社共建”，围绕“一村一品”，密切联系农民，成立村级供销社扶溪镇扶中村供销社、董塘镇江头村供销社、扶溪镇古夏村供销社、长江镇莲河村供销社、红山镇新白村供销社5家。以“农产品进城、消费品下乡”经营模式，发展订单农业，促进农户增产增收。领办创办农业产业专业合作社3家。发展蔬菜、茶叶、果品等特色产业化联合体5个，构成“供销社+专业合作社+农户”发展模式，增强乡村产业发展内生动力。

【助农服务体系建设】 2022年，县供销社完善农资农技、农产品冷链物流、直供配送县镇村三级助农服务体系，完善助农服务综合平台和10个助农服务中心建设。发展农村电商服务，加强镇、村供销社对接省级电子商务进农村综合示范项目。

【广东供销天业（仁化）冷链物流园建设项目】 2022年，广东供销天业（仁化）冷链物流园建设项目完成办公楼、冷库、加工车间等主体建设。

【农资农技服务】 2022年，仁化县兴农农资配送中心充分发挥服务“三农”作用，承担配送县城及周边镇、村范围的农药、化肥、种子等农资农技服务，做实农业生产资料储备工作，满足农户种植需求。通过韶关市小桔灯农业服务有限公司、县供销合作基层社、企业开展农业技能专题培训，培训4012人。

【农产品产销对接】 2022年，县供销社开展农产品对接、消费帮扶活动，在强联供销有限公司、韶顺供销有限责任公司等所属经营门店设立消费扶贫专柜3个，集中销售扶贫产品。通过“供销社+农民合作社+贫困户”模式，与脱贫户签订产销协议，设定保底收购价，帮助脱贫户集中销售农产品。与434农户签订产销协议，包购包销，“以购代捐”“以买代帮”，开展消费扶贫。

【茶叶产业助农增收】 2022年，县供销社做大做优红山供销社集种植、加工、销售于一体的茶叶产业经营，推动红山茶叶产业化经营发展，以增加茶叶产量和稳住收购价格等来保证茶农经济效益，帮助农民增收致富。富农茶叶专业合作社与41户茶农签订产购销协议，助力茶农增产增收。

【“粤菜师傅”工程培训】 2022年，县供销社深化供销社“粤菜师傅”工程培训“1+5+N”联合推进工作模式，培养更多乡村振兴本土技能人才，带动仁化特有农特产品销售。与广东省财经职业技术学校、县菁华职业培训学校举办“粤菜师傅”培训3期，培训学员150人。

【放心农产品直供配送网络平台建设】 2022年，县供销社拓宽农产品销售渠道，完成广东供销放心农产品直供配送网络平台仁化子平台建设。经过多方努力，由仁化县风顺农副产品配送服务有限公司具体负责，完成新公司韶关市仁化供销农产品配送有限公司工商登记注册，有序推进各项工作。

【社有资产管理】 2022年，县供销社结合供销社综合改革，规范资产管理和使用，恢复下属基层社职能，确保资产不流失，提高资产收益。抓好社有资产管理、使用、运营的监督，重点监督检查社有资产管理、使用和运营过程中遵守国家法律法规情况，社有资产真实完整和保值增值情况，资产质量和经营风险管理情况等。做好重点项目广东供销天业（仁化）冷链物流园建设、放心农产品直供子平台配送网络、广东供销放心农产品直供配送网络平台仁化子平台项目监督。

【安全生产防范】 2022年，县供销社落实安全生产责任制，与下属企业、基层社、承租人签订安全生产责任书、承诺书，强化日常监督管理。开展安全隐患排查和安全生产教育培训。未发生安全生产事故。

【改革攻坚规范治理】 2022年，县供销社落实韶关市“改革攻坚规范治理年”工作要求，建立供销社系统内市场管理机制。加强全县农业资料市场摸排，完成农资经营网点基本情况及分布情况，组织供销社系统农资经营者业务知识、农资安全技能培训3次。强化部门联合检查和协同配合，加大农资打假力度，规范农资市场经营。加强供销系统农资经营点监管，督促建立农业生产资料销售台账和供销合作社系统农资产品流通可追溯机制，规范农村和城乡接合部、边远乡镇经营点农资门店经营管理。

【“僵尸企业”出清】 2022年11月，县供销社按照县国资办部署，在2021年登报注销公告7家企业基础上，出清“僵尸企业”仁化县扶溪供销社、仁化县副食品厂、仁化县供销贸易公司、仁化县供销社企业总公司、仁化县石塘供销社5家。

【乡村振兴】　2022年，县供销社结合“一线双联”每周三到挂点村周田镇龙坑村开展“民情夜访”活动，走访龙坑村脱贫户17户43次，发现问题32个，解决问题32个。6月“龙舟水”灾后，组织县社干部职工到挂点村开展灾后复工复产、重建及人居环境清理整治工作，拨出5000元支持龙坑村复工复产和灾后重建，走访慰问受灾户、困难党员、困难群众。落实驻村帮扶助推乡村振兴工作，拨付2.3万元用于支持龙坑村开展农村人居环境整治。

（李慧萍）

烟草专卖

【概况】　2022年，仁化县销售卷烟8155.29箱，完成年度计划的99.78%，实现销售收入32085.64万元，同比增长4.83%。单箱销售收入3.93万元，同比提升0.16万元，达到全市平均水平。

【卷烟经营】　2022年，仁化县烟草专卖局（广东烟草韶关市有限公司仁化县分公司）［简称县烟草专卖局（分公司）］严格执行市局各月下发销售计划，完成各月销量、年总量任务。投入3万余元，协助23户农网客户实现形象转变，带动城网形象升级90余户，客户投入资金累计83.1万元。易灵通上线106户，占总客户13%；农网现代终端14户，占农网客户5.8%；星级终端83户，占总客户10.29%。帮扶易灵通扫码困难客户、生活困难客户各5户，指导“20支”终端转变形象4户。解决客户诉求12个。完成零售户90%档位与实际经营能力相符性排查，对违法违规客户进行处理和整改。

【专卖管理】　2022年，县烟草专卖局保持卷烟打假打私高压态势，深化联合打假打私机制和协同打假打私协作机制，强化内部专卖管理监督。查处各类涉烟案件97宗，申报国标、省标网络案件4宗。查获各类卷烟1244.3万支，案值633.17万元；烟叶烟丝64.72吨，案值415.72万元。与相关执法部门相继查获无证运输案件85宗。

【社会责任担当】　2022年，县烟草专卖局向挂点村捐赠乡村振兴专项资金8万元，用于购买农业植保机项目，推动当地农业发展和乡村振兴。开展保护未成年人免受烟侵害“守护成长”专项行动，推进电子烟法治化、规范化监管。清退（劝退）中小学、幼儿园周边持证户4户。

（肖帅能）

酒类生产经营监管

【概况】　2022年，仁化县有葡萄酒生产企业1家、配制酒生产企业2家；持证酒类生产加工小作坊58家，其中，石塘镇酒类生产加工小作坊24家。酒类经营者数量众多，包括批发企业、零售单位、餐饮服务者、娱乐企业和网络经营者等。通过开展酒类生产经营环节监管工作，确保酒类产品质量稳定安全，未发生酒类食品安全事故。

【酒类生产企业监管】　2022年，依据食品生产企业食品种类风险等级进行划分，全县3家酒类生产企业均评定为较高风险等级企业。县市场监督管理局对每家酒类生产企业完成监督检查3次，重点检查配制酒中原料是否使用非食品原料、葡萄酒生产是否使用食品添加剂、产品标签是否规范等。

【酒生产加工小作坊提质】　2022年，县市场监督管理局根据《广东省食品生产加工小作坊提质行动》要求，开展全县酒类生产加工小作坊提质行动。全县酒类小作坊食品安全主体责任得到落实，从业人员健康证明持有率100%，食品安全管理人员配备率100%，酒类小作坊自查率100%；酒类小作坊监督检查与抽检计划公布率100%、覆盖率100%。

【酒类经营环节监管】　2022年，县市场监督管理局加强元旦、春节、中秋节、国庆节等节假日期间酒类市场监管，突出重点区域，重点对辖区内酒类批发企业、商场超市、餐饮行业、名酒店铺等场所进行专项检查，对检查发现的问题下达整改意见。通过督促整改落实，规范酒类经营行为，消除食品安全风险隐患。

【监督抽检】 2021年，县市场监督管理局制定并实施《2022年仁化县食品监督抽检计划》，抽样检验酒类生产经营环节酒类产品38批次，主要检验甜蜜素、糖精钠、氰化物、三氯蔗糖等指标。检出不合格1批次，对检出不合格情况立案处理。

【酒类食品安全知识宣传教育】 2022年，县市场监督管理局开展"禁止向未成年人销售酒"宣传活动，在经营场所显著位置张贴警示语。拓宽投诉举报渠道，在酒类生产经营重点场所、重点区域，公示投诉举报电话，鼓励广大群众举报酒类生产经营违法违规行为。结合县域有自制泡酒传统，开展"谨防饮用自制泡酒中毒"消费警示宣传，提高生产经营者、消费者对泡制酒风险的防范意识。

（袁春林）

食盐专卖

【概况】 2022年，仁化县有销售碘盐网络14个，零售碘盐网点560个，与上年持平。碘盐覆盖率100%，碘盐合格率100%，合格碘盐食用率100%。完成食盐、生产用盐销售405.87吨，其中，小包装食盐343.32吨（250克低钠盐101.7吨、250克自然食用盐0.88吨、400克自然晶盐27.72吨、400克海水自然盐24.22吨、500克加碘精制盐161.12吨、2.5千克精制盐4.25吨、500克加碘日晒盐22.26吨、雪晶盐和生态盐1.17吨）、食品加工用盐55.6吨、小工业盐6.95吨。

【食盐宣传与监督管理】 2022年，仁化县盐业分公司配合县市场监督管理局开展"'3·15'联合打假""中秋国庆两节保食盐安全联合行动"。开展餐饮、学校饭堂、企业事业单位饭堂等用盐安全专项行动。配合市场监管局执法人员做好工业用盐、食品加工盐专项检查等重大活动登记、查验记录、报告工作。加强日常市场走访巡查，走访市场88次个、商超850次、餐饮和学校单位饭堂145次，派发各种宣传资料3521份，未发现假冒伪劣食盐、工业盐、臭脚盐流入仁化食盐市场，全县食盐质量安全、经营秩序平稳。

（卓　佳　何梅娣）

生猪屠宰供应

【生猪屠宰管理】 2022年，县畜牧兽医水产局加强生猪屠宰管理工作，压实屠宰企业主体责任和驻场官方检疫人员监管责任，确保出场肉品质量安全。县城屠宰场实行封闭式管理，肉品实行冷链配，加强非洲猪瘟防控工作，落实官方兽医驻场检疫和屠宰场非洲猪瘟自检"两项制度"。结合2021年12月成功创建省级生猪屠宰标准化企业，2022年屠宰场按照省级标准化生猪屠宰场管理要求进行生猪屠宰生产，全县实行生猪产品配送，规范屠宰市场，确保生猪产品食品质量安全。

【生猪供应】 2022年，全县屠宰生猪45284头，检疫45284头，合格45105头，不合格产品全部作无害化处理。

（罗贵强）

对外经济贸易

【利用外资】 2022年，仁化县引进外资项目2个，合同吸收外商投资1620万美元；实际利用外资443万美元，完成进度的43.4%，全市排名第五。

【外贸进出口】 2022年，仁化县外贸进口0.1万元，实现零的突破。外贸出口2993.2万元，完成进度的179.7%，全市排名第一。

（李勇明　邓慧娟）

电子商务

【电子商务进农村综合示范县项目】 2022年，仁化县以农村电商服务平台建设为抓手，坚持市场主导和政策推动、示范带动和全面发展相结合，推进电子商务进农村各项工作。加快农村电子商务支撑保障体系建设，强化农村电子商务宣传教育和培训，促进农村电商普及推广，结合当地产业特色，探索出一条具有仁化特色的电商发展之路。11月，仁化县电子商务进农村综合示范县项目通过省商务厅考核，获得优秀等次。

【周田电商小镇项目】 2022年，仁化县在省商务厅支持指导下，在周田镇打造出全省第一个电商小镇。租赁一栋建筑面积1071平方米两层物业作为周田电商小镇公共服务中心，设商品展示区、乡村会客厅、电商直播间、培训中心、仓储中心、运行中心和企业办公室7个功能区。委托仁化县乐村淘电子商务有限公司运营管理，打造集电商直播、运营、销售于一体的中心站点。7月10日，周田电商小镇公共服务中心正式投入运营。县工信局在全镇16个村居委会设立村级电商服务站点，安排管理人员1名，为村民提供代买代卖、快递寄取及便民生活等服务。周田电商小镇入驻全省21个地级市名特优新农产品800多种，产品总数量约5000份，其中，韶关市产品280余个品种1600余份。通过网红直播带货、节日农产品展销等方式，增加特色产品销售量，展现全县最优质产品、最美乡村风貌。面向返乡农民工、电商从业人员等群体开展普及性电子商务培训22期，培育打造农村带货主播及电商销售人才1200人次，通过“直播+电商”形式推广县镇特色产品。利用微信公众号“仁化发布”和“仁化融媒体中心”、“仁爱仁化”App、《仁化新闻》等媒介，做好周田电商小镇系列动态报道，重点关注报道电商小镇成效，讲好电商小镇故事，推送新闻信息90余条。定期向“触电新闻”“南方+”及《韶关日报》推送相关新闻素材30余条，提高周田电商小镇知名度。在主要交通干道显著位置制作周田电商小镇主题宣传户外大型广告牌1块，制作相关主题景观小品4处。依托当地产业基础和产业规划方向，引入当地农村电商企业入驻，完成入驻手续企业13家。周田镇成立电子商务相关市场主体16家。

（朱帆杰　李晓玲）

【仁化县获“2020年省级电子商务进农村综合示范县”绩效评价优秀等级】　2022年11月28日，广东省商务厅通报“2020年省级电子商务进农村综合示范县”绩效评价结果，仁化县获优秀等级。

（刘雪娟）

石油销售

【概况】　2022年，仁化县有限上加油站4家，同比上年增长1家，完成销售额5519.5万元，同比增长46.1%。

（何梅娣　卓　佳）

【石油行业监管】　2022年，仁化县加强石油行业安全生产，检查加油站43家次、充电桩17家次，发现安全隐患23处，整改23处。派出执法人员联合开展打击非法储存和销售成品油专项行动2次（周田镇雷坑停车场、麻洋村停车场），出动执法人员48人次，现场收缴违法成品油（柴油）12.82吨，查获自制油罐4个、轻型厢式货车1辆，涉案金额67825元。

（朱　轩）

天然气销售

【概况】　仁化县安顺达管道天然气有限公司是仁化县唯一一家管道天然气供应公司。2022年，仁化县天然气年总销售量815.1万立方，总销售额3912.5万元，其中工业用户547.3万立方米，居民用户267.8万立方米。

【天然气阶梯收费】　2022年，仁化县继续实施2020年居民生活用气阶梯气价，第一档（350立方米及以下/户年用量）每立方米4.32元、第二档（350～500立方米/户年用量）每立方米4.75元、第三档（500立方米以上/户年用量）每立方米5.62元。商业用气价格每立方米4.4元。

（黄仁佑　李　曼）

旅游业

旅游经济

【概况】 2022年，全县接待游客总人数75.86万人次，同比下降49.03%，实现旅游收入4.32亿元，同比下降52.82%。限额以上住宿企业营业额4851.3万元，同比下降22.84%。

【“黄金周”假日游】 2022年春节假期（1月31日至2月6日），仁化县旅游景点景区接待游客4.04万人次，实现旅游收入635.36万元。其中，丹霞山景区接待游客2.9万人次，同比下降78.68%，收入99.3万元，同比下降93.38%；其他景区景点接待游客1.14万人次，同比下降54%。国庆节期间（10月1日至7日），全县接待游客12.17万人次，同比下降50.6%，实现旅游收入475.46万元，其中，丹霞山景区接待游客9.73万人次，同比下降21.1%，收入268.14万元，同比下降60.81%；其他景区景点接待游客2.44万人次，同比下降66%。

【旅游招商引资】 2022年，仁化县文化广电旅游体育局（简称县文广旅体局）完成签约项目建豪文旅产业园1个，签约金额8亿元。

旅游开发与景区（点）建设

【仁化1个村1条路线入选省文旅特色村、乡村旅游精品线路】 2022年1月10日，仁化县城口镇城群村入选第三批广东省文化和旅游特色村，仁化红色文化乡村游线路（安岗红色村—凡口国家矿山公园—石塘双峰寨—石塘古村）被评为广东省第三批乡村旅游精品线路。

【旅游基础设施建设】 2022年，县文广旅体局新建旅游厕所1座，完成其数据入库与百度地图上线工作。全县有旅游厕所91座。

（易　佳）

红色安岗村村标　　（谢嘉文　摄）

【石塘村上榜第四批全国乡村旅游重点村名单】 2022年11月15日，文化和旅游部公布关于第四批全国乡村旅游重点村和第二批全国乡村旅游重点镇（乡）名单，仁化县石塘镇石塘村名列其中。（刘雪娟）

2022年仁化县A级旅游景区一览表

表8

景区名称	级别	简介	位置
丹霞山风景名胜区	国家AAAAA级	世界自然遗产、世界地质公园、国家级重点风景名胜区、国家AAAAA级旅游景区、国家级地质地貌自然保护区、国家生态旅游示范区，广东四大名山之首，世界地质学上“丹霞地貌”命名地，中国最美的红石公园，面积292平方千米，以“雄、奇、险、秀、幽”著称，因“色如渥丹、灿若明霞”而得名。主要旅游景点有锦石岩、摩崖石刻、百丈峡、丹福音峡、别传寺、丹梯铁索、长老峰（观日亭）、僧帽峰、虹桥拥翠、宝珠峰、韶音亭、舵石朝曦、仙居岩、玉带桥、双龙壁、阴元石、阳元石、嘉遁亭、细美寨、通泰桥、狮子岩、放生地、玉女拦江、群象过江、虎卧龙蟠、金鲤跃龙门、金龟朝圣、六指擒魔、拇指峰、仙山琼阁、巴寨、海螺峰、翔龙湖、韶石山	丹霞街道、周田镇、董塘镇、黄坑镇、大桥镇
丹霞山灵溪河森林旅游度假公园	国家AAA级	灵溪河漂流有“中国飞索第一漂”之誉，全长3.5千米，漂流时间约1.5小时。灵溪河大峡谷观光索道全长1520.3米，单线乘坐时间约28分钟，实现架空索道与漂流的完美结合。沿途可观赏老鹰石、象鼻石，秋冬可赏红叶	周田镇
五马寨生态园	国家AAA级	自然风光优美，环境良好，总占地面积约8公顷，是集农作物种植、农副产品生产、加工、销售等生态农业，休闲娱乐，生态旅游观光于一体的生态园景区，国家AAA级旅游景区。主要旅游景点有农耕文化、食用菌科普长廊、灵芝人工栽培示范区、野生灵芝展示区、灵芝工艺观赏区和儿童游乐区等	大桥镇
金喆园景区	国家AAA级	位于仁化县南端，是一家以还原生态理念，体现原生态管理以及古法种植、培育沙田柚的农业示范基地。园区占地面积约66.67公顷，其中山地50公顷，鱼塘15公顷。种植沙田柚1.3万株、桂花4万多棵及其他树木一批；鱼塘植有多种荷花，是国家AAA级旅游景区	大桥镇
广东凡口国家矿山公园	国家AAA级	位于广东省韶关市仁化县董塘镇，是第三批国家级矿山公园，分三期建成，已完成第一期建设。主园区一期建成面积0.05平方千米，主要包括主碑及广场、矿山公园博物馆、采选设备展示区、科普长廊和游客服务中心等。主要旅游景点有矿业开发史籍、矿业生产遗址、矿业活动遗迹、矿业制品及矿业人文景观、矿产地质遗迹、森林公园	董塘镇
石塘古村	国家AAA级	位于仁化县西南方石塘镇，集古屋、古巷、古井、古寨、古风、古韵和红色文化于一体，是仁化县乃至韶关市范围内历史较悠久、古建筑群最大、保存最完好的一个古村落。是中国历史文化名村、中国传统村落、国家AAA级旅游景区、广东十大最美古村落、最具红色景观村落、广东省旅游名村。旅游资源主要有红色文化及省级非遗项目“月姐歌坛”活动和“仁化石塘堆花米酒酿造技艺”。主要旅游景点有双峰寨、娘娘庙、古井、三角街	石塘镇

旅游宣传促销

【旅游宣传】 2022年，县文广旅体局参加南昌长沙推介会、广东国际旅游博览会等推介、宣传展会，以现场展示文旅宣传产品、图片和实物，以及非物质文化遗产代表性传承人现场制作等形式，推介文旅产业，重点展示文化旅游、工艺美术、“非遗”创新等产业文化产品。串联旅游资源、景点、非遗项目，制作成PPT，推介仁化风光。

【“仁化旅游”官方微信】 2022年，“仁化旅游”官方微信公众号平台发布仁化旅游资讯宣传图文213篇，涵盖全县各季节、各月吃、住、行、游、购、娱主题攻略、旅游路线推荐，县域当季热门旅游资讯、节庆活动宣传、旅游活动宣传。微信用户新关注340人，阅读总量118804次、88216人次。

旅游行业管理

【旅游市场监管】 2022年，县文广旅体局协调县委宣传部、县公安局、县市场监管局联合开展文化旅游市场巡查行动3次，出动检查人员120余人次。元旦、中秋、国庆等节假日期间，督查督导文化旅游市场经营单位，检查涉文旅企业235家次。

【旅行社管理】 2022年，县文广旅体局严厉打击不合理低价游、养老诈骗等违法违规行为，规范旅行社经营管理，重点整治私拿回扣、强迫购物、哄抬物价、搞非法文体娱乐设施活动等不正之风，打击“黑车”“黑社”“黑点”“黑导”等违法违规现象，规范旅行社经营和导游服务行为。出动190余人次，开展景区、旅行社等涉旅单位安全大检查96家次。

【星级饭店管理】 2022年，县文广旅体局加强星级宾馆（锦城宾馆）垃圾分类、安全生产落实情况检查，促进星级饭店行业旅游服务质量提高。出动执法人员48人次，检查24次。

【旅游安全管理】 2022年，县文广旅体局对县域旅游A级景区（景点）6家、旅行社2家开展安全生产检查96家次，出动检查人员190余人次。

2022年仁化县星级宾馆及住宿限上企业一览表

表9

企业名称	地址	备注
锦城宾馆	仁化县新城路2号	三星级酒店
仁化县维以纳酒店有限公司	仁化县丹霞大道228号	住宿限上企业
仁化县乐屋酒店管理有限公司（县城维也纳）	仁化县建设路26号维也纳仁化县城中心店	住宿限上企业
仁化县琪富丹霞酒店有限公司（丹霞山维也纳）	仁化县丹霞山新山门维也纳酒店丹霞山景区店	住宿限上企业
仁化县瑞霞酒店有限公司	仁化县九龄路2号沁淮园商业楼第三四层	住宿限上企业
广东万物生旅游文化发展有限公司（叠云谷）	仁化县丹霞山大门右侧	住宿限上企业
仁化县丹霞山彤景酒店有限公司	仁化县丹霞山景区新山门外彤景酒店	住宿限上企业
韶城印象酒店管理有限公司（丹霞印象）	仁化县丹霞街道霞山大道22号	住宿限上企业

续表9

企业名称	地址	备注
仁化县原色客栈	仁化县丹霞街道青湖塘村238号	住宿限上企业
韶关胜高酒店管理有限公司	仁化县丹霞山景区门口客运站旁胜高韵酒店	三星级酒店、住宿限上企业
韶关市丰源酒店管理有限公司	仁化县城口镇城群村委会光头梗丰源酒店二楼	住宿限上企业
韶关灵溪谷民宿管理有限公司	仁化县周田镇	住宿限上企业

2022年仁化县星级民宿一览表

表10

名称	地址	评定结果	评定时间	房间数（间）	床位数（个）
仁化县艺术店客栈	仁化县丹霞街道黄屋村瑶塘组16—17号（艺术家店）	五星级	2017年	14	21
仁化县原色客栈	仁化县丹霞街道黄屋村委会青湖塘村	五星级	2018年	13	28
仁化县乌有同金客栈	仁化县丹霞街道车湾村委会红历坵村小组	四星级		24	37
仁化县禅语精品客栈	仁化县丹霞街道黄屋村委会瑶塘村小组28、29号	四星级		21	36
仁化县燕子呢喃依山民宿	仁化县丹霞街道黄屋村瑶塘村小组	四星级		24	40
仁化县禅意客栈	仁化县丹霞街道黄屋村瑶塘组41号	三星级		9	13
仁化县图书馆客栈	仁化县丹霞街道瑶塘村40号	三星级		26	34
仁化县云宿客栈	仁化县丹霞街道黄屋村委会瑶塘村小组新村43、44号楼	三星级		19	30
仁化县乐曙归然客栈	仁化县丹霞山景区内瑶塘新村9-10号	四星级	2019年	26	46
仁化县星盾馆客栈	仁化县丹霞山瑶塘村11号	三星级		10	14
仁化县九州客栈	仁化县丹霞山瑶塘村7—8号	三星级		26	46
仁化县萤火虫客栈	仁化县丹霞山瑶塘村26号	三星级		10	17
仁化县丹霞姑娘客栈	仁化县丹霞山断石村25号	三星级		10	19
仁化县瑶塘仁家宾馆	仁化县丹霞山瑶塘村22—23号	三星级		14	26

续表10

名称	地址	评定结果	评定时间	房间数（间）	床位数（个）
丹霞灵溪民宿	周田镇丹霞灵溪景区内	四星级	2020年	19	32
牛鼻碧水花寨度假民宿	丹霞街道夏富村牛鼻村桥头段尾房屋处	四星级		13	18
那些瓜儿亲子民宿	丹霞街道丹霞山瑶塘村11号	三星级		12	18
观景客栈	丹霞街道瑶塘村32号	三星级		8	16
云崖居客栈	丹霞山黄屋村瑶塘组27号	三星级		8	13
一千零一夜度假屋客栈	丹霞街道黄屋村委会瑶塘村小组16号	三星级		11	21
有个聚点民宿	丹霞山风景区瑶塘新村46号	三星级		5	5
远方的家客栈	丹霞街道青湖塘新村E区121号	三星级		14	27
梧桐树下民宿	丹霞街道青湖塘新村D区92号	三星级		14	28
怀森小舍	丹霞山风景区断石村小组56号	三星级		8	15
城口镇老班长民宿	城口镇大河背水（粤北红军纪念馆对面）	三星级		14	26
爱树·丹霞山苑	仁化县董塘镇河富大井村	四星级	2021年	17	41
仁化县青玄憩客栈	仁化县丹霞街道黄屋村委断石村第三排第三户	三星级		10	21
仁化县迎客楼民宿	仁化县黄屋村委会青湖塘村小组	三星级		14	26
仁化县栖悦客栈	仁化县丹霞街道黄屋村委会青湖塘村小组45号	三星级		13	23
仁化县德睿公馆客栈	仁化县丹霞街道黄屋村委会青湖塘村小组C区58号	三星级		14	24
仁化县花屿民宿	韶关市仁化县丹霞山黄屋村瑶塘组12号	三星级		11	17
仁化县古寨坪农庄	仁化县夏富村古竹坪	三星级	2022年	13	22
仁化县佐邻竹苑客栈	仁化县丹霞街道黄屋村青湖塘组23号	三星级		13	21
仁化县红苴兰葶客栈山门店	仁化县丹霞街道黄屋村青湖塘组43号	三星级		14	26
仁化县佳人之茗本味客栈	仁化县丹霞山景区内瑶塘新村44号	三星级		12	21
仁化县乾元居民宿	仁化县丹霞街道黄屋村瑶塘组2号	三星级		10	15

（易　佳）

红军长征粤北纪念馆

【设施建设】 2022年，红军长征粤北纪念馆（简称“红军馆”）推动数字场馆建设，完成预约系统软硬件升级和云展览系统平台搭建，方便游客线上预约和逛馆。文物数字化保护方案得到省文旅厅批复并获批项目资金。提升场馆接待服务水平和便民设施设备，获批广东省首批省级文明旅游示范单位。添购文物展柜，更新展厅展陈内容，完成文物库房密闭性改造。

【游客接待】 2022年，红军馆接待游客51029人次，同比上年下降63.31%，其中，团队639批次18932人次，散客32097人次；未成年人8848人次（学生团队15批次1142人）；韶关市内游客36743人次，韶关市以外游客14286人次（省外游客4308人次、省内市外游客9978人次）。从预约平台数据信息分析，省内外地游客以广州、深圳、东莞、佛山等地游客为主，省外以湖南、江西等地游客为主。未发生安全生产责任事故，未接到游客书面投诉意见。收到广东南岭干部学院感谢信（开馆至2022年接待其培训班483批次23062人次）。完成中共中央组织部工作组、全国长征文化公园建设总设计师一行参观考察调研活动等重大接待任务。

【馆员能力提升】 2022年，红军馆组织馆员、讲解员外出参观学习培训2次，邀请专业老师开展政务讲解接待知识、红色故事讲解技巧、政务接待要领等专业内容培训1次。完善馆员、讲解员考核办法，每月定期开展馆员、讲解员日常业务培训，每季度定期开展考核。制定“每周讲堂”“晨读”“周五悦读”机制，设置读书角，购置革命历史及业务书籍一批，供干部职工自行借阅。通过集中学习与自学相结合，提高干部职工理论素养和业务能力。

【安全防控】 2022年，红军馆做好各项安全隐患管理工作，游客接待有序，场馆运行安全平稳，未发生安全生产责任事故。在重大节日及重点时期，提前开展安全大检查，制订完善应急预案，提高应急处置能力，确保场馆安全稳定。强化安全设施设备维保，重视消防安全设备设施维护，坚持定期排查安全隐患，严格按照韶关市文博单位安全管理一般自查表要求自查，排查化解消防安全隐患。每周巡查维护馆内消防设备2 次，每月展开全面安全隐患自查1次。组织开展全馆工作人员安全知识培训活动4次、消防安全演练2次。

【文物保护】 2022年，红军馆开展文物保护工作，发挥革命文物教育作用。完成新征集藏品179件（套）、经广东省文物鉴定站鉴定藏品58件（套）备案工作。完成纪念馆藏品总登记账编号。新增三级文物2件。

【宣传推广】 2022年，红军馆发挥宣教职能，开展社会教育推广工作。全面发挥红色阵地作用，开展主题活动55场，外出宣传推介3次，原创宣传报道稿件76篇，主流媒体报道715条，其中，国家级15条、省级35条、市级522条。《长征·粤北突围》红色展览走进仁化县中小学校9所、社区2个、军营1个，走进村新时代文明实践站、榕树下、舞台上开展主题宣讲逾100场次，受教2万人次。引进优秀流动展览《党的光辉照南粤——中国共产党领导下的广东革命历程》等专题图片展4个，吸引3万余人次参观。

【提级增誉】 2022年，红军馆以创建一流场馆为目标，获得中国共产主义青年团韶关市委员会、中国少年先锋队韶关市工作委员会授予韶关市首批少先队校外实践教育红色教育营地（基地）称号，获广东省社会主义学院授予的广东省社会主义学院（广东中华文学院）现场教学基地称号，获广东省文化和旅游厅组织评审的广东省首批省级文明旅游示范单位称号。

（吴　芹）

【红军长征粤北纪念馆获评首批省级文明旅游示范单位】 2022年7月28日，广东省文化和旅游厅发布《关于批准首批省级文明旅游示范单位的公告》，位于仁化县城口镇的红军长征粤北纪念馆名列其中。（刘雪娟）

财政·税务

财政

【财政收入】 2022年，仁化县一般公共预算收入按可比口径完成53274万元（含留抵退税调库8971万元），比上年增长11.62%，完成年度预算的101.47%。县级一般公共预算收入按自然口径完成44303万元，比上年下降7.18%，完成年度预算的84.38%，加上上级补助收入208400万元、债务转贷收入13166万元、上年结余收入3723万元、调入资金3307万元、区域间转移支付收入21889万元，一般公共预算总收入完成294788万元，比上年增长5.4%。

【财政支出】 2022年，仁化县一般公共预算支出完成266951万元，比上年增长3.5%，完成年度调整预算119.69%。加上上解上级支出6000万元、债务还本支出4669万元，一般公共预算总支出完成277620万元，比上年增长0.61%。2022年，全县总收支相抵，滚存结余17168万元，实现收支平衡。

【民生保障】 2022年，仁化县优化支出结构，贯彻落实中共中央"六稳""六保"方针政策，科学合理调度资金，保障重点领域支出。发放城乡低保户资金2568.9万元。贯彻落实农村义务教育公用经费保障机制，下达2022年城乡义务教育公用经费补助资金3981.2万元（含省级资金3175万元，县级资金806.2万元）。

【乡村振兴】 2022年，仁化县制定印发《仁化县乡村振兴驻镇帮镇扶村资金筹集使用监管细则》。各镇街依据《广东省乡村振兴驻镇帮镇扶村工作方案》，编制全镇乡村振兴规划。统筹各级驻镇帮镇扶村资金，投入21910万元用于乡村振兴工作。其中，省级资金主要用于农村人居环境建设、全域自然村集中供水、县域自然村保洁等方面，其他资金安排至各镇街乡村振兴项目、灾后复工复产、农村厕所革命、农村公共基础设施长效管护等方面。

【收入征管】 2022年，县财政局强化收入管理。在落实中央大规模留抵退税政策，全口径退税额35865万元前提下，一般公共预算收入可比口径完成53274万元，完成年初预期目标。主动对接、加大力度争取上级资金支持，争取生态功能区转移支付23001万元、省级涉农资金20243万元、新增政府债券资金58034万元（一般债券8500万元、专项债券29000万元、再融资债券20534万元），缓解财力缺口和政府偿债压力。清理盘活2020年及以前结转结余资金等2163万元，用于民生实事、重点项目建设等方面。

【监督管理】 2022年，仁化县扎实做好财政监督工作，完成会计信息监督检查项目3个、预决算公开检查工作146个单位。落实"双监控"线上监控和线下核查工作，加大"三公经费"使用情况检查力度。严把质量关，多措并举加强项目资金监管。预算审核工程项目63个，核减金额13598万元，核减率13%，结算审核项目130个，核减金额7176万元，核减率8%。

【绩效管理】 2022年，县财政局按照全面实施预算绩效管理工作要求，做好目标申报审核、绩效自评、自评核查、重点评价等重点环节工作。开展绩效评价项目（部门）41个，提升评价广度和深度。选取县卫健局等5个部门探索构建部门核心指标体系。对新增100万元以及上部门预算项目支出，由部门开展事前绩效评估。印发《仁化县部门整体支出绩效评价管理工作规程》《仁化县县级财政重点绩效评估指南》。

【采购监管】 2022年5月1日起，在全县上线试运行“广东政府采购智慧云平台”项目交易系统；5月16日，全面上线运行，构建政府采购“全省一张网”，实现政府采购全流程电子化和政府采购业务“一网通办”。按照《中华人民共和国政府采购法》做好采购监管工作。全年政府采购交易完成1603笔42782万元。

【其他财政管理】 2022年，县财政局推进暂付款清理工作，对以前年度暂存暂付款项挂账清理。6月和9月，全县实现挂账规模下降、存量挂账消化进度超过序时进度、新增挂账控制在同级两本预算支出之和的5%以内工作目标，连续两个季度获省财政厅通报表扬。强化农村财务管理，开展农村财务管理工作业务培训，提高农村财务管理水平。推进“数字财政”系统建设，提高财政信息化建设水平。做好财政信息报送。3月，《中国财经报》刊登《广东仁化“三个保障”助春耕》。

（刘志梅）

税务

【税费收入】 2022年，国家税务总局仁化县税务局（简称仁化县税务局）研究制定组织税费收入措施，加强税费种精细化管理，按“应清算尽清算”原则，全面加强土地增值税预缴和清算管理，推进个人所得税综合所得汇算工作，全县个人所得税综合所得年度汇算面为91.39%，完成绩效考核目标。退税办结率100%，补税办结率100%，两项指标率先全市完成。推进全税种全流程全覆盖风险联动管理机制，开展上级风险部门推送的各类中、低风险排查。完成核查反馈26笔。全县税务系统实现税费收入145360万元，同比减收2939万元，下降2%。

【“丹税仁家”品牌创优】 2022年，仁化县税务局创立创优“丹税仁家”战略品牌，通过多线条、多层次、体系化创建，推动党建与业务深度融合，系统化打造“丹税云厅”税费服务品牌、“丹税春风”税宣品牌、“丹税先锋”志愿服务品牌、“丹税青优”青年培育品牌、“丹税清风”廉政文化品牌5个。

【退税减税政策落实】 2022年，仁化县税务局全面精准落实新的组合式税费支持政策，依托政府建立减税降费工作联席会议制度，推动解决退税资金保障、退库流程衔接等问题。开展分析调研，形成落实减税降费工作以及政策影响收入情况分析报告、退税减税政策效应分析报告6篇，获县领导肯定性批示1次。

【税收营商环境优化】 2022年，仁化县税务局探索推行“十一税合一”（企业所得税、城镇土地使用税、房产税、车船税、印花税、耕地占用税、资源税、土地增值税、契税、环境保护税、烟叶税）综合申报，建立纳税服务持续改进工作机制，建立微信群“有事请@我”15个。在办税服务厅、基层税务分局、税务公众号设置“有问题 请找我”专岗、专码，建立常态化纳税人缴费人税费服务需求归集渠道，畅通税费需求快速响应机制。推进2022年度纳税信用评价工作，走访全县涉税中介机构10户，加强涉税专业服务日常监管，引导涉税专业服务行业诚信经营。推进“税收优惠促发展 惠企利民向未来”主题税宣活动，结合村村通税法广播、“零窗”税费服务等亮点工作，形成新闻稿件20条，被《人民日报》《羊城晚报》及“南方+”等刊载。

【改革攻坚】 2022年，仁化县税务局围绕“改革攻坚规范治理年”要求，在全市首创部署“税e站”网点，建立“税e站”网点164个，覆盖全县党群服务中心，到厅办税分流率86.51%，实现从“县城办”“前台办”到“就近办”“家门口办”的转变。紧扣数字政府建设要求，启动全市首个“零窗”税费服务“云”厅，集合省电子税务局、“广东税务”微信公众号、“粤税通”小程序、V-Tax（远程可视化办税）系统等线上平台，构建“网上办税为主、自助办税为辅，V-Tax办税兜底”的“非接触式”税费服务新模式。打造纳税服务运营中心，通过同一办公区域集约运营，强化部门间沟通协同、即时响应，实现税费管理和服务信息同步共享、措施集中规划、行动统一部署，驱动各部门业务深度融合、联动运作。相关经验做法获韶关市第六届机关工作创新创优竞赛“服务群众类”第一名、韶关市法治文化季文艺类比赛优秀奖，获省税务局领导肯定性批示。

【依法治税】 2022年，仁化县税务局建成税务部门与县相关部门常态化、制度化数据共享协调机制，通过堵塞税收征管漏洞，形成“交换涉税数据、分析利用数据、彰显税法公平”局面。制定涉税政务数据源共享利用工作指引，构建以数据深度应用驱动风险管控数据管税格局，实现征管全过程数据管控。联合县人民法院签订“关于司法拍卖不动产涉税问题协作机制备忘录”，建立税务法院联席会议制度、不动产司法拍卖税费协助和联动工作机制，深化司法拍卖民事执行与税费征缴协作。获取发改等单位涉税数据逾7万条，法税信息共享99条。加强与人社、信访、综治等多部门协作，发挥社保费综合治理机制优势，成立全市首个社会保险费征缴争议联合处置中心，将社会保险费征缴环节产生的各项事项全部纳入联合处置业务范围，避免群众因投诉内容涉及多个部门“多头跑”“跑多次”。

【党风廉政建设】 2022年，仁化县税务局强化党风廉政建设工作。召开专题会商6次，推进各类贯通融合。纠治“四风”，建立常态化明察暗访工作机制，巩固深化纪律作风问题专项整治工作成效。加强与纪委监委、公安、司法、审计等部门协作配合，向纪委监委汇报工作7次，选派纪检干部到市、县纪委监委跟班学习2人次，配合纪委监委来函协查2次，联合开展青年干部活动1次，聘任特约监督员15名。组建“三师互学互助小组”，抽调青年干部参与房土两税清理等专项工作。完善党建阵地建设，利用仁化特色红色资源，组织先进典型、老党员以及青年党员骨干开展特色党课。常态化开展送温暖、送爱心走访慰问活动。开展廉政家访，举办家庭助廉座谈及“严管就是厚爱”主题演讲等活动。

【乡村振兴服务】 2022年，仁化县税务局落实《仁化县 2022年乡村振兴工作要点》，印发《国家税务总局仁化县税务局2022年乡村振兴重点工作清单》。完成脱贫户及所在家庭人员参加城乡居民医疗保障工作。做好挂点村突发困难群众基本生活保障工作，及时组织党员干部开展调研走访、志愿服务工作。局党委班子开展“民情夜访”活动160余次，到帮扶村上党课8次，各党支部与帮扶村开展共建活动32次。推进人居环境整治，出资1万元用于挂点村灾后人居环境综合整治，开展人居环境整治活动432人次。

【政务事务】 2022年，仁化县税务局加强绩效管理，制定和完善绩效管理考评规则和指标，分层逐条落实。抓实安全稳定工作责任。开展资产清查工作，办理不动产权证7个，房产产权明晰率、闲置房产处置率均达100%。坚持党管保密原则，推进保密宣传教育月、微信群等新媒体管理、保密“进驻式”检查迎检及问题整改等工作。加强办公、办税场所、食堂、附属楼等重点部位的消防、水电、煤气管道等安全排查和闲置房产日常巡查，组织人员开展消防应急演练。坚持常态化防控和应急处置相结合，落实各方责任。

（胡桂敏）

【韶关市首个“实体运作”纳税服务运营中心在仁化揭牌成立】

2022年6月29日，韶关市首个县一级“实体运作”纳税服务运营中心在仁化揭牌成立，为仁化加快构建“集约运营、协同服务、节点倍增、弹性部署、智慧赋能”新型纳税服务运营体系提供有力支撑。

（刘雪娟）

银行·保险

中国人民银行仁化县支行

【货币政策执行】 2022年，中国人民银行仁化县支行（简称人民银行仁化县支行）运用央行货币政策工具，发放支小再贷款1.1亿元、支农再贷款0.4亿元，完成碳减排支持工具6笔金额1亿元，科技创新再贷款4笔金额0.26亿元。截至2022年年底，全县各项存款121.51亿元，同比增长7.1%；各项贷款74.62亿元，同比增长11.36%，存贷比61.41%。辖内各金融机构发放绿色贷款余额10.18亿元，同比增长85.62%。

【银企平台搭建】 2022年，人民银行仁化县支行搭建政银企对接平台，牵头组织召开政银企救灾复产农业专场融资对接会、政银企座谈会等，指导金融机构跟踪重点项目融资企业清单134家，其中24家企业资金需求3.23亿元，解决企业16家资金需求2.72亿元，资金需求满足率84.21%。开展仁化县金融系统“访企问需 暖心纾困”走访企业专项行动，摸排走访企业160次，解决企业82家融资需求贷款3.13亿元。加大企业调研力度，引进广州银行韶关分行、广发银行韶关分行支持辖内企业鸿伟木业等企业经营发展。

【金融稳定维护】 2022年，人民银行仁化县支行联合县住建局召开房地产企业专题座谈会，指导金融机构用好“保交楼”“金融十六条”等政策，推动金融助力仁化宝能、汇盛房地产企业纾困发展，开展问题楼盘风险化解工作。加大警银协作力度，严厉打击电信诈骗。指导县辖银行机构协助公安机关止付涉案银行账户1663个，止付金额1.9亿元，冻结涉诈资金871万元。协助韶关金融到仁化支行专题拍摄《存款保险让存款更安全》宣传视频，存款保险制度公众认知度综合得分排名全省第一。

【金融服务】 2022年，人民银行仁化县支行设置“线上+线下”首贷服务平台，创新首贷服务融资专窗+“仁融码”模式，实现“一企一策”，解决企业首贷难题，被上级行宣传稿选为典型案例，多次登上《金融时报》《中国金融网》等媒体。对接首贷户19户，成功放款18笔，促成企业获得首次贷款金额1.2亿元，加权平均利率5.7%。在全市率先推出“金融服务体验员”活动。推进移动支付便民工程，“丹霞街道精品示范镇”和“董塘示范镇”达到验收标准，丹霞街道和董塘镇移动支付“一码通用”改造率、累计交易笔数增长率和交易金额增长率均排名全省前三。其中，丹霞街道成功创建韶关市首个“广东省移动支付精品示范镇”。深化金融纠纷调解机制成效，成功调解金融纠纷案件20宗，涉案金额100万元。推进基础业务工作，国库、ACS等业务操作实现零差错、零风险目标。全县国库办理预算收入业务58326笔，收入36.74亿元，同比减少17.81%；办理预算支出业务28116笔，支出56.24亿元，同比增加17.49%；办理预算收入退付

7691笔，金额3.94万元，同比增加1674.92%。在全市首次开展国库代理资格认定，率先制定《国库集中收付代理银行资格认定审批事项服务指南》，完成2023—2027年度仁化县国库代理银行资格认定工作。扩大现金服务宣传面，协助上级行在董塘镇开展韶关市“助力乡村振兴，提升农村地区流通中人民币整洁度”活动启动仪式。

【乡村振兴】 2022年，人民银行仁化县支行健全金融服务乡村振兴长效机制，印发《仁化县信用村“整村授信”工作方案》，指导法人银行机构在辖内95个行政村开展“整村授信”工作，授信农户数3642户，授信金额7.98亿元，贷款余额4.76亿元。建立健全风险保障机制，联合县农业农村局推动县政府出台《仁化县乡村振兴金融信贷风险补偿实施细则》，安排600万元财政资金作为风险补偿资金支持乡村振兴工作，牵头举办金融支持林业高质量发展大会暨金融支持乡村振兴优秀案例展示大赛，制作金融系统宣传视频，集中展现仁化金融人躬耕力行推进乡村振兴实践成果。与县林业局签署“金融支持林业高质量发展合作协议”，围绕打造粤北生态发展新高地目标达成共识，制定具体措施10条，精准对接林业产业金融需求，拓宽各类涉林主体融资渠道。

【内部管理】 2022年，人民银行仁化县支行打造青年工作品牌，创新开展辐射粤湘赣三省的红三角青年理论云联学活动，人民银行广州分行、南昌中支、长沙中支等9个地区青年100余人参加，工作信息获《金融时报》刊登。举办“丹霞仁家”青年论坛7期。支行会计国库股成功创建广东省“青年文明号”，团支部获评韶关中支“五四红旗团支部”，女职工获评2022年度仁化县“三八红旗手”1人。为民办实事工作宣传稿件被《金融时报》、“仁化发布”等刊载12篇。

（黄　碧）

中国工商银行股份有限公司仁化支行

【概况】 截至2022年年底，中国工商银行股份有限公司仁化支行（简称工行仁化支行）各项存款余额123863万元，比上年增加20025万元，同比增长19.28%，其中，储蓄存款余额103286万元，比上年增加18509万元，增长21.83%。各项贷款余额40112万元，比上年增加4657万元，增长13.14%。中间业务收入182万元。实现净利润1740万元，比上年增加63万元，增长3.76%。

【内控案件防范管理】 2022年，工行仁化支行贯彻落实全面从严治党、从严治行总体要求，推动各项规章制度落实到位，实现“零案件”“零重大责任事故”“零监管处罚”管理目标。践行“严管厚爱”理念，将员工异常行为排查与关心关爱员工、家访、慰问等工作有机结合。慰问员工75人次，家访26人次，定期和不定期开展员工异常行为排查6次。坚持“学、查、改、立”抓好内控案防管理工作。贯彻执行上级行安全生产工作决策部署，完善落实安全生产责任制，开展安全生产监督检查18次，宣传活动10次，线上线下警示教育及培训8次，应急演练12次。

【金融知识普及】 2022年，工行仁化支行根据韶关市银保监分局、人行仁化县支行和上级行部署，开展金融知识宣传活动。以营业网点为宣传主阵地，设立咨询台，常态化开展金融知识宣传，适时组织开展金融知识进乡村、社区、厂矿、校园活动，引导广大群众理性消费、适度借贷，有效识别并主动远离校园贷、套路贷、非法集资、电信网络诈骗等非法金融活动，解答公众普遍关注的热点问题。在网点营业大厅显著位置张贴金融知识宣传海报，滚动播放金融知识宣传标语。开展实地宣传活动12次，线上宣传活动5次，印制各类金融知识宣传折页4200份，接受民众咨询3900人次，向民众派发宣传资料3500份，通过微信等渠道转发宣传视频，受益民众8500人次。

【乡村振兴】 2022年，工行仁化支行按照县委县政府乡村振兴工作部署，承担黄坑镇古竹村乡村振兴工作，选派驻村联络员1人，协助开展乡村振兴日常工作。落实“一线双联”“民情夜访”等各类乡村振兴工作要求，投入资金2.3万元，人力128人次，开展“结对子”党日活动1次，支部书记上党课1次，慰问困难群众12户、困难党员6人次。

【其他中心工作】 2022年，工行仁化支行做好巩固全国文明城市、国家卫生县城、创建全国森林城市等工作。投入文明城市建设资金1.8万元，人力480人次。

（叶仲林）

中国农业银行股份有限公司仁化县支行

【概况】 截至2022年年底，中国农业银行股份有限公司仁化县支行（简称农行仁化县支行）各项存款余额21.91亿元，比年初增长0.86亿元；各项贷款余额21.59亿元，比年初增长2.83亿元。

【业务发展】 2022年，农行仁化县支行出台季度重点主要产品计价方案、中后台人员考核方案、金融助理专项考核方案、对公个人贵宾客户管户实施细则等方案细则，明确各客户经理主攻目标，重点推进相关重点业务指标，提升团队合力。与县政府、县财政局、县农业农村局对接，成功拓展营销韶关分行首个农村集体“三资”平台业务。联动仁化县丹霞街道办、石塘镇、红山镇33个村（居）委会开立资金监管账户。到行开立账户村小组（经济合作社）176个，新增对公存款3000余万元。落实对公分层管户职责，12月底，成功营销落地财政存款2.8亿元。截至2022年年末，个人非住房贷款余额5347万元，比年初新增2432万元，增长83%。开展“教师e贷”“公务e贷”等非住房产品营销。围绕乡村振兴重点领域，加大金融支持力度。截至12月末，实现农户贷款余额突破2.2亿元，比年初增加约1亿元。向县辖11个镇（街）派驻金融助理，与县政府、11个镇（街）签订金融服务乡村振兴战略合作协议，制订《金融支持乡村振兴服务方案》。支持县域产业发展，投放韶关霞兴温氏畜牧有限公司绿色信贷项目贷款金额1.3亿元。

【综合管理】 2022年，农行仁化县支行强化挂点联系工作制度落实，支行班子成员每周至少1次到挂点网点参加夕会，列席部门网点夕会与员工行为分析例会等，实现业务发展与夯实基层党廉案防基础工作两不误。常态化开展“三线一网格”管控工作，做好日常履职提醒和督导、“严管厚爱”电子平台运行工作，开展员工行为风险排查，实现安全运营无事故。

（吴　静）

中国银行股份有限公司韶关仁化支行

【经营业绩】 截至2022年年底，中国银行股份有限公司韶关仁化支行（简称中行仁化支行）各项存款余额9.16亿元，贷款余额7.76亿元，存贷比84.7%。

【“复兴壹号”党建平台注册】 2022年，中行仁化支行发挥中国银行“复兴壹号”智慧党建平台优势，解决县部分单位党费手工收缴难、统计难、管理难问题，提高党务工作者工作效率。累计免费为包括中共仁化县直属机关工委、教育工委、仁化县丹霞街道办事处、仁化县大桥镇政府4个党组织上线“复兴壹号”智慧党建平台，注册党员4668人。

【普惠贷款】 2022年，中行仁化支行联动上级条线主管部门，主动对接工信、园区等到企业开展“六稳”“六保”相关政策传导，了解企业经营情况和资金需求等，及时帮助企业了解政策，用好政策，企业贷款余额超4.7亿元。强化重点领域信贷投入，通过白名单制等制度提高审批效率，普惠贷款比上年新增3810万元，增速59%。围绕农业农村重点领域、薄弱环节，主动与农业农村局、供销社等部门多维度扩展金融供给，普惠型涉农贷款2800万元，增速102%。

【助企纾困】 2022年，中行仁化支行落实助企纾困政策，按照“应延尽延”，实施阶段性延期还本付息政策。根据客户延期还本付息申请，结合客户经营状况，通过采取调整还本付息、无还本续贷、展期等方式帮助企业和个体工商户共渡难关，落实助企纾困政策，审批通过个人贷款延期还款申请6笔，涉及贷款余额200万元。用好减费让利政策，通过减免提前还款违约金，支付抵押登记费、评估费、质押登记费等合计让利超12万元。

【服务质量提升】 2022年，中行仁化支行投入100余万元升级改造仁化支行营业厅，1月17日正式对外复业。开展可疑交易排查，主动向公安机关提供可疑线索，协助公安机关开展反诈工作。

（刘　芳）

中国建设银行股份有限公司仁化支行

【概况】　截至2022年年底，中国建设银行股份有限公司仁化支行（简称建行仁化支行）一般性存款81614万元，各项贷款余额74607万元。

【存款业务】　2022年5—12月，建行仁化支行一般性存款排名当地四大行第一。

【个人产品销售】　2022年，建行仁化支行开展“贵金属”业务营销竞赛活动，设置个人营销激励奖项，评选“销售之星”。100%超额完成“故宫瑞兽”手链、“兔年压岁金”上级行计划销售任务，排名韶关分行第一。

【重点项目营销】　2022年，建行仁化支行围绕上级行下发的重点项目营销清单和工作要求，开展辖内重大项目针对性营销工作。通过与政府单位沟通，成功为广东威玛新材料科技有限公司、广东云伊电投能源有限公司、广东能易储能科技有限公司、韶关康普盾新能源科技有限公司等多个省、市重点项目账户开户。

（吕　伟）

中国邮政储蓄银行股份有限公司仁化县支行

【概况】　2022年，中国邮政储蓄银行股份有限公司仁化县支行（简称邮储银行仁化县支行）设营业网点1个、代理网点7个。截至2022年年底，各项存款余额224480万元，较年初增长14812万元；各项贷款余额43997万元，较年初增长3365万元。

【经营管理】　2022年，邮储银行仁化县支行做好乡村振兴和普惠金融工作。提高工作主动性，加大行内信用村信用户授信政策覆盖面，降低农村从事农业产业经营者融资门槛。做好整村授信年检工作，实现农户从“抵押担保才能贷”到“诚实守信就能贷”转变。截至2022年年底，涉农贷款结余16641万元，乡村振兴惠农经营贷款较年初净增202.11%。

【贷款投向优化】　2022年，邮储银行仁化县支行根据农村经济发展变化新形势、新情况、新特点，加大农业产业化、种养大户、专业合作社、中小企业、中小商户支持力度在贷款投向上向涉农贷款倾斜，确保涉农贷款与商户贷款共同发展。利用现有创业就业贷款等特色产品政策优势和宣传优势，响应创业带动就业、普惠金融工作号召。

【合规管理】　2022年，邮储银行仁化县支行推进网点系统化转型，满足客户全方位、多样化需求。加强关键岗位人员队伍建设和警示教育，提升风控意识。定期开展全方位、全流程、全覆盖系统化培训，提升全流程授信执行能力、风险防控能力及风险应对处置能力。严控合规风险，加强消费者权益保护。开展断卡行动，从严把控账户开立准入关、做好存量账户排查、多渠道强化宣传引导等。

（钟旭东）

广东仁化农村商业银行股份有限公司

【业务经营】　截至2022年年底，广东仁化农村商业银行股份有限公司（简称仁化农商银行）各项存款余额45.29亿元，同比增加2.31亿元，增长6.61%。各项贷款余额28.9亿元，同比增加0.9亿元，增长3.21%。财务收入22052万元，实现经营利润7317万元、净利润2151万元。资本充足率17.11%，拨备覆盖率243.9%，各项监管指标、考核指标均达标。

【“普惠金融户户通”工作】　截至2022年年底，仁化农商银行“普惠金融户户通”建档133840户，完成应建档任务数的167.25%。授信户数35243户，授信覆盖率44.9%，超额完成省联社30%的考核目标。与11个镇（街）党（工）委签订乡村振兴战略合作协议、125个行政村（居）党支部实行党建共建，布放“粤智助”政府服务自助机112台，派驻“金融特派员”44人。完成95个行政村整村授信工作，授信户数3517户，授信金额76008万元，贷款余额45257万元。在打造城口移动支付示范镇基础上，推进丹霞街道“精品示范镇”、董塘镇“移动支付示范镇”建设工作，创新推出丹霞山“移动支付+旅游”“智慧教育”“智慧医疗”等便民移动金融服务。

【涉农涉企信贷】 2022年，仁化农商银行结合县域产业发展特点，创新推出信贷产品“茶叶贷”“农易贷”等，为农业高质高效、农村宜居宜业、农民富裕富足提供支撑。主动对接现代农业示范区、省级牛羊产业园、重点农业龙头企业等，加大信贷投放力度。推广“三农易”“小微易”移动办贷业务，提升支农支小、服务个体小微、助力乡村振兴质效。

【审计成果建设】 2022年，仁化农商银行创新审计思维模式，开发审计模型，建立多层次、多维度审计成果反映形式，有计划开展审计监督工作。履行再监督职责，联合风控部门、业务部门构建覆盖各个层级、各个产品、各个业务流程监督检查体系，多层面、多维度运用审计成果，形成信息共享、结果共用、重要事项共同实施、问题整改共同落实机制。

（刘郑美）

中国人寿保险股份有限公司仁化县支公司

【业务收入】 截至2022年12月31日，中国人寿保险股份有限公司仁化县支公司（简称中国人寿仁化支公司）总保费收入6696万元，比上年增加144万元，同比增长2.2%。其中，新单保费收入1759.58万元。

个险渠道。2022年，中国人寿仁化支公司3～9年期交保费294.29万元，与上年同比减少14%；10年期交保费349.23万元，与上年同比减少44%；短期健康险保费137.22万元，与上年同比减少4%；短期意外险保费115.41万元，与上年同比减少3%。

银保渠道。2022年，中国人寿仁化支公司趸交保费225.57万元，与上年同比增长200%；3～9年期交保费225.57万元，与上年同比增长55%；短期险保费11.57万元，与上年同比增长26%。

团险渠道。2022年，中国人寿仁化支公司短期险保费400.71万元，与上年同比增长1.6%，其中意外险保费283.84万元，与上年同比增长12%。续期保费收入4936.81万元。全年给付支出1642万元（其中满期给付支出702万元、年金给付支出300万元、理赔给付支出640万元），比上年增加591万元，同比增长56%。

【智能投保服务】 2022年，中国人寿仁化支公司推广“无纸化投保+空中签名”智能投保服务，实现客户历史信息自动带入、客户地址联想填写、一键转发式客户自助填单等投保服务。推进智能化技术应用，简化客户投保手续。推广互联网远程业务办理服务，搭建“空中客服”远程视频服务模式，满足保险消费者多元化服务诉求和“无接触”服务需要。

【普惠性保险】 2022年，中国人寿仁化支公司发展老龄保险、女性保险等普惠性保险，实现全县60周岁以上老人全部纳入统保范围。截至2022年12月31日，老龄保险承保36602人，累计提供保障金额1.1亿元。女性保险与县妇联合作承保10628人，累计提供保障金额13.8亿元。

【金融知识普及】 2022年，中国人寿仁化支公司面向消费者普及金融知识，制作并在柜面摆放“e小宝带你了解普惠保险”等主题宣传材料。线上渠道发布“以案说险”“保险基础知识”风险提示和“保险知识冲冲冲”“答题抽奖”互动活动；线下组织开展“金融知识进校园”“老年人知识讲座”等教育宣传活动，累计触及消费者逾25万人次。向“一老一少”、新市民普及金融消费者八大权益、金融防诈骗知识、普惠医疗保险等知识，提高消费者金融素养。

【金融适老服务】 2022年，中国人寿仁化支公司开通多项适用于老年人使用习惯的尊老服务模式，为老年客户提供系列适老服务50万人次。寿险App新增页面字体大小可调节、语音验证登录、资讯内容朗读、智能应答机器人、防诈骗预警风险提示等老年人贴心服务体验功能。推出敬老爱老系列服务举措，开发智慧柜员机“爱心版”，加大页面字体，提供会语音无障碍服务。开展“护航金色晚年”关爱活动，增设敬老专座、配置老花镜、血压计、轮椅等便民设施，为特殊客户群体提供绿色服务通道和便民服务。

（秦　雪）

中国人民财产保险股份有限公司仁化支公司

【概况】　截至2022年12月31日，中国人民财产保险股份有限公司仁化支公司（简称人保财险仁化支公司）实现年保费6836万元，同比增长18.77%。支付受灾保户赔款3340.44万元，同比增长26.15%。收到涉农保险表扬信感谢信3次。

【政策性保险】　承保业务。2022年，人保财险仁化支公司承办全县政策性农房、水稻、岭南水果种植保险、能繁母猪、生猪养殖、自然灾害公众责任险等惠及民生系列政策性保险，创新推出玉米种植保险。承保水稻保险9403.99公顷、玉米保险1874.17公顷、蔬菜种植77.2公顷、岭南水果252.46公顷。承保能繁母猪6450头、育肥猪109404头、仔猪89340头。承保公益生态林7.51万公顷、商品林4万公顷，累计保险费2272万元，同比增长41%。承保农村住房42015户，承保率100%，累计保险金额462亿元。做好农业保险提标、扩面、增品工作，承保柑橘气象指数保险、岭南水果种植保险、蔬菜种植保险等相关惠农产品。承保全县高标准农田保险，与县农业农村局创新试点全市首单标准农田财产综合保险，为全县提供高标准农田1.6万公顷3.6亿元的风险保障。推出防返贫综合保险，承保全县2786户建档立卡脱贫户防返贫保险。深入镇、村开展涉农保险宣传和培训。

理赔。2022年，人保财队仁化支公司种植保险赔付773.48万元，其中，水稻保险赔付1911户571.93公顷，理赔305.13万元；玉米保险理赔412户197.27公顷，赔付68.68万元；蔬菜种植保险赔付18.67公顷，赔付37.2万元；岭南水果保险赔付362.47万元。养殖保险赔付272万元，其中，能繁母猪理赔92宗25.45万元、生猪理赔440宗154.93万元、仔猪理赔198宗91.62万元。发放受灾农户249户政策性农房保险赔偿金107.68万元，其中，发放内洞村三斗种受灾村民18户赔款36万元。森林保险理赔金额310.13万元，其中，理赔长江、红山等镇冰灾受灾林地114.76万元，赔付“龙舟水”受灾林场195.37万元。赔付高标准农田受损水利设施26万元。理赔防返贫保险赔付案218宗400余户58.28万元，其中，发放脱贫户子女教育助学金37.3万元，脱贫户食住赔付11.16万元、医行赔付9.42万元。向受灾镇（街）捐赠复合肥50吨、有机肥85吨，价值30万元。

【车险业务】　2022年，人保财险仁化支公司围绕“六大渠道融合”工作思路，对标市场竞争。以“续、新、转”为工作导向，调整车险业务结构，实现车险业务保费3072.1万元；商业非车险保费1492.2万元，同比增长19.38%。

【理赔】　2022年，人保财险仁化支公司加强理赔管控，全面实行小额人伤快赔服务。升级警保联动新举措，与交警部门合作推进“两站两员”建设。加大道路安全引导，减少交通事故。落实农险“定损到户、承保到户、理赔到户”，确保承保理赔真实性，坚守合规底线。处理赔案5560宗，支出赔款3758.27万元，其中涉农保险赔款1547.57万元。

【内控管理】　2022年，人保财险仁化支公司以基层党建促发展，增强公司凝聚力，做好内部控制管理各方面工作。严格落实中央八项规定精神，各项巡视检查中未出现有违反中央八项规定情况。

（黎奎芳）

教科文卫体

教育管理

【概况】 2022年，仁化县有各类学校、幼儿园108所，其中，完全中学2所、中等职业学校1所、初级中学6所、九年一贯制学校（含凡口学校）7所、中心小学9所、完小5所、教学点37所、幼儿园40所、特教学校1所。2021—2022学年在校学生38432人，其中，小学学生17346人、初中学生8420人、高中学生3585人、中职学生1547人、特殊教育学校学生219人、学前教育学生7315人。有在岗教职工2324人，其中，专任教师2304人，在岗教师已聘高级职称382人、中级职称1180人、初级职称642人。幼儿园教师学历达标率100%，小学教师学历达标率100%，初中教师学历达标率99.7%，普通高中教师学历达标率达99.1%以上、研究生学历5.49%，中职教师学历达标率95.45%，双师型教师占专业教师69.81%。

【改革攻坚规范治理】 2022年，仁化县义务教育优质均衡发展资源配置7项指标全部达标；政府保障程度15项指标中，有11项达标；教育质量9项指标中，有8项达标。全面推行义务教育学校课后服务“5+2”模式，校内课后服务时长达标率100%。开展校外培训机构治理，5所学科类培训机构有3所已注销办学许可，2所转型为非学科类培训机构，均实行资金监管，培训机构经营规范。专职保安配备、校园全封闭式管理、“护学岗”设置、一键报警装置100%达标。推进仁化中学综合楼、县实验学校综合楼、石塘镇中心幼儿园、城口镇中心幼儿园等项目建设。设立校园定制公交专线政府补贴基金被列为8项民生实事之一。在丹霞街道办、董塘镇、黄坑镇、周田镇开通线路17条，投入26台车，解决1127名学生“乘车难”问题。教育综合改革提质，推进学前教育集团化办园。2021年秋季，成立学前教育协作型教育集团（含公民办幼儿园）5个。

【教育教学运行规范】 2022年，仁化县优化教育现代化发展环境，各中小学校依法治教、治校。公办和普惠性民办幼儿园覆盖率90%，学前三年毛入园率102.35%，义务教育标准化学校覆盖率100%，九年义务教育巩固率95.1%，高中阶段毛入学率114.39%，成人教育（社区教育）蓬勃发展。

【教育生态安全文明】 2022年，仁化县建立健全校园安全“片区化、网格化”安全管理体制机制，开展校园周边环境综合治理专项检查1次，食品安全专项检查2次，消防安全隐患整治2次，校车拉网式排查2次，督学区日常督导10次，发放“致家长的一封信”20余万份。开展安全教育2600余次，举行不同形式应急演练390余次。举办“关爱女生，呵护成长”青春期心理健康专题宣讲活动25场。组织高级心理健康教育教师（A证）培训活动，开展各类心理健康教育活动38场，完成线上线下心理健康教育9320次，校外心理辅导站心理咨询100人次。

未成年人不良行为发生率下降。

【教育教学】 2022年，仁化县学生参加全国、省、市各项竞赛，获全国奖励5人次，省级奖励85人次，市级奖励312人次，县级奖励1289人次。2022年，全县参加高考1529人，600分以上4人，应届本科以上上线率59.1%；仁化中职学生参加春季高考，被本科院校录取3人。初中学业水平考试，语文74.6分、数学79分、英语62.7分、物理63.7分、化学65.5分、道德与法治35.6分、历史32.7分、体育53.7分、生物66.1分、地理69.1分。

【优质教育资源供给】 2022年，仁化县累计投入1.12亿元，完成红山幼儿园、城口幼儿园、红山幼儿园、实验学校综合楼、仁化中学综合楼建设项目。投入400万元，建设初中英语听说考点考场16间，其中，新建9间，升级改造7间。投入285万元，新建计算机室黄坑小学、大桥小学、石塘小学、长江小学、红山学校、周田小学、城北小学、红山学校、城北小学、周田中心小学10间。投入220万元，更新中小学校电教平台触控一体机88套。仁化一中投入136万元，新建云办公系统1套，更新图书、实验室设备一批。城口学校新建音乐美术室4间，周中新建音乐美术室2间，董塘中学新建未来教室1间。投入630余万元，完成石塘镇中心幼儿园、城口镇中心幼儿园、红山镇中心幼儿园异地新建装备建设。投入300余万元，新建仁化县实验学校综合楼电脑室1间，教学一体机9套，音乐室3间，美术室4间，配备报告厅桌椅和广播系统、监控系统、音视频设备。

【教育投入】 2021年，仁化县一般公共预算教育经费投入46032万元；2022年一般公共预算教育经费投入47281元，比上年增长1249万元。

【教师管理】 2022年，仁化县有“‘四有’好老师”20人，298人获县级优秀教师、先进个人。教师教学技能获奖673人次（其中，省级37人次、市级236人次），教学论文获奖及出版265篇（其中，获国家级27篇、省级190篇、市级48篇）。“名师工作室”7个，开展送教下乡活动7次、讲座9次、教研研修活动15次、教研培训活动16次。完善教师竞聘上岗机制，交流教师149名，交流比6.5%，优秀校长轮岗交流13人，轮岗交流比11.6%。全县中小学教师编制由1980个递增为1982个。建立健全中小学教师工资收入随当地公务员工资收入动态调整机制，增加教师绩效累计1724万元。实施全口径全方位融入式对口帮扶计划，与东莞虎门镇、企石镇以及广东司法警官职业学院、东莞城市学院建立结对帮扶机制，组建帮扶学校5对，组织开展教师培养项目18项，参与培训教师1560人，培养省、市级骨干教师和名教师74人，获评韶关市“‘四有’好老师”14人、韶关市优秀教育工作者2人。开展中小学新教师、校长、园长、骨干教师、德育副校长、教师心理B证培训等各种培训，培训教师4800人次。教师取得心理健康ABC证占比81.3%。

【学校德育】 2022年，仁化县探索“五育并举”新时代大德育工作机制。开展“学习新思想，做好接班人”主题教育，组织青年团员、少先队员参加“青年大学习”“喜迎二十大 争做好队员”“红领巾爱学习”等学习活动1000余人次。评选仁化县“新时代好少年”29人、中学“三好学生”131人、“优秀学生干部”82名。获“2022年度全国优秀少先队员”1人。开展“传承红色基因”系列教育活动，各校组织学生“网上祭英烈”活动参与率达90%以上。中小学校举办经典诵读展演活动20余场，参与学生2000余人。参与经典诵读活动师生3万余人。组织未成年人参与学校志愿服务活动，参与各类志愿服务活动师生3万余人。依托双峰寨、县档案馆、县博物馆等场所，组织学生开展红色研学活动。有县级文明校园25所、市级文明校园17所、省级绿色学校25所。加强学生心理健康教育，“一对一”结对帮扶单亲家庭、残障等特殊群体学生党员教师902人。为有心理困扰学生提供线上心理咨询232人次。开展假期儿童关爱服务活动12场，参与志愿者850人，走访慰问儿童3822人，结对帮扶留守孤困儿童30人，受益家长、儿童4200人，开展家庭教育指导活动15场，辅导学生200余人。全县未成年人不良行为发生率呈现逐年下降趋势。做好家庭教育工作，建立家长委员会中小学校25所。组建仁化县家庭教育志愿讲师团队，开展家庭教育讲座60余次，受益8000余人。组织学生参加韶关市“学宪法　讲宪法”演讲比赛和法治知识竞赛，获得一等奖2个、二等奖7个。城北小学教师陈桂花获“法治韶关　喜迎二十大”演讲比赛决赛三等奖，城北小学快板《我是守法好儿郎》获法治文艺决赛三等奖。

【“双减”工作】　2022年，仁化县义务教育阶段学校均开展校内课后服务工作，实现两个“全覆盖”全县参与校内课后服务教师681人次。

【体育工作】　2022年12月5—6日，韶关市教育局委托第三方机构对仁化县7所中小学校、1200名学生开展体质健康抽测，抽测优良率63.5%，及格率99.8%。其中，大桥中学、长江中小学校优良率72%以上。完成中考体育考试工作，中考成绩名列全市第二。形成“校校有特色，人人有项目”学校体育格局，学校体育从“一校一品”向“一校多品”发展。有全国足球特色学校8所、武术特色学校4所、田径传统学校2所、篮球特色学校2所、定向运动项目1所。5月，参加广东省中学生青少年武术锦标赛，仁化中学获高中组团体总分第三名、仁化一中获初中组团体总分第二名。在参加韶关市第二十七届中小学生“英东杯”田径竞赛暨广东省第十三届中学生运动会田径测试赛中，仁化中学获高中组团体总分第一名，打破市纪录5项；仁化一中获初中组团体总分第二名，打破市纪录1项；田家炳小学获小学组团体总分第二名。运动员获国家一、二级运动员一批。7月，举办仁化县中小学生篮球竞赛；11月，举办仁化县中小学生校园足球联赛。7月24—30日，2022年广东省第十三届中学生运动会武术套路竞赛在县体育馆举办，仁化中学王笑代表韶关市队获首金，以仁化中学、仁化一中组建的代表队获武术套路甲组团体第二名、乙组团体第五名，仁化一中代表韶关队参加定向运动项目比赛获甲组团体第一名，并赢得8金1银2铜共11枚奖牌；仁化县体育健儿取得14金7银4铜共25枚奖牌。开展“乒乓球、跳绳、创意绘画、竖笛进校园”。

【卫生工作】　2022年，仁化县健康教育开课率100%，学生健康知识知晓率90%以上，学生健康行为形成率85%以上。开展近视眼防控和筛查矫正工作，培养学生良好卫生习惯，发放预防近视宣传材料800张、宣传手册4万册。加强中小学校课室、图书室等功能场室照明，完成课室灯光改造786间，完成率93%。绿色学校全覆盖。联合卫健部门开展卫生管理专项检查。创建健康促进学校，成功创建15所。

【学校食品安全与学生营养健康】　2022年，仁化县有学校食堂65间，其中，中小学校26间，公立幼儿园15间，私立幼儿园24间。A级食堂20间，B级食堂45间，B级以上食堂覆盖率100%。落实校园食品安全管理主体责任，落实领导陪餐制度。规范食品加工操作过程管理，确保食品原料可追溯。健全和完善厨余垃圾处理管理制度，建立风险隐患清单和台账，确保校园食品安全风险实现有效防控，学校每日自查和上报率99%。开展“光盘”行动和“文明餐桌”行动，增强学生厉行节约、反对浪费意识。每年举办县级以上食品安全法律法规宣传和培训2次。全面推进学校食堂“明厨亮灶+智慧监管”工程建设，辖内65间学校（含幼儿园）食堂被纳入韶关阳光餐饮平台（互联网+明厨亮灶）智慧监管，100%全覆盖。

【艺术工作】　2022年，仁化县组织开展小学音乐学科教育教学论文评选、优秀微课征集、送教下乡活动，教师5人获音乐教育教学论文奖。组织全县小学音乐教师参与2022年韶关市小学音乐学科教育教学论文线上交流会。组织各校参加省、市级艺术比赛。田家炳小学、城北小学获市“中华经典诗文诵读”比赛特等奖，大桥中学获一等奖；选送学生粤韵操节目代表韶关市参加省粤韵操比赛获三等奖。选送学生合唱节目代表韶关市参加省粤东西北中小学合唱交流展示活动。选送学生绘画作品获市一、二等奖。举行“喜迎二十大　强国复兴有我”2022年仁化县文艺展演暨“新时代好少年”发布会。举办“粤韵操·岭南情”主题活动暨仁化县中小学校（幼儿园）学生粤韵操比赛，25所中小学校、14所公办幼儿园参赛。

【教育教学科研】 2022年，仁化县教学成果获市级奖14项。课题结题41项，其中，省级2项、市级16项、县级23项；课题立项78项，其中，省级1项、市级43项、县级34项。教育教学论文发表103篇；教育教学论文获奖209篇，其中，国家级1篇、省级36篇、市级172篇。教师教学技能竞赛获奖503项，其中，省级42项、市级230项、县级231项。

【安全工作】 2022年，仁化县抓好各项安全管理教育工作，杜绝各种安全事故发生。召开预防学生溺水工作联席会议，加强部门协作联防联动。联合公安、交通运输部门开展全县校车专项检查；联合县消防救援大队开展校园消防安全检查；联合县交警大队、县交通运输局开展暑假交通教育活动；联合组织校车司机、管理人员、园长开展安全法律、法规培训；开展全县中小学、幼儿园消防宣传月宣传教育活动；召开县城学校电动车（摩托车）专项整治专题会议，开展中小学生非法骑乘摩托车（电动自行车）专项整治工作。举办校园安防应急处置现场会活动。

【教育督导】 2022年，仁化县完成教育督导体制机制改革。按时间节点提交定性指标12项、定量指标25项佐证材料，高质量完成2022年省对县级政府履行教育职责评价工作。全县设置督学责任区5个，选聘专职督学11人、兼职督学44人，覆盖各中小学校和幼儿园。落实教育督导专项经费，每月至少开展经常性挂牌督导工作1次。4月，红山、长江、黄坑、周田、大桥5个镇通过省教育强镇复评督导验收专家组督导验收。11月，开展全县2022年中小学校工作考核。做好义务教育质量监测。6月14日，安排样本校18所、监测点20个，学生600人、校长20人、教师100余人参加四年级、八年级数学学业质量、劳动素养状况、心理健康状况及相关因素问卷填答，完成2022年义务教育质量监测工作任务。做好创建全国义务教育优质均衡发展县工作。12月，完成申报全国义务教育优质均衡发展县（市、区）在仁化县人民政府门户网公示。投入2.8亿元，启动实验学校综合楼、仁化中学综合楼建设，石塘镇中心幼儿园、红山镇中心幼儿园、城口幼儿园异地新建，新建新城学校等项目。

【教育财务结算】 2022年，仁化县印发《关于印发〈仁化县中小学校（幼儿园）教育发展建设项目审批暂行规定〉的通知》。中小学校、公办幼儿园实行“集中记账，分校核算”，由教育财务结算中心统一会计核算，学校设置报账员，统一在教育财务结算中心报账。

【捐资助学】 2022年，仁化县精确对接教育最困难群体，做好学生资助政策宣传，落实各教育阶段学生资助政策，巩固和加强家庭经济困难学生资助工作。2022年春、秋两学期，资助中小学幼儿园家庭经济困难学生14207人次，资助金额1250.42万元。其中：学前教育家庭经济困难幼儿2735人次，发放金额136.75万元；义务教育家庭经济困难非寄宿生生活费补助4411人次，发放金额124.71万元，家庭经济困难寄宿生生活费补助1852人次，发放金额233.56万元；高中助学金受助1495人次，发放金额149.5万元；高中免学费206人次，资助金额27.1万元；中职国家助学金受助468人次，发放金额46.8万元；中职免学费3040人次，资助金额532万元。办理仁化县户籍大学生生源地信用助学贷款709人次，通过国家开发银行发放助学贷款753.112万元。各类教育保障政策100%落实到位，2022年脱贫人口家庭义务教育阶段适龄儿童少年入学率100%。通过开展“招善引爱”系列活动，争取社会捐资助学资金336.28万元，用于为学校添置设施设备和资助家庭困难学生。

【教育设施设备】 2022年，仁化县投入2.7亿元，启动新城学校项目建设，加快推进仁化中学综合楼、实验学校综合楼、中等职业学校教学楼建设项目，县城内可新增优质学位2880个、功能场室95间。投入6100万元，推动石塘、红山、城口镇3所幼儿园异地新建项目，推进新城幼儿园开园，采取“腾笼换鸟”方式同步扩大乡镇义务教育资源，可扩容学前教育学位720个，新增乡镇义务教育学位360个。投入400万元建设初中英语听说考点考场16间，其中，新建9间，升级改造7间。投入285万元，新建黄坑小学、大桥小学、石塘小学、长江小学、红山学校、周田小学、城北小学、红山学校、城北小学、周田中心小学计算机室各1间。投入220万元，更新中小学校电教平台触控一体机88套。投入136万元，新建仁化一中云办公系统1套，更新图书、实验室设备一批；新建城口学校音乐美术室4间、周田中学音乐美术室2间、董塘中学未来教室1间。投入630余万元，完成石塘镇中心幼儿园、城口镇中心幼儿园、红山镇中心幼儿园异地新建装备建设。投入300余万元，建设仁化县实验学校新建综合楼电脑室1间、教学一体机9套、音乐室3间、美术室4间，添置报告厅桌椅及音视频设备。

【仁化县青少年宫】 2022年，仁化县青少年宫开设钢琴、电子琴、小提琴、象棋围棋、书法、绘画、体育（拉丁舞、跆拳道）、中国舞、快乐小记者、语言艺术班等科目39个班。

基础教育

【幼儿教育】 2022年，仁化县有幼儿园40所，其中公办幼儿园15所（含凡口矿幼儿园），民办幼儿园25所，边远乡村设有混编幼儿班4个。学龄前三年幼儿7147人，入园幼儿7315人，学前三年入园率102.35%，入园率超出省市平均指标。有幼儿园教职工1027人，其中，专任教师483人，在编教师205人。有普惠性民办幼儿园21所，全县公办和普惠性民办幼儿园覆盖率90%。按照省市文件精神，开展民办幼儿园年度检查，规范民办幼儿园办学行为。开展“片区管理”活动，采取“以公带民”形式开展教研活动。

2022年仁化县幼儿园、混编幼儿班一览表

表11

独立幼儿园(所)						在园在班幼儿（人）	教职工（人）				
合计	教育局办	单位办	镇办	村办	私立		合计	管理人员	教师	保育员	其他
40	14	1	0	0	25	7315	1027	73	483	237	234

链接

仁化县幼儿园名录：仁化县机关幼儿园、仁化县丹霞街道中心幼儿园、仁化县长江镇中心幼儿园、仁化县石塘中心幼儿园、仁化县黄坑镇中心幼儿园、仁化县城口镇中心幼儿园、仁化县红山镇中心幼儿园、仁化县周田镇中心幼儿园、仁化县大桥镇中心幼儿园、仁化县扶溪镇中心幼儿园、仁化县闻韶镇中心幼儿园、仁化县董塘镇中心幼儿园、仁化县城北幼儿园、凡口矿幼儿园、仁化县小太阳中英文幼儿园、仁化县水南中英文幼儿园、仁化县华英幼儿园、仁化县蓓蕾幼儿园、仁化县丹霞金果果幼儿园、仁化县新城幼儿园、仁化县新起点幼儿园、仁化县海丽达幼儿园、仁化县爱儿思一品城幼儿园、仁化县博思特幼儿园、仁化县红苹果幼儿园、仁化县童之梦幼儿园、仁化县凡口新世纪幼儿园、仁化县凡口培正幼儿园、仁化县凡口博艺幼儿园、仁化县董塘镇博雅幼儿园、仁化县董塘镇天诚幼儿园、仁化县董塘镇开心宝宝幼儿园、仁化县董塘坪岗凯利幼儿园、仁化县黄坑阳光幼儿园、仁化县长江镇锦江幼儿园、仁化县长江镇明星幼儿园、仁化县长江镇朝阳幼儿园、仁化县周田镇乐艺幼儿园、仁化县周田镇智慧岛幼儿园、仁化县扶溪童乐幼儿园。

（谭芳苗）

【仁化县新城幼儿园揭牌开园】 2022年2月14日，仁化县新城幼儿园举行揭牌开园启用典礼。新城幼儿园按照省一级标准建设，占地面积10011平方米，办学规模15个班级，提供优质学前教育学位450余个。（刘雪娟）

【义务教育】 2022年，仁化县有义务教育阶段学校66所，其中，完全中学2所、初级中学6所、九年一贯制学校7所（含凡口

学校）、中心小学9所、完小4所、教学点37所、特教学校1所。义务教育阶段在校学生25766人，其中，小学480个班17346人、初中188个班8420人。小学阶段6周岁至11周岁学龄儿童16635人，在校学生17346人，毛入学率104.27%，学年内辍学率为零。初中阶段12周岁至14周岁人口7784人，在校学生8420人，毛入学率108.17%，学年内辍学率为零。九年义务教育巩固率95.1%。适龄“残疾”儿童226人，在校219人，入学率96.9%。义务教育阶段各项指标达到省市要求。

【普通高中教育】 2022年，仁化县普通高中学龄人口有3134人，在校学生3585人，普通高中毛入学率114.39%。有完全中学2所，其中，仁化中学为广东省国家级示范性高级中学，教学班61个（初中部6个班、高中部55个班），学生2971人，教职工240人，参加高考792人，高考本科上线率61.35%；仁化一中是市一级完全中学，有教学班51个（初中部33个班、高中部18个班），学生2517人，教职工200人，参加高考291人，高考本科上线率33.7%。2022年高考600分以上4人，应届本科以上上线率59.1%。

【特殊教育】 2022年，仁化县有特殊教育学校仁化启智学校1所，教职工30人，教学班9个，学生77人。全县有适龄残疾儿童少年226人，在校残疾学生219人（特殊学校就读77人、随班就读学生86人、送教上门56人），入学率96.9%，残疾学生毕业21人。

【职业教育】 2022年，仁化县有职业教育学校仁化县中等职业学校1所，是省重点公办职业学校，开设专业民航运输、旅游服务与管理、汽车运用与维修、电子商务、计算机动漫与游戏制作、机械加工技术、供用电技术、计算机应用、大数据技术应用9个，有教学班37个，学生1547人，毕业512人，教职工数126人。参加春季高考3人被本科院校录取。获2021—2022学年度中等职业教育国家奖学金2人。

【成人教育】 2022年，仁化县有镇（街）成人文化技术学校11所，举办种养技术和劳动技能等各类培训班，培训学员5666人次。

（谭芳苗）

科学技术

【科技投入】 2022年，仁化县地方财政投入科技支出1002万元，达到当年财政总支出（扣除专项转移支付）的0.38%。

【科研投入】 2022年，根据国家反馈仁化县2021年度研发投入1.14亿元，2021年度研发投入占地区生产总值比重1.03%。

【科技项目】 2022年，仁化县向韶关市科技局推荐县工农业企业申报省、市科技专项资金，广东英业达电子有限公司、仁化县奥达胶合板有限公司等7家企事业单位获科技立项，立项金额485万元。

2022年仁化县科技立项情况表

表12

项目	承担单位	文件号	金额（万元）	备注
新型长寿命电池在数据中心+5G基站+储能市场领域的应用及产业化	广东英业达电子有限公司	韶科〔2022〕98号	60	省级
竹质工程材料高效利用技术研究与产业化示范	仁化县奥达胶合板有限公司	韶科〔2022〕98号	100	省级
韶关国家农业科技园区信息服务平台建设	仁化县国家现代农业示范区管理委员会	韶科〔2022〕98号	200	省级
粤北地区特新优蔬菜新品种选育与推广示范	仁化县丹霞现代种业研究院	韶科〔2022〕98号	50	省级

续表12

项目	承担单位	文件号	金额（万元）	备注
韶关市残疾儿童丹霞山研学实践教育成长项目	韶关市丹霞山旅游投资经营有限公司	韶科〔2022〕81号	10	市级
柑橘智慧滴灌系统运用决策技术研究	仁化县橘颂生态农业有限公司	韶科〔2022〕81号	20	市级
韶关国家农业科技园区规划修编项目	广东省农业科学院农业经济与信息研究所	韶科〔2022〕81号	45	市级

【高新技术企业认定】 2022年，仁化县有广东西力电源有限公司（重新认定）、广东天鹰新能源科技有限公司、仁化县海润建筑工程有限公司、广东康润达建设工程有限公司、广东讯天新能源有限公司、广东钧逸建筑工程有限公司、仁化县达昌建材凡口水泥有限公司、韶关丹霞女农业科技有限公司8家企业通过认定。截至2022年年底，全县高新技术企业有23家。

【研发机构】 2022年，仁化县有仁化县恒达新型材料有限公司、仁化县众康环保精细粉料有限公司2家市级工程研究中心通过认定，全县市级工程研究中心增加至22家。有深圳市中金岭南有色金属股份有限公司1家省级工程技术研究中心通过认定，全县省级工程研究中心增至7家。

（李杰英）

社会科学

【社科课题申报】 2022年4月，仁化县社会科学学会联合会（简称县社科联）组织完成申报韶关市哲学社会科学规划课题《乡贤助力乡村振兴对策研究——以仁化为例》1个。

【社科普及活动】 2022年，县社科联依托社科普及基地和新时代文明实践中心（所、站、点）等阵地，围绕党的二十大精神、十九届六中全会精神、省第十三次党代会精神等主题开展社科普及活动47场次。3月4日，在田家炳小学举办2022年“尚善尚美”社科知识基层行活动，邀请市社科专家讲授“经典诗文朗诵技巧与方法”，参加活动师生200余人。5月24日，在城口镇新时代文明实践所举办2022年“尚善尚美”社科知识基层行活动，邀请市社科专家举办“乡村振兴成功案例的解析与思考”专题讲座，参与干部群众60余人，并赠送社科书籍。

【社科普及基地建设】 2022年，仁化县完成董塘镇董塘社区董劝书院、长江镇中山公园申报省级社会科学普及基地工作。9月30日，董塘镇董塘社区董劝书院被认定为省级提升型社会科学普及基地。争取市级专项资金5000元，用于扶持董塘镇安岗村社科普及基地建设。

【社科学会建设】 2022年，仁化县加强社科学会管理。完成社科学会2021年度年检审查。10月15日，县社科联组织梅州客家文化促进会、兴宁客家文化促进会负责人召开2022年社科联学会工作会议，推动学会工作规范开展。

（叶庚兰）

文化行业管理

【公共文化基础设施】 2022年，仁化县坚持文化建设与经济建设并重，继续实施仁化县图书馆新馆（国家二级馆）建设项目。完成基层综合性文化服务中心提质增效工作，摸排各镇（街）基层综合性文化服务中心设施和公共体育设备配备情况，完成63个村（社区）任务数，完成率100%，达标率100%，通过广东省文化和旅游公共服务设施管理系统审核。

【文化旅游市场管理】 2022年，县文广旅体局严抓安全生产建设，落实安全生产措施，定期开展涉旅企业安全隐患排查和安全生产检查，出动285人次，检查涉旅行业95家。出动9480人次，检查相关企业4740家次。开展专项排查12次，出动执法人员530人次，摸排网吧3家、歌舞娱乐场所9家、星级宾馆1家、景区6家、旅行社3家、印刷厂3家、书店28家，收缴盗版书籍59册，要求下架违规书籍132册。

【安全播出】 2022年，仁化县实地检查涉安全播出重要环节和设备，了解重点期间安全播出应急机制、人员值班值守、设备运行、消防安全管理等情况，对所发现问题，当即要求整改。未发生安全播出事故。开展“非法地面卫星接收设施专项整治行动”，防范非法信号传播，拆除地面卫星接收设施1个，通过进社区、电视报道等渠道宣传5次。

（谢 磊 周艳雷）

【图书管理】 2022年，仁化县投入100余万元，建设智能图书馆风度书房石塘分馆1家、丹霞印象民宿粤书吧1家。投入8万元，举办展览、培训、讲座、阅读推广活动50余场次。增加馆藏图书1万余册、阅读座席150个。12月，仁化县图书馆新馆对外试运行。

（饶惠莲）

群众文化活动

【文化活动】 2022年，仁化县组织开展“我的中国梦 文化进万家”红色文化、非遗文化、民俗文化主题线上云展播活动9场，点击量约5000次。开展“筑牢安全生产防线 构建平安美丽仁化”“守护绿水青山 建设生态家园”主题送戏下乡活动，惠及群众约3000人次。组织“全民尚文”志愿服务队开展“南粤情 文旅行”系列文化活动，线上线下参与约5500人次。举办“全民才艺大比拼”“‘同饮一江水’劳动者歌唱比赛”，60名选手参赛。开展线上+线下文化活动35场，线下文化活动惠及群众5786人次，线上文化活动辐射突破10万人次。

【文化惠民】 2022年，县文化馆开设免费培训班8个。上半年开展成人形体培训班、少儿葫芦丝培训班，暑期开设少儿东方舞、少儿书法、少儿竖笛（初级）、少儿非洲鼓、少儿主持人6个少儿培训班，惠及群众约1320人次。董塘镇河富村入选为2022年全国“村晚”示范展示点，展现本土客家方言、民俗表演，线上线下参与观看约9万人次。

文艺创作·文化交流

【文艺创作】 2022年，仁化县歌曲《你走过的地方》参加2022年韶关市群众艺术花会，在第十届广佛肇清云韶比赛中获银奖，参加2022年“南岭风”第34届粤湘赣仁化、汝城、崇义三省三县文化艺术节展演。女子群舞《丹霞红豆》参加2022年韶关市群众艺术花会，及2022年“南岭风”第34届粤湘赣仁化、汝城、崇义三省三县文化艺术节展演。三人舞《酿美酒等你来》演绎省级非物质文化遗产仁化石塘堆花米酒酿造过程。

【文化品牌】 2022年，仁化县打造本土文艺精品，促进文化繁荣发展。协助市文化馆做好全国“村晚”示范展示活动。结合当地市级非物质文化遗产丹霞红豆创编女子群舞《丹霞红豆》。以红色村组织振兴建设红色美丽乡村先行试点红山镇新白村为背景，创作歌曲《你走过的地方》。

【文化交流】 2022年1月，县文化馆到汝城县参加“粤湘赣边仁化汝城崇义三省三县文艺汇演”，惠及群众约500人次。举办“文旅志愿‘影视配音中的语言艺术’”讲座，惠及群众约100人；在城口镇参加“文旅志愿乡村行”文艺演出，惠及群众约300人。

（谢 磊 郑伟璇）

文物·博物

【文物保护利用】 2022年，仁化县做好文物保护利用工作。开展文物安全巡查，完成县各级不可移动文物日常巡查2轮。完成工农革命军独立第四团团部旧址修缮工程，修缮资金100万元；修复博物馆馆藏书画42幅，修复资金21.8万元；新划定文物保护单位保护范围及建设控制地带12处；完成县级文物保护单位华表峰塔、文明峰塔修缮工程勘察设计。申报各级文物保护单位，新增省级文物保护单位3处（安岗思治堂、狮子岩庙遗址、丹霞山塔墓群），县级文物保护单位4处（老街嘉应会馆、董塘华阳寨遗址、城口广兴栈、城口秘密交通联络站旧址）。开展文物保护宣传活动。“5·18”国际博物馆日，举办“传统音乐演奏会”；举办图片展览“荟雅南州——明代广东文人的艺术与生活”“诗情画意——岭南传统园林文化展”“广东状元”“鲁迅生平事迹”“追求与探索——文化名人历史印记”5场；开展送图片下基层巡回展活动11场次、送图片进校园巡回展活动25场次。发挥县博物馆爱国主义教育基地作用，举办核心价值观教育活动5场次。

（肖金兰）

2022年仁化县文物保护单位一览表

表13

名称	建造时间	公布或批准机关	公布或批准时间、批次	批准文号
云龙寺塔	唐乾宁—光化年间（894—901）	国务院	1988年1月13日被公布为第三批全国重点文物保护单位	国发〔1988〕5号
双峰寨	清光绪二十五年（1899）	国务院	2006年5月25日被公布为第六批全国重点文物保护单位	国发〔2006〕19号
丹霞山摩崖石刻	北宋—民国	国务院	2013年3月5日被公布为第七批全国重点文物保护单位	国发〔2013〕13号
鲶鱼转遗址	新石器晚期	广东省人民政府	1960年10月30日被公布为第一批省级文物保护单位；1978年7月18日重新被公布；2002年7月17日重新被公布为省保第一批	粤府办〔2002〕56号
澌溪寺塔	北宋	广东省人民政府	1979年12月19日被公布为第二批广东省文物保护单位；2002年7月17日重新被公布为省保第二批	粤府办〔2002〕56号
华林寺塔	北宋元丰五年（1082）	广东省人民政府	1989年6月29日被公布为第三批广东省文物保护单位；2002年7月17日重新被公布为省保第三批	粤府办〔2002〕56号
文峰塔	明万历四十年（1612）	广东省人民政府	2008年11月18日被公布为第五批广东省文物保护单位	粤府办〔2008〕68号
双水塔	明万历年间（1573—1620）	广东省人民政府	2008年11月18日被公布为第五批广东省文物保护单位	粤府办〔2008〕68号
工农革命独立第四团部旧址	清道光二十七年（1847）	广东省人民政府	2019年4月19日被公布为第九批广东省文物保护单位	粤府函〔2019〕96号
灵溪大石围	清乾隆十一年（1746）	广东省人民政府	2019年4月19日被公布为第九批广东省文物保护单位	粤府函〔2019〕96号
细美寨	清	广东省人民政府	2019年4月19日被公布为第九批广东省文物保护单位	粤府函〔2019〕96号
雪岩寺与石乳泉	明	广东省人民政府	2019年4月19日被公布为第九批广东省文物保护单位	粤府函〔2019〕96号

续表13

名称	建造时间	公布或批准机关	公布或批准时间、批次	批准文号
安岗思诒堂	清	广东省人民政府	2022年7月23日被公布为第十批广东省文物保护单位	粤府函〔2022〕152号
狮子岩庙遗址	明	广东省人民政府	2022年7月23日被公布为第十批广东省文物保护单位	粤府函〔2022〕152号
丹霞山清代塔墓群	（佛日峰塔墓）清康熙五十年（1711） （宝珠峰塔墓）清 （锦石岩普同塔）清顺治五年（1648） （丹霞山普同塔）清康熙四十年（1701） （张天窝和尚塔墓）清 （朱道人墓）清 （今辩乐说和尚墓）清	广东省人民政府	2022年7月23日被公布为第十批广东省文物保护单位	粤府函〔2022〕152号
恩村古祠堂群	（恩村蒙氏家庙）明—清 （恩村昆寿公祠）清 （恩村蒙氏宗祠）清 （恩村德志祠）清	韶关市人民政府	2020年9月3日被公布为第七批市级文物保护单位	韶府〔2020〕14号
张屋古村张氏宗祠及门楼	清	韶关市人民政府	2020年9月3日被公布为第七批市级文物保护单位	韶府〔2020〕14号

续表13

名称	建造时间	公布或批准机关	公布或批准时间、批次	批准文号
古秦城	始建于秦代，清嘉庆元年（1796）重修	仁化县人民政府	1982年3月27日被公布为第一批县级文物保护单位	仁府〔1982〕009号
仁化县暴动纪念碑	1987年	仁化县人民政府	1989年6月3日被公布为第二批县级文物保护单位	仁府布字〔1989〕4号
石塘大革命烈士纪念碑	1953年	仁化县人民政府	1989年6月3日被公布为第二批县级文物保护单位	仁府布字〔1989〕4号
红山红军长征革命烈士纪念碑	1968年	仁化县人民政府	1989年6月3日被公布为第二批县级文物保护单位	仁府布字〔1989〕4号
长江革命烈士纪念碑	1967年	仁化县人民政府	1989年6月3日被公布为第二批县级文物保护单位	仁府布字〔1989〕4号
董塘大革命烈士纪念碑	1959年	仁化县人民政府	1989年6月3日被公布为第二批县级文物保护单位	仁府布字〔1989〕4号
覆船岭遗址	新石器晚期	仁化县人民政府	1989年6月3日被公布为第二批县级文物保护单位	仁府布字〔1989〕4号
康溪走马坪遗址	新石器时期	仁化县人民政府	1989年6月3日被公布为第二批县级文物保护单位	仁府布字〔1989〕4号
腾凤塔	明	仁化县人民政府	1989年6月3日被公布为第二批县级文物保护单位	仁府布字〔1989〕4号
历林水口塔	明	仁化县人民政府	1989年6月3日被公布为第二批县级文物保护单位	仁府布字〔1989〕4号
文明峰塔	明万历二十五年（1597）	仁化县人民政府	1989年6月3日被公布为第二批县级文物保护单位	仁府布字〔1989〕4号
华表峰塔	明万历二十六年（1598）	仁化县人民政府	1989年6月3日被公布为第二批县级文物保护单位	仁府布字〔1989〕4号
张子胄墓	唐	仁化县人民政府	2015年1月6日重新被公布为第四批县级文物保护单位	仁府通〔2015〕1号
东庄门楼	清	仁化县人民政府	2015年1月6日重新被公布为第四批县级文物保护单位	仁府通〔2015〕1号
老街万年桥	清	仁化县人民政府	2015年1月6日重新被公布为第四批县级文物保护单位	仁府通〔2015〕1号
水南村梁氏宗祠	清嘉庆三年（1798）	仁化县人民政府	2011年4月21日被公布为第三批县级文物保护单位	仁府〔2011〕10号

续表13

名称	建造时间	公布或批准机关	公布或批准时间、批次	批准文号
夏富村李氏宗祠	明	仁化县人民政府	2011年4月21日被公布为第三批县级文物保护单位	仁府〔2011〕10号
古竹石拱桥	清	仁化县人民政府	2011年4月21日被公布为第三批县级文物保护单位	仁府〔2011〕10号
春坑古竹石拱桥	清	仁化县人民政府	2011年4月21日被公布为第三批县级文物保护单位	仁府〔2011〕10号
下徐村黎氏宗祠	清	仁化县人民政府	2011年4月21日被公布为第三批县级文物保护单位	仁府〔2011〕10号
左龙村石拱桥	清	仁化县人民政府	2011年4月21日被公布为第三批县级文物保护单位	仁府〔2011〕10号
石塘镇贻德堂	清	仁化县人民政府	2011年4月21日被公布为第三批县级文物保护单位	仁府〔2011〕10号
李仲生故居	清	仁化县人民政府	2011年4月21日被公布为第三批县级文物保护单位	仁府〔2011〕10号
早禾田民居	清	仁化县人民政府	2011年4月21日被公布为第三批县级文物保护单位	仁府〔2011〕10号
石塘镇门楼	民国	仁化县人民政府	2011年4月21日被公布为第三批县级文物保护单位	仁府〔2011〕10号
石塘镇杂货铺	民国	仁化县人民政府	2011年4月21日被公布为第三批县级文物保护单位	仁府〔2011〕10号
长江镇广州会馆	清光绪十一年（1885）	仁化县人民政府	2011年4月21日被公布为第三批县级文物保护单位	仁府〔2011〕10号
长江镇刘氏宗祠	清乾隆四十七年（1782）	仁化县人民政府	2011年4月21日被公布为第三批县级文物保护单位	仁府〔2011〕10号
船背坳石拱桥	清	仁化县人民政府	2011年4月21日被公布为第三批县级文物保护单位	仁府〔2011〕10号
长江镇陈氏宗祠	清	仁化县人民政府	2011年4月21日被公布为第三批县级文物保护单位	仁府〔2011〕10号
铜鼓岭红军烈士纪念碑	2008年	仁化县人民政府	2011年4月21日被公布为第三批县级文物保护单位	仁府〔2011〕10号
谭甫仁将军故居	1968年	仁化县人民政府	2011年4月21日被公布为第三批县级文物保护单位	仁府〔2011〕10号

续表13

名称	建造时间	公布或批准机关	公布或批准时间、批次	批准文号
红军石拱桥	清	仁化县人民政府	2011年4月21日被公布为第三批县级文物保护单位	仁府〔2011〕10号
黄溪水石拱桥	清	仁化县人民政府	2011年4月21日被公布为第三批县级文物保护单位	仁府〔2011〕10号
断石村吴氏祠堂	清	仁化县人民政府	2011年4月21日被公布为第三批县级文物保护单位	仁府〔2011〕10号
燕岩禅寺	明崇祯八年（1635）	仁化县人民政府	2011年4月21日被公布为第三批县级文物保护单位	仁府〔2011〕10号
锦江岩画	北宋—清	仁化县人民政府	2011年4月21日被公布为第三批县级文物保护单位	仁府〔2011〕10号
澹归塔墓遗址	清康熙十九年（1680）	仁化县人民政府	1989年6月3日被公布为第二批县级文物保护单位	仁府布字〔1989〕4号
螺顶浮屠遗址	清康熙六年（1667）	仁化县人民政府	1989年6月5日被公布为第二批县级文物保护单位	仁府布字〔1989〕4号
金龟岩庙遗址	北宋—清	仁化县人民政府	2015年1月6日重新被公布为第四批县级文物保护单位	仁府通〔2015〕1号
涌泉岩庙遗址	明—清	仁化县人民政府	2015年1月6日重新被公布为第四批县级文物保护单位	仁府通〔2015〕1号
打锣岩庙古道遗址	北宋	仁化县人民政府	2015年1月6日重新被公布为第四批县级文物保护单位	仁府通〔2015〕1号
穿窿岩庙遗址	北宋	仁化县人民政府	2015年1月6日重新被公布为第四批县级文物保护单位	仁府通〔2015〕1号
古夏司马第祠堂	清	仁化县人民政府	2015年1月6日被公布为第四批县级文物保护单位	仁府通〔2015〕1号
下徐仇氏宗祠	清	仁化县人民政府	2015年1月6日被公布为第四批县级文物保护单位	仁府通〔2015〕1号
白竹何屋村何氏宗祠	清	仁化县人民政府	2015年1月6日被公布为第四批县级文物保护单位	仁府通〔2015〕1号
白竹刘屋村刘氏宗祠	清	仁化县人民政府	2015年1月6日被公布为第四批县级文物保护单位	仁府通〔2015〕1号
抗日阵亡将士纪念碑	1953年	仁化县人民政府	2015年1月6日被公布为第四批县级文物保护单位	仁府通〔2015〕1号

续表13

名称	建造时间	公布或批准机关	公布或批准时间、批次	批准文号
高岗庙遗址	清	仁化县人民政府	2015年1月6日被公布为第四批县级文物保护单位	仁府通〔2015〕1号
老街嘉应会馆	清	仁化县人民政府	2022年1月13日被公布为第五批县级文物保护单位	仁府通〔2022〕1号
董塘华阳寨遗址	清	仁化县人民政府	2022年1月13日被公布为第五批县级文物保护单位	仁府通〔2022〕1号
城口广兴栈	清	仁化县人民政府	2022年1月13日被公布为第五批县级文物保护单位	仁府通〔2022〕1号
城口秘密交通联络站旧址	清	仁化县人民政府	2022年1月13日被公布为第五批县级文物保护单位	仁府通〔2022〕1号

说明：该表由仁化县文化广电旅游体育局、县博物馆提供

【非遗项目与群众文化同台活动】 2022年6月11日，仁化县在石塘镇石塘村开展“文化和自然遗产日”系列活动之“乡村振兴 非遗同行”石塘古村游活动，分畅游石塘古村、非遗展演、非遗与民同乐、非遗传承4个环节，组织省市非遗项目5项参加，参与游客群众约500人。6月底，非遗项目“丹霞红豆饰品制作技艺”参加2022莞惠韶旅游推介活动。8月9日，非遗项目“仁化白毛茶制作技艺”“杨泰和米饼制作技艺”“丹霞红豆饰品制作”参加2022广东文旅推介会。8月27日至9月10日，在石塘古村月姐歌传承基地开展“庆中秋 唱月姐”活动，游客现场观看约2000人次。

【非遗项目申报】 2022年7月，非遗项目“仁化白毛茶制作技艺”传承人李助明成功申报为韶关市第七批市级非物质文化遗产代表性项目代表性传承人名录。

2022年仁化县非物质文化遗产保护项目一览表

表14

保护项目名称	项目属性	保护级别	公布或批准时间	批准文号
石塘月姐歌	传统音乐	广东省第三批省级非物质文化遗产保护项目名录	2009年	粤府〔2009〕112号
仁化土法造纸技艺	传统技艺	广东省第三批省级非物质文化遗产保护项目名录	2009年	粤府〔2009〕112号
石塘堆花米酒酿造技艺	传统技艺	广东省第四批省级非物质文化遗产保护项目名录	2012年	粤府〔2012〕20号
梅花龙	民俗	韶关市第二批市级非物质文化遗产保护项目名录	2009年	韶府〔2009〕2号

续表14

保护项目名称	项目属性	保护级别	公布或批准时间	批准文号
闹春牛	民俗	韶关市第二批市级非物质文化遗产保护项目名录	2009年	韶府〔2009〕2号
仁化八音	传统音乐	韶关市第三批市级非物质文化遗产保护项目名录	2011年	韶府〔2011〕13号
走马灯	传统技艺	韶关市第五批市级非物质文化遗产保护项目名录	2015年	韶府〔2015〕24号
装故事	民俗	韶关市第五批市级非物质文化遗产保护项目名录	2015年	韶府〔2015〕24号
丹霞红豆饰品制作	传统技艺	韶关市第五批市级非物质文化遗产保护项目名录	2015年	韶府〔2015〕24号
杨泰和米饼制作技艺	传统技艺	韶关市第七批市级非物质文化遗产保护项目名录	2018年	韶府〔2018〕44号
仁化竹篾编织技艺	传统技艺	韶关市第七批市级非物质文化遗产保护项目名录	2018年	韶府〔2018〕44号
仁化白毛茶制作技艺	传统技艺	韶关市第八批市级非物质文化遗产保护项目名录	2021年	韶府〔2021〕5号
仁化艾糍制作技艺	传统技艺	韶关市第八批市级非物质文化遗产保护项目名录	2021年	韶府〔2021〕5号
恩村香火龙	民俗	仁化县第六批县级非物质文化遗产保护项目名录	2019年	仁府〔2019〕38号
丹霞仙草制作技艺	传统技艺	仁化县第六批县级非物质文化遗产保护项目名录	2019年	仁府〔2019〕38号
禾斋节	民俗	仁化县第六批县级非物质文化遗产保护项目名录	2019年	仁府〔2019〕38号

（刘俊杰）

电影

【概况】　仁化县丹影文化传播有限公司（简称丹影公司）属县国有独资企业，设办公室、下乡放映队（负责农村公益电影、学校电影及社区电影放映工作）和财务室。2022年4月，仁化县丹影文化传播有限公司被中央宣传部、文化和旅游部、国家广播电视总局评为“第九届全国服务农民、服务基层文化建设基层电影服务先进集体”。

【公益电影】　2022年，丹影公司以迎接宣传贯彻党的二十大为主线，开展优秀电影展播和电影下乡活动。在“七一”“十一”期间，通过“仁化发布”视频号、“仁化综合频道”展播红色影片《地道战》《铁道游击队》等，累计播放量250万余次。组织开展“学党史　看电影”“时代楷模”等主题电影放映活动，利用新时代文明实践中心（站）、爱国主义教育基地、红色革命遗址等宣传教育阵地，组织优秀影片进农村、社区、学校、厂矿播放，其中，电影公益放映进农村1040场、进企业60场、进社区230场、进校园90场。

【营业电影】　2022年，丹影公司金逸数字影院完善运营体系、岗位责任制度和人员培训体系，利用网络，与猫眼电影、淘票票等网络平台合作，支持网上购票、选座，放映经营性影片5521场次，接待观众24597人次，收入91万余元。

（廖小慧）

融媒体事业

【安全播出】 2022年，仁化县融媒体中心加强主流媒体意识形态主阵地建设，完善安全播出指挥体系和安全播出工作制度。强化内容发布管理，完善所属各平台“三审三校”制度，做好应急广播系统等保测工作，确保党的二十大各项重大活动直播转播工作万无一失，发挥党委、政府“喉舌”宣传作用。安全播出事故率为零。

【宣传报道】 2022年，县融媒体中心以电视、广播、微信公众号、“仁爱仁化”App、视频号、抖音号为平台，做好新闻宣传服务。播出电视新闻1836条，发布微信信息5634条、“仁爱仁化”手机客户端信息6035条、融合创新短视频400余条，直播活动6场次，播出广播信息1783条次、应急广播信息480小时；线上各平台全年点击量合计逾110万人次。制作、推出《非凡十年》《喜迎二十大》《飞“阅”仁化》等系列融媒专栏作品，传递党的二十大精神。加强与新华社、南方日报社、广东电视台、韶关电视台、韶关日报社等媒体合作，向中央和省、市级媒体推送仁化选题、仁化经验、仁化亮点宣传新闻稿件368条，在“学习强国”平台发布稿件约1000条，其中，被中央电视台、新华网采用新闻《广东仁化：红山镇万亩茶园采茶忙》《韶关仁化双季稻轮作休耕模式让“休耕田”变“增产田”》《仁化：让“种子”飞起来 无人机助力春耕生产》3条。在省、市新闻评比中，获省级新闻奖励作品6件，获市级新闻奖励作品8件。

【有线电视网络发展】 2022年，县融兴公司有数据专线1272条，有线数字电视用户13048户，网络宽带用户1973户，业务总收入831万元。

【乡村振兴】 2022年，县融媒体中心组织240人次到乡村振兴挂点帮扶村董塘镇安岗村开展乡村振兴各项工作。组织党员志愿者46人次联合村“两委”干部开展村庄清洁大扫除活动。举办专题宣讲2场，乡村振兴工作会议4场。协调中心干部职工帮助贫困户联系农特产品（贡柑、蔬菜等）销路，助农销售23万元。协调爱心企业到安岗村捐赠物资8100元，投入人居环境整治资金6000元，洪灾期间投入6000元支持灾后人居环境整治。

（吴啟帆　邓毅敏）

医疗卫生行业管理

【概况】 2022年，仁化县有医疗卫生机构152家，其中，公立医院、厂矿医院、民营医院、妇幼保健院、疾控中心、慢性病防治站、血液透析中心、卫生监督所、社区卫生服务中心各1家，社区卫生服务站2家，乡镇卫生院10家，村卫生站117家，诊所、医务室14家。卫生技术人员1251人，其中，县级医疗卫生机构卫生技术人员481人，专业公共卫生机构卫生技术人员177人，基层医疗机构卫生技术人员584人，其他卫生医疗机构9人。医疗机构实有床位881张，其中，县级533张，乡镇274张，专业公共卫生机构74张。

【卫生重点项目建设】 2022年12月，石塘镇卫生院业务楼通过竣工验收并投入使用，完成仁化县人民医院发热门诊及感染科防治楼和周田镇卫生院、红山镇卫生院业务楼主体工程建设。启动仁化县卫生院补短板项目与仁化县县域医疗补短板项目，推进闻韶、城口镇卫生院业务楼及扶溪镇卫生院迁建项目。

【医药卫生体制改革】 2022年，仁化县落实推广三明医改经验实施方案，推动深化医疗、医保、医药“三医联动”改革。健全药品供应保障体系，做好短缺药品保供稳价工作，规范基本药物管理和合理使用，基本药物品种及使用总额达85%以上。深化公立医院综合改革，健全医疗卫生机构和医务人员绩效考核机制，深化薪酬制度、编制管理和职称评审改革。推进县域内紧密型医共体建设。推进医共体信息化系统建设，分批建设各（中心）卫生院医共体信息化系统。

董塘、周田镇中心卫生院上线运行，红山、石塘镇卫生院完成相关硬件安装调试。

【医疗服务】 2021年，仁化县医疗服务水平提升。在东莞市人民医院帮扶下，人民医院管理、人才培养、教学研究、专科能力建设等方面得到加强。落实妇幼健康工作，有序开展HPV疫苗接种，有意愿接种适龄女性1343人，已接种1343人。完成耳聋基因筛查、妇女“两癌”筛查任务数，完成率100%。开展重点人群肠癌筛查，超额完成700例任务指标。完成心肺复苏技能培训目标5000人。

【基本公共卫生服务】 2022年，仁化县国家基本公共卫生服务项目获2021年度韶关市公共卫生绩效考核第一名；在省评价中，获非珠三角组第四名。居民电子健康档案建档率95.51%，高血压患者规范管理率83.78%，糖尿病患者规范管理率86.44%。

【人才招聘】 2022年，仁化县经青年人才暨事业单位工作人员公开招聘，完成医疗卫生人才聘用7人。下半年公开招聘完成体检11人。

（县卫健局办　黄青蕾）

【仁化县董塘镇中心卫生院被通报表扬为2021年“优质服务基层行”机构】 2022年2月9日，国家卫生健康委员会办公厅、国家中医药局办公室通报表扬2021年“优质服务基层行”活动中表现突出、服务优质的机构，仁化县董塘镇中心卫生院上榜，是韶关市8家上榜的乡镇卫生院之一。

（刘雪娟）

医疗保障

【城乡居民基本医疗保险】 2022年，医疗保障医保局（简称县医保局）采取线上线下相结合方式，开展城乡居民基本医疗保险征缴宣传，发放宣传资料20万余份，设置横幅200余条。加强部门协调配合，优化服务流程，简化办事程序，利用“粤医保”“粤税通”“粤智助”等小程序，实现参保缴费、信息查询等服务线上办理。截至12月31日，全县城乡居民参保160138人，完成市下达目标任务数164550人的97.32%，全市排名第四。

【医疗保障基金管理】 2022年，县医保局加强医保基金监管。结合医保基金监管集中宣传月活动，通过编印发放宣传材料、开展专项培训、曝光典型案例、畅通投诉举报渠道等多种方式，推动全社会共同关注、支持、参与医保基金监管工作。开展信用承诺，与定点医药机构签订维护医保基金安全承诺书74份，做到100%全覆盖，要求严格遵守法律法规，坚决抵制各类违法违规骗保行为。结合“改革攻坚规范治理年”工作部署，通过专项检查、联合检查、借助第三方监管力量及医保智能审核系统等不同形式开展监督检查，保持打击欺诈骗保高压态势，实现“两定”机构医保检查全覆盖，下发限期整改通知书25份，暂停医保定点4家，解除医保协议定点医药机构1家，追回违规费用33万余元。

【药品和医用耗材采购】 2022年，县医保局加强组织领导，强化定点医药机构业务指导，通过提醒、通报、约谈等方式加强监督。各定点医药机构按规定开展线上采购药品、医用耗材。公立医院药品采购总金额7365.76万元，医用耗材采购总金额2921.6万元。

【医疗救助】 2022年，仁化县做好困难群众医疗救助工作，确保困难群众应保尽保、应救尽救。强化业务培训，明确工作流程，加强各乡镇医疗救助经办指导，规范医疗救助经办工作程序，严把医疗救助申请、初核和审批关口。医疗救助住院费用401.82万元，普通门诊费用108.38万元，门特门慢病种就医费用111.01万元，合计支出医疗救助资金621.21万元。

【医保服务】 2022年，仁化县开展“不见面”线上异地就医备案，异地就医备案实现多平台全流程线上办理，推进医保异地就医医疗费用直接结算工作。提高职工生育保险结算标准，实施生育医疗费用医院收费窗口“一站式”直接报销。开通职工生育保险异地就医生育医疗费用联网直接报销渠道，将新生儿参加城乡居民医保纳入县“出生一件事”联办改革事项，群众只要跑一次就能办完“出生一件事”。

（谭文军）

社区卫生

【概况】 2022年，仁化县丹霞街道社区卫生服务中心（简称丹霞社区卫生服务中心）是广东省示范社区卫生服务中心，服务人口为街道辖内17个村（居）的69355人，管理辖内18个村（林场）卫生站，负责20名乡村医生业务培训和指导，为居民提供国家基本公共卫生服务项目14项。有卫生技术人员98人。核定病床位26张，实际开放病床数23张。门诊诊疗56846人次，住院310人次，住院患者较同期减少27.06%。总收入2925.85万元，较同期增长23.73%；医药收入1263.84万元，同比增长40.67%；药品收入1026.67万元，同比增长35.34%。

【医疗服务】 2022年，丹霞社区卫生服务中心开设全科门诊、中医科、预防接种科、糖尿病健康管理门诊、高血压健康管理门诊等多个门诊科室，为患者提供个性化诊疗服务。门诊量56846人次，住院量310人次。

【特色服务】 2022年，丹霞社区卫生服务中心开设中医康复科，采用中西医结合方法，为患者提供康复治疗服务。开展“三伏天灸”“三九天灸”服务，做到由发病诊治向未病防治转移。开展体检、健康咨询、健康指导等多项健康管理服务。

疾病预防与控制

【免疫规划】 2022年，仁化县疾病预防控制中心（简称县疾控中心）免疫规划疫苗接种率达标，疑似预防接种异常反应26例。完成AFP监测1例，麻疹病例监测5例，开展乙肝抗-HBcIgM 1：1000检测7例。预防接种证查验率100%，补种率100%。举办培训班4次，办理预防接种合格证63人，复审90人。

【传染病防治】 2022年，仁化县报告法定传染病1929例，传染病死亡数2例。报告未分级突发公共卫生事件15起、手足口病聚集性疫情6起，传染病自动预警149起。对各医疗机构传染病报告质量调查3次，对学校、幼儿园传染病防控指导督导15次。落实学校卫生工作，审核学生因病缺勤18714条，及时处理预警11次，年度学生健康体检完成27478人。开展全国儿童青少年近视防控适宜技术试点县工作，对7所监测点学校开展近视等常见病监测2142人。落实艾滋病防治，艾滋病病例60例，CD4检测率93.33%，抗病毒治疗率86.67%，配偶检测率88.89%。HIV（艾滋病病毒）检测44249人。

【卫生监测】 2022年，县疾控中心开展“双随机”监督性抽检27户。监测城市饮用水51份、农村集中供水164份。监测医疗机构消毒效果19家、幼托机构4家；开展国家专项消毒效果监测，监测机构10家。监测食源性疾病，报告病例300例，发生聚集性食源性疾病事件1起。开展登革热蚊媒密度专项监测，登革热布雷图指数BI（Breteau Index）2.88，MOI（诱蚊诱卵指数）1.31。病媒生物监测，平均蚊密度1.78只/盏，平均鼠密度1.46%，平均蝇密度7.02只/笼，蟑螂平均密度0.66个/盒。地方病碘缺乏病监测居民户盐样300份、尿样300份，碘缺乏病技术指标均达到消除标准。采集水样430份，水碘含量均小于40微克/升，仁化县属于碘缺乏地区。按省、市要求完成食品风险监测采样工作。职业病网络直报，完成尘肺患者随访54例。协助开展职业卫生技术服务机构评估检查和用人单位现场核查。

【慢性非传染性疾病报告管理】 2022年，县疾控中心管理高血压患者9431名，规范管理率853.78%；血压控制率82.64%。管理糖尿病患者3489名，规范管理率86.44%，管理人群血糖控制率51.02%。老年人健康管理服务率57.41%。健康档案建档率95.51%。出具死因监测报告1583例，伤害监测报告13707例，肿瘤监测报告456例。实施全民生活方式健康活动18次。开展老年人跌倒流行病学调查和跌倒风险评估方法评价项目及糖尿病防治专项行动特色项目。

【寄生虫病防治】 2022年，县疾控中心开展血吸虫病防治调查及健康教育宣传工作，国家监测点及省常规查螺60570平方米。开展疟疾防治知识宣传，完成疟疾防治血检511人，血片复核13片。

卫生监督

【国家随机监督抽查】 2022年，县卫生监督所落实省、市国家随机监督抽查计划工作部署。制订《仁化县2022年国家随机监督抽查计划实施方案》，完善执法检查对象名录库和执法检查人员名录库。结合日常卫生监督、专项监督检查工作，完成随机抽查任务65家，其中，公共场所卫生20家、学校卫生4家、生活饮用水3家、传染病防治卫生4家、医疗卫生3家、妇幼健康3家、放射卫生2家、职业卫生15家、各镇小型集中式供水6家和二次供水5家，完结率100%。随机抽查中被处罚单位2家。抽查结果信息及时录入韶关卫生监督信息网，分批次在仁化县政府信息网公开。

【“放管服”改革】 2022年，县卫生监督所办理各类卫生行政许可475件，即办件85件，办结率100%，服务窗口群众零投诉，受理事项公示在广东省行政执法信息公示平台、全国信用信息共享平台。

【公共场所卫生监督执法】 2022年，县卫生监督所开展美容美发、住宿场所、游泳场所等公共卫生经营单位监督检查和量化分级管理，公共场所应监督户数303家，监督覆盖率100%。查处公共场所违法违规行为30宗，其中，简易程序25宗、一般程序5宗，罚款金额2500元。

【学校卫生监督】 2022年，县卫生监督所开展中小学校（25所）、幼儿园（41所）日常卫生监督检查，对检查所发现问题及时提出整改意见，指导督促整改，监督覆盖率100%。

【生活饮用水卫生监督】 2022年，县卫生监督开展集中式供水单位和二次供水单位卫生监督。监督持有集中式供水卫生许可证单位3家、镇小型集中供水单位6家、二次供水单位5家，监督覆盖率100%。巡察调查镇（街）已验收农村供水工程449个，抽取供水点142个。主要检查供水点饮用水卫生管理工作落实情况及净化工艺、消毒方式、水质检测能力、取水点卫生防护等情况，存在主要问题是制水工艺简单、缺乏专业饮用水卫生管理人员。

【医疗机构卫生监督】 2022年，县卫生监督所对医疗卫生机构涉依法执业、医疗废物管理、处方书写规范、母婴保健技术服务等方面实施监督执法，监督检查医疗卫生机构149家，监督覆盖率100%；监督传染病防治机构149家，监督覆盖率100%；监督妇幼健康机构6家，监督覆盖率100%。查处违法违规行为26宗，其中，简易程序22宗，一般程序4宗，罚款金额2000元。开展医疗卫生机构传染病防治分类监督综合评价工作，医疗机构不良执业行为记分4家。

【放射卫生监督】 2021年，县卫生监督所完成放射卫生监督14间，监督覆盖率100%，重点督促各单位建立健全放射卫生管理制度、应急预案及放射工作人员职业健康档案，完善放射工作场所防护设施、警示标识，配备有效足量个人防护用品，定期开展放射仪器状态和防护性能检测、个人辐射剂量监测和职业健康体检等工作。7月，开展医疗机构放射防护管理现状调研、放射诊疗机构放射防护管理专项督导检查工作，对存在问题的放射诊疗机构，下达卫生监督意见书，限期整改。新建改建放射诊疗项目2个，完成“预评”审核，进入“控评”。对个别镇卫生院未进行2021年度校验给予警告行政处罚。

【职业卫生监督执法】 2022年，县卫生监督所开展职业卫生日常监督执法，检查企业职业病危害项目申报。定期开展职业病危害检测和劳动者职业健康检查，建立监护档案，开展劳动者职业卫生培训。督促企业建立健全职业病危害防治责任制，检查企业39家，监督覆盖率100%；查处违法违规行为为6宗，均给予警告行政处罚。开展防暑降温和职业性化学中毒防范监督检查用人单位20家，对存在问题的用人单位，下达卫生监督意见书，限期完成整改。

【“以案促管”工作】 2022年，县卫生监督所结合打击非法行医专项行动、医疗乱象专项整治、住宿场所卫生整治等监督执法，开展“以案促管”工作，办理案件65宗，其中，公共场所30宗、医疗机构26宗、放射诊疗1宗、职业卫生6宗，打击非法行医2宗，共处罚金6.45万元，没收违法所得1100元及药品、器械一批。受理投诉举报案件9宗，处理完结8宗，立案调查处理中1宗，投诉举报案件反馈率100%。依法依规开展案卷评查工作，评查行政处罚案卷10宗。

【卫生监督协管】 2022年，县卫生监督所每季度督导检查11所基层医疗机构卫生计生监督协管工作情况，指导、督促医疗机构整改所存在问题，开展监督协管比例100%。上报案件（线索）12件，卫生计生监督协管信息报告率100%。有个别单位尚未上报案件信息。

【普法宣传】 2022年，县卫生监督所落实“谁执法、谁普法”普法责任，结合日常卫生监督和监管服务对象需求，开展医疗机构依法执业暨医疗卫生法律法规知识、母婴保健技术服务人员、公共场所卫生法律法规知识、职业卫生法律法规知识培训班，参加培训239人。发放卫生法律法规宣传资料、用品200份。到挂点村开展普法宣传，发放宣传资料、用品50份。

健康教育

【健康教育】 2022年，仁化县健康教育所开展健康教育督导4次、知识讲座16场、咨询活动4次，组织技能竞赛，发放宣传资料，更新宣传栏120版。

【健康素养促进行动】 2022年，仁化县创建省级健康促进县通过验收。完成健康素养和烟草流行监测工作，全县居民健康素养水平25.66%。

【控烟】 2022年，县健康教育所完成无烟单位指导，实现全县无烟党政机关和无烟学校100%覆盖工作目标。

（县卫健局办　黄青蕾）

【仁化县成功创建省级健康县】 2022年12月8日，广东省卫生健康委员会印发《广东省卫生健康委办公室关于公布2021年度省级健康县（市、区）技术评估结果的通知》，仁化县通过验收，成功创建省级健康县。

（刘雪娟）

妇幼保健

【妇女保健】 2022年，仁化县妇幼保健院抓好孕产妇系统管理。辖区产妇1079人，活产儿1089人，孕产妇系统管理1037人，系统管理率95.22%，住院分娩1089人，住院分娩率100%，产后访视率98.53%。县各助产机构产妇数923人，活产儿928人。按照市三级转诊标准，要求基层对高危孕产妇都要送县级医院，高危孕产妇住院分娩100%。全县无孕产妇死亡，无新生儿破伤风发生。开展分娩镇痛、一对一导乐分娩、孕妇学校、孕妇瑜伽等特色项目。

【儿童保健】 2022年，仁化县7岁以下儿童12654人，参加保健服务11778人，7岁以下儿童健康管理率93.08%；3岁以下儿童4239人，系统管理3865人，系统管理率91.18%。5岁以下儿童死亡率5.51‰，婴儿死亡率3.67‰，新生儿死亡率3.67‰。新生儿访视率99.26%。开展儿童营养评价7777人，生长发育迟缓率2.71%，肥胖率0.3%。0～6岁儿童眼保健和视力检查11797人，6岁儿童视力检查1549人，检出视力不良儿童189人。纳入国家政策定点到县妇幼保健院儿童康复科开展康复训练残疾儿童30人。

【基本和重大公共卫生服务项目】 2022年，仁化县实施出生缺陷防控，做好新生儿疾病筛查和出生缺陷监测工作，接受筛查新生儿926人，筛查率99.78 %，出生监测点共计围产儿928例，出生缺陷18例，出生缺陷发生率193.97/万。实行免费孕前优生及免费婚前医学检查，孕前优生健康检查1417人，完成检查任务数1671人的84.8%。结婚登记757对，参加婚前医学检查男性628人、女性631人，婚检率83.16%，检出疾病66人，检出患病率5.24%，检查出影响婚育1人，占实检率的0.08%。加强“艾梅乙”三病母婴传播和地中海贫血干预项目工作，采取有效干预措施预防艾滋病母婴传播，按月收集监测资料汇总上报。地贫筛查1237例，其中，地贫电泳检测512例，地贫基因检测359例，产前诊断4例，筛查出重症地贫4例。落实妇女“两癌”免费检查项目，计划总任务数2937人。宫颈癌筛查实际完成2980人，筛查出HPV阳性者332

例（其中16、18型阳性52例），活检确诊癌前病变96例，确诊宫颈癌2例。乳腺癌筛查实际完成2966人，筛查超声异常105例，活检确诊乳腺纤维瘤等良性病变19例，确诊乳腺浸润癌4例，其中乳腺癌早期诊断2例，早诊断率50%。预防接种门诊承接成人和儿童一类及二类疫苗接种。

爱国卫生

【国家卫生县城巩固工作】 2022年，仁化县常态化做好国家卫生县城巩固各项工作。

【病媒生物防制】 2022年，仁化县组织县消杀队与县城区机关、企事业单位、学校、各大型宾馆、酒楼签订有偿服务合同，有效控制“四害”密度。县城区鼠、蝇、蚊和蟑螂密度均控制在国家标准范围内。

【卫生镇村创建】 截至2022年12月底，仁化县有“广东省卫生镇”董塘、石塘、长江、周田、城口、黄坑镇6个，“广东省卫生村”（行政村）南湖村等21个，“韶关市卫生镇”闻韶、红山、扶溪、大桥镇4个，“韶关市卫生村”（行政村）塘洞村等81个。

【无偿献血】 2022年，仁化县参加无偿献血1462人，献血量448022毫升，献血任务完成率104.4%。

（县卫健局办　黄青蕾）

体育

【全民健身赛事活动】 2022年6月，仁化县举办第四届“天地壹号杯”青少年围棋公开赛，参赛260人。8月，举办仁化县“工会杯”象棋团体赛和仁化县社区篮球赛。11月，举办仁化县“工会杯”教工篮球赛和跳绳比赛。12月，举办仁化县“工会杯”乒乓球比赛。

【体育场地设施建设】 2022年3月，仁化县利用上级资金5万元，建设高坪社区晟泰花园、长江镇莲河村体育健身路径共3套，以及董塘镇新莲村篮球架1副，已投入使用。规划仁化县全民健身中心并完成选址，地址位于县丹霞新城中学旁，被列入“十四五”仁化县为民办实事项目。

【体育组织网络管理】 2022年，仁化县完成体育协会年检工作10个。发展三级社会体育指导员60名。

【竞技体育】 2022年，仁化籍运动员参加各级运动会取得成绩。12月，黄梦怡获（泰国芭提雅）亚洲赛艇锦标赛双人双桨第一名。5月，仁化中学获广东省青少年武术套路锦标赛甲组团体第三名、仁化一中获广东省青少年武术套路锦标赛乙组团体第二名。11月，仁化中学获韶关市中小学生武术套路锦标赛甲组团体第一名、仁化一中获乙组团体第一名、城北小学获丙组第一名。

【赛事承办】 2022年5月，仁化县承办广东省青少年武术套路锦标赛乙组团体赛。7月，承办广东省第十三届中学生运动会武术比赛。8月，县文广旅体局被广东省第十三届中学生运动会组委会评为优秀组织单位。

【学校体育和业余训练】 2022年，仁化县向市体校输送优秀运动员8人，向省队输送1人。考入体育院校及大专院校体育系学生80人，其中本科62人、专科18人。

【体育产业管理】 2022年，仁化县推进全民健身有序开展。实行游泳场等高危体育项目有效监管，组织救生员参加市组织技能培训3人。落实省体育彩票工作会议精神，体育彩票销量2300万元。

（徐志勇）

社会生活

人事·人才

【事业单位人事管理】 2022年，仁化县人力资源和社会保障局（简称县人社局）根据事业单位岗位设置要求，做好事业单位岗位设置工作，上报21个事业单位岗位设置材料。完成事业单位岗位聘用认定手续351人，核减152人。办理人事调动手续35人。开展事业单位中层以上干部人事档案复审工作，应审档案284份，已审284份。配合县教育主管部门做好乡村教师“县管校聘”工作，全县（含乡镇）参加竞聘教师2234人，交流轮岗教师117人。

【事业单位人力资源和社会保障统计】 2022年，仁化县事业单位从业人员4103人，其中，年龄35岁及以下1029人，占25.08%；36～40岁686人，占16.72%；41～45岁743人，占18.11%；46～50岁679人，占16.55%；51～54岁651人，占15.87%；55岁以上315人，占7.68%。文化程度研究生以上28人，占0.69%；本科2720人，占66.29%；大专1071人，占26.1%；中专190人，占4.63%；高中及以下94人，占2.29%。专业技术人员3345人，其中高级以上职称509人。

【事业单位工作人员上年度考核工作】 2022年，县人社局完成2021年度全县事业单位工作人员年度考核工作。2021年，全县事业人员4218人，参加年度考核4171人，评选优秀606人，占参加考核人数14.53%。

【事业单位公开招聘工作】 2022年，县人社局做好广东省事业单位2022年集中公开招聘高校毕业生工作，聘用高校毕业生2人。做好仁化县“青年人才”暨事业单位工作人员公开招聘工作，完成事业单位工作人员聘用91人（其中，“青年人才”招聘11人，各类事业单位公开招聘55人）。按照卫生专业技术人才“县招镇用”要求，面向社会招聘医疗专业技术人员13名。配合县教育局做好仁化县中小学、幼儿园教师招（选）聘工作，聘用中小学、幼儿园教师42人。

【事业单位管理岗位职员等级晋升工作】 2022年，县人社局根据中央和省市关于在县以下事业单位管理岗位建立职员等级晋升制度工作要求，制定并印发《仁化县事业单位管理岗位职员等级晋升制度工作实施方案》《仁化县事业单位管理岗位职员等级晋升工作实施细则》，有序开展仁化县职员等级晋升工作。完成晋升39人。

【专业技术职务资格申报评审和认定】 2022年，仁化县完成县级评委会职称评审工作。向省、市、县评委会申报职称163人，通过116人（其中正高级1人，高级14人），包括教育、林业、建筑、水利水电、新闻、自然资源、农业、交通、冶金等专业。做好乡村工匠专业人才职称申报工作，核准通过13人。

【专业技术职务聘任管理】 2022年，仁化县完成林业、工程、教育及卫生等行业不同级别专业技术职务聘任工作101人。

【政府特殊津贴享受人才工作】 2022年，县人社局做好享受县人民政府特殊津贴人才选拔工作，完成第二期享受县政府特殊津贴人才17人第二年每人1万元津贴发放。开展第三期享受县政府特殊津贴人才选拔工作，涉及领域包括文化宣传、教育教学、医疗卫生、农业科技推广及企业科技创新实践。

【“三支一扶”管理】 2022年，仁化县按照省、市派遣名单，“三支一扶”大学生到岗17人，分别安排在各镇人民政府（街道办事处）工作。完成“三支一扶”在基层故事采访4期，视频稿件受到市人社局表扬。“三支一扶”期满人员15人，全部完成期满考核，均获得“高校毕业生‘三支一扶’服务证书”。

【青年就业见习】 2022年，县人社局按照国家、省、市关于青年就业见习工作决策部署要求，宣传就业见习政策，多渠道发布见习岗位信息。全县有青年就业见习基地62家，其中，新增就业见习基地13家，新增见习岗位79个，引导青年参加就业见习171人（其中，高校毕业生101人）。

【“百团千才万匠”人才工程】 2022年，县人社局根据《仁化县贯彻落实〈新时代“百团千才万匠”人才工程实施意见〉任务分工方案》要求，组织开展2022年韶关市创新创业人才、专业技术人才和青年人才申报认定工作。申报创新创业人才、专业技术人才2期，推荐上报16人。组织开展“青年人才”认定申报工作，符合“青年人才”条件并申报成功6人。鸿伟木业（仁化）有限公司获批设立广东省博士工作站，实现仁化县“省级博士工作站”零的突破。推进“丹霞英才卡”线上验证工作，指导“丹霞英才卡”持卡人通过“韶关人社”小程序进行有效验证。

【乡村人才振兴工作】 2022年，县人社局完善农村劳动力技能补贴机制。开展农村劳动力技能提升补贴性培训，培训927人次。落实返乡人员创业扶持政策。受理审核各类就业创业补贴1051.6万元，惠及3685人次，审核发放创业担保贷款10笔920万元，贴息67.6万元，直接扶持创业10人，带动就业57人。实施“丹霞英才”计划。围绕仁化县经济社会发展重点领域和新兴产业人才需求，走访调研企业人才、服务等方面需求。实施“韶州工匠”计划。根据市就业局下发参保人员名单数据匹配符合条件人员，与县各企业对接，告知其及时申请补贴。受理审核仁化供电局、丹霞冶炼厂等企业申请“风采技师”“风采能手”25人，补贴金额18.6万元。

【流动人员事业档案服务管理】 2022年，仁化县根据《国务院办公厅关于进一步做好高校毕业生等青年就业创业工作的通知》要求，简化优化求职就业手续，取消就业报到证。通过政务服务线上线下审批服务，实现流动人员人事档案政务服务事项“掌上办”“指尖办”。按照档案管理工作新要求，做好相关档案整理入库工作，实行档案电子化管理。接收应往届普通高校毕业生档案及其他零散档案1200余份，办理流动人员档案调出手续293人次。

【工资福利日常管理】 2022年，县人社局做好2022年事业单位工作人员和机关工勤人员按年度考核结果正常晋升增加薪级（一档）工资审核工作。为调入调出、新招聘、在职工作人员岗位晋升等184人审核相关工资确定和变动。审核抚恤金49人，审批符合条件享受遗属生活困难补助发放15人。做好卫生防疫工作者符合享受临时性工作补助备案、2022年事业单位乡镇事业单位和县直派驻乡镇工作人员乡镇工作补贴标准变动审批工作。

【退休人员待遇管理】 2022年，县人社局审核“未上线”退休人员2022年预调养老金和2022年补差待遇调整增资。2022年1月起，调整仁化县机关事业单位工作人员死亡后遗属生活困难补助标准。从2021年1月起，仁化县机关事业单位工作人员死亡后丧葬费标准调整为按韶关市上年度3个月职工月平均工资一次性发给死者亲属包干使用。

【政府工作人员任免】 2022年，经县人民政府批准，县人社局办理县人民政府工作人员任免15次。

【机关工勤、事业工人退休办理】 2022年，县人社局办理机关工勤、事业工人退休42人。

劳动·就业

【劳动保障】 2022年，仁化县处置劳资纠纷案件174宗，为1219名劳动者追发工资等待遇1406.8万元。劳动保障监察举报投诉案件结案率100%，拖欠农民工工资举报投诉案件结案率100%。

【劳动监察执法检查】 2022年，县人社局定期开展用人单位日常巡查，开展“双随机、一公开”执法检查，督促各类用人单位落实工资支付保障各项制度，促进用人单位规范用工，自觉纠正各种违法行为，预防和减少劳资纠纷发生。检查用人单位135家次，发现并督促整改欠薪隐患3个。

【劳动关系】 2022年，县人社局加强指导、服务和监督企业实行劳动合同制度，推广示范文本。开展8家用工定点监测企业人工成本监测工作。落实最低工资标准，落实技能人才薪酬分配指引。

【劳动人事争议调解仲裁】 2022年，县人社局坚持“调裁结合、以调为主”办案方针，推进“互联网+调解仲裁”办案，简化劳动争议调解仲裁办案程序。处理劳动争议案件226宗，其中，案外调解154宗，立案处理72宗。案件处理涉及劳动者633人，涉案金额951.53万元。劳动人事争议调解成功率94.67%，劳动人事争议仲裁结案率98.61%。

【就业目标完成】 2022年，全县城镇新增就业1325人，城镇失业人员再就业823人，就业困难人员实现就业167人，促进创业146人，分别完成年度任务的101.9%、102.8%、107.7%和104.2%。

【企业用工专场招聘会】 2022年，仁化县组织举办线上线下招聘会10场，达成就业意向658人。

【就业政策宣传】 2022年，县人社局改版升级“仁化就业”小程序，印制发放“仁化就业”小程序宣传推广图2000份，印制《仁化县就业创业补贴申请办事指南》《就业困难人员认定和灵活就业社保补贴申报流程》宣传手册2万份。通过电信平台发送补贴政策宣传和政策申领进度手机短信10.41万条。建立以政府门户网站、“仁化就业”小程序、融媒体、基层公共服务平台为依托的“四位一体”政策岗位信息发布矩阵，发布企业招聘信息11期17323条。

【就业扶持政策落实】 2022年，仁化县实施韶关市3.0版“促进就业十条”政策，开展“送政策、送资金、送服务”等活动，加快就业创业专项资金使用进度，发挥资金使用效益。审核受理各类就业创业补贴1025.16万元，政策惠及3650人次。实施创业担保贷款及贴息政策，支持个人创业和小微企业扩大经营吸纳就业，促进创业带动就业。审核发放创业担保贷款10笔920万元，贴息67.6万元，直接扶持创业10人，带动就业57人。

【农村电商“百园万站”工作】 2022年，县人社局推进农村电商“百园万站”行动，加快农村电商产业园建设，支持各示范站做强做大，发挥其吸纳就业、扶持创业、促进增收等方面示范带头作用，助推乡村振兴。认定农村电商基层示范站16个，补助资金支出90万元。

【援企稳岗】 2022年，县人社局结合“改革攻坚规范治理年”工作要求，制订印发《仁化县缓解企业“用工难”专项行动实施方案》，加强改进招聘服务，推进校企合作，多措并举做好企业用工服务保障工作。走访企业81家次，举办校企合作洽谈会2场、企业用工座谈会2次、校园专场招聘会及校企供需见面会3场，帮助毕业生留仁返仁就业72人。

【乡村公益性岗位开发】 2022年，县人社局加快推进乡村公益性岗位开发。发挥公益性岗位安置就业困难人员和脱贫人口就业、助推乡村振兴作用。乡村公益性岗位安置脱贫人口256人，审核发放岗位补贴493.22万元，惠及3057人次。

【职业技能培训】 2022年，县人社局开展“粤菜师傅”“广东技工”“南粤家政”三项工程职业技能培训。培训客家风味菜烹任、客家风味点心制作等各

2022年7月26日，县人社局到鸿伟木业（仁化）有限公司开展《特定人员工伤保险政策》宣传　　（县人社局　供）

类“粤菜师傅”95人，“广东技工”补贴性职业技能培训1160人次，“南粤家政”妇婴护理、保育师、老年患者护理、家政服务员、托育照护等各类培训800人次。

【南粤家政“丹霞家嫂”职业技能竞赛】　2022年，县人社局通过赛训结合方式培育中级技能人才，以赛促学，提升家政品牌内涵。举办2022年仁化县第二届南粤家政“丹霞家嫂”职业技能竞赛，通过竞赛取得家政服务员（家务服务员）中级证书20人。

【企业新型学徒制培训】　2022年，仁化县全面推行以“招工即招生、入企即入校、企校双师联合培养”为主要内容的企业新型学徒制。县人社局通过走访鸿伟木业（仁化）有限公司，对接韶关技师学院，促成该公司开展中级电工企业新型学徒制培训，备案人数33人。

【工伤保险政策宣传】　2022年，县人社局结合全省工伤预防宣传活动，开展工伤保险政策进工地、入企业、进社区等活动，提高企业和建筑工人对工伤保险政策和按项目参加工伤保险知晓率。开展宣传活动7次，发放宣传材料1500余份。

【工伤认定】　2022年，县人社局依法受理工伤认定申请160宗，工伤认定159宗；协助工伤职工调处4宗，涉及金额30余万元。

【“企忧档案”】　2022年，县人社局按照县域发展要求，抓好“企忧档案”落实工作。每月走访联系“企忧档案”挂点企业韶关盈瑾金属有限公司、仁化县丹霞山彤景酒店有限公司、仁化县和佳商贸有限公司3家。按时将“企忧事项申请表”及企忧事项回访单汇报给县“企忧”办。

【乡村振兴】　2022年，县人社局到挂点村黄坑镇下营村开展“一线双联”“民情夜访”工作。争取上级资金500万元，做好下营村乡村振兴工程项目6项：全村自来水管网改造工程、农田灌溉应急用水工程、90余盏路灯加装、余屋村小组文化室及文化广场工程、下坳岭村小组整体提升工程、罗家塘村小组文化广场建设。

（岑武秀）

社会保障

【城乡养老代缴】　2022年，仁化县落实困难群体城乡居民养老保险代缴政策。按照最低缴费档次为低保对象、特困人员、重度残疾人和精神智力残疾人等困难群体代缴城乡居民基本养老保险费45.6360万元，惠及3803人。

【“三送”活动】　2022年，县人社局开展“纾困稳岗、人社给力”主题送政策、送资金、送服务“三送”活动，阶段性降低失业保险费率和实施浮动费率，为1414家企业纾困减负1011.87万元；阶段性降低工伤保险费率，为1440家企业纾困减负637.77万元；为特困行业企业缓缴养老保险费235.92万元、失业保险费3.96万元、工伤保险费2.26万元；延续实施失业保险稳岗返还政策，发放失业保险稳岗返还183.094万元，惠及企业823家。延续执行失业保险保障阶段性扩围政策，发放失业补助金102.3万元，惠及273人次。

（岑武秀）

【社会保险扩面征缴】　2022年，仁化县社会保险基金管理中心（简称县社保中心）配合县人社、税务等部门做好社会保险扩面征缴工作。全县企业养老保险参保21177人，缴费19895人，征收收入21471万元，分别完成任务数的103.35%、103.12%、102.24%。失业保险参保18333人，征收收入528万元，分别完成任务数的101.4%、105.6%。工伤保险参保27352人，征收收入767万元，分别完成任务数的103.59%、91.31%。城乡居民养老保险参保83178人，完成任务数的100.21%。

【社会保险待遇发放】 2022年，仁化县企业养老待遇发放9039人/月，每月支付2208.38万元；失业保险326人/月，每月支付58.68万元；城乡居民基本养老保险待遇29311人/月，每月支付584.55万元。定点医疗机构住院结算（城乡居民）7800人次，支付金额1560万元；返回结算800人次，发放待遇315万元；定点医疗机构普通门诊、门诊特定病种、门诊慢性病种19.9万人，支付金额838万元。工伤保险待遇发放171人次，支付金额1150.3万元；职工生育保险待遇发放392人次，支付生育津贴及生育医疗费用479.9万元。门诊结算12.04万人次，门诊待遇发放890.4万元；住院结算3504人次，发放住院结算待遇1361.4万元。

【社会保险信息变更、核实、建立、证明】 2022年，县社保中心做好参保单位和参保人资料信息变更。变更单位信息35个，变更个人信息80人。查询无历年缴费记录档案254人，做实个人账户补记录；开具参保证明2210份。

【社会保障卡工作】 2022年，县社保中心协调银行做好二代社会保障卡换代工作。社会保障卡挂失与解挂463人，补换社保卡403人，临时卡注销23人，一人一卡清理372人，社会保障卡密码修改与重置2097人，社会保障卡启用（含社会保障卡银行账户激活）625人，社会保障卡申领45人，社会保障卡信息变更33人，社保卡注销210人。

【社会保险补缴】 2022年，县社保中心审核符合政策规定办理各类补缴人员资料。办理补缴336人，其中，企业未参保人员补缴6人、应参未参人员养老保险补缴188人、一次性趸缴22人、早期离开国有集体企业人补缴员1人、离开机关事业单位人员一次性补缴1人、医疗保险补缴118人。

【社会保险代缴】 2022年，县社保中心落实城乡居民基本养老保险政府代缴保费政策，按照最低缴费档次为参加城乡居民基本养老保险低保对象、特困人员、返贫致贫人员、重度残疾人和精神智力残疾人等缴费困难群体代缴全部保费。代缴困难群体参保3766人，代缴资金451920元。

【养老保险待遇调整】 2022年7月，根据《广东省人力资源和社会保障厅　广东省财政厅关于2022年调整退休人员基本养老金的通知》，仁化县调整机关事业单位退休人员基本养老金3082人。调整企业职工养老保险待遇8453人，发放金额663.34万元，人均增资112.11元，做好2022年1—7月补发工作。9月，按规定将城乡养老待遇基础养老金由180元/月调整到190元/月，做好7、8月补发数据。

【机关事业单位养老保险制度改革】 2022年，仁化县按时完成机关事业单位养老保险基金和职业年金正常征收工作。全县167个单位，征收机关养老保险基金在职人员6183人，基金累计收缴12263.58万元，职业年金累计收缴6134.88万元；发放待遇3113人，累计发放养老金18445.67万元，其中，年金发放待遇554人，发放4.38万元。推进退休“中人”新办法待遇计发工作，完成机关事业单位养老保险转移接续847人，视同缴费年限数据采集1258人。完成1974人退休“中人”职业年金利息806.23万元补缴。2017年12月前退休“中人”按新办法计发579人，完成率95.86%。

【社会保险基金风险防控】 2022年，县社保中心按照市社保中心工作部署和要求，做好内控管理工作。开展社保基金安全“警示教育月”系列活动，建立常态化警示教育机制。推进社会保险稽核，协助县医保局做好定点医药机构监督核查工作，实地稽核医疗机构19家、零售药店57家，实现定点医药机构检查全覆盖。约谈定点医药机构6家，下发整改通知书25份，暂停医保定点4家，解除医保协议1家，追回违规金额32.6万元。开展“清数”“筑墙”专项行动，完成第一期疑点数据，整改第二期数据，其中，企业养老、居民养老、工伤保险、联网数据等疑点数据完成率100%，应追回人数100人，已追回100人，追回金额92.03万元。

【社会保险内控管理】 2022年，县社保中心根据省人社厅《关于印发广东省社会保险经办机构内部控制管理办法的通知》和《韶关市社会保险经办机构内部控制管理实施细则》要求，建立科学人事管理制度。加大内部监督力度，严厉打击骗取、冒领、多领社会保险待遇行为。核查出违规多领企业职工、机关事业单位、城乡居民基本养老保险120人，已追回72.71万元；违规领取失业保险30人，已追回3.9万元；违规领取工伤保险1人，已追回15.66万元。

（朱艳群）

民政

【城乡低保】 2022年1月起，仁化县城市居民最低生活保障标准从800元/月提高到828元/月，全县农村居民最低生活保障标准从580元/月提高到603元/月。累计发放城镇低保4594人次、农村低保36350人次2085.67万元。

【城乡特困人员供养管理】 2022年，仁化县城镇特困人员供养标准从1280元/月提高到1325元/月，农村特困人员供养标准从961元/月提高到965元/月。累计发放特困人员特困供养金及照料护理费8657人次939.54万元。

【基层自治】 2022年，仁化县20户以上自然村成立村民理事会936个。

【服务机构管理】 2022年，仁化县新建社区养老服务中心5个。投入资金259.89万元，改造镇（街）敬老院设施设备11所。

【民间组织管理】 2022年，县民政局深化社会组织管理制度改革，激发社会组织活力。做好民政组织登记、社会组织登记和年检工作。全县有社会组织117个，其中社会团体77个、民办非企业40个。

链接

仁化县社会团体：仁化县体育总会、仁化县足球协会、仁化县老年人体育协会、仁化县棋类协会、仁化县羽毛球协会、仁化县篮球协会、仁化县建筑工程协会、仁化县个体劳动者协会、仁化县林业学会、仁化县水利学会、仁化县乒乓球协会、仁化县老区建设促进会、仁化县私营企业协会、仁化县红山镇烟竹村白毛茶种植技术协会、仁化县董塘镇高莲村沼气协会、仁化县慈善会、仁化县仁化中学教育学会、仁化县有机产品种植专业技术协会、仁化县摄影家协会、仁化县民间企业家协会、仁化县扶溪镇左龙村毛竹抚育技术协会、仁化丹霞旭日青少年体育俱乐部、仁化县丹霞山断石乡村旅游协会、仁化县茶业协会、仁化县书画家协会、仁化县扶溪镇左龙村扶贫互助社协会、仁化县青年摄影学会、仁化县周田镇瑶溪村扶贫互助社、仁化县旅游协会、仁化县红山镇小楣水村扶贫互助社、仁化县罗汉果协会、仁化县董塘镇塘联村扶贫互助社、仁化县梅州客家文化促进会、仁化县金融协会、仁化县小水电行业协会、仁化县董塘镇农民用水协会、仁化县丹霞街道办事处农民用水协会、仁化县兴宁客家文化促进会、仁化县护理学会、仁化县河源移民传统文化促进会、广东省仁化县音乐协会、仁化县志愿者联合会、仁化县丹霞义工会、仁化县观赏石协会、仁化县南水移民传统文化促进会、仁化县非公林业产业协会、仁化县丹霞仁家协会、仁化县石塘堆花米酒生产技术协会、仁化县文化艺术交流协会、仁化县电子商务行业协会、仁化县董塘镇岩头村扶贫互助社、仁化县爱国拥军促进会、仁化县户外运动协会、仁化县公益志愿者协会、仁化县长江镇浒松村腊鸭专业技术协会、仁化县武术协会、仁化县跆拳道协会、仁化县董塘镇社会工作与志愿服务协会、仁化县红山镇社会工作与志愿服务协会、仁化县客栈民宿协会、仁化县网络文化协会、仁化县旗袍协会、仁化县丹霞健身气功协会、仁化县山楂产业协会、仁化县餐旅烹饪协会、仁化县汽车摩托车运动协会、仁化县禁毒协会、仁化县生猪养殖协会、仁化县盆景协会、仁化县柑橘产业协会、仁化县作家协会、仁化县登山协会、仁化县城口镇商会、仁化县新的社会阶层人士联合会、仁化县党外知识分子联谊会、仁化县周田镇商会、仁化县游泳协会。

仁化县民办非企业单位：仁化县董塘开心宝幼儿园、仁化县董塘镇天诚幼儿园、仁化县海丽达幼儿园、仁化县蓓蕾幼儿园、仁化县凡口培正幼儿园、仁化县小太阳中英文幼儿园、仁化县丹霞山性文化博物馆、韶关岭南职业培训学校、仁化县长江锦江中心幼儿园、仁化县希望之星培训中心、仁化县黄坑镇阳光幼儿园、仁化县红苹果幼儿园、仁化县周田镇乐艺幼儿园、岭田青草地幼儿园、仁化县董塘坪岗凯利幼儿园、仁化县水南小太阳幼儿园、仁化县凡口新世纪幼儿园、仁化县华英幼儿园、仁化县董塘镇博雅幼儿园、麻塘村幼儿园、仁化县金太阳幼儿园、仁化县丹霞金果果幼儿园、仁化县蓝天幼儿园、仁化县快乐之星幼儿园、仁化县新起点幼儿园、仁化县扶溪镇童乐幼儿园、仁化县龙星青少年足球俱乐部、仁化县精武道青少年体育俱乐部、仁化县长江镇明星幼儿园、仁化县周田镇智慧岛幼儿园、仁化县博思特幼儿园、仁化县爱儿思一品城幼儿园、仁化县凡口博艺幼儿园、仁化县童之梦幼儿园、仁化县长江镇朝阳幼儿园、仁化县新学大教育培训中心、仁化县菁华职业培训学校、仁化县卓优培训中心、仁化县丹霞现代种业研究院、仁化县农民合作社服务中心。

【殡葬改革】 2022年清明节、重阳节前夕，县民政局利用发放宣传单、播放LED电子显示屏宣传绿色殡葬标语等方式，鼓励、倡导群众以鲜花、网上悼念等新形式寄托哀思。县殡仪馆火化遗体785具，减免本地户籍本地殡仪馆火化逝者基本殡葬服务费83.43万元，减免本地户籍异地火化逝者基本殡葬服务费7.43万元。

【婚姻登记】 2022年，仁化县开展婚姻登记“跨省通办”。办理婚姻登记1849对，其中，结婚登记852对、离婚登记327对、申请离婚488对、补发婚姻证157宗、补发离婚证25宗，登记合格率100%。

【儿童福利工作】 2022年，仁化县有孤儿21人，发放孤儿基本生活补贴34.14万元；事实无人抚养儿童93人，发放生活补贴71.07万元。

【老龄工作】 2022年，仁化县累计发放80岁以上老年人老龄津贴5449人132.07万元。

（叶莉华）

老区建设

【老区宣传】 2022年，仁化县老区建设促进会（简称县老促会）策划与编纂电视专题片《初心如磐——阮啸仙与仁化暴动》党史资料解说词，经报县委呈批立项，争取县政府资金20万元和市老促会、仁化农商银行各资助2万元，由深圳市名视觉影视有限公司韶关分公司承拍，历经8个月完成拍摄任务。联合县融媒体中心拍摄电视专题系列片《走进老区看新貌》，在仁化电视台播放。与县史志办联合编写《仁化红色故事（第一辑）》，向爱心企业及爱心人士争取捐资10万元印刷5000册，赠发给县有关单位，其中，向县中小学校赠书3000册。县老促会被仁化县政府评为“尊师重教先进单位”。组织订阅《中国老区建设》180份、《源流》143份，聘请特约通讯员宣传报道仁化老区，采用稿件28篇。出版宣传栏4期。联合县音乐协会创作以铜鼓岭红军烈士纪念碑为主题的红色歌曲《仰望》，并制作成音乐视频传唱。

【老区调研】 2022年，县老促会根据省市老促会《关于开展老区苏区红色遗址保护利用情况专题调研的通知》精神，做好省老促会到革命老区仁化县开展红色革命旧址保护利用等政策文件情况调研工作。8月16日至23日，会同县委宣传部、县文广旅体局、县史志办、组成专题调研组，对全县老区红色遗址保护利用情况进行专题调研并形成调研报告，调研报告分别呈报县委县政府、省市老促会。

【服务老区】 2022年，县老促会争取老区专项资金30万元，补贴7个老区村用于民生工程建设。做好红军长征粤北纪念馆、石塘双峰寨向国家老促会申报授予“弘扬老区精神传承红色基因示范基地”牌匾材料报送工作。

【革命烈士后裔助学金发放】 2022年，仁化县有革命烈士后裔在校学生41人，其中，大专以上在校生37人、中专（含技校）在校学生4人。按大专以上学生每人每年6000元、中专生每人每年4000元标准发放烈士后裔在校学生助学金23.8万元。

【老促会理事活动】　2022年12月14日，县老促会组织全体理事到老区镇董塘镇安岗村、新龙村参观革命遗址修复利用和乡村振兴建设成果，接受社会主义核心价值观教育。

（刘向群）

民族宗教事务

【贯彻落实党的民族政策】

2022年，仁化县民族宗教事务局（简称县民宗局）全面落实党的民族政策和宗教政策。贯彻民族工作“两个纳入”（纳入党的建设和意识形态责任制，纳入政治考察、巡视巡察、政绩考核），将党的民族理论政策纳入各级党委（党组）理论学习中心组学习重要内容、纳入县委党校教学内容。将民族团结进步创建活动纳入“全国县级文明城镇测评体系”，纳入全县统战工作绩效考核内容，将少数民族流动人口服务管理纳入全县基层社会治安综合治理考核。

【民族团结进步宣传】　2022年，县民宗局开展民族团结进步宣传“六进”（进机关、进企业、进社区、进乡村、进学校、进宗教场所）活动。利用电视、报纸、互联网以及微信等媒体开展宣传教育，举办讲座宣讲10场、座谈交流10余次，派发宣传单800余份，宣传受众5000余人次。

【构建落实民族政策服务平台】

2022年，县民宗局落实民族政策。全县有少数民族就读大学生23人，均享受省财政每年1万元助学资金资助。做好外省到仁化少数民族流动人口就学、就业、务工、经商等方面服务工作，解决读书难问题2人，妥善协调处理经商纠纷2起。申报市级财政资金扶持少数民族发展项目资金40万元，省、市宗教团体水灾后复工复产救灾资金25万元，用于民族村村道维修硬底化基础设施建设。

【民族团结和谐】　2022年，县民宗局通过建立健全协同推进机制、加快产业发展、加强基础设施建设、夯实发展保障、加强帮扶合作等工作举措，推动全县民族地区高质量发展。贯彻落实有关政策，做到用政策和法律法规解决民族问题、协调民族关系，推进民族事务治理与社会治理法治化、现代化、规范化。

【坚持我国宗教中国化方向】

2022年，县民宗局践行社会主义核心价值观，开展宗教场所“四进”暨推进反宗教极端思想宣传教育“六进”活动及“宗教政策法规学习月”“普法宣传”等主题活动10场，发放宣传资料300余份，宣传覆盖3000余人次。完成县委深化治理改革年工作任务。

【宗教场所规范化建设】　2022年，县民宗局强化宗教场所财务监督管理工作，督促场所履行年度财务报告制度。印发《仁化县宗教活动场所规范建设标准（试行）》，提升依法管理宗教事务能力。落实宗教场所安全管理措施，调整优化宗教工作信息网络，建立健全各项规章制度，完善突发事件应急预案，推进实现长效规范化管理。

（叶永华）

计划生育服务

【概况】　2022年，仁化县死亡0.16万人，死亡率8.29‰，自然增长116人，自然增长率0.48‰。

【计生家庭发展工作】　2022年，仁化县落实计划生育“五种”奖励扶助制度和计划生育特殊家庭联系人制度，开通就医绿色通道，开展家庭医生签约服务，从社会关怀、物资帮助等多渠道给予计划生育困难家庭帮扶救助。

【计划生育综合管理】　2022年，仁化县落实三孩生育政策，制定、落实三孩政策配套措施，成立3岁以下婴幼儿照护服务指导中心，由县妇幼保健院承担仁化县3岁以下婴幼儿照护服务指导中心工作职能，主要负责研究制定全县托育服务行业卫生保健工作方案并积极推动实施。鼓励和支持社会力量兴办托育服务机构，引导专业幼儿托育中心入驻。7月，新增托育机构韶关小荷托育1家。有托育机构2家，可提供托位150个，主要为3岁以下婴幼儿提供全日托、半日托、计时托、临时托等托育服务。

（县卫健局办　黄青蕾）

婚姻·家庭

【家庭教育】　2022年，县妇联通过“儿童之家”“家长学校”开展弘扬中华优秀传统文化等主题活动，举办线上线下家庭教育培训40场次。邀请家庭教育专家、心理咨询专家、“仁爱仁家”家庭教育讲师团到社区家长学校举办“书香飘万家”“好家风好家教好家训”“心理健康知识普及”等主题家庭教育知识讲座10余场次。通过企业爱心捐赠，委托县家庭教育讲师团队到各社区、企业、镇（街）开展“把爱带回家”亲子活动及家庭教育促进法送到家活动，受益家长、儿童1100名。

【优秀家庭选树】　2022年，县妇联面向广大家庭开展“最美家庭”“书香家庭”“绿色家庭”等挖掘、选树、宣传活动，被评为韶关市“最美家庭”2户、“优秀书香家庭”2户、“绿色家庭”3户，被评为仁化县“最美家庭”12户、“优秀书香家庭”12户、“绿色家庭”14户。

2022年7月27日，仁化县妇联开展“少年儿童心向党 用心用情伴成长”2022年暑期家庭教育志愿服务活动　（县妇联　供）

【妇女儿童合法权益维护】　2022年3月，县委组织部联合县妇联印发《关于运用“一线双联”“民情夜访”开展妇女儿童走访慰问的通知》，强化执委联系“两类”（精神残疾、智力残疾）女童服务，开展敲门行动，分类别建立各类重点人群和家庭台账，实行动态管理，及时提供精准服务。加强“两类”女童家庭沟通、面访工作，落实侵害未成年人案件强制报告制度。通过舒心驿站（韶关市仁化站）为“两类”女童提供心理疏导和家庭教育服务。走访慰问困境妇女、家庭约100人次，发放慰问品慰问金计4万元。提供妇女儿童家庭心理疏导80次，个案服务8宗，举办心理健康讲座、团体心理辅导活动8场。

（宁家红）

城乡居民收入与消费

【城镇居民收入与消费】　2022年，仁化县城镇居民人均可支配收入34295元，比上年增长2.8%；人均消费支出21155元，同比下降3.1%。

【农村居民收入与消费】　2022年，仁化县农村居民人均可支配收入22369元，比上年增长5.4%；人均消费支出15564元，同比增长3.5%。

（江丽萍）

中央、省、市驻仁化单位

深圳市中金岭南有色金属股份有限公司凡口铅锌矿

【生产经营】 2022年，深圳市中金岭南有色金属股份有限公司凡口铅锌矿（简称凡口铅锌矿）采矿贫化率15.05%，损失率1.27%。选矿综合回收率91.65%，比设计指标高1.65%。完成生产任务的105.75%，完成销售任务的106.3%，完成年预算净利润的141%，净利润指标同比上年增长34%。

【安全生产】 2022年，凡口铅锌矿未发生轻伤及以上生产安全事故，无新增职业病，员工千人负伤率在4‰以下，粉尘合格率90%以上，实现“六无”安全职业卫生工作目标。矿领导带队开展安全环保督察活动246人次，发现问题103项；整改完毕。开展“一线管理人员履职月度评比公示”活动和约谈机制12次，约谈48人次；强化安全事故体系化考核制度，通报惩处违章行为和工伤事故29起，考核147人次，考核金额64.66万元。开展安全职业卫生教育培训108次，培训7659人次。安全检查56次，发现隐患265项，完成整改265项。开展应急演练10次，参演1650人次。强化全员“周考核、月考核”工作绩效考核制度，考核9500余人次，考核金额81万元。推行“安全环保隐患报告奖励制度”，收到安全隐患举报169起，奖励金额5.63万元。创新开展“党员安全监督员”活动，基层党员60人到现场查隐患、反“三违”，发现问题177项，整改率100%。

【环境保护】 2022年，凡口铅锌矿各排放口污染物达标率100%，污染物排放总量符合国家和地方减排要求，按时足额缴纳环保税，无环境污染事故发生。开展推进尾矿库退出相关工作。5月底，5000吨新选矿厂技术升级改造项目通过竣工环保验收。7月，建筑材料厂取得环评批复，11月1日取得新版排污许可证。开展土壤和地下水自行监测方案及土壤和地下水污染隐患排查报告编制工作；11月，土壤和地下水污染隐患排查报告通过韶关市生态环境局评审。严格危险废物环境风险管控，完成维修车间油水分离器整改和矿山危险废物暂存仓库整改。推进生产区域扬尘治理，完成原矿预先抛废无组织废气排放整改和车辆运输管理等。提高废水管控环保在线监测系统稳定性，实施条埂冲排放口水质在线监测设备更换项目；8月，完成新老设备更换、安装和调试；9月底，完成新设备在线比对监测；10月，组织专家验收。连续5年实现安全环保目标。矿山环境管理及生态修复治理成效被列为中央环保督察正面典型案例，获中央电视台、新华社等中央媒体和广东电视台、南方电视台、南方新闻网等省级媒体宣传报道。

【企业管理】 2022年，凡口铅锌矿全面落实中金岭南公司“三项制度”改革以及全面深化改革三年行动方案。完成定责定岗定编定员工作。推进“机械化换人、自动化减人”，在井下650米水平中段试点建设井下电机车无人驾驶系统；建立智能供油系统，消除井下大斜坡道运输油料安全风险，节省用油成本，减少下井人员28人，节省人工费用300万元，节约油品运输车辆费用50万元；建立智能环境数据系统，强化重要场所、危险源点监控监测。通过“机械化换人、自动化减人”，优化生产组织，提高效率，减少下井作业人员43人，实现每天下井人数控制在750人以内。开展薪酬和绩效分配改革，完善干部评价考核机制，强化“周考核、月考核”管理制度，调整艰苦一线岗位员工岗位工资。建立人才晋升机制，完善技术、行政职务晋升双通道机制，开拓人才培养新模式，按照矿高技能人才评价制度开展人才评价。推进“三精管理”项目，特别是加大21项矿级攻关技术开发以及管理力度，极限降本。生产成本比预算有较大幅度下降，实现降本增收创效1.47亿元。

【科研创新】 2022年，凡口铅锌矿做好科研攻关和技术创新，实现“百项专利”目标。申报技术创新项目36项，矿评获奖19项。开展生产技术管理改革攻关21项。完成公司科技创新奖申报近70项，获奖50余项。《基于智能分选与高效充填的无尾矿山关键技术与应用》项目获2022年中国有色金属工业科学技术奖一等奖；《广东省仁化县凡口铅锌矿防治水勘查评价》项目获2022年广东省地质科学技术奖二等奖；《原矿预先抛废技术研究》《二氧化碳选硫连选试验》项目获2022年韶关市科技成果三等奖。获专利授权37件，其中，发明专利2件，实用新型专利35件。上报申请专利70项。累计拥有有效专利108件，其中，发明专利28件、实用新型专利80件。开展科技研发活动11项，其中，悬臂式掘进机生产高强截齿工艺技术研究完成高强截齿制备3种，提供截齿270件供凡口矿现场应用试验；凡口矿矿震灾害机制及测控预警技术研究处于收尾阶段；5G赋能传统制造业典型密码嵌入完成资料编制收集和项目建设自筹配套资金计划方案；选矿重点实验室建设完成初步试水。

【重点项目】 2022年4月初，凡口铅锌矿编写完成《凡口铅锌矿智能矿山建设规划报告》。多次组织华为、恩菲等公司到矿现场调研，了解矿山信息化、智能化建设现状及未来建设需求；11月初，由华为和恩菲联合设计《凡口铅锌矿智能矿山建设可研报告》（第一版）出台。

【和谐矿山建设】 2022年，凡口铅锌矿利用党建调研座谈、合理化建议、基层履职检查、基层联系点听取意见及民主生活会意见建议等多种渠道，征集生产安全、交通安全、生活保障、薪酬福利、帮贫扶困、人才接替培养、晋升通道、优化矿区生产生活环境、完善办公配套设备设施等员工关心关注内容的意见，通过制定问题清单，限定责任人和完成时间。矿山发展成果惠及广大职工群众。

（凡口矿）

深圳市中金岭南有色金属股份有限公司丹霞冶炼厂

【生产经营】 2022年，深圳市中金岭南有色金属股份有限公司丹霞冶炼厂（简称丹霞冶炼厂）生产锌锭14.87万吨、硫黄3.21万吨、硫酸9.2万吨。电解锌交流电单耗、锌粉单耗等指标均为历史最优水平。在燃料动力成本同比增加7000万元以上情况下，加工成本有效控制，仍低于预算。在燃料动力成本上涨、加工费降低等因素导致较预算减利1.3亿元情况下，完成年度利润目标的110%，实现连续稳定本质盈利。营业收入39.04亿元，产值39亿元，创历史新高。获中国有色金属工业科学技术奖二等奖1项，获2021年度韶关科学技术成果一等奖1项；质检中心被授予“全国工人先锋号”，综合回收车间富氧浸出班获全国“安康杯”竞赛优胜班组称号，张伟创新工作室、彭滔创新工作室获广东省劳模和工匠人才创新工作室称号。

【系统运行质量】 2022年，丹霞冶炼厂坚持锌液适度净化和电解高酸低锌运行模式，首次实现全年新液零返液、锌粉单耗创历史新低。适时开启硫酸锌生产，动态调整石灰石用量，确保系统锌酸平衡。做好趋势管控，常态化开展“两块板”巡检，全年零烧板、电解电流效率、电解交流电单耗均为历史最优水平。优化低温焙烧精准控制，焙烧炉开机时间有效缩短，燃烧周期大幅延长，作业效率提升。与各高校、科研院所合作交流，实现置换中锗浸出率提高至85%、创历年新高。组织各方提前完善蒸汽管网，有效降低天然气单耗。

【安全生产】 2022年，丹霞冶炼厂践行“没有事故不叫安全，没有隐患才叫安全”理念，落实国务院安全生产委员会安全生产“十五条硬措施”及公司“安十条”等制度要求，通过“智慧安环”平台推进安全管控模式改革，建立多层次安全管理网络和各层级点、线、面管控体系，修订制度14项，累计考核19万元、奖励6万元，组织开展广晟集团2022年突发停电事故综合应急演练，实现线上线下联动演练。智慧铅锌实现新跨越。

【“三精”管理】 2022年，丹霞冶炼厂构建“三精”（组织精健化、管理精细化、经营精益化）管理体系，实现稳定盈利。加强班组成本控制管理，备品备件等辅材消耗较预算降低620万元。强化全面预算管理，管理费用及销售费用较预算降低700万元。推行全员生产维护（TPM）管理，提升全员设备维护保养意识和能力。完成任务，高质量完成集中检修项目157个、检修子项目538个。

【科技创新】 2022年，丹霞冶炼厂坚持创新驱动发展。2项国家项目子课题通过验收，2个国家科研项目稳步推进，1个国家项目获2021年度韶关科学技术成果一等奖。推进“揭榜挂帅”项目，推动镓锗回收新技术研发，镓锗直收率得到新突破，锗突破60%、镓突破50%。参（主）编标准起草5项，其中，牵头起草团体标准1项获批准发布实施，参编国家标准1项获全国有色金属标准化技术委员会一等奖。推进政策资源开发，获得政府资金2.19亿元（其中，奖补1562.09万元，退税20347.07万元）。

【改革深化】 2022年，丹霞冶炼厂推进全面深化改革，实施《中层管理岗位公开竞聘及考核性退出机制改革》等重点改革任务7项，制定制度31项。实施“三定”（定岗、定编、定员）工作规范化改革，制定《丹霞冶炼厂管理人员选拔任用工作管理办法》《丹霞冶炼厂中层管理人员选拔任用工作操作规程》，中层副职全部空缺岗位在公司范围内公开竞聘。制定人才制度2项，形成各类人才梯级培养机制。组织开展“百日普培”“双80分”等培训考试。制定考核评价制度2项，明确管理人员末等调整和不胜任退出标准。建立高专业技术（技能）人才等级动态评聘管理机制，实施“项目制”管理。建立全新营销管控体系，绩效薪酬占比提高至60%。

【重点项目】 2022年，丹霞冶炼厂攻克行业技术封锁、设备缺陷故障多、人员年轻火法经验少等难题，试产6个月实现双线稳定运行，比行业一流企业提前两年半完成试产达产任务。

（王新刚）

中核韶关锦原铀业有限公司

【质量管理】 2022年，中核韶关锦原铀业有限公司（简称锦原铀业）申报开展QC课题14个，小改小革项目16项，合理化建议5项，申报专利6项，取得专利授权1项。投入230余万元，改造提升矿井竖井和运输系统。

【生产管理】 2022年，锦原铀业通过钻探代替坑探、掘进废渣就近充填等措施，降低采掘成本，提高采掘效率，创开工生产历史记录。水冶厂采取调整水冶堆场喷淋，调节喷停比，通过串堆提高原液浓度等措施，缩短浸出周期；将工艺废水重复利用，减少废水处理量，降低生产成本。

【安全环保】 2022年，锦原铀业守住安全环保底线红线，完成全年安全环保目标任务，未发生重伤及以上生产安全责任事故。环境与流出物达标排放，安全生产标准化成果提升，安全生产专项整治三年行动收官。承接集团“4·6”炮烟中毒事故应急救援演练直播得到集团公司肯定，安全文化宣讲获得集团公司单项第一名和优秀作品一等奖。

【人才培养】 2022年，锦原铀业拓展人才培养渠道，健全人才发展机制，规范和加强专业人才管理，实施“人才强企”战略。完成青年干部竞争性选拔任用4人，引进各类人才16人，获评地矿英才2人，取得中级工程师资格2人、助理工程师资格2人、政工员资格1人，考取注册安全工程师资质1人、二级建造师资质2人，培养熟练掌握无轨设备操作维修和开采技术采掘维修队伍30余人。

【项目管理】 2022年，锦原铀业完成中核锦苑项目建设主体工程、配套安装工程、智能化工程和室外工程，达到竣工验收条件。中核锦苑房地产开发项目销售额实现1.22亿元。完成745矿退役治理二期工程施工方案编制和上报，完成EPC总承包招投标、监理招标，着手“三通一平”工作。产能延续项目棉花坑三期报批进度加快，申请报告通过中国铀业专家审查、总办会审议和集团评估会评审，已上报科工局。争取到江西独居石铀项目铀钍建设运营资格。

【科技创新研发】 2022年，锦原铀业首次以揭榜挂帅方式推动技术难题破解，申报科研项目12项，组织完成2020—2021年度中国铀业自主科研项目结题验收，其中，1个项目实现深孔爆破工艺零的突破；1个项目取得渣计浸出率92.5%，渣品位降低至0.013%，堆浸周期缩短至90天。在矿井井下开展装药台车和反井钻试验应用。成果获中国铀业管理创新成果三等奖1项，获中国铀业2022年度青年创新创效优秀成果三等奖1项，获中核铀业2022年“精细化管理年”优秀改善项目三等奖1项。《五星班组建设持续改进》《编制无轨设备故障维修手册》《矿井水吸附进料改造及絮凝沉降优化》分获中核广东科技2022年精细化管理改善优秀提案一、二、三等奖。

【绿色矿山建设】 2022年，锦原铀业深入推进“6S”管理，整治生产办公和生活环境，规范现场管理，员工素质和公司面貌得到提升。

（蒋淑娟）

韶关市丹霞山管理委员会

【概况】 2022年，丹霞山景区接待游客60.22万人次，门票收入987.2万元，旅游收入1600.98万元。

【公园规划编制】 2022年，韶关市丹霞山管理委员会（简称丹霞山管委会）在《丹霞山世界自然遗产保护与管理规划》框架下，完善丹霞山规划体系。7月，国家林草局专家到丹霞山对《广东丹霞山国家级自然保护区总体规划（2022—2031年）》现场实地考察。9月26日，国家林草局组织专家评审规划；10月18日，获得国家林草局专家评审意见；11月2日，按照专家组意见和建议完成最后一轮修改，呈报国家林草局审批。

【科研监测】 2022年，丹霞山管委会与广州中山大学、广东省地质调查院、广东省文物考古研究院等机构合作，深化丹霞山地质地貌、生物多样性等科研调查。2022年新发现丹霞山铁角蕨等新物种4个，新增鸟类记录17种。加强生物多样性监测，安装红外相机150套、黑光高清智能球机3套，扩容增量加强保护区内野生动物全天候监测。拍摄记录到哺乳动物和鸟类39种，获得有效照片3356张，监测到国家级和省级保护动物多种。加强文物资源本底普查，包括对古山寨、寺庙遗址、摩崖、岩画、古桥、古村落、古道等的调查。多方式、多手段开展生态资源调查监测。

链接

截至2022年12月，丹霞山已记录高等植物2270种；昆虫1516种；脊椎动物448种，其中，鸟类248种、两栖类29种、爬行类72种、哺乳动物48种、鱼类50余种；大型菌类300种。在丹霞山发现和命名的新物种有39种，绝大部分是仅在丹霞山分布的极小种群或特有物种。

【生态保护】 2022年，丹霞山管委会与市、县检察院共同挂牌成立丹霞山生态保护检察联络室，签订《关于设立丹霞山生态保护检察联络室的方案（试行）》。制订遗产地巡查保护管理方案，与属地政府建立联巡联查机制，每周巡查不少于1次，建立巡查日志。保护巡查发现问题95处，其中，仁化县范围51处、浈江区范围44处。开展“绿盾”遥感斑点和风景名胜区斑点核查整改工作，收到上级部门下发遥感斑点215处，其中，生态环境部办公厅下发1处，国家林业和草原局自然保护地管理司下发5处，广东省林业局下发209处。做好松材线虫病防治工作。推进仁化县黄屋、车湾片区松材线虫病防治项目（第二期），开展疫木伐除、施药套袋消杀处理和精准注射药物防治、人工地面施药防治、无人机空中施药防治相结合方式，除治枯死马尾松8848株，其中，树径40厘米以上1041株，40厘米以下7807株。完成松树微创注射449株注药防治，注射7422针。

（刘建谦）

【丹霞山国家级自然保护区上榜第一批全国科普教育基地】 2022年3月30日，中国科学技术协会发文公布《关于命名2021—2025年第一批全国科普教育基地的决定》，丹霞山国家级自然保护区被命名为2021—2025年第一批全国科普教育基地。

【中国旅游日·广东韶关分会场活动暨“走读广东·粤游粤红”自驾游系列活动在丹霞山启动】 2022年5月19日，为期两天的中国旅游日·广东韶关分会场活动暨“走读广东·粤游粤红”自驾游系列活动在丹霞山启动，来自粤港澳大湾区和本市的自驾游爱好者驾驶近百辆车参加活动。

【丹霞山入选广东省首批环境教育基地示范单位】 2022年12月20日，广东省生态环境厅公布2022年“广东省环境教育基地示范单位”名单（首批），丹霞山国家级自然保护区成为韶关市唯一入选的单位。

（刘雪娟）

韶关市国有仁化林场

【造林】 2022年，韶关市国有仁化林场（简称国有仁化林场）完成造林61.2公顷，其中，高质量水源建设造林项目53.33公顷，种植乡土阔叶树种香樟、枫香、乐昌含笑、红锥、山杜英等，成活率90%以上，年度任务完成率100%；锦江水库坝头半岛亮点景观造林项目7.87公顷，种植观赏树种黄花风铃木、紫花风铃木、樱花及银叶金合欢等，全部使用2～3厘米、树高1.6米以上营养杯苗木。

【森林抚育】 2022年，国有仁化林场规划抚育中幼林666.67公顷，其中，高质量水源林建设抚育项目144.2公顷，中央财政森林抚育项目240公顷，自有资金安排的第二次抚育项目212.87公顷、大径材培育项目66.67公顷。实际完成724.93公顷，完成计划的108.73%。

【木材采伐】 2022年，国有仁化林场林木采伐经营权通过社会公开招标形式进行拍卖，木材生产严格按照采伐管理规定和合同执行。上级下达林场木材采伐指标15257立方米，其中，主伐13240立方米、抚育采伐1850立方米、低产林改造167立方米。开具采伐证9857.6立方米，其中，主伐8159.7立方米、抚育采伐1697.9立方米。

【林业有害生物防治】 2022年，国有仁化林场做好松材线虫病防治工作，规划完成林业有害生物防控项目，按相关规定完成项目招标，项目实施完毕。完成飞机施药防治1333.33公顷、人工喷药133.33公顷，处理病枯死松木4562株。

【森林资产盘活】 2022年，国有仁化林场规划资源盘活工作，计划是年度上交财政收入155万元，实际完成木材拍卖收入156.27万元，其中，间伐木拍卖

2022年5月17日，国有仁化林场工作人员在丹霞山古竹坪村附近开展松材线虫病飞机施药防治工作　（潘　超　摄）

收入24.82万元、主伐伐区拍卖收入131.45万元，超额完成任务。

【物业管理】　2022年，国有仁化林场按照上级要求，加强出租物业日常管理工作，包括安全生产、租金缴纳等。配合韶关市政府物业管理中心，对国道边老油库及雷公厂河边木材加工厂2宗合同到期物业公开招标；经广东金宸拍卖有限公司在韶关市公共资源交易中心一体化平台组织网上竞价，2宗物业均由原租户竞买取得经营权。

【林区公路管理】　2022年上半年，受连续降雨影响，国有仁化林场林区公路出现多处塌方，公路边坡树木倒塌，影响人员通行，带来安全隐患。根据市“三防”指挥部工作部署，林场不定期派出工作人员排查辖区内林区公路等基础设施安全隐患。6月下旬，紧急抢修林区损毁道路，修复林区公路37.9千米，清除路面塌方18处，清理土方约700立方米，清除倒塌树木160棵。自筹资金38472元，日常养护林区公路29.4千米，包括割灌除草、边沟清理、路树刷白、安装安全警示标志等。

【森林防火】　2022年，国有仁化林场加强森林防火宣传，签订“防火责任告知书”，压实防火责任。设立常态化防火检查站，落实24小时值班值守，严控火源入山。加大巡护巡察力度，开展“五清”专项行动。做好应急准备，加大后勤保障力度，加强实战演练。进村入户开展宣传，发放森林防火宣传品挂历400份、雨伞500把、“防火责任告知书”1000份，悬挂横幅150幅，安装宣传牌30个，新建森林防火宣传栏1个、水泥宣传碑1块，更换防火宣传牌内容20份。在重点林区入口建立森林防火门3扇，安装监控语音防火警示系统6套；在夏富管护站坟地集中地带开设森林防火隔离带3条，长度3千米。

2022年11月15日，国有仁化林场与锦江森林派出所等单位联合开展森林防火联合演练　　（国有仁化林场　供）

【安全生产】　2022年，国有仁化林场组织开展安全生产会议，部署安全生产工作，学习曲江、河口林场优秀工作经验，完善安全生产资料整理，做好林区森林防火和林区安全生产工作。开展辖区范围场所安全生产隐患排查，排查出隐患18处，检查企业47次，检查出问题10处；均完成整改。组织开展“安全生产月”“安全生产南粤行”“‘119’消防宣传月”活动，通过案例讲解普及安全生产知识，提高安全生产技能。开展森林火灾扑救安全理论与火场紧急避险知识培训2次。开展森林防灭火演练。

【国家储备林建设】　2022年，国有仁化林场根据市林业局国家储备林项目建设工作部署，成立国家储备林项目建设工作专班，加强统筹领导，确保国家储备林项目建设有效推进。签订国储林一期林地合同3537公顷。

（张其亿）

镇（街道）

丹霞街道

【基本情况】 位于仁化县中南部，是中共仁化县委、县人民政府驻地，是全县政治、经济、文化、金融、信息和科技中心，是广东省乡村民宿示范镇。东连黄坑、闻韶镇，南接周田、大桥镇及浈江区，西与董塘镇为邻，北与城口、扶溪镇交界。街道办事处驻仁化县城。国道106线、省道246线、武深高速公路、阅丹旅游公路贯穿全域，锦江河流自北向南穿过，交通便利。辖区面积288.13平方千米。林地面积10364.15公顷，森林覆盖率63.22%。下辖村13个、社区4个、农场2个。截至2022年年末，户籍人口22309户63087人。

丹霞街道自然资源和人文景观丰富。域内有世界自然遗产、世界地质公园、国家AAAAA级旅游景区、世界“丹霞地貌”命名地丹霞山，丹霞源国家水利风景区，瑶前晒谷岭古人类遗址，全国重点文物保护单位丹霞山摩崖石刻，省级文物保护单位文峰塔、细美寨、雪岩寺与石乳泉，“我心中的长征纪念地”“广东省国防教育基地”“广东省中共党史教育基地”铜鼓岭红军烈士纪念碑，全国乡村旅游重点村瑶塘新村，全国首批地质文化村、“广东省古村落”、“广东旅游名村”夏富村，中国美丽休闲乡村、“广东旅游名村”黄屋村等。

【经济发展概况】 2022年，丹霞街道完成地区生产总值41.87亿元，同比增长6.7%。街道级及以下企业生产总值25757万元。第一产业产值2272万元；第二产业产值5488万元，同比增长26.3%；第三产业17997万元，同比增长27.1%。

【重点项目建设】 2022年，丹霞街道引进产业招商项目年产100万张环保生态板建设项目、仁化县卓源加油站、旅游工艺品展示厅、广东省韶关市仁化县屋顶分布式光伏项目、韶州红年产1000 吨坚果炒货新建项目一期、鱼类水产品及农副产品加工、仁化县胜优血液透析中心建设项目等7个产业招商项目，计划投资额达1.1亿元。新增美食园、丹美霞加油站、君临轩蛋糕店3家企业转为“四上”企业。完成古驿道项目青苗清点及补偿工作。完成仁化县粮食仓储物流建设项目房屋征收工作，征收房屋及附属物5户502.69平方米。完成县北门储备地项目安置商铺移交4000平方米。有序推进丹霞新城、梦幻丹霞项目。推动农旅产业可持续发展，以全域旅游为牵引，培育特色民宿、客栈等农旅新业态，研究发展阅丹研学写生教育基地项目、丹霞街道农业特色产业体验园等。

【乡村振兴】 2022年，丹霞街道推进返贫致贫监测预警和动态帮扶工作。常态化开展实时监测预警，加强扶贫资金资产监督管理。谋划产业发展项目，完善乡村振兴项目库。创建乡村振兴“四五”示范带，布局规划“一园一江两线六村一居”。重点谋划街道乡村振兴五年总体规划建设项目11类，各村分期建设项目75项，其中产业振兴7项、文化振兴项目33项、生态振兴项目12项、设施设备完善与提升项目23项。完善农村人居基础设施建设，完成仁化县（丹霞街道）农村生活污水处理设施及配套管网建设项目、农村人居环境整治项目，123个村小组实现雨污分流全覆盖。完成农村“四小园”建设、美丽庭院建设任务目标。开展好村庄清洁行动，动员党员干部866人、农民群众343人、志愿者349人，清理房前屋后卫生661处、农村卫生死角323处、农村破旧泥砖房12处、村内沟渠122处、乱堆乱放404处、畜禽养殖粪污及农业生产废弃物8.76吨。

【农业生产】 2022年，丹霞街道清理失管果园63.68公顷，撂荒耕地复耕复种55.75公顷。引进种植大户23户，流转耕地种植水稻122公顷。完成粮食播种面积2063.4公顷。做好农业生产保障，引导群众自行购买防控药剂，形成红火蚁防控群防群治，红火蚁防控全覆盖，防控面积2333.33公顷；5月，韶关市红火蚁防治现场会在丹霞街道举办。发展特色农业产业，种植水果1095.2公顷，其中，贡柑660.6公顷、沙田柚68.07公顷、砂糖橘128.87公顷，其他水果237.67公顷。狮井村获评为2022年省级“一村一品、一镇一业”专业村。

【安全生产】 2022年，丹霞街道开展安全大排查大整治。开展“三合一”“三小”场所整治行动，检查各类企业（场所）6027家次，发现一般安全隐患396个，完成整改。加强危险化学品、矿山、烟花爆竹生产等行业检查和指导，落实安全监管责任。开展山塘、水库隐患排查。开展自建房安全专项整治，排查自建房1171栋，其中，经营性自建房857栋。

【社会治安综合治理】 2022年，丹霞街道开展打击电信诈骗、养老诈骗、常态化扫黑除恶等专项行动。排查出各类矛盾纠纷43宗，化解调处41宗，持续跟进2宗。网络问政548宗，回复528宗，正在调处20宗。

【民生保障】 2022年，丹霞街道全面落实社会救助政策。享受低保352户714人、特困128户、低收入家庭104户250人，全部落实社会救助政策，做到应保尽保。推动实施全民参保计划，落实困难群众参加基本医疗保险帮扶政策，改造提升敬老院集成设施，推进县级三星级敬老院建设工程。

【巩文工作】 2022年，丹霞街道做好巩文提升工作，守护文明城市荣誉。常态化治理4个社区共16个网格实地点位，集中整治背街小巷等重点、难点区域，建立实地点位问题台账清单，逐步销号，确保按时完成整改任务。常态化开展新时代文明实践活动。

【改革攻坚】 2022年，丹霞街道围绕市“改革攻坚规范治理年”工作部署，深化改革攻坚，加强规范治理。结合街道实际，分解具体任务重点领域16个83项，明确职责分工。优化“双报到”工作。盘活低效闲置资产，推动资源资产价值化。优化营商环境，激发市场主体活力。

2022年丹霞街道村、社区基本情况表

表15

村、社区名称	村小组（个）	自然村（个）	村、社区集体纯收入（万元）	现有集体经济发展项目	特产	负责人
胡坑村	14	14	24.23	山塘水库租金、小（2）型水电站发电、锦电入股分红金	西瓜、花生、优质水稻、红花油茶	罗仁松
官口村	10	10	16.95	场地发包、锦电入股分红	英德麻竹、水稻、花生	刘卫明

续表15

村、社区名称	村小组（个）	自然村（个）	村、社区集体纯收入（万元）	现有集体经济发展项目	特产	负责人
康溪村	11	8	46.75	光伏发电、商铺出租、果场租金、林场租金	贡柑、花生、香芋、葡萄	黄细金
城南村	9	6	18.27	门店出租、山地发包	—	陈宝华
新东村	6	6	12.8	山塘鱼塘出租、房屋出租、牛羊产业园入股分红	水稻、花生	林贵田
岭田村	11	7	16.21	光伏发电站、商铺出租、鱼塘出租	贡柑	黄康明
狮井村	12	10	36.88	锦电入股分红、山塘发包	贡柑、香芋	谭细祥
麻塘村	4	1	21.8	锦电入股分红、发包租金	水稻、贡柑	谭守福（副书记）谭伟强（主任）
中心村	8	8	39.36	房屋发包租金、鱼塘发包租金	四大家鱼	欧培娣
黄屋村	11	11	34.59	霞金酒店租金、黄屋电站电费补偿、中金岭南芳香植物精油提取项目入股分红	水稻、柑橘、花生、香芋、草莓	刘德能（任至9月） 黄金星（9月任职）
车湾村	12	12	17.83	锦电入股分红、商铺出租	贡柑、砂糖橘、蒿竹、沃柑	李小明
夏富村	12	8	16.48	锦电入股分红、果园出租、商铺出租	沙田柚、柑橘、蒿竹、淮山	李小良
高联村	3	3	16.2	—	花生、柑橘、香芋	刘刚山
水南社区	—	—	—	—	—	梁明福
新城社区	—	—	—	—	—	谢海燕
老城社区	—	—	—	—	—	刘长坤
高坪社区	—	—	—	—	—	肖卫青

（杨　慧）

董塘镇

【基本情况】 董塘镇位于仁化县城西南部，东邻丹霞街道，北接红山镇，西毗石塘镇和乐昌市，南连浈江区。镇政府驻董塘社区，距县城12千米。国道535线、省道246线、省道517线贯穿墟镇，京广铁路黄格支线延至镇北凡口铅锌矿，董塘河自西而东汇入锦江河。辖区面积243.34平方千米，耕地2133公顷。辖村17个、社区3个，有村民小组198个。2022年年末户籍人口13118户41591人，其中农业人口29018人。董塘镇是第一批省级中心城镇、省教育强镇。

董塘镇地处粤北山区，属中亚热带季风气候，整体地势南北高、中部低，地形主要以丘陵、山地为主，中部是小盆地，墟镇处于盆地中央。镇域旅游资源丰富，有景点巴寨、燕岩、大石山、飞花水瀑布，属丹霞山风景名胜区；国家重点文物保护单位、广东省现存最早唐代砖塔云龙寺塔，省级文物保护单位唐末宋初澌溪寺塔，明万历腾风塔。是仁化红色摇篮，革命遗址有省级文物保护单位工农革命独立第四团团部旧址、仁化县革命委员会成立旧址董劝书院，韶关市文物保护单位、中共仁化县委诞生地思诒堂，以及华阳寨遗址、大革命烈士纪念碑等。矿产资源丰富，有铅锌、铁矿、石灰石等，有广东凡口国家矿山公园。工业发达，有知名企业中金岭南凡口铅锌矿、中金岭南丹霞冶炼厂、华粤煤矸石电力有限公司等。土地肥沃，农业发展以种植业和养殖业为主，农作物主要有水稻、花生、芋头、玉米、柑橘和优质蔬菜等；养殖业以猪、羊、鱼为主，是第三批省级“一村一品、一镇一业”专业镇。

【镇域经济概况】 2022年，董塘镇农业总产值4.35亿元，增长6.6%。财政收入5540.49万元。城镇居民人均可支配收入34295元，增长2.8%；农村居民可支配收入22369元，增长5.4%。

【农业发展】 2022年，董塘镇完成粮食播种1640公顷，粮食产量1.14万吨，超额完成粮食生产任务。推进耕地“非粮化、非农化”整治，完成撂荒耕地复耕复种61.11公顷，耕地“非粮化”整治面积142.65公顷，复耕率100%。完善农田水利设施，清理沟渠淤泥杂草35千米，管护电排站2处，修复抽水设备8台。3月，坪岗、新莲等村733.33公顷高标准农田建设项目完工。流转土地115.33公顷。蔬菜种植0.1万公顷，水果种植566.67公顷；生猪出栏量4.07万头。完成董联村、安岗村省级“一村一品、一镇一业”专业村项目建设。

【产业发展】 2022年，董塘镇结合推进董塘凡口绿色工业园区“厂区变园区、产区变城区”改革试点项目、省级牛羊产业园项目建设，盘活原水泥一厂、格顶片区闲置国有土地20公顷，引进优质产业项目落地建设5个。年底，建成丹霞女肉牛养殖场，投入试产；完成创盛农业奶羊养殖场等3个标准化养殖场主体建设，创盛羊奶制品冷链加工一体化奶制品项目动工。6个村集体入选联农带农项目，入股资金总额335万元，可实现年分红36.18万元。

【防汛抗旱】 2022年6月“龙舟水”期间，董塘镇遭遇短时强降雨天气，多个村庄受灾。短时强降雨导致全镇塌方19处、山体滑坡13处，倒塌房屋52间，桥梁损毁1处，水利工程险情58起，农田受浸约300公顷。受灾最严重的江头村大面积内涝，水浸最深处2米，超过2011年历史洪痕40厘米。组织镇村党员干部和志愿者投入抗洪抢险，安全转移群众536人（其中江头村460人），守住“零伤亡”底线。组织开展灾后重建和复工复产。7月，持续干旱严重影响全镇农业生产。投入资金75.2万元，投入抗旱设备50台，清淤疏浚维修渠道10千米，灌溉受灾农作物311.6公顷。实施中小河流治理工程，疏浚河富村大富水河道1.4千米及完成生态河堤、配套环境提升建设，完成董塘河江头村段河堤护栏建设。

【乡村振兴】 2022年，董塘镇做好扶贫资产监测评估工作，经营性扶贫资产22个，收益212万元。常态化开展村庄清洁大行动，完成农村户厕改造任务32户。聘用公益性岗位清洁队伍，做好镇域范围内农村公厕26座、污水设施138座运维管护工作。启动实施五一村、高宅村农村人居环境整治项目，实施新莲村、江头村、河富村沿线重要节点公益事业建设项目，开展污水处理设施、村道巷道硬底化、“三线”整治等建设。实施董塘河万里碧道“亮化”工程，安装路灯343盏。改造提升村级党群服务中心，完成广东铝厂社区、白莲村党群服务中心改造，建成新莲村党群服务中心并投入使用。4月，建成董塘镇乡村振兴车间一期项目，投产使用，提供就业岗位250余个。8月，新龙村获评韶关市“十大美丽乡村”。

【城镇建设】 2022年，董塘镇加快推进董塘新城建设。开展征地拆迁，拓展城镇发展框架，完成董塘新城董中村、董联村补充征地2.7公顷。8月，完成董塘中心小学道路改造提升，配套建设停车场和辅道。9月，仁塘路排水、排污工程和人行道建设、新建停车场、道路“白改黑”等整治提升项目完工。启动董塘镇污水处理设施提质增效建设工程、董塘镇中心卫生院业务综合楼建设项目。

【文明创建】 2022年，董塘镇深化家庭文明创建，表彰文明家庭8户、星级文明户20户，常态化开展“优秀书香家庭”“绿色家庭”等创建活动。探索乡村“积分制”管理模式，以积分兑换奖励引导村民参与基层治理，新龙村乡村振兴积分超市试点运行。

【社会事业】 2022年，董塘镇实施兜底民生服务社会工作“双百工程”［乡镇（街道）社会工作服务站100%覆盖、困难群众和特殊群体社会工作服务100%覆盖］，建成社会工作服务点4个，探访重点服务对象1500人次，发放物资2万元、防寒物资122件，开展社区活动12次，困难群众和特殊群体社工服务实现100%覆盖。投入24.7万元，完成敬老院提升改造工程，“五社联动，家园助力站”项目试点与韶关市农村社区互助养老可持续发展示范项目落地。行政村“粤智助”政府服务自助机实现全覆盖。加强严重精神障碍患者救治救助服务管理工作，走访在管患者257人，送治28人次。完成革命遗址修缮平安会馆、白屋炮楼、大革命烈士纪念碑3处。1月，风度书房董塘分馆投入使用。

【基层社会治理】 2022年，董塘镇完成市域社会治理现代化一镇一品项目，建立综合巡防志愿服务队伍，落实巡防巡查156人次。完成综治中心规范化建设，在镇区主要巷道、路口安装监控摄像头，建立网格化视频监控平台，打造“综治中心+网格化+智慧化”模式。

【生态环境保护】 2022年，董塘镇加强饮用水水源点保护，建立水源点日常巡查制度，落实河长制，镇、村河长巡查1274次，发现问题62个，整改率100%，投入经费121.6万元，清理河道233千米，清理转运垃圾402吨。加强畜禽养殖污染治理，实施绿色种养循环农业试点项目，常态化开展畜禽养殖场巡查，巡查337轮次。履行非法倾倒固体废物属地巡查监管职责，设立固废倾倒举报宣传栏6处，处治偷运倾倒固体废物案件1起。推进农药包装废弃物回收利用项目，回收农药包装废弃物39.9吨。统筹推进卫片执法、“两违”执法巡查、乱占耕地建房整治等工作，处治违法用地问题55宗。常态化做好煤山日常巡查，实施煤山夜查百日行动，查处非法盗采行为3起，在煤山各主要路口、路段安装视频监控10处，设立永久性宣传牌7处。

【改革深化】 2022年，董塘镇落实县委“改革攻坚规范治理年”工作部署，如期完成规范治理任务22项，“立改废”制度文件15份。整合农村“三资”管理、农村财务监管和土地流转等资源，开展农村集体“三资”管理专项整治，完成农村财务代理体制改革。深化综合行政执法体制改革，完成原自然资源所、市场监管所整合工作，建立健全综合行政执法制度机制，规范日常巡查和综合行政执法管理。综合行政执法队作出行政处罚11起。

（罗志平）

【2022年全国“村晚”河富村专场乡村“春晚”举办】 2022年1月21日，“欢乐过大年·喜迎冬奥会——我们的美好生活”乡村“春晚”在全国“村晚”示范展示点董塘镇河富村举办。河富村因活动特色鲜明，地方特色浓郁，成为广东省4个2022年全国“村晚”示范展示点之一。

（刘雪娟）

2022年董塘镇村、社区基本情况表

表16

村、社区名称	村小组（个）	自然村（个）	村、社区集体纯收入（万元）	现有集体经济发展项目	特产	负责人
安岗村	14	6	24.5	商铺租金、锦电分红	莲藕	叶金泉
白莲村	10	5	10.29	水电站、生态林管理费	厚鳞柯	彭仕有
董联村	13	7	21.58	门店租金、入股分红、光伏收益	蔬菜	刘东海
董中村	18	10	31.25	门店租金	粽子、艾糍、蕉叶糍	余永前
高莲村	10	4	24.84	鱼塘租金、入股分红	无	钟荣才
高宅村	11	5	18.84	土地租金	无	叶永福
河富村	12	6	60.34	商铺、山林租金	吴茱萸、羊奶	吴新水
红星村	9	5	24.08	厂房租金、锦电分红	河源移民菜	肖国瑞
江头村	10	5	61.3	商铺租金、丹霞女分红、光伏收益	甜玉米、青瓜、蔬菜	张伟全
南湖村	17	13	10.31	厂房租金、锦电分红	移民月饼、萝卜糍	刘伟全
坪岗村	17	10	26.2	生态林管理费、厂房租金	酸萝卜	陈冬明
塘联村	3	2	11.63	水电管理费、入股分红	南瓜糍、糖糍、甜扣肉、笋干	谢熙崧
五一村	26	12	15.25	厂房租金、工程管理费	无	潘细明
新莲村	8	6	11.11	农场租金、锦电分红	无	吴敏坚
新龙村	7	7	14.39	农场租金、鱼塘租金、锦电分红	油茶、灰水糍、竹筒饼	宁声珍
岩头村	6	4	22.42	山林租金、生态林管理费	无	张贻德
瑶族村	7	6	10.46	锦电分红、租金	竹笋	李学强
董塘社区	—	3	3.89	门店租金	—	魏　鑫
广东铝厂社区	—	—	—	—	—	陈书强
凡口社区	—	—	—	—	—	饶小明

（罗志平）

石塘镇

【基本情况】　石塘镇位于仁化县西部，东连董塘镇，南接浈江区花坪镇，西与乐昌市廊田镇为邻，北与红山镇交界。镇政府驻石塘镇，距县城19千米。国道535线贯穿全境，石塘河与董塘河相接，交通便利。辖区面积77.92平方千米。辖村6个、社区1个。2022年年末，户籍人口4263户13504人，其中，农业人口8622人，外来人口108人。

石塘镇历史悠久，南北朝时期就有先民卜居该地。镇内人文特点以“中国历史文化名村”、“中国传统村落”、国家AAA级旅游景区石塘村为标志，地方语言独特，李氏祠堂和明清时期古建筑群众多。旅游资源有国家重点文物保护单位、广东省中共党史教育基地、广东省爱国主义教育基地石塘双峰寨；有流传悠久的民间艺术、省级非物质文化遗产“石塘月姐歌”，以清、香、醇著称的广东省非物质文化遗产“堆花酒酿造技艺”仁化石塘堆花米酒和各个时节用大米加工而成的各式糍粑。农业资源得天独厚，形成以优质稻、花生、蔬菜、马蹄、西瓜、甜笋竹六大传统项目为主的农业产业结构，建立优质稻、花生、马蹄、甜笋竹基地，形成“一村一品”的发展格局。土地肥沃，旱涝保收，粮油充裕，是县内“吨谷镇”。2022年，种植水稻938.4公顷、柑橘（贡柑、砂糖橘）503.6公顷、花生219.8公顷。有石塘堆花酒坊38间。

2022年1月，石塘镇被韶关市统计局评为2021年度韶关市乡镇（街道）统计能力建设先进单位；11月，被韶关市人民政府评为平安韶关建设先进集体；12月，被韶关市政府评为全市乡镇（街道）统计能力建设先进镇。8月，石塘村李修旺家庭被韶关市委实施乡村振兴战略领导小组评为首届“农行杯”“个十百”乡村振兴擂台赛“美丽庭院”；11月，石塘村被文化和旅游部评为第四批全国乡村旅游重点村；12月，石塘镇蚂蚁公社被韶关市教育局评为第三批韶关市中小学生研学实践教育基地（营地），石塘村被韶关市人民政府评为全市乡镇（街道）统计能力建设先进村。

【镇域经济概况】　2022年，石塘镇财政预算总收入1598.38万元，农村居民人均可支配收入22369元，增长5.4%。各项事业全面发展，社会和谐稳定，人民安居乐业。

【农业产业发展】　2022年，石塘镇落实各项惠农强农富农政策，推动退果还粮116.47公顷，撂荒耕地整治9.13公顷，完成粮食种植1163.2公顷、蔬菜种植414.4公顷、花生种植219.8公顷。加大农田水利设施建设与管护投入力度，提升农业防灾减灾救灾能力，修建灌溉陂头9座、排灌沟渠5.9千米，落实基本农田、高标准农田管护。

【新农村建设】　2022年，石塘镇完成经营性农村自建房安全隐患排查整治102间、农村削坡建房风险点整治3户、重点人群直排式热水器排查整治更换26户，完成农村危房改造3户。常态化推进村庄清洁行动，实施光明村、上中坌村、下中坌村农村人居环境整治提升项目。建设农村生活污水处理设施并加强管理，新建上中坌村、下中坌村污水处理设施17座，已投入使用。

【党建工作】　2022年，石塘镇利用“社区吹哨、党员报到”平台机制，发布活动70次，党员报到934人次，拟定“为群众办实事”支部共建项目清单并录入在职党员社区报到系统，完成全部支部共建目标任务10项。做好“光荣在党50年”纪念章颁发和走访慰问等工作，颁发纪念章3枚，走访慰问困难党员及6月受水灾影响群众111人。镇村领导干部开展“一线双联”“民情夜访”490余次，收集解决群众实际问题285件。

【宣传、文化建设】　2022年，石塘镇围绕学习贯彻习近平新时代中国特色社会主义思想，制定党委理论学习中心组学习重点和计划，开展学习14次，其中，集中学习11次、专题辅导3次。唱响乡风文明主旋律，举办新时代文明实践活动202场次。获评县级“优秀书香家庭”1户、“绿色家庭”3户，被评为市“三八红旗手”1人，县“三八红旗手”2人。

【全域旅游】　2022年，石塘镇编制《石塘旅游宣传手册》《石塘村保护规划（2022—2035）》，规划旅游推荐线路4

条，完成镇域旅游资源普查43项，建设京群村猴子坪公园、光明村古树公园、沙湾绿谷等旅游休憩地。接待研学、教育团队314批次，旅游接待9.6万人次。石塘村入选第四批“全国乡村旅游重点村”，蚂蚁公社被认定为“韶关市中小学生研学实践教育基地”。

【乡村振兴】 2022年，石塘镇深入开展驻镇帮镇扶村工作，落实防返贫监测机制和产业就业帮扶机制，定期开展防返贫监测排查。实施脱贫户资产收益分红，扶持脱贫人口入股山楂种植项目、光伏发电项目、中金岭南一期和二期项目。推进乡村振兴项目，完成胡椒冲村庄基础设施整治提升项目，下中坌村邱屋组文体广场建设工程项目，京群村、水历村沿线村庄重要节点美丽乡村风貌带提升项目。拓宽村道4.52千米。

【林业工作】 2022年，石塘镇清理松材线虫病林地14.13公顷，疫木878立方米，通过高质量水源林林相改造，拔除京群村京地组、新楼组疫点。落实林长制和森林防火工作要求，加强巡查值守，多渠道开展防火政策、法规宣传，严厉打击野外用火行为。开展生态公益林项目建设，打造集林长制宣传示范、林业产业发展、生态公益林示范区建设于一体的“沙湾绿谷”。

【社会治安综合治理】 2022年，石塘镇持续开展扫黑除恶、反电诈、反邪教、反走私、防养老诈骗等工作。排查矛盾纠纷44宗，解决43宗。调处各类网络问政51件，回复率100%。开展综合行政执法改革，组建综合执法队（办公室），整合原城监队，理顺自然资源所、市场监督所，依法依规行使上级职能部门下放的行政执法权。

【安全生产】 2022年，石塘镇开展企业巡查67次，排查安全隐患5宗，完成整改5宗，整改率100%。强化检查跟踪和企业安全教育培训，落实安全生产责任体系及台账管理制度。开展“三合一”场所消防安全专项整治和村民自建房消防安全专项整治，检查场所108家次，发现消防安全隐患11处，隐患整改率100%。常态化开展煤山巡查及专项联合整治，日常巡查48次。

【社会民生】 2022年，石塘镇实施兜底民生服务社会工作“双百工程”，建成社工站1个、社工服务点2个。8名社工深入村居提供政策落实、心理疏导、资源链接等。成功申请临时救助困难家庭4户10人，发放临时救助金2.56万元；完成医疗救助困难家庭2人次，发放医疗救助金94885.64元。深化教育领域改革，易地新建幼儿园大楼接近完工。新建卫生院业务楼1栋，配齐医疗卫生硬件设施。

【党风廉政建设】 2022年，石塘镇落实全面从严治党要求及中央八项规定，开展党员干部违纪违法线索摸排51次，查办问题线索4条，立案2人，给予留党察看一年处分1人，给予党内警告处分3人，给予谈话提醒12人。

2022年石塘镇村、社区基本情况表

表17

村、社区名称	村小组（个）	自然村（个）	村、社区集体纯收入（万元）	现有集体经济发展项目	特产	负责人
上中坌村	11	11	8.33	锦电入股、芦头水电站资源管理费	甜竹笋、荸荠、灵芝、贡柑	刘永松
下中坌村	4	4	7.2	锦电入股	荸荠	邱耀军

续表17

村、社区名称	村小组（个）	自然村（个）	村、社区集体纯收入（万元）	现有集体经济发展项目	特产	负责人
石塘村	8	1	13.96	锦电入股、门店出租、果场租金、山林发包、锦霞投资分红	仁化石塘堆花米酒、优质米、花生油、甜竹笋、贡柑	李朝用
光明村	4	5	14.47	锦电入股、山林租金、土地发包、牛羊产业园分红	优质米、贡柑	许梅深
水历村	7	7	14.75	锦电入股、山林租金、土地发包、牛羊产业园分红、鱼塘出租、校舍出租	优质米	刘贵新
京群村	11	8	11.01	锦电入股、田租管理费、水泥场经费、铅锌矿垃圾清理费、亮亮煤气经费	花生油、优质米	周培全
石塘社区	1	1	4.7	农科所场地租金、市场租金	—	李金清

（罗昌云）

长江镇

【基本情况】 长江镇位于仁化县东北部，距仁化县城49千米。地处粤、湘、赣三省五县交界处，东与江西省大余县内良乡、河洞乡接壤，东南与南雄市百顺镇相接，西南与扶溪镇、城口镇毗邻，西北与湖南省汝城县三江口镇、热水镇相依，北与江西省崇义县聂都乡、乐洞乡相连，属省级中心镇，是浈江支流锦江河发源地、“中国慢生活休闲体验镇”。辖区面积300.64平方千米，辖村16个、社区1个。2022年年末，户籍人口8359户27226人。耕地面积2554.13公顷，粮食播种面积985.33公顷，粮食产量0.71万吨。有初级中学1所、小学5所（其中，中心小学1所，完全小学3所，教学点1个）、幼儿园4所（其中，公办1所）；文化站1个，广播站1个，风度书房1座。

镇内交通便利，经省道246线与县城接连，距武深高速路扶溪出入口38千米，经省道517线至城口镇与国道106线相连。有6条省道、县乡道通往江西、南雄。

自然资源丰富。林地面积2.43万公顷，森林覆盖率84.35%，活立木蓄积量148.5万立方米，是全县最大毛竹基地，是“中国毛竹之乡”。水电资源丰富，有小水电站74座。矿产资源丰富，是中国铀矿最早开采地之一。

旅游资源丰富。域内有全省第三高峰万时山（海拔1559米）、万亩竹海、石 梯田风光等自然景观。人文景观有古塔，红色遗迹、遗址有中共五岭地委、中山公园、广州会馆、红军桥、红军路等。红军曾4次到长江镇开展革命活动，是主力红军长征进入仁化第一站。特产有玉扣纸、浒松腊鸭、冬笋、春笋、米饼、米粉、香菇等。

【镇域经济概况】 2022年，长江镇地区生产总值6.71亿元，同比增长6.8%；农业总产值57454万元，同比增长26.2%；财政预算总收入402.78万元。农村居民人均可支配收入22369元。

【基础设施建设】 2022年9月，长江镇镇墟污水处理设施提质增效建设项目施工，建设主管网1.25千米。完成雨污分流、提高污水处理厂污水收集率等建设目标。6月，锦江、木溪、河田、里周4个行政村47个自然村生活污水处理设施及配套管网项目建设开工，12月完工，建设管网21556米、污水池37个，解决4个行政村居民生活污水排放问题。

【人居环境综合整治】 2022年，长江镇完成沙坪、莲河、锦江、木溪、河田、里周6个行政村71个自然村人居环境综合整治项目，建设农村生活污水处理设施及管网18577米、污水池12座，完成村巷道硬底化28665平方米，建成垃圾收集点31个、行政村文化室2个。

【美丽乡村示范点建设】 2022年，长江镇建成美丽乡村示范点木溪村阔田坝、里周村书楼垇2个，完成木溪村阔田坝示范点“四小园”、生态停车场、村内四合院祠堂修缮及墙体彩绘、村口景观绿化美化及村内亮化等工程；打造里周村书楼垇示范点樟树林公园、“四小园”及沿线绿化美化。

【招商引资】 2022年，长江镇深化“一把手招商”“以商招商”“产业链招商”工作机制，加强项目全流程服务，提升精准招商实效，助力毛竹等优势产业发展。引进项目2个，总投资1.5亿元，其中，仁化县竹源生态发展有限公司建设100万张竹帘加工项目，实现长江镇“四上”企业零的突破；150吨精铟加工建设项目落地县产业园。

【产业发展】 2022年，长江镇扶持长江镇源生农业有限公司兴建果蔬乡村振兴车间，带动有机瓜类蔬菜种植53.33公顷，吸纳群众就业200人。提升腊鸭品牌优势，建设腊鸭加工标准化车间，推动腊鸭销售。虎门驻镇帮镇扶村工作队多点发力，建成木溪村、里周村光伏发电项目并网发电，壮大村集体经济。完善农特产品推介平台，推动长江镇长成农业科技有限公司发展，入股东莞市富民长红农副产品销售有限公司，带动农副产品销售65万元，长江香芋、米饼、高山丝苗米、龙须茶等产品走出长江、走进省内外市场。

【精神文明建设】 2022年，长江镇深化文明创建，开展“复兴少年宫”“我们的节日”等新时代文明实践活动100余场。发掘好人好事，选树先进典型，推选“韶关好人”1人、市级“三八红旗手”1人、市级“最美乡贤”2人，“仁化好人”1人、“最美退役军人”1人、“最美军嫂”1人。启动镇志修编工作。发动社会资源支持家乡道路、路灯等基础设施建设，收受捐赠资金40万余元、太阳能路灯75盏。

【生态环境治理】 2022年，长江镇推进“林长制”“河长制”“路长制”。9个森林防火检查站严防值守，护林员常态化巡查。未发生重大山火事件。开展毛竹抚育，加强病虫害防治和名木古树保护。整治河流“四乱”问题，镇村河长巡河逾1000次。抓好公路养护，排查消除道路隐患，及时清理塌方现场。依法开展“两违”整治行动，拆除乱搭乱建17宗。

【安全生产】 2022年，长江镇从严从实从细抓好重点领域安全防范和隐患闭环整治，组织专项行动12次，检查生产经营单位213家次，完成安全隐患整改41处。检查“三合一”“三小”场所255家次，开展交通安全劝导20场次，排查自建房12160栋，完成削坡建房整治任务81个。5支应急队伍及全体党员干部参与各类应急事故救援24场。未发生较大安全生产事故。

【社会综合治理】 2022年，长江镇排查化解社会矛盾纠纷29宗。加大反诈、反走私、防范非法集资、平安建设、扫黑除恶宣传打击力度。创建市级毒品预防教育示范学校、禁毒示范镇、无毒村（社区），在长江中学建设毒品预防教育主题园地，禁毒工作获县先进集体称号。

【民生实事】 2022年，长江镇加大民生投入力度，完成乡道523线莲河单改双项目、县道336线大坑桥危桥改造项目、建设6千米生命安防线等民生实事。开展“一线双联”活动993次、“民情夜访”活动426次、“党员报到”志愿活动100余次，解决问题371个。

【社会就业保障服务】 2022年，长江镇开展救助帮扶工作，发放各类民政救助补助资金660万元。发放慰问物资6.84万元，惠及特殊困难群体251人次。拓宽城乡居民基本养老保险和医疗保险参保覆盖面，参保人数分别为12664人和20328人。建成莲河村养老服务活动中心，锦江村、木溪村、沙坪村、里周村社工点4个，韶关市巾帼创业基地1个，“妇女微家”2个。镇敬老院考核考评获县一等奖，社区康园中心通过二星级康园评定。开展“粤菜师傅”培训和广东技工培训，分别有45人和106人参加。落实双拥完成征兵、退役军人及其他优抚对象优待证申领及发放工作，镇人民武装部被评为“韶关市民兵工作先进单位”和“仁化县武装工作先进单位”。

【教育卫生体育事业发展】 2022年，长江镇通过广东省教育强镇第二轮复评。开展奖教奖学活动，奖励优秀学子89人、优秀教师52人。长江镇5位乡贤发起的助学圆梦平台“点亮教育”筹集善款54万元、资助学生40人。长江镇被县人民政府评为“2022年尊师重教先进单位”。深化医疗卫生体制改革，推进基本公共卫生服务均等化。开展爱国卫生运动，成功通过广东省卫生镇复审。参加韶关市首届“中国人保·乡村振兴杯”男子篮球赛，摘得桂冠。

【依法行政】 2022年，长江镇全面落实法治政府建设责任，促进综合执法能力提高。开展“改革攻坚规范治理年”专项行动，完善“三重一大”事项，贯彻落实民主集中制，政府工作全面纳入法治轨道。自觉接受人大监督，办理人大代表建议17件。主动接受社会监督，办理“12345”市民服务热线191件。主动公开政务信息66条。

2022年长江镇村、社区基本情况表

表18

村、社区名称	村小组（个）	自然村（个）	村、社区集体纯收入（万元）	现有集体经济发展项目	特　产	负责人
锦江村	11	11	23.95	商铺、租金、电站	长江米粉、白糖饼、柑橘	邓建福
沙坪村	10	16	24.58	租金、电站、山林	灵芝、香菇、香芋	黄美英
莲河村	8	8	27.66	电站、山林	砂糖橘、贡柑、芥菜	马雪发
木溪村	9	14	11.41	电站、山林、锦电分红	香芋、腊鸭	饶昌胜
高洞村	12	12	26.6	商铺、电站、山林	毛竹、香芋	莫敏
芭蕉垅村	7	7	32.12	商铺、电站、山林	毛竹、冬笋	梁荟芹
河田村	12	12	53.92	租金、电站、山林	冬笋、香菇	夏后松
塘洞村	15	15	33.84	电站、山林、石场、商铺	毛竹、龙须茶、冬笋、香菇	钟彩云

续表18

村、社区名称	村小组（个）	自然村（个）	村、社区集体纯收入（万元）	现有集体经济发展项目	特　产	负责人
陈欧村	16	18	53.94	电站、山林承包金	毛竹、冬笋、香菇、柑橘	刘大贤
石寔村	12	12	32.86	商铺、锦电入股分红、电站、山林、其他企业上缴利润	毛竹、水稻	张根香
浒松村	12	16	12.01	锦电入股分红、种植相关项目收益、长江镇水电管理所、山林	腊鸭、冬笋、毛竹、柑橘	郑华胜
里周村	10	10	19.38	山林、电站、	香菇、山楂	刘永清
油洞村	9	9	25.12	商铺、电站、山林、二九〇研究所	冬笋	曾庆田
学堂坝村	7	7	33.62	商铺、电站、种植及相关项目收益、山林	香菇、砂糖橘、贡柑、冬笋、灵芝	邓家顺
凌溪村村	9	9	10.09	电站、山林	冬笋、玉扣纸、黄酒、菊花	黄全发
冷饭坑村	8	8	54.42	商铺、林场、种植及相关项目收益	冬笋、香菇、竹木	曾凡华
长江社区	—	—	—	—	白糖饼	王丽琼

（熊真池）

扶溪镇

【基本情况】　扶溪镇位于仁化县境东北部，东连南雄市百顺镇，南接闻韶镇，西与丹霞街道、县城为邻，北与长江镇交界，属山区镇。辖村9个、社区1个。2022年年末，户籍人口3347户13759人。镇政府驻紫岭村，距县城37千米。省道342线贯穿镇墟，扶溪河与锦江河相接，交通便利。主要经济来源有粮食种植、水力发电、竹木加工、柑橘种植等。辖区面积187.9平方千米，山地15942.73公顷。有初级中学1所、中心小学1所、完全小学1所、教学点2个、幼儿园2所（其中，公办1所），在校学生1246人；文化站1个，广播站1个。

扶溪镇是典型盆地山区镇，物产资源丰富，矿产资源主要有硅石、花岗石等，土特产主要有优质稻米（其中，“扶溪大米”是全国名特优新农产品）、板鸭、砂糖橘、贡柑、冬笋、香菇等。镇内水资源丰富，年均降水量1690毫米，水能蕴藏量1万千瓦。

人文历史悠久，存有石拱桥、石坎路、古亭、寺庙、宝塔、碉楼、明清古建筑群体和土法造纸遗址，部分保存完好。主要景点有省级文物保护单位明代水口白塔（又名水口塔、双水塔）、中国传统村落古夏村、唐代南台庙（龙母庙）、明代石亭、“广东最美梯田”扶溪梯田等。民俗文化有市级非物质文化遗产八音、走马灯、土法造纸，花灯、火狮、火龙、禾斋、板凳舞等。扶溪镇是广东省休闲农业与乡村旅游示范镇。

扶溪镇是革命老区。1927年成立农会。1929年，彭德怀先后率红五军游击仁化时，在扶溪筹集大量钱财和物资；1931年，邓斌（邓小平）、李明瑞率红七军经扶溪转战至长江、赣南，完成“7000里远征”；1932年4—5月，彭德怀率红三军团转战至扶溪一周余。1934—1949年，扶溪是南方三年游击活动范围、中共韶师学生支部抗日救亡宣传活动实践地、中共五岭地委及粤赣湘边人民解放总队游击范围。

2022年1月，扶溪镇退役军人服务站被评为韶关市“优秀退役军人服务中心（站）”。3月，“扶溪大米”获评国家地理标志证明商标。3月，扶溪镇社区被评为2021年度韶关市“巾帼文明岗”。11月，古夏村被命名为韶关市“忠诚立家风”实践示范基地；刘润凤、罗润发家庭被评为韶关市“绿色家庭”。

【经济发展】 2022年，扶溪镇生产总值28733.7万元，比上年增长6.7%。完成招商引资项目签约10050万元，完成固定资产投资7455万元，实现财税收入480万元。粮食种植1048.1公顷，产量5524吨；“扶溪大米”获评国家地理标志证明商标；3月2日，扶溪镇获评县“粮食生产先进镇”、紫岭村获评县“粮食生产先进村”。11月16日，古夏农光互补光伏项目开工，计划投资额9600万元。整合扶溪斜周温泉、蛇离梯田、古夏古村资源，挖掘扶溪忠孝、红色底蕴，打造扶溪乡村旅游精品线路。采取“公司+基地+农户”发展模式，发展林下经济，发挥新型经营主体和种植大户示范引领作用，发展草珊瑚200公顷。推进土地流转，种植特色经济作物小南瓜、赤松茸约20公顷。

【镇村建设】 2022年，扶溪镇执法大队开展“六乱”整治500余次，整治超限经营109宗、乱堆放110宗、私搭乱建雨棚等2处、“牛皮癣”200余处。规范沿街商铺经营，沿街商铺105家全部换装规范统一广告招牌。完成新屋场—水口风貌带建设，新增“四小园”11个。12月25日，建成扶溪镇农贸市场。10月23日，完成镇区篮球场改建翻新项目竣工验收。投入253万元，改造厚塘江下村河堤，整治沿岸乱堆、乱占现象，提升河道岸线环境。投入34万元，改造原厚塘小学为居家养老中心，实施敬老院改造升级，优化康园中心运营管理，完善基层养老保障设施。投入69.5万元，完善各村农田水利设施，新建、修缮水渠2278米，保障农田灌溉206.67公顷。

【生态环境保护】 2022年，扶溪镇开展镇级河长巡河656次，村级河长巡河587次，巡河发现问题24起，全部落实整改，清理水面漂浮物320余吨。与第三方公司签订仁化县河道管护市场化委托运营协议，由第三方公司负责水面清理和河道河堤管护，引导村民养成良好卫生习惯。强化饮用水水源地保护，设村（社区）网格9个、片区2个、督导组1个，责任到人，引导农民合理施肥，节水灌溉。常态化开展土壤污染和大气防治宣传教育，开展固体废物污染防治。

【乡村振兴】 2021年，扶溪镇巩固拓展脱贫攻坚与乡村振兴有效衔接工作，落实脱贫成果“回头看”和产业帮扶利益联结机制，未发生返贫致贫现象。开展“一线双联”“民情夜访”活动，走访、救助挂点村（社区）五保户、低保户、脱贫户等特殊人员。合法合规运营管护登记造册资产195个、资金1617.55万元，合理分配收益。利用驻镇帮镇扶村工作机制，推动水口村文化广场等项目建设，协助“扶溪大米”销往大湾区约15吨，累计投入帮扶资金102万元。新建蔬果冷链物流仓储库1个。

【文化宣传】 2022年，扶溪镇组织中心组学习19次，开展各类新时代文明实践活动200余场。镇委党校和党校分教点开展培训82期，培训基层党员、干部、群众2200余人次。开展社会主义核心价值观宣传活动13场、各类志愿服务活动70余场。

【抢险救灾】 2022年，扶溪镇面对历史上少有的强降雨，组织镇村领导干部到斜周、左龙、厚塘等村（社区）指挥调度，出动镇村干部职工300余人次，发动群众500余人次，安全转移26人，无人员伤亡。完成灾后复工复产。

【社会综合治理】 2022年，扶溪镇完善矛盾纠纷排查化解机制，执行月例会研判制度，结合“一线双联”“民情夜访”，推进基层矛盾纠纷排查及化解工作，排查矛盾纠纷145宗，化解145宗，化解率100%。山林纠纷调解连续4年居全县第一，基层反走私综合治理获评全县优秀。未发生森林火灾和安全生产事故。

2022年扶溪镇村、社区基本情况表

表19

村、社区名称	村小组（个）	自然村（个）	村、社区集体纯收入（万元）	现有集体经济发展项目	特产	负责人
扶溪社区	3	—	4.75	南雄坝电站分红、市场管理费收入	—	黄丽珠
紫岭村	9	5	17.5	南雄坝电站分红、村电站承包租金、丹霞新城店铺租金	优质稻米	谭艳梅
扶中村	14	10	7.3	小水电站分红、鱼塘、砖厂租金	优质稻米	罗胜奇
水口村	4	4	10.69	小水电站分红、电管所股金分红	柑橘	谭雪意
古夏村	13	10	6.6	小水电站分红	腊鸭、优质稻米、谷花糍等	李幸峰
厚塘村	10	7	22	小水电站分红、丹霞新城商铺租金	鸭、优质稻米	邓润旗
长坑村	9	9	6.28	小水电站分红	冬笋	罗润昌
斜周村	8	8	18	小水电站资源费、股金分红、商铺租金、果园承包金	柑橘	肖善文
蛇离村	8	8	6.24	小水电站分红	冬笋	谭全华
左龙村	6	6	6.95	小水电站分红	竹笋、香菇	阙传旺

（姜悦悦）

闻韶镇

【基本情况】 仁化县闻韶镇位于仁化县东部，东西最大横距13千米，南北最大纵距11千米，距县城32千米，距世界自然遗产丹霞山约35千米，东连南雄市百顺镇，南接黄坑镇，西与丹霞街道相连，北与扶溪镇毗邻。辖区总面积85.78平方千米，辖村5个和闻韶社区1个。2022年年末户籍总人口1638户5796人。有九年一贯制学校1所，在校学生370人；中心幼儿园1所，在园幼儿43人。旅游资源丰富，有人文景观省级文物保护单位华林寺塔和古村、石拱桥、庙宇及自然景观笔架山、风车巷、“天然氧吧”暖水温泉等。省道342线、244线贯穿镇域。水资源丰富，4条河流与浈江相连。工业以电力工业为主，小水电是镇支柱产业之一。矿产资源主要有磁、翡翠岩、黄蜡石、温泉等。有竹制品加工厂3家，农特产品主要有冬笋、香菇、番薯、优质米、黄豆、花生、贡柑等。

【镇域经济概况】 2022年，闻韶镇地区生产总值16982万元，增长6.7%。地方一般公共预算收入1537.22万元，增长4.24%。农村居民人均可支配收入22369元，增长5.4%。8月，年出栏30万头美神生猪产业园项目建成投产。成功引进下游企业有机肥加工厂1家。引进广东莞仁农旅产业发展有限公司投资闻韶优质水稻种植项目，在白竹村和塘源村流转土地约20公顷，种植优质水稻。引进惠州市九元农业科技有限公司发展现代农旅产业。引进仁化县众旺竹木制品公司发展特色毛竹产业。

【农业发展】 2022年，闻韶镇落实耕地保护和粮食安全党政同责，新建高标准农田120公顷，复耕复种撂荒地7.3公顷。做好农业发展服务工作，发放粮食生产奖补资金88.18万元。完成粮食种植303.53公顷，超额完成县下达任务。

【乡村振兴】 2022年，闻韶镇巩固拓展脱贫攻坚成果，推进乡村振兴。开展临时性困难户动态预警监测，防止出现规模性返贫现象。镇、村和帮扶单位消费帮扶约10万元。开展金融助力乡村振兴发展工作，为24户各类符合贷款人员累计发放贷款503.3万元。脱贫户74户223人入股光伏发电和丹冶项目，人均领取分红款1337.2元。加强扶贫项目资产管理和监督，有扶贫资产24项332.604万元，其中公益类扶贫资产16项125.604万元，经营性（入股镇水电站、锦电）扶贫资产8项207万元，无到户类扶贫资产。推进村镇建设，塘源村谢洞坪组人居环境整治项目完工，闻韶镇乡村振兴一期建设项目（闻韶镇墟镇改造及农贸市场改扩建和镇域自来水净化改造项目）进入收尾阶段，完成闻韶镇“四五示范带”和地面光伏发电项目前期调研勘察设计工作。

【生态环境保护】 2022年，闻韶镇加强生态环境保护，推进闻韶镇区污水处理设施提质增效建设项目，敷设雨污管道4千米，完成总工程的95%。落实河长制，镇、村两级河长12人开展巡河580余次。开展水面漂浮物清理、河道清淤、采砂等专项整治行动2次，清理河道1680米、水面漂浮物6吨。落实林长制，加强松线虫、红火蚁等有害生物防控，多举措预防森林火灾，严格执行森林限额采伐制度，严禁捕猎野生动物，开展义务植树活动。加强土壤环境风险管控，每周定期巡查主要路段，打击固体废物乱堆放行为。定期巡查排查矿山、矿点，打击非法盗采行为。

【综治维稳】 2022年，闻韶镇落实镇、村包案责任制，完善“中心+网格化+信息化”综合平台建设，排查矛盾纠纷10宗，化解10宗，化解率100%。开展“扫黑除恶”“打击和防范电信诈骗、非法集资”“禁毒”“扫黄打非”“反邪教”等工作，做好重点场所安全管理。

【安全生产】 2022年，闻韶镇开展安全宣传教育，不定期对辖区企业、“三小”、“三合一”、人员密集场所及餐饮业、烟花爆竹零售点等领域，开展安全隐患联合大排查大整治，检查142家次，发现安全隐患18处；全部完成整改。抓好“三防”工作责任制落实，6月“龙舟水”期间，转移群众4户10人，无人员伤亡；完成有人居住危险住房重建3间。

【社会保障工作】 2022年，闻韶镇为灵活就业人员申请社保补贴24人，为高校毕业生返乡就业申请岗位补贴3人。完成妇女“两癌”筛查36人。春节期间，慰困难群众57户2.11万元，对因灾、因病等特殊困难人员实施临时救助10户14人2.18万元。推进广东兜底民生服务社会工作“双百工程”，6个村（社区）均建立社会工作服务站（点）。新增低保5户12人，自然增员5户6人；新增特困2户2人；低收入增员12户36人。完成敬老院厨房改造及安全设施建设。做好全镇80岁高龄老人申报补贴工作，完成1361户已满60岁领取城乡居民养老保险待遇居民生存验证，为群众医保返回结算零星报销12人次，报销金额10.1万元。

【党风廉政建设】 2022年，闻韶镇抓好党建工作。开展党委理论学习中心组学习8次；加强“学习强国”“韶关发布”“韶司在线”“仁爱仁化”等干部理论学习平台的推广和使用。新成立闻韶镇退休老干支部、闻韶镇美神养殖“两新”支部，发展新党员6人，加大全镇12个党支部党员308人教育培训和管理力度。严抓中央八项规定落实，规范领导干部公务外出、公务接待、公务用车加油卡等规定执行情况，抓工作作风转变。开展干部作风专项检查，重点防范镇、村干部等公职人员违规公款吃喝、工作日期间违规在公共场合喝酒情况，从严查办各类违纪违法案件。镇纪委受理问题线索2件，了结1件，立案1件，给予党纪处分1人次。开展包括土地房屋征收工作腐败和作风问题专项整治、行政执法不到位问题专项整治、违规占地建房问题专项整治等5个群众反映强烈突出问题专项整治工作，堵塞漏洞。

2022年闻韶镇村、社区基本情况表

表20

村、社区名称	村小组（个）	自然村（个）	村、社区集体纯收入（万元）	特产	负责人
闻韶社区	—	—	2.84	—	谭志雄
下徐村	10	7	5.77	冬笋、花生、贡柑	何 群
江南村	6	6	13.19	优质米、贡柑	马绍兰
塘源村	6	6	18.42	冬菇、贡柑	温天成
华塘村	10	8	19.64	冬笋、黄豆、贡柑	朱德群
白竹村	8	3	12.8	番薯、优质米、贡柑	何松华

（许涓娟）

城口镇

【基本情况】 城口镇位于县境北部，东连长江镇和扶溪镇，南接丹霞街道，西与红山镇为邻，北与湖南省汝城县三江口镇交界，属山区镇。镇政府驻城群村，距县城38千米。国道106线、武深高速（仁化段）、省道517线贯穿镇域，城口东、西两河相接于墟镇，汇入锦江河。辖区面积266.89平方千米。辖村7个和城口社区1个。2022年年末户籍人口3171户10875人，其中，农业人口2601户9307人。耕地面积561.45公顷，粮食播种面积688.66公顷，粮食产量0.41万吨。林地2.12万公顷，森林覆盖率88.69%，活立木蓄积量201.93万立方米。主要经济来源有“红色+温泉+古村”旅游、农业生产、水力发电、畜牧养殖、矿产资源等。主产优质稻谷、柑橘、辣椒和茶叶，土特产有冬笋、香菇、木耳等，其中以“古秦城板鸭”闻名。有九年一贯制学校1所、小学教学点3个、公办幼儿园1所，在校学生765人；有文化站1个，广播站1个。自然资源有水利、林木和矿产，工业以小型水电站为主，有企业水电管理所、仁化县城口镇城兴加油站等。历史悠久，红色资源丰富，旅游景点主要有红军长征粤北纪念馆、红军街、“古秦城”、丹霞丰源温泉酒店、恩村古村落、上寨美丽乡村等。城口镇是广东省特色小镇（历史文化小镇）。1月，城群村被认定为第三批广东省文化和旅游特色村。

【镇域经济概况】 2022年，城口镇农业总产值26752万元，同比增长21.3%。城乡居民人均可支配收入27387元，增长4.5%；城镇居民人均可支配收入34295元，增长2.8%；农村居民人均可支配收入22369元，增长5.4%。

【全域旅游】 2022年，城口镇加强红色文化资源挖掘保护和活化利用，提升改造文化健身广场、恩村古城墙修缮、城口河人行步道、城群古树公园等红色旅游项目。推进长征国家文化公园（城口段）建设，完成红军过粤北重点展示园水东桥项目工程进度的80%。接待游客逾10万人次，丹霞丰源温泉带动新增直接就业岗位150个，间接带动就业岗位约400个。

【农业发展】 2022年，城口镇以东坑村县级万亩优质毛竹示范基地为载体，加大规划，辐射全镇毛竹产业发展。构建现代化山苍子产业发展体系，培育新型经营主体，通过“企业+基地+农户”“龙头企业+种植大户销售联合体”集约化经营模式，打造恩村山苍子品牌。实施厚坑金砂茶生态标准化茶园建设，项目总投资3800万元，通过“公司+专业合作社+农户”模式，以茶园良种化为基本技术手段，提高茶树栽培技术和产品质量安全水平；一期建设茶园20公顷。

【美丽乡村示范带建设】 2022年，城口镇以长征国家文化公园（城口段）建设为契机，以发展红色文旅项目为主线，以国道106线为轴，将沿线恩村、上寨、东光、城群、厚坑5个村串联成片。以“传承红色文化、融合乡村经济、体验田园风情”为主题，以红色资源、文化展示、教育研学、休闲度假等产业为特色，通过开展村庄人居环境整治、旅游道路提升、景观节点建设和农文旅融合产业配套基础设施建设，打造“美丽乡村示范带”。

【锦江河城口镇段碧道建设项目完工】 2022年年初，锦江河城口镇段碧道建设项目完工。碧道起点为红军长征粤北纪念馆前河堤，总长度为10千米，沿河线性构建“星火—征途—突围—前进”景观结构，分长征文化段、休闲健身段、自然生态段三种类型。除水生态修复外，新建人行步道2.83千米、叠石景观水陂1宗、亲水广场1宗、亲水平台1宗、休闲公园2处、桥梁2座、护岸工程0.114千米、桥梁景观升级改造2宗、护坡生态化改造2.06千米及碧道建设配套工程。

【社会保障】 2022年，城口镇完成城口镇幼儿园建设项目房屋主体工程，进行内部装修。加快推进城口卫生院业务楼项目进度，项目总投资4300万元。实施兜底民生服务社会工作“双百工程”，投入30万元打造原林业站大楼为县核心示范社工站，设立个案咨询室、小组活动室、老年活动室、儿童活动室、多功能活动室等，实现困难群众和特殊群体社工服务100%覆盖。落实落细民政救助各项政策，按时发放特困、低保、残疾人、高龄老人、孤儿等人员各类津贴补贴202万余元。建立健全农村留守儿童关爱保护和困境儿童保障制度，落实监护责任和定时走访探视制度。

【社会综合治理】 2022年，城口镇深化“平安城口”建设，加大扫黑除恶、禁毒、防范电信诈骗、防范非法集资等宣传力度，开展宣传活动35次，发放宣传单1万余份。常态化开展领导开门接访工作，做好政策解释、思想疏导及困难救助等工作，镇级直接接访18批26人次；镇、村两级受理矛盾纠纷18宗，解决14宗。

【人居环境综合整治】 2022年，城口镇做好村容村貌提升。推进“四小园”“美丽庭院”建设，创建“四小园”86个、“美丽庭院”9户，7个行政村均达到干净整洁村标准，恩村、上寨村被评为省级乡村治理“百镇千村”示范村。建立健全长效管护机制，开展农村人居环境整治常态化工作。抓好农村“两违”建筑、破旧泥砖房、田间窝棚整治，常态化落实村庄清洁行动，开展村庄清洁235次，悬挂宣传横幅77次。做实河长制、林长制、植树造林工作。加大环保巡察力度，抓好重点领域排查管控，落实秸秆禁烧和综合利用。

【安全生产】 2022年，城口镇开展消防、烟花爆竹、燃气、农村自建房、道路交通和各类企业安全生产隐患排查整改。每月检查辖区“规上”企业2家，检查发现问题隐患8处，全部完成整改。开展安全生产培训59场，培训622人次，推动企业职工安全隐患举报奖励12次。

【抗洪抢险】 2022年6月19日，连续强降雨造成城口镇内洞村上游山体大面积滑坡，堵塞河道迅速形成堰塞湖，短时间内造成房屋（包括杂物房）倒塌36栋、农田受毁4.33公顷、冲毁桥梁3座、路段受损严重1.8千米（从三斗种组到茅屋组）。灾情转移群众至临时安置点内洞小学12户24人。8月15日，举行上寨村内洞三斗种村小组新村重建家园动工仪式，需新建房屋24户，项目立项总投资334.47万元。11月20日，完成内洞村新建27户主体建筑建设，开展“三通一平”建设（受灾村民2023年春节前入住新房）。

2022年城口镇村、社区基本情况表

表21

村、社区名称	村小组（个）	自然村（个）	村、社区集体纯收入（万元）	现有集体经济发展项目	特　产	负责人
城群村	18	16	19.8	电站、店铺	贡柑、腊味、毛竹	黄守中
东光村	5	6	26	小型水电站	柑橘、芋头、冬笋	李福春
上寨村	10	14	23	小型水电站	柑橘	黄仁润
东罗村	8	8	23	商铺出租、光伏发电	毛竹、笋干、香菇、木耳	蒙万贱
东坑村	8	14	8.6	毛竹	竹笋	苏东明
恩村村	8	7	24.5	旅游业、红薯种植、西蓝花种植等	玉米、大米、芋头	邓攸发
厚坑村	9	8	12.7	小型水电站	辣椒、冬瓜、竹笋	曹良平
城口社区	—	—	—	—	—	朱洪光

（胡　娟）

红山镇

【基本情况】　红山镇位于仁化县西北部，东邻城口镇，南接董塘镇、石塘镇，西连乐昌市五山镇，北与湖南汝城县大坪镇接壤。镇政府驻红山社区，距县城52千米，省道517线贯穿镇域。辖区总面积169.64平方千米。辖村8个和社区1个。2022年年末户籍人口3074户11082人。耕地面积1077.6公顷，粮食播种面积316公顷，粮食产量3117吨。林地1.52万公顷，森林覆盖率89.83%，活立木蓄积量59.22万立方米。有初级中学1所、小学4所（其中教学点3个）、公办幼儿园1所，在校学生704人，有文化站1个，广播站1个，图书馆1座。

红山镇地处粤北山区，地形主要以山地为主，山高陡峭，山多田少，森林覆盖率高，林木、水利资源丰富，生态环境优越，是“广东十大茶乡”。域内有高坪省级自然保护区，是仁化县城居民饮用水水源地。旅游资源主要有茶园、黄岭嶂、红军长征革命烈士纪念碑等，特产主要有茶叶等。

2022年1月，鱼皇村被评为2021年广东省乡村治理“百镇千村”示范村创建单位；9月，新白村被评为韶关市“民主法治示范村（社区）创建单位”；11月，新山村被评为广东省“一村一品、一镇一业”专业村；12月，新白村代表县申报深入推进全国红色村组织振兴建设红色美丽乡村先行试点入选2022年度韶关市深化改革和规范治理创新案例。

【镇域经济概况】　2022年，红山镇地区生产总值2.78亿元，同比增长7%。财政预算总收入1404.86万元。农业产值25688.9万元，同比增长31.6%。农民人均可支配收入22369元。

【农业产业发展】　2022年，红山镇完成粮食种植面积316公顷，粮食生产完成率100%。镇属农业公司进入实体化运作，采取“党支部+农业公司+乡村振兴服务中心+村经济联合社+农户”发展模式，投入10余万元，统一品牌包装设计，提升白毛茶、红茶包装效果及茶叶价值。开展“白毛茶云开采”等系列直播活动2场，线上观看400余万人次，首次在央视平台展播和广州地铁宣传。开展“国风文化·仁化白毛茶联名营销活动”等系列活动，开发微信公众号和制作白毛茶宣传片，加大宣传白毛茶力度。毛竹产业持续发展，产值850余万元；谋划番薯种植66.67公顷；强化猕猴桃基地管理2.67公顷。

【镇村建设】　2022年9月，红山镇开展中小河流治理工程（越王水月王村、西水小典村段），提升当地汛期防洪抗险能力。开展高坪水库坝头提升工程，新建停车场、人行道，修复路面、铺设沥青，修缮广场，开展“三线”（网络通信线路、有线电视线路、供电线路）整治、桥梁拓宽、自来水管道工程、镇街绿化项目、镇标建设工程和农贸市场建设。

【生态环境保护】　2022年，红山镇全面保护县城饮用水水源地保护区，全面落实河长制、湖长制，开展河湖“五清”“清四乱”专项治理，镇、村两级河长巡查1160人次，未发现有违法采砂等违法犯罪活动。推进红山河流域综合治理，全面集中开展河道水面垃圾漂浮物清理专项行动2次，出动人员10人次，投入资金5万元，清理垃圾20吨。统筹推进山水林田湖草沙生态保护修复工程，严厉打击非法开采稀土、高岭土矿等违法犯罪活动。开展扬尘专项整治，严格管制焚烧污染，加强烟花爆竹管控。投入20万元，开展高坪水库生态放流（投放鱼苗）活动，投放鲢鱼、鳙鱼鱼苗25万尾。抓实森林防火、植树造林、林业有害生物监测预警防治等工作，签订古树名木管护责任书14份。

【乡村振兴】　2022年，红山镇完善脱贫户动态监测预警帮扶及兜底保障等长效机制。脱贫人口人均可支配收入19808.35元，同比增长4.7%。制定《“红韵茶香”红山镇乡村振兴规划》，完成东莞帮扶组团单位援建项目前洞村、青迳村、新白村分布式光伏发电站建设计190.7千瓦特峰值，前洞村太阳能路灯安装、文体广场建设、乡村振兴车间等项目。完成红山镇新白村推动红色村组织振兴建设红色美丽乡村试点建设。红山镇属龙之润农业开发有限公司销售额624.97万元，成为韶关市首家镇属零售业“规上”企业。村经济联合社创建“第一书记实验田”，推出番薯田0.333公顷、萝卜地0.333公顷等一系列小微产业。重点帮扶镇募集资金162.5万元（其中，虎门镇人民政府65.99万元、松山湖管委会72.82万元、松山湖控股有限公司23.69万元）。完成“139”美丽墟镇建设基础设施提升项目（一期，投入资金1200余万元）镇区标识2个、高坪水库坝头提升工程800余平方米，新建停车场8个（提供停车位150余个）、人行道4850平方米，修复破损路面2000平方米，铺设沥青4900平方米，外立面改造1.3万余平方米，修缮派出所门前休闲健身广场1594平方米，统一门户标识302户，以及“三线”整治、桥梁拓宽、自来水管道工程、文化书屋提升和镇街绿化等工程。完成镇区范围内减速线和停车边线划定工程。开展镇区“两违”“六乱”专项整治行动，墟镇占道经营、车辆乱摆放等现象明显改善。

【社会稳定】　2022年，红山镇建立健全防范化解工作机制，加强政治、经济、生态环境、金融等领域风险防范化解，加大网络诈骗防范宣传力度。推进“平安红山”建设，开展“无毒社区”创建和扫黑除恶斗争，发现有效线索2条，查处刑事案件10起。开展“打黄扫非”、电信诈骗等工作。落实应急值守制度，严厉打击违法违规野外用火行为。开展安全生产检查，没有发生安全生产事故。

【民生实事完成】　2022年，红山镇完成民生实事8项：推进镇中心幼儿园异地新建项目，设6个班，容纳幼儿180人；推动卫生院综合楼建设，增设影像科和检验设备3台，提供病床30张；启动红山镇农贸市场、停车场建设；完成青迳、小椆水人居环境整治工程；改造镇区自来水管网；完成镇区路面整治提升；完成高坪水库坝头驿站建设工程；完成东坑茶园观光提升、茶叶原种园提升项目。

2022年红山镇村、社区基本情况表

表22

村、社区居名称	村小组（个）	自然村（个）	村、社区集体纯收入（万元）	现有集体经济发展项目	特产	负责人
红山社区	—	3	0.42	—	茶叶、毛竹	谭芬芬
青迳村	18	19	6	林木	萝卜	连田双
新白村	10	10	25	茶园	茶叶	李余清
新山村	10	10	19.57	小水电站	番薯、茶叶	丘路生
中山村	10	10	35.44	小水电站、锦江电站分红	猕猴桃	梁顺游
前洞村	10	10	10.2	小水电站、第三期光伏、灵芝种植	香菇、腊肉	叶流玉
鱼皇村	7	7	28	小水电站	茶叶	袁远清
烟竹村	9	9	13.05	茶园、光伏	茶叶、毛竹	张道双
小楣水村	3	8	6.84	锦江电站分红、光伏、乡村振兴车间房租	茶叶、香菇、木耳	张玉林

（肖慧敏）

周田镇

【基本情况】 周田镇位于仁化县境南部，东连始兴县，南接曲江区，西与大桥镇、丹霞街道为邻，北与黄坑镇交界，辖区面积296.12平方千米，属省级中心镇。镇政府距县城17千米，距韶关市区32千米。国道106线、323线和韶赣铁路、韶赣高速公路及武深高速（仁化段）贯穿全镇，设有丹霞山火车站和韶赣高速公路丹霞出口。浈江河与北江相接，水陆交通便利。辖15个行政村和1个社区。截至2022年11月30日，有户籍人口8265户28706人。耕地面积2341.75公顷（含坝地，其中，水田1932.29公顷、旱浇地409.46公顷），粮食播种面积981.73公顷，粮食产量6939.4吨。林地24409.83公顷，森林覆盖率79.43%。主要经济来源有种植业、养殖业、外出务工等。有初级中学1所、小学2所、幼儿园3所（其中公办1所），在校学生2557人。主产优质谷、柑橘、西瓜、油茶、蒿竹，土特产有灵溪冬菇、平甫黄金柰李、鸡龙萝卜、贡柑（皇帝柑）等，其中，平甫黄金柰李是国家名特优新农产品。资源有铅锌矿、河砂、矿泉水等。工业以仁化县产业转移工业园为主，有广东志成冠军电气器材科技有限公司等“四上”企业（规模以上工业企业、资质等级建筑业企业、限额以上批零住餐企业、限额以上服务业企业）和房地产业企业21家（其中规模以上工业企业13家、重点服务业企业2家、限额以上贸易企业2家、房地产业企业4家）。有装机容量均为11.25千瓦水力发电站2宗。旅游景点主要有国家AAA级旅游景区灵溪河森林旅游度假公园、韶石山景区（未开发）、广东省古村落灵溪大围古村（省级文物保护单位）、周田风度（张屋）古村（市级文物保护单位）等。

2022年7月，周田电商小镇正式揭牌运营，成为广东省首个电商小镇。

【镇域经济概况】 2022年，周田镇财政收入5026.24万元，比上年减少24.36%。农村居民人均可支配收入22369元，比上年增长5.4%。

【新型城镇化建设】 2022年，周田镇发挥省级中心镇优势，立足打造县域副中心目标和旅游服务配套小镇，完成城镇提升九大基础项目建设，墟镇街道整治提升“四五”示范带项目加紧建设。10月底，乡道023线（韶仁路）整治改造提升项目开工建设，完成中心小学至派出所路口约110米街道改造提升；投入70万元，建成周田中学路口红绿灯设施并待批使用。全面提升生活垃圾处理能力，整治生活污水和黑臭水体，建设生态宜居城镇精美乡村；城区及8个村第二期污水处理设施提质增效建设项目工程完成过半，卫生院综合大楼基建工程基本完成，美化绿化亮化城区环境改善。镇域经济功能强化，以推进新型城镇化和新型工业化为抓手，以工业园区为载体，引导一、二、三产业深度融合，打造产城融合发展示范镇。发挥环丹霞山、火车站和高速出口等地域优势，完善旅游公共服务配套设施建设，发展生态游、乡村游、研学游等新业态，打造“一园”（韶关灵溪河森林度假公园）、“两河”（浈江河、灵溪河）、“三村”（周田张屋村古村、灵溪大围村古村、瑶溪少数民族村）旅游产业，推进资源资产价值化，挖掘和盘活镇村各领域资源资产。发挥周田电商小镇平台作用，发展特色产业，推动电商联农共富。坚持大招商促新发展，以项目支撑带动产业发展，以产业发展新突破为高质量发展提供强大动力和后劲。推进仁化县产业转移工业园征地拆迁工作，承担征地拆迁任务约60公顷，完成土地丈量、青苗清点工作55.33公顷，完成92.2%。4月底，广东供销天业冷链集团建设冷链物流园基建工程开工，投资2.7亿元，占地6.67公顷。

【产业振兴】 2022年，周田镇打响“一镇一业，一村一品”省级水果专业镇招牌，培育新型经营主体242家，培育认定省级示范家庭农场1家、县级示范家庭农场2家、县级农业龙头企业1家、省级畜禽养殖标准化示范场1家。在广东省商务厅、广东省建筑工程集团有限公司2个省直单位驻镇帮扶下，做大做强现有国家名特优新农产品平甫黄金柰李品牌，引进培育广东硒普生态有限公司建立20公顷集现代农业休闲游憩于一体蔬菜田园综合体，引进广东鸿泰农业科技有限公司建立33.33公顷“稻薯菜”现代农业轮作种植示范基地，引进韶关汇沣水产养殖有限公司建立13.33公顷澳洲小青龙（澳洲淡水龙虾）、罗氏虾育种养殖基地，引进广东厚德农业科技发展有限公司建立66.67公顷水稻种植示范基地，引进广东新供销天业冷集团在周田镇投资2.7亿元建设规划用地6.67公顷冷链物流园。推进周田电商小镇建设发展，组织开展仁化县庆祝2022年“中国农民丰收节”、平甫柰李开园节、贡柑等农产品直播活动，开创广东省首个电商小镇销售新局面。

【集体经济收入提高】 2022年，周田镇争取帮扶资源，提高集体经济收入。争取驻镇帮镇扶村专项资金等350万元，撬动省建工集团捐赠150万元，共500万元投资建设0.67公顷共980千瓦地面分布式光伏发电项目，通过分红提升台滩、鸡龙、上道、新庄、谭屋5个村集体经济收入。协调县牛羊产业园股权分红项目落地瑶溪、上坪村。

【脱贫巩固】 2022年，周田镇落实防止返贫监测和帮扶机制工作，对455户脱贫户建立“明白卡”，做到“早发现、早干预、早帮扶”，及时解除返贫风险3户，解决脱贫户就业问题2户。通过产业帮扶建立利益联结机制带动脱贫人口约700人。消费帮扶306.5万元，资助家庭经济困难学生50人计9.35万元。

【人才振兴】 2022年，周田镇开展实用人才技能培训，围绕周田电商小镇项目启动运营，举办直播电商、平台运营、数据分析等业务知识22期，培训1200人次，其中，针对脱贫人口开展电商专题业务培训1场，培训26人。举办贡柑、柰李、花生等种植及病虫害防治技术讲座等，开展“南粤家政”“粤菜师傅”“广东技工”等职业培训，其中，家政护理等结业103人。

【文化振兴】 2022年，周田镇加强新时代文明实践站建设，提升乡村基本文化服务功能，完成村级综合文化服务中心提质增效建设10个。8月31日，广东“听党话、感党恩、跟党走”宣讲活动（韶关专场）在平甫村古树公园举行。开展“九龄文化”书香节活动，传承弘扬体现乡土特色和时代精神的乡土文化。开展“扫黄打非·护苗”暨“绿书签”进校园、文明上网健康成长、“非遗”等宣传活动。以风度书房、乡村复兴少年宫为主阵地，结合各类主题实践和法定节日及传统节日开展阅读红色经典书籍“品味书香、享阅读之乐”活动、“喜迎二十大，翰墨颂党恩”书法作品巡展等活动。镇、村结合中华民族传统节日组织开展“我们的节日”等各类文体活动20场次，送戏送电影送科技下乡32场次。风度书房2022年上榜韶关市最受市民欢迎的风度书房之一，得票位居第二。

【生态振兴】 2022年，周田镇持续推进人居环境整治和生态宜居美丽乡村建设，投入农村基础设施管护资金72.624万元，提升人居环境卫生。实行“村收集、镇转运、县处理”城乡一体化垃圾清运和保洁体系，有镇区、工业园区及村级保洁员72人，垃圾收集点337个，垃圾桶约1400个；镇区垃圾清运一天两次，村、新庄工业园垃圾清运一天一次。完成农村户厕改造4户，常态化开展农村黑臭水体排查与治理，抓实森林防火。推进河湖“清四乱”常态化，清理水域及两岸固体漂浮垃圾等8517.65吨，清理河流长度255.67千米。

【组织振兴】 2022年，周田镇强化理论武装，筑牢党员干部思想政治根基，镇委党校及各村级分教点举办培训班126期，培训基层党员、干部、群众3935人次。实施“头雁”“青苗”培养工程，开展“社区吹哨、党员报到”活动50场，参与2619人次。优化镇村干部队伍结构，选用一批优秀年轻干部担任中层干部、招录公务员、乡村振兴志愿者、“三支一扶”、“双百”社工，推动乡土人才培育工作；开展引才活动12次；推进南粤党员先锋工程，从严规范党员发展。

【农业产业发展】 2022年，周田镇坚持以“农业增产，农民增收，农村稳定”为目标，实施“藏粮于地、藏粮于技”战略，在政策落实、资金投入、生产服务等方面多措并举，全面完成粮食生产任务。上造粮食种植321.8公顷，中晚造粮食种植940.33公顷。完成2022年实际种粮农民一次性补贴（三批）资金申报697766.23元。完成撂荒地整改27.32公顷，其中，省卫片撂荒地复耕复种13.6公顷，自查撂荒地复耕复种13.72公顷，并完成报账，完成率100%。计划砍除耕地上失管果园、黄化果园26.67公顷，完成“非粮化”整改（柑橘病树清除）29.55公顷，完成率110.7%，完成“非粮化”整改复耕复种水稻11.66公顷。核定完成2022年申报地力补贴，涉及4089户886.08公顷，补贴1143040.62元。构建新型农业经营体系，培育新型经营主体242家，推荐申报县级以上示范家庭农场、农业龙头企业等。推动畜禽养殖业规范化、产业化发展，办证生猪养殖场正常生产3家。农业招商有成效，广东鸿泰农业科技有限公司“稻薯菜”现代农业轮作示范基地当年投入约400万元，收获早稻250吨、红薯1500余吨，冬收蔬菜300吨，带动当地就业100余人；韶关汇丰水产养殖有限公司年产澳洲淡水龙虾、罗氏虾约20吨；广东硒普生态有限公司蔬菜田园带动当地就业50余人；广东厚德农业科技发展有限公司水稻种植示范基地规划建设较坑粮食加工厂。完善镇级农产品质量安全检测室基础设施建设，推进韶关市农产品质量安全网格化示范镇试点建设，完成种植业检测任务每月50批次共600批次，县级送检蔬菜、柰李、贡柑等重要农产品120批次，全部合格。开展农科、技工、家政服务、电商人才、农用无人机实操等知识培训。

【民生福祉】 2022年，周田镇推进墟镇街道整治提升“四五”示范带项目建设。投入50万元，完成麻洋村马子坑农田水利灌溉水渠三面光项目建设；投入30万元，完成周田村主干道三岔路口至党群服务中心路段整治；投入6万元，完成瑶溪石圳头村小组机耕路硬底化建设；投入50万元，完成周田村党群服务中心建设；投入32万元，完成龙坑村民活动广场建设；投入1600万元，完成仁化县乡道629线灵溪河大桥至新凉亭公路改建工程建设；推进台滩村3千米道路亮化工程，惠及村民1200余人；11月，第二期城镇提升污水处理设施提质增效建设开工。完成全域供水工程主体建设，10个村委会供水点单位工程验收；将灵溪大围5个组以及灵溪街、上坪3个村组，瑶溪4个村组纳入第一期分期计划工程建设改造，完成初步规划；推进灵溪河水源地划、立、治工作；完成修缮维修农田水渠和清淤疏浚4千米，修复陂头涵闸11处，灌溉受益耕地1333.33公顷，完成病险山塘除险加固9宗；城乡医保参保20039人，参保率98.57%；投资3500万元，建设5800平方米周田镇中心卫生院综合大楼，提升15个村级卫生站服务能力；开展医疗救助2人，救助总额183096.52元；纳入低保28户83人，低保边缘家庭6户15人；周田中心小学学生每天早晚由5辆大巴车分4条专线安全、准时接送。

【社会治理】 2022年，周田镇推进“平安周田”建设。动员和组织社会各方面力量参与治安防范，开展“平安三率”宣传活动3次，发放调查问卷1500余份。建立综合网格区33个，实现编码固定，将网格划分情况置入“粤政图”，新增录入网格事件1684件，办结1683件，办结率99.99%。排查镇村两级矛盾纠纷46宗，成功调处38宗。开展爱路护路宣传5次。社区戒毒（康复）执行率100%。常态化开展扫黑除恶、防电信诈骗、打击整治养老诈骗等行动，发送养老诈骗防诈短信1200条，开展“六进”宣传活动5次，发放反诈宣传资料1522份。举办法治宣讲4场次，培训1500余人，发放宣传资料1100余份，现场咨询300余人次，悬挂横幅12幅，展示宣传图板25块。悬挂文明新风、森林防火、禁毒、反诈等宣传横幅标语380条，镇村、机关单位、商场超市等电子显示屏滚动播放各类宣传标语1580条。开展“扫黄打非”联合检查12次，巡查寺庙4次，风度书房每月、各村（居）农家书屋每季度排查书籍是否存在有害出版物和非法出版物各1次，开展2022年“扫黄打非·护苗”暨“绿书签”进校园宣传活动1次。加强镇村建房指导审批工作，强化“两违”及“六乱”整治。落实河长制、路长制、林长制，镇、村级河长及河长办人员入驻使用“广东智慧河长”系统，上线率100%。压实森林防护工作责任，加强巡察监管，指导村干部及护林员24人现场排查并上报各村重点区域的火灾风险隐患，设立永久性宣传牌20块，开展森林防火宣传演练活动4次，发放宣传资料6000余份。落实镇、村各级“三防”责任体系及各项“三防”制度，做好24小时值班值守。

【旅游产业发展】 2022年，周田镇开展旅游资源普查，有五级旅游资源2处、三级旅游资源9处、二级旅游资源7处、一级旅游资源17处，以国家AAA级旅游景区丹霞灵溪景区、大丹霞风景区韶石山、省级文物保护单位鲶鱼转遗址、市级文物保护单位唐朝名相张九龄祖父张子胄之墓、“广东省古村落”灵溪大围古村和周田张屋古村等旅游景点最具代表性。积极融入大丹霞旅游经济圈，引入集现代农业、休闲游憩于一体农文旅蔬菜田园综合体；“九龄故乡”周田张屋古村、灵溪大围古村、平甫古树公园、较坑20公顷油菜花海等景点吸引大批游客游览打卡。完善灵溪河森林旅游度假公园游乐项目、景区道路、游客接待中心、停车场等基础设施。受自然灾害等影响，景区营业收入202.1万元，同比减少74.3%。

2022年周田镇村、社区基本情况表

表23

村、社区名称	村小组（个）	自然村（个）	村、社区集体纯收入（万元）	现有集体经济发展项目	特产	负责人
较坑村	18	14	10	山林、韶石山山地租金	贡柑、花生	刘朝兵
平甫村	20	17	34.6	山塘、水库、商铺出租、光伏发电	柰李、西瓜	罗朋文
周田村	24	6	88.54	生态公益林、房屋租金、韶石山山地租金	优质谷、西瓜	雷小强
龙坑村	5	5	10.16	韶石山山地租金、房屋租金	优质谷、贡柑	华鹏程
上道村	10	8	4.2	山林、鸿伟木业分红、山塘租金	优质谷、蒿竹	李振春
鸡龙村	6	3	5.08	锦江电站分红、鱼塘租金	萝卜、花生	熊占华
台滩村	15	8	9.25	山林、锦江电站分红、水库租金、房屋租金	优质谷、花生、贡柑	龚厘团
新庄村	10	4	1.3	锦江电站分红、山林、租金	贡柑、花生	朱伟金
谭屋村	10	10	2.7	锦江电站分红、新庄电站分红、光伏发电地租、田租	优质谷、花生、贡柑	张清华
上坪村	7	6	13.6	锦江电站分红、租金、生态公益林	优质谷、贡柑	龚燕林
雷坑村	7	7	14	电站协调费、光伏发电、商铺	甜笋、蒿竹	彭长明
麻洋村	6	2	9	房屋租金、新庄电站分红	水稻、蒿竹	黄新华
灵溪村	15	9	14.62	电站资源管理费、生态公益林、租金、光伏发电、丹霞新城商铺	冬菇、冬笋、贡柑	高荣星
下洞村	10	7	15	灵溪河森林公园及电站协调费、山林、租金、丹霞新城商铺、光伏发电	冬菇、冬笋、贡柑	幸　军
瑶溪村	5	5	10.6	锦江电站分红、电站、山林	冬菇、木耳、蜂蜜	邵万明
周田社区	—	—	9.42	—	—	孔志海

（黄福成）

黄坑镇

【基本情况】 黄坑镇位于仁化县东南部，东连南雄市、始兴县，南接周田镇，西与世界地质公园丹霞山、丹霞街道为邻，北与闻韶镇交界，属平原镇。镇政府驻黄坑墟，距县城15千米，距丹霞火车站18千米，距丹霞机场75千米。武深高速（仁化段，在下营村设出口，小溪村设服务区）、国道106线、省道244线穿镇而过，交通便利。辖区面积164.94平方千米。辖村7个和社区1个。2022年年末户籍人口15006人，其中，农业人口10518人，户籍人口城镇化率29.9%；常住人口9383人，社区常住人口1387人，常住人口城镇化率14.7%。有初级中学1所、小学1所、幼儿园2所（其中，公办1所），在校学生1350人；文化站1个，广播站1个。耕地面积1287公顷，林地1.4万公顷，园地25.33公顷，鱼塘水面52.67公顷。

【镇域经济概况】 2022年，黄坑镇地区生产总值3.5亿元，镇财政收入278万元。粮食播种面积585.4公顷，粮食产量3910吨。生猪出栏2895头、存栏2131头。镇属企业法人51人，个体工商户382户。引进仁化县生态旅游项目，计划分3期共投资5亿元。引进黄坑镇100兆瓦农光互补光伏发电项目，投资5亿元；该项目完成后实施电池化学储能项目，投资4.5亿元。5个村集体经济收入10万元以上。黄坑、曰庄、下营村各投资50万元采购安装光伏发电项目，高塘、蓝田村分别入股仁化县牛羊产业园和鸿伟木业。

【乡村振兴】 2022年，黄坑镇坚持“一镇一业”“一村一品”模式，发展特色产业，维系贡柑种植面积和规模，种植贡柑0.12万公顷，产量4.68万吨，产值1.85亿。水稻种植571.87公顷，超额完成粮食生产任务。清理失管果园124.8公顷。撂荒耕地复耕复种22.4公顷。20户以上自然村农村生活污水治理，66个自然村已完成，4个自然村还在建设中。完成无害化卫生户厕改造3088户。开展村庄“三清三拆三整治”“村庄清洁日”行动。建成农村“四小园”295个约2.7万平方米。推进农村承包土地经营权规范流转和农村宅基地制度改革，建立宅基地和农房乡镇联审联办制度。核发审批乡村建设规划许可证20宗，总占地0.16公顷。完成农村集体经济社股份制改革84个。

【美丽墟镇建设】 2022年，黄坑镇持续实施美丽墟镇建设“139+”行动。完成镇政府办公楼外立面改造，镇街文化公园广场建设，镇街农贸市场提升，“三线”下地项目建设，黄坑小学至小溪路口路段白改黑项目，黄坑沿河步道改造。完成镇街生态停车场沥青铺设，河对岸南庄停车场硬底化建设进入收尾阶段。完成“四好农村路”省道244线平交道口路段道路硬底化8个。实现农村集中供水全覆盖，农村供水人口约9000人。完成病险山塘除险加固2宗、移民工程建设11宗。

【生态文明建设】 2022年，黄坑镇落实森林防火责任制，未发生山林失火。开展松材线虫病防治，实施松材线虫病防治动态清零。实施“全域增绿”，造林抚育16公顷。完成小水电站生态流量泄放设施改造、监测监控设备安装19宗。开展打击非法盗采稀土矿、“两违”、污染防治攻坚专项整治。落实农村饮用水水源地和耕地保护、畜禽养殖污染防治、农业面源污染管制等工作。落实“河长制”，开展河湖“五清”专项行动和重点做好黄坑河专项整治行动，镇、村级河长巡河710余人次，清理水上漂浮物约240吨。

【民生保障】 2022年，黄坑镇城乡医疗保险参保人数11426人，养老保险参保2306人；农村低保183户400人，城镇低保8户19人，事实无人抚养儿童9名，均纳入低保，分散特困供养人员34人，每月定期享受有关补贴；敬老院特困供养人员10人。教育事业优质均衡发展，投入100万元，改善校园场室、校园文化、教学设备等。组织爱心企业捐赠教学一体机10台。推进中心幼儿园异地新建工作。

【社会治理】 2022年，黄坑镇高标准推进安全生产专项整治工作。系统防范化解道路交通安全风险，发现塌方108处、安全隐患46处，均完成整改。深化非煤矿山、建筑施工等重点行业领域安全治理。开展“三小”“三合一”场所消防安全排查整治行动，排查各类场所68家，发现隐患并整改20处。坚持党政负责人带头开门接访，落实领导干部包案化解工作责任。排查调处各类矛盾纠纷22宗，调处成功19宗，化解率90%。开展扫黑除恶斗争，重点打击涉黑涉恶势力。

【法治政府建设】 2022年，黄坑镇加强法治政府建设，推进“八五”普法，自觉接受人大和社会各界监督，办理人大代表建议14件、政协委员提案2件，办复率和满意率均为100%。严格落实中央八项规定及其实施细则精神，贯彻落实意识形态和保密工作责任制，树牢“过紧日子”思想，严控“三公”经费和一般性支出。坚定不移推进党风廉政建设和反腐败斗争。6月，黄坑镇获“广东省基层思想政治工作优秀案例”三等奖。

2022年黄坑镇村、社区基本情况表

表24

村、社区名称	村小组（个）	自然村（个）	村、社区集体纯收入（万元）	现有集体经济发展项目	特产	负责人
黄坑社区	—	—	5	—	—	莫尚中
黄坑村	13	13	10	光伏发电、山林承包	贡柑	黄果平
高塘村	16	16	10	—	贡柑、水稻、花生	刘国才
下营村	13	13	5.36	两处光伏发电	贡柑	简河清
小溪村	7	7	13.3	光伏发电	贡柑、白毛茶、木耳、蜂蜜	李光前
蓝田村	5	5	9.45	入股仁化县鸿伟木业	贡柑	张小明
日庄村	11	11	10	光伏发电	贡柑	江金昌
古竹村	12	12	12	乡村振兴毛竹加工厂车间	毛竹	欧秋生

（林伟桓）

大桥镇

【基本情况】 大桥镇位于仁化县南部，东连周田镇灵溪村、曲江区枫湾镇，南接曲江区大塘镇、浈江区新韶镇，西与浈江区犁市镇黄竹为邻，北与周田镇较坑、平甫村及丹霞街道夏富村接壤。镇政府驻大桥镇墟，距仁化县城24千米，距韶关市政府约27千米。赣韶铁路、南韶高速、国道106线、323线贯穿镇域，距丹霞火车站6千米，浈江河从北至南、锦江水自西而东流经辖区，汇合于水江村。水陆交通便利。辖区面积132.8平方千米。辖村6个、社区1个，2022年年末户籍人口10901人，农业人口8316人。有初级中学1所、小学1所、公办幼儿园1所，在校学生926人；有文化站1个，广播站1个。林地面积10560.1公顷，森林覆盖率81.5%。旅游景点主要有金喆园、五马寨生态园、仁爱老街、五马归槽、韶石山、青云古寺等。主产沙田柚、贡柑、水稻、花生和桑葚，土特产有沙田柚、贡柑、桑葚等，以沙田柚闻名。企业有东来兴食品厂、韶关市农科所、金喆园、金果园、五马寨生态园、五马寨樱花园、旭日葡萄生态园、韶关市宇鑫机械零件制造厂、小海豚加油站、粤北果场、惠香沙田柚合作社、大桥屠宰厂、东森建材石料厂13家。12月，长坝沙田柚被列入2022年度全国名特优新农产品名录；长坝村连续3年入选全国乡村特色产业超亿元村名单；金喆园入选国家级森林康养试点建设单位。

【镇域经济概况】 2022年，大桥镇实现农业生产总值39017.3万元，同比增长10.3%；企业生产总值9024万元，同比增长24.9%；固定资产投资同比增长2.8%；完成本级财政预算收入2005.23万元，同比下降30.7%（2021年本级财政预算收入2893.7万元，含南岭森林公园建设项目启动资金927万元及当年补充耕地项目补偿金109万元）；完成本级税收117万元，同比增长36.05%。认定产业项目2个，投资额完成10206万元，同比增长254.9%。高质量发展主要指标绩效评价考核在全市一般镇（街）中名列前茅。

【招商引资】 2022年，大桥镇招商引资实现新突破。乡村振兴一期项目有序推进，项目包括垃圾专项整治、污水专项整治、“六乱”专项整治、主街道风貌整治、公共基础设施提升等工程；截至2022年年底，主街道风貌提升及农贸市场建设完成50%。主抓五马霞酒庄项目和宇鑫机电厂扩建项目，其中，五马霞酒庄项目预计投资2亿元，宇鑫机电厂扩建项目预计投资逾1000万元。拟新增入库项目大桥屠宰厂项目、年产量10万吨食品系列生产建设项目2个，计划总投资均超亿元。

【基层党建】 2022年，大桥镇党校开展集中学习48次，各村（社区）分教点轮训37期，参训人员1600人次。落实基层党建三年行动计划，履行党建工作责任，强化基层党建。坚持党管人才，严格执行组织人事工作制度和后备人选帮带培养工作制度，实施基层党组织“头雁”工程。抓好发展党员工作，发展党员8人，按期转正党员9人。

【乡村振兴】 2022年，大桥镇推进脱贫攻坚成果同乡村振兴有效衔接，落实教育保障、住房保障、产业帮扶、就业帮扶等防返贫措施。义务教育阶段学生无因贫失学辍学情况，脱贫户达到住房安全要求，低保、“五保”、残疾及60岁以上脱贫人口均享受相应政策补贴，未发生返贫现象。围绕“产业创新、高效发展”目标，依托国家现代农业示范园区，发展“一村一品、一镇一业”特色产业，有7家企业、合作社成功申报广东金柚特色优势产业集群项目。培育新型经营主体，采用“公司+合作社+家庭农场+农户”模式，发展沙田柚特色农业产业。沙田柚种植0.17万公顷，年产量2.8万吨，产值5.2亿元以上。投入45万元，提升东风队广场设施。依托新时代文明实践所（站），镇、村（居）开展文明实践活动190余次。组织开展农村实用人才技术培训，高质量推进“粤菜师傅”“广东技工”“南粤家政”培训。落实粮食安全党政同责，完成粮食种植555.47公顷，超额完成县下达任务；完成失管果园清理40.53公顷，复耕种植粮食34.2公顷；排查撂荒地37.67公顷，复耕率100%。推进农产品质量安全监管工作，完成镇级农产品质量安全检测室建设，新增快速检测设备1台，完成农产品质量安全检测150批次。整合资源要素，发展生态农业、休闲旅游业，发展休闲农业经营主体31个，休闲农业与乡村旅游接待人数14.1万人次。

【改革攻坚】 2022年，大桥镇以“镇、村、组”三级为基层治理纵向架构、“网格化+资源效益化+群众路线”为横向架构，构建基层治理运行机制，落实改革攻坚规范治理工作。纾解民生难题，通过临时救助共救助困难群众16户45人，临时救助资金支出30420元；重病家庭申请医疗救助3户，救助金额46968.67元。

【生态建设】 2022年，大桥镇大气环境质量优良，空气质量六项指标均达到国家二级标准。水环境质量稳中向好，域内2条主河道、1个国省市控（考）断面水质达标比例100%。以“河长制”促“河长治”，镇村河长按照要求开展日常巡河工作，开展水面垃圾漂浮物清理、河湖“清四乱”、河湖“五清”等专项行动。镇村河长巡河762人次，发现问题28个，整改办结率100%，清理河流水上漂浮物约1100吨。

【基层治理】 2022年，大桥镇推进社会治理现代化，开展“八五”普法工作，完善社会矛盾多元调处机制，调处各类矛盾纠纷98宗。开展安全生产专项整治，做好安全隐患排查整改工作。推动民生实事项目高效高质落地，完成古洋村和长坝村新农村人居环境整治项目、共和村商业楼建设项目、亲联村乡村振兴车间建设项目、连塘山塘和老虎山塘除险加固项目，古洋村、大桥村、共和村高标准农田建设项目完成工程量的95%。

【抗洪救灾】 2022年“龙舟水”期间，大桥镇投入抢险救灾资金380万元，紧急转移安置群众468户1330人，预警防范地质灾害2起，清理塌方路面31处，抢修供水设施6处、电力及通信光缆30千米，修复水毁农田33.33公顷。

【民政工作】 2022年，大桥镇推进民生保障体系建设，扩大医疗保险覆盖面，参加医疗保险7752人，参保率96.86%；保障困难群众基本生活权益，加强动态管理，低保动态新增11户34人、退出12户26人，发放城乡低保金7.7万元，临时救助金35303元，医疗救助2.3万元。解决群众教育、医疗、就业、增收、社会保障等问题。加强残疾人事业基础管理工作，开展“一帮一”志愿助残服务活动。

【依法治镇】 2022年，大桥镇加强规范性文件、重大决策和重大合同合法性审查，建立健全信息公开制度，镇政府门户网站主动公开信息65条。健全完善镇政府“三重一大”事项集体决策制度，深化“放管服”改革，推动“一门式一网式”便民化发展和推广“粤省事”等指尖办事便民服务。

2022年大桥镇村、社区基本情况表

表25

村、社区名称	村小组（个）	自然村（个）	村、社区集体纯收入（万元）	现有集体经济发展项目	特产	负责人
长坝村	10	10	19.56	韶关市生猪产业园折股量化分红款、供销社征地保险名额款	沙田柚	邱志兰
古洋村	21	21	24.74	龙溪电站年资源费、板厂租金、村委账户转回张传文租金、田租、竹厂租金、林地租金、办公楼租金	无	张联东
大桥村	12	12	20.01	商铺出租，山林租金、仁爱泽蔬菜基地分红	无	何远球
共和村	8	8	0.36	平房租金	无	张　吉
亲联村	10	10	20.07	房屋租金、商铺租金、种养场土地租金、旧小学租金、乡村振兴车间	无	邱文辉
水江村	9	9	13.95	商铺出租、场地租金、原水江小学租金	贡柑	余祥军
大桥社区	—	—	—	—	无	钟善庭

（郭慧玲）

人　物

全国优秀少先队员

【邓诗琦】　女，仁化县城北小学六（3）歆美中队小队长，学校国旗队升旗手。品学兼优上进，勤奋守纪文明，是一名优秀的学生、全面发展的优秀少先队员、爱好广泛乐于助人的阳光女孩，曾先后获省、市、县、校级“优秀少先队员”及红领巾奖章“一星章”“二星章”“三星章”“四星章”，仁化县“才艺好少年”，参加各级竞赛多次获一等奖。2021年6月，获2020—2021年度“广东省优秀少先队员”称号；2022年12月，被评为“2022年全国优秀少先队员”。

（团县委）

广东省三八红旗手

【肖　莲】　女，中共党员，仁化县妇女联合会党组书记、主席。从事妇联工作13年，强化思想引领，做好基层妇女群众引路人，用热心、耐心、恒心赢得广大妇女信任、拥护和尊敬。探索家庭教育服务新路径，组建一支由教师、社会家庭教育工作者等15名巾帼服务志愿者组成的“仁爱仁家”家庭教育讲师团队伍。积极协调强队伍，在县委大力支持下，两年时间里，县妇联配备年轻、素质高女干部4名，争取志愿者1名、见习生2名常驻会工作。主动与乡镇党委、机关单位沟通协调，配齐配强镇、村妇联、机关妇委会干部，全县村（居）妇联主席全部进入村“两委”班子。积极对接上级妇联各项资源，完成县未成年人心理辅导基地“舒心驿站”阵地建设，开展妇女、青少年心理疏导团辅、个案跟踪等服务40余次。厚植妇联工作情怀，敢于伸张正义，依法维护妇女儿童权益。2022年3月，被广东省妇女联合会评为“2021年度广东省三八红旗手”。

（县妇联）

广东省优秀少先队辅导员

【陈静怡】　女，中共党员，2017年8月参加工作，仁化县田家炳小学音乐教师，少先队大队辅导员。坚持正确教育方向，勤于学习、率先垂范、用科学知识武装头脑，以言行感染队员，扎实工作，勇于创新，学校少先队工作不断取得成绩。学校先后获2019—2020年广东省先进红旗大队称号、2021年度韶关市“红领巾奖章”三星章、韶关市首届中小学生文明礼仪教育“四个礼”创新案例二等奖。组织队员开展“扣好人生第一粒扣子”系列活动、传承红色基因系列活动、学校特色品牌“四个礼”活动（新生入学礼、新队员入队礼、十岁成长礼、毕业礼）、“我们的节日”系列活动、“仁行丹霞”系列研学活动、校园艺术节活动、经典诵读活动等各项大队活动，让队员在活动中得到熏陶与成长。指导学生参加2021年仁化县中小学（幼儿园）“我爱您——

2022年5月4日，仁化县在石塘镇双峰寨举行“青春心向党　建功新时代”2022年仁化县新团员入团仪式暨五四表彰活动
（高建康　摄）

我的祖国”文艺比赛获小学组一等奖。曾获县优秀教育工作者、县教学先进个人、省“校园阅读推广人”称号及韶关市2019年中小学音乐教师学科核心素养专业技能展示活动全能二等奖。2022年5月，被评为2021—2022年度广东省优秀少先队辅导员。

（团县委）

广东省优秀少先队员

【蒋建成】　男，少先队仁化县第一中学大队七（9）中队队员，学生会干部，学习委员。勤学肯干，社会责任心强，曾多次参加假期志愿者活动。善于学习，以身垂范，乐于助人，是学生学习的榜样。参加市县英语口语比赛，多次获得一等奖、特等奖。2021年获广东省中小学生写作大赛优秀奖。多次获学校、县、市“优秀少先队员”称号，县“最美南粤少年”智慧好少年称号。2022年5月，被评为2021—2022年度广东省优秀少先队员。

【陈智健】　男，少先队仁化县田家炳小学六（10）中队中队长。爱好广泛，喜爱读书，喜欢玩魔方和编程，擅长象棋，并能在学习爱好中受到启迪，体验良好兴趣爱好带来的乐趣。刚阳贴心，与人为善，在把快乐传递给他人的同时，经常分担家务，结交朋友。是学校的“读书之星”“学习互助优秀小组长”。曾获学校象棋赛三年级组第一名、校运会男子铅球第一名、曲江区2019年首届象棋个人公开赛少儿B组第七名、第四届韶关市机器人活动暨广东省创意机器人大赛韶关市活动三等奖。2022年5月，被评为2021—2022年度广东省优秀少先队员。

（团县委）

附　录

组织机构在职领导班子成员名单

中国共产党仁化县委员会

书　记：陈夏广（3月任职）
副书记：陈夏广（任至3月）
　　　　刘海旺
常　委：林　静（女）
　　　　潘文辉
　　　　李伟杰
　　　　连辉标
　　　　许细桥
　　　　刘拥军
　　　　龚　翔
　　　　毛建中（任至10月）
　　　　闫振一（10月任职）
　　　　陈浩华（挂职）

仁化县人民代表大会常务委员会

主　任：邱志坚
副主任：黄付养
　　　　邓田庭
　　　　夏德文
　　　　马小荣（女）
　　　　周任康
　　　　何旺财

仁化县人民政府

县　长：陈夏广
副县长：刘拥军
　　　　叶剑斌
　　　　邹汉明
　　　　张伙胜
　　　　黄恒超
　　　　江艳芬（女）

中国人民政治协商会议仁化县委员会

主　席：谢林茂
副主席：李志贞（女）
　　　　赖东北
　　　　李建平
　　　　包伟红（女）
　　　　刘普新
　　　　李汉辉
秘书长：林志平

中国共产党仁化县纪律检查委员会

书　记：许细桥
副书记：陈少忠
　　　　罗金宝
常　委：谭德永
　　　　林国华
　　　　邱文灵
　　　　余香莲（女，任至7月）

仁化县监察委员会

主　任：许细桥
副主任：陈少忠
　　　　罗金宝（1月任职）
委　员：谭德永（6月任职）
　　　　兰长福
　　　　邱文灵
　　　　赖剑和（6月任职）

中共仁化县委巡察工作领导小组

组　长：许细桥
副组长：李伟杰
组　员：罗金宝
　　　　欧钊黎
　　　　林国华

县纪委监委各室、派驻组

办公室主任：
　　　　赖剑和（任至4月）
　　　　李鸿财（4月任职）
干部管理监督室主任：
　　　　胡素敏（女）
宣教调研室主任：邱少芸（女）
党风政风监督室主任：徐友朋
信访室主任：罗建芳
案件监督管理室主任：曾凡文
第一监督检查和审查调查室主任：
　　　　江智高

第二监督检查和审查调查室主任：
黄　德
第三监督检查和审查调查室主任：
曾德有
第四监督检查和审查调查室主任：
冯玉俊
第五监督检查和审查调查室主任：
徐德宏
第六监督检查和审查调查室主任：
徐于传
案件审理室主任：黄远飞
派驻第一纪检监察组组长：
叶文华
派驻第二纪检监察组组长：
李兆用
派驻第三纪检监察组组长：
凌延盛
派驻第四纪检监察组组长：
叶燕红（女）
派驻第五纪检监察组组长：
何庆林
派驻第六纪检监察组组长：
陈著光

中共仁化县委巡察工作领导小组办公室、巡察组

县纪委常委、县委巡察办主任：
林国华
县委巡察办副主任：
张秀群（女）
何衍盛
第一巡察组组长：蒙书发
第二巡察组组长：黄本奎
第三巡察组组长：丘贯中
第四巡察组组长：张晓飞

中共仁化县委办公室

主　任：龚　翔
常务副主任：卢明春
副主任、县档案局局长：谢曾增
副主任：李智华
室务委员：吴卫红（女，任至9月）
室务委员、县国安委专职副主任：
卢俊林（9月任职）
室务委员、县保密办（县国家保密局）主任（局长）、密码管理局局长：陈展辉

中共仁化县委组织部

部　长：李伟杰
常务副部长：欧钊黎
副部长、“两新”工委书记：
潘小明（8月任职）
副部长、公务员局局长：钟　福
副部长、老干部局局长：
易永恒（任至11月）
部务委员：严华明
何伟平

中共仁化县委宣传部

部　长：林　静（女）
常务副部长：江美成
副部长、县文联主席、县新闻出版局（版权局）局长：谢翊辉
副部长、县社科联主席、县文明办主任：肖武荣

中共仁化县委讲师团

团　长：邓贵胜
副团长：叶　瑞（7月任职）

中共仁化县委统一战线工作部

部　长：潘文辉
常务副部长、县台港澳事务局局长：
梁　炜
副部长、县民宗局局长：刘润芳
副部长、县工商联主席：梁家宁

中共仁化县委政法委员会

书　记：连辉标
常务副书记：罗海红
副书记：徐友生
谭群辉
部务委员、综治工作室主任：
罗锦富（9月任职）

中共仁化县委机构编制委员会办公室

主　任：罗有发（任至8月）
邓文光（8月任职）
副主任：冯金才
朱德新
陈旭虹（女）

中共仁化县直属机关工作委员会

书　记：王记有
副书记：唐　华
纪工委书记：何光华
工委委员：何海生

中共仁化县委老干部局

局　长：易永恒（任至11月）
副局长：邓盛明
赖东海
局务会成员：杨日生

仁化县人大常委会办公室、各工作委员会

县人大常委会党组成员、机关党组书记、办公室主任：许关平
副主任：谢耀华
邱璟宜（女）
党组成员、城乡建设环境与资源保护工作委员会主任：李伟强
副主任：周恩善
党组成员、教育科学文化卫生工作委员会主任：
肖移珍（女，党组成员任至7月，主任任至8月）
谭卫东（7月任党组成员，8月任主任）
副主任：叶桥忠

党组成员、法制工作委员会主任：
胡　伟
副主任：肖　玲（女）
党组成员、财政经济工作委员会主任：李庆明
副主任：刘伟雄
党组成员、选举联络人事任免工作委员会主任：邹雪玲（女）
副主任：陈佳楣（女）

仁化县人民政府办公室

党组书记、主任、外事局局长、信访局局长：刘炳鸿
党组成员、副主任：
刘建新
刘忠福（7月任职）
陈伟平（党组成员任至7月，副主任任至8月）
仇旭君
党组成员：罗运全
曾韶基
邹文秀（女）

政协仁化县委员会办公室、各科

党组书记、办公室主任、县政协秘书长、县政协党组成员：
林志平
县政协办公室副主任：
曾志坚
钟文君（女）
党组成员、宣传科科长：温永清
副科长：曾凡清
党组成员、组织联络科科长：
钟文辉
副科长：张小兰（女）

仁化县发展和改革局（仁化县粮食和物资储备局）

党组书记、局长：肖润华
党组成员、副局长：
张水甜（党组成员任至7月，副局长任至8月）
顾智波
余　俭（女）
梁艳芬（女，7月任职）

仁化县教育局

党组书记、工委书记：
肖振东（任至3月）
党组书记、工委书记、局长：
李子初（4月任党组书记、工委书记）
党组成员、工委委员、副局长：
陈　健
副局长：邓伟强
党组成员、工委委员、纪工委书记：
蒙万胜
党组成员、工委专职副书记：
李芬萍（女）

仁化县工业和信息化局、商务局、科学技术局

党组书记，工信局、商务局、科技局局长：赵丹宁
党组成员、副局长：
李勇明
庞国雄
何梅娣（女）
党组成员、非公党工委书记：
朱帆杰（7月任职）

仁化县公安局

局党委书记、局长：张伙胜
党委副书记、政委：赖海文
党委委员、副局长：钟　彬
陈志云
党委委员、纪委书记：何建明
党委委员、政工办主任：李伟平
党委委员、副局长：
彭琪伟（6月挂职）
谢新华（11月任职）
李国维（11月任职）

仁化县人民检察院

检察长：龚春辉
副检察长：谢　健
罗红波
刘冬梅（女）
党组成员、政治部主任：
邱　妍（女，11月任职）
检察委员会专职委员：
陆文彪（任至5月）

仁化县人民法院

党组书记、院长：刘　伟
党组副书记、副院长：张仁潮
党组成员、副院长：王　宁
赖慈辉
专职审判委员会委员：温志裕
党组成员、执行局局长：
梁　娟（女）
党组成员、政治部主任：蒙欣荣

仁化县民政局

党组书记、局长：
谭卫东（党组书记任至7月，局长任至8月）
叶志琴（女，7月任党组书记，8月任局长）
党组成员、副局长：
詹碧清
李远扬
范　灵（女）
党组成员、社会组织党工委书记：
罗伟雄

仁化县司法局

党组书记、局长：黎　东
党组成员、副局长：
廖国钰（女）
罗福贤

李　健
党组成员、政工科科长：
谭敏霞（女）
党组成员：黎名全

仁化县财政局

党组书记、局长：
温天才（党组书记任至7月，局长任至8月）
肖春波（7月任党组书记，8月任局长）
党组成员、副局长：邱岳铭
副局长：朱少媚（女）
党组成员、副局长：范智慧
党组成员、县公共资产管理中心主任：徐于动
党组成员、国库支付中心主任：
李　珍（女）

仁化县人力资源和社会保障局

党组书记：江艳芬（女，任至7月）
局　长：何为君（任至1月）
党组书记、局长：
肖移珍（女，7月任党组书记，8月任局长）
党组成员、副局长：
肖文荣
何　艾（女）
樊　欣
党组成员、县人才服务局局长：
谢东生
党组成员：梁京伟
李华源

仁化县自然资源局

局　长：刘世标
副局长：谢文桥
刘锦云
赖海文
王　攀（6月挂职）
党组成员：黄玉华

仁化县住房和城乡规划建设局

党组书记、局长：章　俊
党组成员、副局长：连光才
关东升
邹建红
党组成员、建设工程质量保障中心主任：陈华民

仁化县交通运输局

党组书记、局长：林伟浩
党组成员、副局长：黄雪辉
邵应康
李远文
党组成员：谭东财
胡　新（9月任职）

仁化县水务局

党组书记、局长：刘　强
党组成员、副局长：张明福
沈胜庭
朱泓波
党组成员：谢金云（9月任职）
江谷林

仁化县农业农村局

党组书记、局长、县委农办主任、县乡村振兴局局长：梁伟军
党组成员、机关党委书记：成晋荣
党组副书记、县委农办常务副主任、县乡村振兴局常务副局长：
李文华（女）
党组成员、副局长：
谭定权
潘志斌
刘克慧（女）
党组成员、县委农办专职副主任、县乡村振兴局副局长：梁　峰
党组成员、畜牧水产局局长：
罗展华

仁化县文化广电旅游体育局

党组书记、副局长：
沈家富（5月任党组书记）
党组成员、副局长：赖　力
党组成员：
刘　东（副局长任至5月）
党组成员、副局长：黄芳芳（女）
副局长：黄　樱（女）
党组成员：郑玲丽（9月任职）

仁化县卫生健康局

党组书记、工委书记、局长：
邬立雄
党组成员、工委委员、副局长：
马爱军
陈胜辉
副局长：卜卫群（女）
党组成员、工委专职副书记：
熊　婵（女，7月任职）
党组成员、纪工委书记：
罗海莲（女，8月任职）

仁化县退役军人事务局

党组书记、局长：彭国强
党组成员、副局长：赵仕雄
副局长：麦海燕（女）
党组成员：刘志勇

仁化县应急管理局

党委书记、局长：何述华
党委委员、副局长：吴春球
黄文胜
李志平
周祁常

仁化县审计局

党组书记、局长：
梁海钧（7月任党组书记，8月任局长）
党组成员、副局长：梁红标
朱秋兰（女）

党组成员、总审计师：
卜筱瑜（女）

仁化县市场监督管理局

党组书记、局长、知识产权局局长：
邓志立
党组成员、副局长：苏学州
黄家磊
陈　彬
党组成员：叶　剑（8月任职）
党组成员、机关党委专职副书记：
周志军（8月任职）
党组成员、副局长：
黄仁烽（党组成员任至4月，副局长任至5月）

仁化县统计局

党组书记、局长：
刘小飞（8月任局长）
局　长：梁海钧（任至8月）
党组成员、副局长：刘卫国
袁　虹（女）

仁化县医疗保障局

党组书记、局长：
肖春波（党组书记任至7月，局长任至8月）
侯政春（7月任党组书记，8月任局长）
党组成员、副局长：黄正亿
副局长：卢华英（女）
党组成员：彭正源
林　敏（女）

仁化县政务服务数据管理局

党组书记、局长：罗　耿
党组成员、副局长：刘晓霞（女）
潘　峻

仁化县行政服务中心

主　任：苏　恬（女）
副主任：潘秀红（女，任至8月）
吴江海
罗来椿（8月任职）
彭　鑫

仁化县林业局

党组书记、局长：廖永香（女）
党组成员、副局长：杨永新
徐于冠
沈家盛
党组成员：蓝　磊
李曙星（任至7月）

中共仁化县委党校、仁化开放大学

党校校长：刘海旺
党校常务副校长、开放大学校长：
李家明
党校副校长：黄玉文
开放大学副校长：邱云辉
欧阳剑蔚

仁化县总工会

主　席：夏德文（4月当选县总工会主席）
党组成员、常务副主席：刘志宏
党组成员、副主席：罗培槐

共青团仁化县委员会

书　记：郑玉江
副书记：余香莲（女，任至9月）
何淑勤（女）

仁化县妇女联合会

党组书记、主席：肖　莲（女）
副主席：陈　欣（女）
奚铭敏（女）
黄银凤（女，挂职）
刘丽娟（女，兼职）
申丽萍（女，兼职至12月）
沙桂香（女，12月兼职）
谢九发（女，12月兼职）
谢秋莲（女，12月兼职）

仁化县归国华侨联合会

主　席：涂丽玲（女）
副主席兼秘书长：罗楚红
常　委：陈伟平（兼职）
王文国（兼职）
幸凯斌（兼职）

仁化县残疾人联合会

理事长：梁德明
副理事长：邹小华

仁化县工商业联合会

党组书记、主席：
梁家宁（县委统战部副部长兼）
党组成员、专职副主席兼秘书长：
叶华青
兼职副主席：
吴飞宇
杨文根
黄建国
熊　平
姜志远
刘丽娟（女）
周伟炎
李　华
何施妍（女）
丘素华（女）
张美祥
黄新发
陈景标
邹　奇
郑选民

仁化县科学技术协会

党组书记：
叶志琴（女，任至8月）
陈伟平（8月任职）
主　席：马　良

党组成员：谭菊兰（女）

仁化县史志办公室

主　任：潘小明（任至8月）
　　　　罗有发（8月任职）
副主任：麦海桃（女）

仁化县供销合作社联合社

党组书记、主任：刘宝明
党组成员、副主任：郭宝华
　　　　何丽红（女）
监事会主任：王金焕（女）

仁化县机关事务管理中心

党组书记、主任：冯　鹄
党组成员、副主任：
　　　　唐　慧（女）
　　　　何有财
　　　　邹家毅

仁化县融媒体中心（县广播电视台）

主任（台长）：
　　　　郭继周（任至7月）
　　　　谭作明（8月任职）
副主任（副台长）：
　　　　谭作明（任至7月）
　　　　陈贤坤
　　　　欧健明

仁化县档案馆

馆　长：施旭臻
副馆长：潘立军
　　　　刘茗瑞（女）

仁化县农业机械事务中心

主　任：曾凡军
副主任：张石龙（7月任职）
　　　　李集发

仁化县畜牧兽医水产局

局　长：罗展华
副局长：华少滨
　　　　涂新红
　　　　刘润萍（女）
总畜牧兽医师：蓝长旺

仁化县国家现代农业示范区管理委员会

主　任：何世平
副主任：叶爱华
　　　　李子强

仁化县社会保险基金管理中心

主　任：李华源
副主任：蒙才斌
　　　　何　旭
　　　　刘　斯（女）

仁化县红十字会

会　长：叶剑斌（副县长兼）
常务副会长：肖世强

仁化县丹霞旅游经济开发试验区管理委员会

党组书记、主任：万志明
党组成员、副主任：邹明华
副主任：肖焱林
党组成员、县产业转移工业园服务中心主任：李春华
副主任：谢　平（11月任职）

仁化县文学艺术界联合会

主　席：谢翊辉
副主席：谭玉玲（女）

仁化县社会科学学会联合会

主　席：肖武荣
副主席：唐　军

仁化县老区建设促进会

会　长：彭良武
副会长：刘向群（兼秘书长）
　　　　蒙丽萍（女）

中国民主促进会仁化县支部

主　委：邓田庭
副主委：罗兆祥
　　　　赖丽恒（女）
　　　　朱家强

仁化县烟草专卖局（分公司）

局长（经理）：王志钊
副局长：王奇赞
副经理：欧鹏飞

国家税务总局仁化县税务局

党委书记、局长：邓粤雄
党委委员、副局长：
　　　　罗　群（任至6月）
　　　　徐峥峥（女）
党委委员、纪检组组长：
　　　　陈春华（女，任至9月）
　　　　沈东航（9月任职）
党委委员、副局长：
　　　　彭长毅
　　　　邹长峰（10月任职）

仁化县气象局

党组书记、局长：欧冠华
副局长：李胜利
纪检组组长：刘美莲（女）
党组成员、县南岭生态气象中心主任：邓志明

韶关市生态环境局仁化分局

局　长：林桥远
副局长：郭永古
　　　　刘华荣

韶关市仁化公路事务中心

主　任：廖玲军
副主任：张述堂（任至1月）
　　　　郭海珠

刘日发
杨志新（6月任职）

韶关市住房公积金管理中心仁化办事处

主　任：周丽娟（女）
副主任：刘春玲（女）

韶关水文分局

局　长：周　艏
副局长：王步杰
杨武志
总工程师：韩学军

深圳市中金岭南有色金属股份有限公司凡口铅锌矿

党委书记、副矿长：郭　聪
党委副书记、矿长：田志刚
党建专员：蔡　文
党委委员、常务副矿长：陈卫东
党委委员、纪委书记：杨武创
党委委员、副矿长：姚彦翔
林振烈
郑　伦
党委委员、安全总监：阮喜清

韶关市国有仁化林场

党总支委书记、场长：蓝叶胜
党总支委员、副场长：官秀思
姚为锋
党总支委员、会计师：孟光辉

红军长征粤北纪念馆

馆　长：刘工溥
副馆长：侯文斌
曾神福

中国人民银行仁化县支行

党组书记、行长：郑洁红
党组成员、纪检组长、副行长：
赖建新
党组成员、副行长：梁俊华

广东仁化农村商业银行股份有限公司

党委书记、董事长：何宗志
行　长：喻　白
监事长：伍时伟
副行长：赖海斌
刘志增

中国建设银行股份有限公司仁化支行

行　长：何惟富（5月任职）
副行长：黄晓健

中国农业银行仁化县支行

行　长：伍国富
副行长：高勤聪
行长助理：尹君珺
纪委书记：谢伟健

中国工商银行股份有限公司仁化支行

行　长：杨　佳
副行长：张　鸿
钟建雄

中国人寿保险股份有限公司仁化县支公司

经　理：吴阳雯

中国人民财产保险股份有限公司仁化支公司

经　理：曾海祥
副经理：曾　凯

广东电网韶关仁化供电局

党委书记：刘建光
工会主席：李伟强
副总经理：李伟强
刘阿刚
董　鹏
罗　顺（9月任职）

中国移动通信集团广东有限公司仁化分公司

总经理：房勇明
副总经理：祁振强

中国电信股份有限公司仁化分公司

总经理：程伟韬
副总经理：李瑞升
杨志生
廖山华

中国联合网络通信有限公司仁化县分公司

总经理：何琳燕

中国邮政集团公司广东省仁化县分公司

总经理：谢名亮（任至6月）
副总经理（主持工作）：
曾志忠（6月任职）
副总经理：陈日红
谢　钢（9月任职）
吴清华（援疆）

锦江电力开发总公司

党委书记、董事长：
曾军干（党委书记任至8月，董事长任至9月）
吴联成（8月任党委书记，9月任董事长）
党委副书记、总经理：
吴联成（党委副书记任至8月，总经理任至9月）
党委委员、副总经理：
郑荣权
禹叔伶（女）
总工程师：雷自力
党委专职副书记：吴宗红

党委委员、纪委书记：郭卫东
党委委员：谢玉梅（女）
　　　　　邓田养

丹霞街道

党工委书记：王剑斌
党工委副书记、办事处主任：
　　侯政春（任至7月）
　　梁美娥（女，人大工委主任任至8月，7月任党工委副书记，8月任办事处主任）
人大工委主任：
　　刘学民（党工委副书记任至8月，8月任人大工委主任）
党工委副书记（党群）：邹家平
党工委副书记（政法）：
　　刘庆华（8月任职）
党工委委员、纪工委书记：丘文超
党工委委员（组织、妇联）：
　　熊　婵（女，任至7月）
党工委委员（组织）：
　　罗钦文（7月任职）
党工委委员（宣传、统战）：
　　袁小红（女）
党工委委员、办事处副主任：
　　卢小溢（7月任办事处副主任）
党工委委员：
　　张功庭（办事处副主任任至7月）
　　汤福亮（7月任职）
办事处副主任：
　　张石龙（任至7月）
　　卓桂英（女）
　　吴宏斌
　　朱　梁
　　肖梦迪（女，挂职至8月）

董塘镇

党委书记：刘志坚
党委副书记、镇长：黄志军
人大主席：肖志文（任至8月）
　　　　　郭　粤（9月任职）
党委副书记（党群）：
　　郭　粤（任至9月）
党委副书记、政法委员：唐　源
党委委员、纪委书记：黄佩文
党委委员（组织）：罗　威
党委委员（宣传、统战）：
　　张静怡（女）
党委委员、人大副主席：邓炜斌
党委委员、副镇长：刘大旺
副镇长：曾　聪
　　　　沈明添
　　　　张　维
　　　　何志衡

石塘镇

党委书记：
　　徐　泳（任至5月）
　　邓　飞（5月任党委书记，免副书记；9月免镇长）
党委副书记、镇长：
　　余香莲（女，8月任副书记，9月任镇长）
人大主席：李培林
党委副书记（党群）：罗福胜
党委副书记、政法委员：冯海年
党委委员、纪委书记：宋书华
党委委员（组织、团委）：
　　朱帆杰（任至7月）
党委委员（组织）：
　　钟　泰（8月任职）
党委委员（宣传、统战）：
　　刘艳凤（女）
党委委员、人大副主席：叶展飞
党委委员、副镇长：张　明
副镇长：阳　凡
　　　　刘生群
　　　　李玉玲（女）
　　　　郑玉珍（女）

长江镇

党委书记：李杏兰（女）
党委副书记、镇长：张细友
人大主席：熊世伟
党委副书记（党群）：
　　刘　敏（女）
党委副书记、政法委员：刘家雄
党委委员、纪委书记：曾　阳
党委委员（组织）：朱德九
党委委员（宣传、统战）：
　　张九香（女）
党委委员、人大副主席：邱全有
党委委员、副镇长：刘厚明
副镇长：刘大红
　　　　马　杰
　　　　周　礼
　　　　彭　杰

扶溪镇

党委书记：祝向恩
党委副书记、镇长：
　　邓文光（任至8月）
　　钟韶荣（9月任职）
人大主席：骆宝生
党委副书记、政法委员：王启贵
党委委员、纪委书记：沈家志
党委委员（组织）：
　　李少锋（任至8月）
党委委员（宣传、统战）：刘建光
党委委员、人大副主席：蒙　彪
党委委员、副镇长：邓作华
副镇长：温石头
　　　　陈剑峰
　　　　范　琦（女）
　　　　谭建福

闻韶镇

党委书记：刘普新（任至7月）
党委书记、镇长：
　　邓永林（7月任党委书记）
人大主席：郑　戈
党委副书记（党群）：朱建辉
党委副书记、政法委员：赖茹辛
党委委员、纪委书记：张国辉
党委委员（组织）：谭柳明
党委委员（宣传、统战）：黎郁文
党委委员、人大副主席：赖贵平
党委委员、副镇长：赖　翔
副镇长：朱志勇
　　邓胜华
　　朱翠雯（女）
　　邓有为

城口镇

党委书记：
　　李汉辉（任至7月）
　　刘剑勇（7月任党委书记，镇长任至9月）
党委副书记、镇长：
　　肖志文（8月任党委副书记，9月任镇长）
人大主席：李培云
党委副书记（党群）：
　　钟韶荣（任至8月）
　　李少锋（8月任职）
党委副书记、政法委员：张　能
党委委员、纪委书记：钟锦添
党委委员（组织）：罗钦文
党委委员：李东成
党委委员、人大副主席：马　靖
党委委员、副镇长：蓝　琳（女）
副镇长：赖香松
　　刘　明
　　邓卫华
　　谢　君

红山镇

党委书记：张增清
党委副书记、镇长：叶琪望
人大主席：谢高文
党委副书记（党群）：顾志坚
党委副书记、政法委员：邱冬福
党委副书记：郭英东（挂职）
党委委员、纪委书记：廖志平
党委委员（组织）：张祖强
党委委员（宣传、统战）：张　帆
党委委员、人大副主席：张本焱
党委委员、副镇长：曾祥勤
副镇长：张相群（任至9月）
　　朱　宁
　　代火霞（女）
　　袁　超

周田镇

党委书记：冯奋德
党委副书记、镇长：郭胜洪
人大主席：袁济军
党委副书记（党群）：许兴远
党委副书记、政法委员：龚元凡
党委副书记：
　　高　峰（省商务厅驻镇帮扶工作队队长）
党委委员、纪委书记：温　健
党委委员（组织、妇联）：
　　杨秀芬（女，任至8月）
党委委员（宣传、统战）：谢世安
党委委员、人大副主席：叶柏龄
党委委员、副镇长：吴志勤（女）
副镇长：丘兆洪
　　马发平
　　刘庆华（任至7月）
　　张　振
　　谭　蓉（女，挂职，11月经镇人代会同意其辞职申请）

黄坑镇

党委书记：谭卫财
党委副书记、镇长：李书文
人大主席：刁祥军
党委副书记（党群）：温志清
党委副书记、政法委员：谭志强
党委委员、纪委书记：曾华昌
党委委员（组织）：
　　罗海莲（女，任至7月）
　　钟佳玲（女，8月任职）
党委委员（宣传、统战）：李启豪
党委委员、人大副主席：罗永军
党委委员、副镇长：刘华亮
副镇长：汤福亮（任至7月）
　　刘丽萍（女）
　　朱　桦（任至8月）
　　周祥林

大桥镇

党委书记：蒙升龙
党委副书记、镇长：张　文
人大主席：黄银泰
党委副书记（党群）：曾威荣
党委副书记、政法委员：沈　刚
党委委员、纪委书记：
　　刘群珍（女，任至7月）
　　饶志超（7月任职）
党委委员（组织）：李　聪
党委委员（宣传、统战）：曹培镇
党委委员、人大副主席：邵　强
党委委员、副镇长：黄晓梅（女）
副镇长：刘新其
　　冯子超
　　黄　强
　　袁乐章

（说明：县四套班子成员、县直单位班子成员、乡镇班子成员名单均由县委组织部提供，挂职成员名单及各驻仁化单位班子成员名单均由供稿单位提供）

政府工作报告（节录）

——2023年2月21日在仁化县第十六届人民代表大会第三次会议上

仁化县人民政府县长　陈夏广

2022年工作回顾

2022年，面对严峻复杂的宏观经济形势、较大洪涝灾害、持续高温干旱等多重超预期因素叠加冲击，县政府坚持以习近平新时代中国特色社会主义思想为指导，在市委、市政府和县委的坚强领导下，在县人大和县政协的监督支持下，紧紧团结依靠全县人民，坚定不移贯彻新发展理念，奋力推动高质量发展，经济社会呈现总体平稳、后劲增强的良好发展态势。荣获2022年全国休闲农业重点县、全国科普示范县、入选国家县域商业建设行动示范县、全国义务教育优质均衡发展先行创建县、省级健康县等60多项全国、省级、市级荣誉。全年地区生产总值119.26亿元，增长6.9%，增速全市排名第一；农林牧渔业产值增长15.3%，规上工业增加值增长14.7%，固定资产投资完成40.38亿元，地方一般公共预算收入5.33亿元，同比增长11.62%。

（一）善作善成致力乡村振兴。严格落实粮食安全党政同责，建立“三包”“四到”粮食生产责任制，统筹1182万元用于粮食生产奖补，完成粮食种植面积15.2万亩，超额完成市下达任务，探索“退果还粮”机制改革案例得到农业农村部领导肯定性批示。整治“非粮化”耕地1.25万亩，撂荒地复耕复种4375亩，复耕率达100%，得到省、市表扬肯定。深入开展驻镇帮镇扶村联支部工作，完善脱贫成果“回头看”和产业帮扶利益联结机制，未发生返贫致贫现象。成功申报省级毛竹产业园，投入1.42亿元实施省级牛羊产业园建设。完成省级农业农村现代化试点县建设，新增省级示范家庭农场5家，扶溪大米获评国家地理标志证明商标，丹霞女蔬菜基地被认定为广东省“菜篮子”基地。启动运营省内首个周田电商小镇，入驻名特优新农产品800多种，在“省级电子商务进农村综合示范县”绩效评价中荣获优秀等级。在全市率先出台《关于促进镇域经济高质量发展奖惩方案》，新增28个乡镇主导产业投资项目，预计投入资金13.3亿元，大桥镇长坝村连续三年入选全国乡村特色产业超亿元村名单。扎实推进高标准农田建设和7个垦造水田项目，全年形成水田指标618亩，垦造水田验收报备任务完成情况及贡献率全市排名第一。

（二）凝心聚力促进工业增长。培育新增规上工业企业4家，净增高新技术企业4家，新增研发机构3家，全年实现规上工业增加值33.7亿元，增长14.7%，增速全市排名第一。深入实施“厂区变园区、产区变城区”市级改革试点，持续推进凡口、丹冶22个重点项目建设，丹冶炼锌渣技改升级项目顺利试产；盘活原广东铝厂闲置用地320亩，引进湘大骆驼生物饲料、创盛优质羊奶制品和中央厨房等项目，累计完成投资近30亿元。实施动力电池先进材料制造产业发展战略，重点推进威玛二期、盛祥、睿勤等项目建设，其中盛祥废旧锂电池拆解和梯次回收利用一期项目从土地摘牌到试产仅用半年时间，跑出仁化项目落地投产的“加速度”，半年完成产值5.5亿元，拉动规上工业增加值增长4.9%。加大招商引资力度，完成新签约项目31个，投资额83.55亿元，引进睿勤、宏远等大体量新能源电池产业链项目，新开工项目34个，完成市下达任务数的162%。投入资金近亿元推进产业转移工业园基础设施建设，平整土地1000亩，1.2万平方米标准厂房以及110千伏高基输变电站投入使用，园区全年产值达22.09亿元，同比增长76.1%。

（三）以点带面发展第三产业。新增红城林场、灵溪河、金喆园3个省级以上森林康养基地。引进建豪旅游文化园项目，推进五马霞酒庄、五马寨樱花园等建设，文旅产业发展势头良好。培育发展“丹霞民宿”品牌，争取民宿产业扶持资金215万元，新增5家三星级乡村旅游民宿，禅意客栈获评全国乙级民宿，爱树丹霞山苑被评为首批广东省驿道乡村酒店。农旅融合助推乡村振兴，创建省休闲农业与乡村旅游示范镇4个、示范点9个，被认定为2021年度省级休闲农业与乡村旅游重点县，石塘镇石塘村入选全国乡村旅游重点村镇，城口镇城群村被评为第三批广东省文化和旅游特色村。推动红军过粤北重点展示园建设，启动城口至铜鼓岭长征历史步道项目，仁化红色文化乡村游路线获评第三批广东省乡村旅游精品线路。县图书馆新馆投入使用，建成风度书房石塘分馆，成功承办省十三届中运会武术比赛，董塘镇河富村入选2022年全国“村晚”示范展示点。

（四）坚定不移推进绿色发展。县城区空气质量优良天数比率为94.8%，6项环境空气质量检测指标全部达到国家二级标准。对挥发性有机物重点企业实施分级和清单化管控，完成全县砖厂烟气治理设施升级改造和发电厂超低排放改造。开展城镇雨污分流基础配套设施和污水处理设施提质增效项目建设，累计铺设管网77.8公里。建成农村生活污水处理设施及配套管网，污水收集率达99.19%。强化沿江岸线治污，划定流域面积50平方公里以上河道管理范围，编制岸线保护与利用规划，完成锦江流域入河排污口资料收集建档工作。全面落实河长制，实行河道管护市场化运营，推进5个镇级饮用水源地“划、立、治”工作，水源地水质和主要江河水质达标率均达100%，市对县河长制工作考核连续四年获评优秀。实施农作物秸秆综合利用重点县项目，完成秸秆还田近万亩，建设农作物病虫害专业化统防统治和绿色防控核心示范片2000亩。加强生态保护修复，完成山水林田湖草生态保护修复试点项目主体工程16个，生态修复治理历史遗留废弃露天矿山和恢复矿区植被绿化面积共40公顷。

（五）统筹协调提升城乡品质。扎实推进城市更新，完成县城5个老旧小区改造。开展县城自来水厂备用水源建设，提升城区安全供水保障能力。建成10公里锦江河碧道，启动红山、长江2段碧道建设前期工作，成功入选省级2020—2021年度碧道建设工作激励名单，获得1000万元激励资金。完成第三批5个乡镇美丽圩镇建设，实现美丽圩镇建设全覆盖。实施董塘新城基础设施建设项目，建成荣昌农贸市场。改造提升实验学校至高坪路、碧桂园周边道路等一批市政道路，推进省道517线城口至红山段路面升级，以及路网联结、单改双工程，开展上围坑桥等7座危桥改造，完成农村村内干路硬底化66.51公里。全域推进农村人居环境整治工作，109个行政村全部完成“三清三拆三整治”任务，累计建成“四小园”3500多处，被省农业农村厅推荐为全国村庄清洁行动先进县候选名单，董塘镇新龙村获得“十大美丽乡村”称号，完成红山镇新白村红色美丽乡村先行试点建设。

（六）锐意进取深化改革攻坚。贯彻落实县委“改革攻坚规范治理年”工作部署，如期完成规范治理任务204项，“立改废”制度文件183份。持续深化农村综合改革，培育省级“一村一品、一镇一业”专业镇7个、专业村23个。鸿伟木业公司获批设立广东省博士工作站，为产学研合作提供支撑。创新开展“林长制+N”建设，完成高质量水源林造林更新1100亩、抚育7434亩，新增国土绿化面积3.4万亩，森林覆盖率达80.78%。持续推进国家森林城市创建，完成锦江两岸公益林示范区（二期）项目和4个乡村绿化美化示范点建设。持续擦亮改革品牌，税e站进驻村（居）改革荣获市创新创优竞赛一等奖。全力推进政务服务“一门办”“一网办”，全县1592个政务服务事项已进驻县级政务服务大厅，进驻率达100%，在全市县区级首先设立“首贷服务窗口”。深化“互联网+政务服务”，在镇村全覆盖投放“粤智助”政府服务自助机112台，打通政务服务“最后一百米”，进一步优化营商环境。

（七）用心用情增进民生福祉。面对突发历史罕见的特大洪水和洪涝灾害，全县领导干部和人民群众同舟共济、齐心协力，实现受灾群众迅速转移和零伤亡，水毁重建的城口镇三斗种新村村民于2023年春节前乔迁入住。狠抓安全生产和森林防灭火责任落实，全年未发生一般性及以上森林火灾和工矿商贸领域安全生产事故。持续加大民生投入，民生支出占一般公共预算支出比重达80%，2022年8件民生实事全面完成。建成实验学校综合楼，推进石塘、红山、城口三所幼儿园建设，新城幼儿园顺利开园，扩容学前教育学位240个，投入校园公交44台，开设33条校园定制公交专线。着力提升医疗卫生基础设施，建成红山、石塘卫生院业务楼，推进县人民医院发热门诊和感染科防治楼，以及周田、董塘卫生院业务楼工程建设，启动闻韶、城口、扶溪3个卫生院补短板项目。全力推动儿童友好城市建设，被评为广东省儿童友好城市示范县。深入实施兜底民生服务社会工作双百工程，建成镇（街）社工站11个，社工点33个，实现困难群众和特殊群体社工服务100%覆盖。完成低保和特困人员救助金提标工作，全县新增就业1325人，城镇失业人员再就业823人。新建董塘镇、长江镇等5个社区养老服务中心，社会资本投资新建的幸福里养老中心正式运营。开展双拥模范县中期考核，连续六届荣膺“广东省双拥模范县”。

（八）驰而不息强化自身建设。坚持党对政府工作的全面领导，严格落实第一议题制度，深入学习贯彻党的二十大精神，深刻领悟“两个确立”的决定性意义，增强“四个意识”，坚定“四个自信”，做到“两个维护”。全面推进法治政府建设，进一步完善行政决策机制，印发《仁化县人民政府“三重一大”事项清单（试行）》，提高科学决策、民主决策、依法决策水平。加大政府信息公开力度，完善网络舆情应急处置机制。自觉接受人大法律监督、政协民主监督、新闻舆论监督和群众社会监督，62件人大代表议案建议和92件政协委员提案办复率达100%。坚决贯彻全面从严治党要求，持续正风肃纪反腐，政府系统党风廉政建设不断加强。

与此同时，民族宗教、外事、妇女儿童、应急管理、档案、人民防空、国防动员、拥军优属、审计、统计、金融、信访、保密、消防、市场监管、通信、食品安全等各项工作取得新成绩。

各位代表，艰难方显勇毅，磨砺始得玉成。回顾过去一年，我们深深感到，在当前的形势下，取得这样的成绩十分不易。这是县委坚强领导的结果，是县人大、县政协监督支持的结果，是全县干部群众团结奋斗的结果，是社会各界关心帮助的结果。在此，我代表县人民政府，向全县人民和所有关心、支持、参与仁化经济社会建设的各级领导、社会各界人士致以崇高敬意，并表示衷心的感谢！

肯定成绩的同时，我们也清醒认识到，仁化发展不平衡不充分问题仍然突出，主要是：受多重超预期因素冲击叠加影响，固定资产投资等经济指标未达成年初制定目标；产业结构转型升级亟待突破，工业对省属企业依赖大，新能源产业链发展仍不完善；营商环境仍需提升，资金、土地、人才、技术等要素仍有制约；城乡基础设施配套不够完善，民生改善和社会治理领域还存在短板弱项。对此，我们一定正视问题、直面挑战，采取有力措施，在奋力建设现代化美好仁化中展现更大作为、成就更好发展。

2023年工作安排

2023年是全面贯彻落实党的二十大精神的开局之年，做好全年工作至关重要。我们将坚持以习近平新时代中国特色社会主义思想为指导，深入贯彻党的二十大精神和中央经济工作会议、中央农村工作会议精神，全面落实省委十三届二次全会、省委经济工作会议、全省高质量发展大会精神和省委书记黄坤明在韶调研指示要求，认真落实市委十三届四次全会精神及“三大战略”“六大行动”“三大提升”工作要求，围绕县委十四届三次全会部署安排，坚持和加强党的全面领导，坚持稳中求进工作总基调，完整、准确、全面贯彻新发展理念，以推动高质量发展为牵引，服务和融入新发展格局，将中国式现代化的中国特色、本质要求体现到推动仁化高质量发展各方面全过程，努力推动仁化在现代化建设新征程中开好局起好步。

今年经济社会发展的主要预期目标是：地区生产总值增长5.5%，规上工业增加值增长

10%，固定资产投资增长10%，地方一般公共预算收入增长6%，完成市下达的节能减排任务。

围绕上述目标，我们将重点抓好以下六个方面的工作：

（一）加快构建现代产业体系，促进经济高质量发展

着力推动经济高质量发展，落实产业攻坚行动，促进一二三产业融合发展，全面推动工作力量和政策资源向现代产业集聚。

加快发展现代农业。巩固全国休闲农业重点县成果，扎实推进省级柑橘、牛羊、毛竹3个现代农业产业园建设，积极打造省级茶叶产业园，继续申报国家级柑橘产业园，加快完善畜禽屠宰加工、标准化乳制品深加工和预制菜、柑橘类产品加工等产业链条，促进多环节增值，由增产向提质转变。加快广东供销天业（仁化）冷链物流园建设，新建10个镇级农产品冷藏保鲜设施，逐步完善冷链物流配送体系。推动毛竹产业园项目建设，重点抓好鸿伟、奥达竹木板材智能加工、竹笋制品预制菜、竹下食用菌种植及深加工等主导产业发展，着力打造笋材两用毛竹全产业链。加快牛羊产业园32个项目建设，重点支持创盛、丹霞女、高山小羊、吉田、奥达等企业建设标准化养殖场、有机肥加工厂、冷链加工等产业全链条发展项目，打造现代牛羊产业融合优化发展带。推动中草药科普园、长江林场森林药食推广等林下经济项目建设，提高林地综合效益。大力培育新型农业经营主体，积极发展农业生产性社会化服务业，完善利益联结机制，让农民更多分享产业增值收益。深入实施“粤字号”品牌强农行动，做优做强丹霞贡柑、长坝沙田柚、优质大米、茶叶、毛竹等特色产业，继续创建省级“一村一品、一镇一业”专业村镇及农业产业强镇。

聚力做强工业产业。落实《关于支持韶关建设国家老工业城市和资源型城市产业转型升级示范区若干意见》《关于推动产业有序转移促进区域协调发展的若干措施》等文件精神，坚持实体经济为本、制造业当家，强化工业经济运行调度，力争实现规上工业增加值38亿元。以实施“厂区变园区、产区变城区”改革为牵引，加快盘活原广东铝厂闲置低效土地，推动有色金属行业向精深加工产业链延伸，支持凡口建设智慧中心、打造企业智能矿山，推进丹冶炼锌渣技改升级等项目尽快达产见效，提高产品附加值。着力建设新能源材料绿色循环利用特色产业园，完善园区基础设施，重点推动宏远锂电、盛祥碳酸锂、睿勤电池等一批新材料项目建设，力争早日建成投产，逐步完善新材料产业体系。落实韶关新时代“百团千才万匠”人才工程，聚焦有色金属精深加工、新能源（电池）、竹类新材料等产业发展，加强企业与高校、科研院所的合作交流，鼓励园区企业加大对技术革新和产品研发的投入力度。扎实推进化学储能发电、抽水蓄能、农光渔光互补和屋顶分布式光伏发电等一批新能源项目建设。开展规范处置园区闲置低效用地专项行动，积极盘活大岭工业园区土地，腾挪项目再开发空间，提高土地亩产效益。

融合发展第三产业。实施国家县域商业行动示范县15个项目，重点推动县域仓储物流中心、县镇村三级物流配送体系、董塘商贸中心、预制菜生产基地、社区消费服务体系等项目建设，逐步实现县域商业网点设施、市场主体、消费环境等全面提升。以周田电商小镇为抓手，加快培育直播电商和农村电商带头人，整合全县117个益农信息社、村品通等电商服务资源，加快构建农产品销售、配送、宣传一体化服务网络。发挥丹霞山龙头带动作用和全国文明城市、国家全域旅游示范区等品牌效应，大力发展生态康养、乡村旅游、研学旅游、红色旅游等业态，打造一批旅游精品线路。扎实推进建豪旅游文化园、五马霞酒庄、五马寨樱花园、国家级金喆园糖尿病森林康养基地等文旅项目建设，加快推动丹霞灵溪景区创建4A级景区、城口恩村创建3A级景区，逐步完善旅游基础配套设施。有序推进长征国家文化公园（广东段）仁化片区项目，加快红军过粤北重点展示园和恩村至铜鼓岭段、城口至恩村段长征历史步道等建设，将红色文化与生态、古村、民俗文化等多种类型资源串联融合，打造一批遗址公园、文化展馆、研学基地及精品线路。大力发展旅游手信、网红打卡点等特色项目，推进“智慧旅游”建设，完善仁化旅游攻略，建设旅游消费集聚区，提高留客率及在地消费率。积极推进文化旅游资源价值化，利用好乡镇温泉、城口丰源温泉和红城林场等资源，建设新型高端温泉文旅康养基地，全力打造大湾区生态康养旅游首选目的地和“后花园”。配合开展穿越丹霞山50公里徒步赛、环丹霞山自行车赛、丹霞山马拉松赛等品牌赛事活动，进一步提升丹霞山知名度和影响力。

（二）对接粤港澳大湾区，开展新一轮招商引资

紧抓粤港澳大湾区、深圳先行示范区和横琴前海南沙三大平台建设机遇，承接产业有序转移，优化营商环境，吸引更多的项目、资本、技术、人才落户仁化。

大力开展招商引资。按照省、市提出的“三年事情两年干”要求，掀起新一轮招商引资热潮。用好用活《仁化县强化招商引资工作实施意见（试行）》，制定全县招商工作方案和产业图谱，实施招商引资“一把手”工程，明确县领导及各镇（街）、县直部门招商任务，动员全县上下“大招商、招大商、招好商”。围绕仁化资源禀赋，立足新能源及节能减排、先进材料、现代农业、文旅康养、商贸物流5条重点发展产业链，大力开展精准招商、以商招商、驻点招商，重点引进粤港澳大湾区龙头企业和项目，招引、培育壮大一批“链主”企业，提升产业链上下游、产供销配套能力，力争各镇（街）每季度开工产业项目不少于1个。紧跟形势优化完善招商引资优惠政策，在企业落户、技术改造、上规上市等方面加大支持力度。实现全年招商引资新开工项目23个，总投资23.8亿元。

强化保障要素供给。做好项目招引“后半篇文章”，营造比学赶超、赛龙夺锦、大抓项目建设的良好氛围。落实要素保障行动，紧盯招商签约项目、集中开工项目、专项债项目等重点，发挥领导挂点上下联动、项目并联审批、专班服务作用，完善重点企业“一企一策”、重点项目“一项目一专班”机制，及时协调解决项目用地、用能、环评、水电气等方面遇到的困难瓶颈，用最快速度把协议转化为“施工图”“实景图”。优化升级产业园区平台，围绕园区亩均投资、亩均增加值、亩均税收等指标落实好园区考核，力争成功申报省级经济开发区。实施园区基础设施建设项目，推动1000亩土地平整、智慧化标准厂房、停车场、电力电信管道铺设，以及第二水厂、污水处理厂和雨污管网提质增效等工程建设，切实提升园区承载能力。合理规划园区建设用地，采取多种形式争取土地、林地指标，力争解决园区征地拆迁补偿历史遗留问题。加快推进园区规划环评编制，继续推动园区扩园、特色产业园申报工作。

优化提升营商环境。学习借鉴粤港澳大湾区、深圳先行示范区在优化营商环境方面的先进经验，认真落实市营商环境优化行动，围绕“提效率、优服务、严整治”要求，进一步深化营商环境综合改革，努力打造与“双区”接轨的营商环境。深化线下“一窗综办”和线上“一网通办”，以县镇村高频政务服务事项为重点，全面梳理政务服务事项线上线下办事渠道，深入推进政务服务事项标准化，让企业、群众办事更便捷。完善政务服务事项“二次统筹”要素清单，形成《政务服务事项证明材料保留清单（2023年）》，进一步简化办事程序。发挥县领导、部门“暖企”挂点服务企业机制作用，精准落实各项助企纾困政策，全力支持企业发展，竭诚当好企业的“店小二”“服务员”。搭建政银企信息共享平台，为企业融资提供支持。继续做好“粤智助”政府服务自助机管理工作，完善“互联网+监管”数据，强化法治化营商环境建设，落实严格规范公正文明执法。用好营商环境“红黑榜”和政务服务“好差评”制度，提高市场主体满意度。

（三）全面推动乡村振兴，建设宜居宜业和美乡村

坚持农业农村优先发展，一体推进农业农村现代化，深入实施乡村建设行动，持续巩固拓展脱贫攻坚成果，全面推动乡村振兴，把镇村发展的短板转化为高质量发展的潜力板。

稳住农业基本盘。落实粮食安全党政同责和耕地保护制度，加大粮食生产奖补激励和“退果还粮”力度，改造提升1.56万亩高标准农田，全面完成市下达的粮食作物总播种面积任务。依托牛羊产业园、蛋鸡养殖等项目，大力开展标准化规模化养殖，继续实施省绿色种养循环农业试点项目，推进畜禽养殖场升级改造，压实大型生猪养殖企业生产责任，确保完成生猪生产任务。推动县粮食仓储物流项目建设，着力盘活各镇（街）原有粮仓地块，支持乡村振兴发展。加大土地流转力度，积极培育贡柑、沙田柚、茶叶、优质米、竹子等种养大户、家庭农场、农民合作社、农业龙头企业，力争新增县级或以上农业龙头企业2家、示范家庭农场5家。持续巩固脱贫攻坚成果同乡村振兴有效衔接，发挥驻镇帮镇扶村联支部工作作用，抓好脱贫动态监测工作，健全县镇村三级联动监测体系，加强扶贫产业项目资产后续管理，牢牢守住不发生规模性返贫底线。

实施乡村建设行动。持续推进农村人居环境整治提升五年行动，完善农村基础设施长效管护机制，积极申报全国乡村清洁行动先进县。实施城口红色文化以及生态农业功能示范带建设，持续推进村庄绿化美化亮化，建成1个绿美古树乡村、4个乡村绿化美化点，力争70%行政村达到美丽宜居村目标。推动农村供水“三同五化”改造提升，巩固垃圾污水治理和厕所革命成果，加快补齐农村垃圾和污水收集处理等设施短板，切实改善农村生产生活条件。充分尊重群众意愿，分类整治空心村，科学进行农房规划和建设管控，强化特色民居和传统村落保护利用。启动省道517线高坪电站至凡口段、续建省道517线城口至红山段改造等交通项目，推进乡道602、587线等一批农村路网提升，以及单改双、村道安防、美丽农村路等项目建设，力争成功创建“四好农村路”全国示范县。

提升基层治理水平。发挥党建引领作用，凝聚基层社会治理合力。坚持和发展新时代“枫桥经验”，健全完善矛盾纠纷多元化解机制，加强11个镇（街）综治中心规范化和公安派出所等基层基础建设，推进县公共法律服务中心和县群众诉求综合服务中心（信访超市）一体建设，全面落实一村（社区）一法律顾问。扎实抓好“八五”普法工作，落实“谁执法谁普法”责任制，深入推进镇（街）综合行政执法和行政复议体制改革，深化“民主法治示范村”创建。常态化推进扫黑除恶斗争，严厉打击整治新型网络诈骗犯罪、盗抢骗、食药环等违法犯罪行为，深入开展全民禁毒和“扫黄打非”工作，全力保障社会大局和谐稳定。

（四）以新型城镇化为抓手，推进城乡融合发展

贯彻落实《中共广东省委关于实施“百县千镇万村高质量发展工程”促进城乡区域协调发展的决定》，深入推动城乡融合和区域协调发展，加快形成错位发展、优势互补、产业突出、绿色生态的高质量发展新格局。

推进镇域经济发展。结合国土空间规划，完善镇域发展规划编制，实现差异化综合发展，支持丹霞街道以城市服务、文旅服务、盘活大岭工业园资源为支撑，构建县域主要的贸易中心、经济中心和旅游区。支持董塘、周田立足县域副中心目标，打造产城融合发展示范镇和产业集聚发展示范镇。支持其余乡镇坚持多元发展思路，以柑橘、牛羊、毛竹、茶叶等产业园建设为抓手，深挖特色产业资源潜力，盘活闲置土地和资源资产，加快产业转型，培育一批具有较强影响力和竞争力的专业镇。开展镇级招商引资，吸引一批具有优势、成长较快、带动力强的企业落地。加大重点产业培育发展力度，做好“四上企业”潜力挖掘和培育工作，壮大镇域经济总量。主动融入粤港澳大湾区建设，用活驻镇帮镇扶村力量，推动政策红利转化为镇域经济发展动力，畅通供销渠道，推动特色农业、旅游服务等经贸合作。加强镇级统计员队伍建设，以第五次全国经济普查为契机，组织更深入、更细致的业务培训。强化镇域经济发展绩效评价，开展定期监测、通报、评比，做好评价结果运用。

提升县镇综合服务能力。积极推进以县城为重要载体的新型城镇化，落实城市更新行动，实施10个老旧小区改造，加快丹霞新城老田小商业街建设。巩固提升全国文明城市创建成果，以“绣花”功夫推进城市精细化管理，推动精神文明建设工作制度化、常态化，确保今年成功通过复审，蝉联全国文明城市荣誉称号。抓好新一轮国企改革深化提升行动，促进国有经济布局优化和结构调整。强化乡镇连城带村节点功能和纽带作用，统筹镇村连线成片建设，加强美丽圩镇后期管护和风貌管控，完善提升乡镇服务功能和人口集聚能力。全力配合推进锦江绿色航道建设，打造生态、旅游、休闲为特色的标准绿色航道项目。启动省道246线康溪至大岭段改线工程建设，加快打通县城啸仙路，提升城市通行便捷度。持续推进全国义务教育优质均衡发展先行创建县工作，加快新城学校建设，努力推动学前教育“5085”攻坚工程，建成石塘、红山、城口三所幼儿园，提升学前教育普惠园在园幼儿占比。落实“双减”政策，进一步深化教育综合改革，规范校外培训和民办教育健康发展。健全学校安全风险防控体系，持续抓好预防溺水、交通安全等校园安全教育。加快推进紧密型县域医共体和信息化系统建设，提高县域内住院率和基层就诊率。推动县人民医院服务能力提升，以及闻韶、城口卫生院新建业务楼和扶溪卫生院迁建等项目建设，稳步推进省级慢性病综合防控示范区创建。健全公共卫生应急管理体系，逐步提升疾病预防控制和公共卫生应急能力。以成功创建省级健康县为契机，深入开展健康中国行动和爱国卫生运动，完善人民健康促进政策。采取积极有效措施留住卫生、教育人才，提升人才服务能力和水平，解决服务民生“最后一公里”问题。加快基层综合性文化服务中心与旅游服务中心融合发展试点工作，加大力度推动县公共文化服务中心项目建设，更好满足群众文化需求。广泛开展全民健身活动，促进群众体育和竞技体育发展。

健全社会保障体系。深入实施就业优先战略，贯彻落实3.0版“促进就业十条”等措施，统筹推进援企稳岗、职业技能培训和兜底帮扶等促进就业措施，推动劳动力资源与产业同步升级。大力开展职业能力培训，持续推进“粤菜师傅”“广东技工”“南粤家政”三项工程。加强劳动关系规范管理，开展根治欠薪工作，保障劳动者合法权益。深入实施全民参保计划，落实企业职工基本养老保险全国统筹、失业保险和工伤保险基金省级统筹。推进特殊困难老年人家庭适老化改造项目，支持民办养老服务机构发展。提升救助管理质量，稳步提高低保、特困人员、孤儿基本生活补贴和残疾人两项补贴保障水平。持续开展医保基金专项整治工作，深入推广医保电子凭证，力争实现医保电子凭证在二级以上医疗机构的结算率不少于60%。巩固提升全国示范型退役军人服务中心（站），健全完善优抚对象优待目录清单。

（五）着力建设绿美仁化，做好生态文明文章

坚持保护与发展并重，坚定不移走好生态优先、绿色发展之路，深入开展绿美仁化生态建设，全域加强生态环境保护，努力探索绿水青山就是金山银山的仁化路径。

全力守护好蓝天白云。深入推进大气污染防治，加强重点行业挥发性有机物和氮氧化物协同减排，深化涉挥发性有机物企业深度治理，落实“三线一单”和“双控”目标，抓好能源结构调整优化，有序推进煤炭消费减量替代，稳步推进能耗“双控”向碳排放总量和强度“双控”转变。常态化开展扬尘专项整治，做好工业源、移动源、城乡面源大气综合治理，遏制和管控露天焚烧行为，切实有效应对污染天气。积极开展全民义务植树活动，加强古树名木保护，全面提升生态系统多样性、稳定性、持续性。继续推进红城林场、灵溪河公园、金喆园等森林康养基地，以及石塘上中坌公益林示范区建设，推动国家储备林建设项目，做好国家森林城市申报验收，支持配合丹霞山国家公园建设，加快构建以国家公园为主体的自然保护地体系。管育并重抓好林分优化、林相改善，全面落实林长制，确保森林覆盖率、森林蓄积量、生态公益林面积等指标稳中有升，增强森林生态系统固碳中和功能。加快新能源汽车推广应用和充电基础设施建设，促进交通领域节能降碳。

全力守护好河湖碧水。全面落实河（湖）长制，继续推进病险水库山塘除险加固、锦江河及中小河流域系统综合治理、镇级以上饮用水水源地规范化等项目，完善城镇、工业园区和农村污水处理设施及配套管网建设，开展入河排污口综合整治，加强畜禽养殖综合治理，确保主要江河断面和集中式饮用水源水质100%达标。持续推进县城自来水厂备用水源建设，实施城市管网补短板建设项目，提升城市抵御洪水和内涝的能力。稳步推进小水电分类整改，推动小水电绿色转型发展。加强水土保持管理和监督，完成水源林建设1500亩、新造林抚育3100亩。严厉打击河道非法采砂活动，建立河道采砂监管长效机制。

全力守护好良田沃土。持续加强土壤、固体废物污染防治，启动“无废城市”建设，推进固体废物源头减量和资源化利用。提升区域建筑垃圾利用处置能力，严厉打击危险废物、一般固废异地非法倾倒行为。加强农用地和建设用地土壤环境全过程风险管控，严控农业面源污染，开展秸秆综合利用和农业生产废弃物回收，力争实现主要农作物化肥、农药使用量零增长。强化畜禽粪污资源化利用，规范畜禽养殖行为。强化耕地保护和用途管制，开展撂荒、“非粮化”耕地整治。坚持山水林田湖草沙一体化保护和系统治理，扎实开展矿山综合整治和生态修复。加快盘活矿产资源、国有资源、闲置资源资产，实现国有资源资产价值化。

（六）稳步强化政府建设，打造人民满意政府

坚定不移加强党的全面领导，全面提升工作效能和水平，高质量建设人民满意的服务型政府，以奋发有为的精神状态在新征程上展现新气象。

*加强党的全面领导。*强化理论武装，始终坚持以习近平新时代中国特色社会主义思想为指导，在思想上政治上行动上同以习近平同志为核心的党中央保持高度一致。坚持用党的理论成果指导推动履职实践，认真落实意识形态工作责任制，坚决贯彻党中央、省委、市委和县委的工作部署，不折不扣抓好落实，真正用行动书写忠诚和担当，以实绩诠释对党绝对忠诚。

*强力推动工作落实。*坚持大道至简、实干为要，牢牢把握高质量发展首要任务，坚持任务项目化、项目清单化、清单责任化，以奋斗姿态抢时间、抢机遇，一刻不耽误地埋头苦干，在高质量发展中比学赶超、赛龙夺锦。始终把法治理念融入政府工作全过程，全面落实法治政府建设实施方案，深入开展法治政府示范创建，严格执行“三重一大”集体决策、合法性审查机制，切实提高政府决策科学化、民主化、法治化水平。牢牢把握团结奋斗的鲜明主题，推动全县政府系统心往一处想、劲往一处使，着力营造想干事、敢干事、干成事的浓厚氛围。

*防范化解重大风险。*落实重大风险定期分析研判机制，持续强化政治、经济、社会等10类重大风险的防范化解，稳妥处置金融、房地产等领域风险，坚决守住不发生系统性风险底线。全面推行安全生产“一线三排”机制，推进非煤矿山、危化品、道路交通、消防等重点行业领域风险识别和隐患治理。强化救灾物资储备，继续申报创建综合减灾示范社区，配合做好仁化中学和县中职学校地震终端建设及防震减灾示范教育基地建设。加强食品药品、医疗器械和化妆品安全监管。认真做好新阶段疫情防控工作，落实“乙类乙管”要求，加强医疗救治能力建设，完善分级诊疗服务体系，推动新阶段疫情防控平稳有序转段。

*持之以恒转变作风。*坚决落实“一岗双责”，加强党风廉政建设，持续深化纠治“四风”，重点纠治形式主义、官僚主义，坚决破除特权思想和特权行为。深化预算管理制度改革，促进预算科学精准编制、规范高效执行，严格财政资金管理，严控“三公”经费和一般性支出，以政府过“紧日子”“苦日子”来保障群众过上“好日子”。严肃廉洁纪律，加强对权力集中、资金密集、资源富集领域的监管，坚决整治群众身边的腐败问题和不正之风。

今年，我们聚焦群众关切，突出民之所需，遴选了10项民生实事，提交各位代表审议票决，确定重点实施的8项民生实事：

1.启动建设新城学校。

2.实施闻韶、城口卫生院业务楼建设及扶溪卫生院迁建项目。

3.实施特殊困难老年人家庭适老化改造项目，提高低保、特困人员、孤儿基本生活补贴和残疾人两项补贴保障水平。

4.改造提升1.56万亩高标准农田。

5.推动病险水库除险加固。

6.实施城市管网补短板建设项目。

7.实施县城10个老旧小区改造。

8.建设公益林示范区。

9.实施县城自来水厂备用水源建设。

10.启动省道246线康溪至大岭段改线工程。

各位代表，征途漫漫，惟有奋斗！让我们更加紧密地团结在以习近平同志为核心的党中央周围，高举习近平新时代中国特色社会主义思想伟大旗帜，全面贯彻落实党的二十大精神，在县委的坚强领导下，坚定信心、苦干实干，以钉钉子精神抓落实，把手中的“施工图”转化为仁化大地的“实景画”，为建设社会主义现代化美好仁化而团结奋斗！

名词解释：

1.“三包”“四到”粮食生产责任制：县领导包镇、镇领导包村、村班干部包村小组的粮食生产责任体系以及粮食和大豆生产目标分解落实到村、到村小组、到田、细化到茬的任务分解机制。

2.“三清三拆三整治”：“三清”主要是清理村巷道及生产工具、建筑材料乱堆乱放；清理房前屋后和村巷道杂草杂物、积存垃圾；清理沟渠池塘溪河淤泥、漂浮物和障碍物；“三拆”主要是拆除农村的危旧废弃房屋、露天厕所；拆除乱搭乱建房屋；拆除违规商业广告、招牌；“三整治”主要是整治垃圾、污水及水体污染。

3.“四小园”：小菜园、小果园、小花园、小游园。

4.“立改废”：通过新立、修改、废止，使各项制度更具有针对性、可操作性和科学性。

5.“三重一大”：重大事项决策、重要干部任免、重大项目投资决策、大额资金使用。

6.“三大战略”：市委十三届四次全会提出的实施生态立市、工业强市、县域富市战略。

7.“六大行动”：市委十三届四次全会提出的开展绿美韶关、产业攻坚、科教人才、营商环境优化、要素保障、资源盘活行动。

8.“三大提升”：市委十三届四次全会提出的推动基础设施水平、基层治理水平、民生事业水平提升。

9.韶关新时代“百团千才万匠”人才工程：由南岭团队计划、丹霞英才计划、韶州工匠计划组成，计划从国内外引进和本土培育不少于100个南岭团队、不少于5000名丹霞英才、不少于1万名韶州工匠。

10.农村供水“三同五化”：同标准、同质量、同服务，规模化发展、标准化建设、一体化管理、专业化运作、智慧化服务。

11.“四好农村路”：建好、管好、护好、运营好农村公路。

12.“枫桥经验”：20世纪60年代初，浙江省绍兴市诸暨县（现诸暨市）枫桥镇干部群众创造了“发动和依靠群众，坚持矛盾不上交，就地解决，实现捕人少，治安好”的经验。

13.“八五”普法：中央宣传部、司法部关于开展法治宣传教育的第八个五年规划。

14.“四上企业”：一定规模以上的工业企业、资质等级建筑业企业、限额以上批零住餐企业、国家重点服务业企业。

15.学前教育“5085”攻坚工程：公办幼儿园和普惠性民办幼儿园在园幼儿数占比达到85%以上，其中公办幼儿园在园幼儿数占比达50%以上。

16.能耗“双控”：能源消费总量控制和强度控制。

17.“无废城市”：以新发展理念为引领，通过推动形成绿色发展方式和生活方式，持续推进固体废物源头减量和资源化利用，最大限度减少填埋量，将固体废物环境影响降至最低，尽最大可能将工业固体废物、农业废弃物、生活源固体废物、建筑垃圾、危险废物等“变废为宝”。

18.“一线三排”：“一线”是指坚守发展决不能以牺牲人的生命为代价这条不可逾越的红线；“三排”是指排查、排序、排解。

19.“四风”：形式主义、官僚主义、享乐主义和奢靡之风。

20.“三公”经费：政府部门人员因公出国（境）费用、公务接待费、公务用车购置和运行维护费。

2022年中国共产党仁化县委员会部分文件目录一览表

表26

序号	发文单位	文件名	发文号	发文时间
1	中共仁化县委	中共仁化县委关于印发《中共仁化县委常委会2022年工作要点》的通知	仁发〔2022〕1号	5月25日
2	中共仁化县委、仁化县人民政府	中共仁化县委、仁化县人民政府关于仁化县2021年全面推行河长制工作情况报告	仁委〔2022〕1号	1月14日
3	中共仁化县委、仁化县人民政府	中共仁化县委、仁化县人民政府关于仁化县2021年度法治政府建设情况的报告	仁委〔2022〕3号	1月12日
4	中共仁化县委	中共仁化县委关于学习贯彻落实市第十三次党代会精神的情况报告	仁委〔2022〕4号	1月14日
5	中共仁化县委	中共仁化县委关于2021年度全面工作情况报告	仁委〔2022〕9号	1月27日
6	中共仁化县委	中共仁化县委关于2021年度抓党的建设工作情况报告	仁委〔2022〕11号	1月30日
7	中共仁化县委	中共仁化县委关于乡村振兴工作情况报告	仁委〔2022〕13号	2月10日
8	中共仁化县委	中共仁化县委关于领导班子党史学习教育专题民主生活会综合报告	仁委〔2022〕14号	2月10日
9	中共仁化县委、仁化县人民政府	中共仁化县委、仁化县人民政府2021年关于全面加强生态环境保护坚决打好污染防治攻坚战的情况报告	仁委〔2022〕21号	3月9日
10	中共仁化县委	中共仁化县委关于土地房屋征收工作情况报告	仁委〔2022〕22号	3月31日
11	中共仁化县委	中共仁化县委领导班子以案为鉴以案促改专题民主生活会综合报告	仁委〔2022〕23号	4月2日
12	中共仁化县委	中共仁化县委关于仁化县落实粮食购销党政同责履行属地管理主体责任整改工作报告	仁委〔2022〕26号	6月1日
13	中共仁化县委	中共仁化县委关于学习贯彻落实市第十三次党代会精神的情况报告	仁委〔2022〕32号	7月14日
14	中共仁化县委、仁化县人民政府	中共仁化县委、仁化县人民政府关于仁化县2022年食品安全工作情况报告	仁委〔2022〕47号	12月8日
15	中共仁化县委、仁化县人民政府	中仁化县委、仁化县人民政府关于仁化县2022年法治政府建设年度报告	仁委〔2022〕50号	12月12日
16	中共仁化县委	中共仁化县委关于仁化县贯彻落实党的二十大精神的情况报告	仁委〔2022〕52号	12月15日
17	中共仁化县委	中共仁化县委关于仁化县2022年全面推行河长制工作情况报告	仁委〔2022〕54号	12月28日

2022年仁化县人民政府部分文件目录一览表

表27

序号	文件名	发文号	发文时间
1	关于同意将城口镇幼儿园地块划拨给城口镇中心幼儿园的批复	仁府复〔2022〕15号	1月30日
2	关于同意划拨丹霞新城片区土地兴建新城学校（暂命名）的批复	仁府复〔2022〕25号	2月28日
3	关于同意将全民健身广场地块划拨给仁化县文化广电旅游体育局的批复	仁府复〔2022〕26号	3月3日
4	仁化县人民政府关于仁化县人民法院新建审判业务大楼的批复	仁府复〔2022〕34号	3月24日
5	关于同意启用《广东仁化县产业转移工业园区总体规划（2021—2035）》的批复及请示	仁府复〔2022〕45号	4月7日
6	关于同意仁化县小水电清理整改“一站一策”方案的批复及请示	仁府复〔2022〕59号	4月24日
7	关于对仁化县城口镇卫生院土地确权的批复	仁府复〔2022〕64号	5月9日
8	关于同意将仁化县原锦江电力公司地块国有土地使用权划拨给仁化县消防救援大队的批复	仁府复〔2022〕78号	6月30日
9	关于仁化县天然林核定落界成果报告的批复	仁府复〔2022〕84号	7月15日
10	关于仁化县国家级公益林优化成果报告的批复	仁府复〔2022〕85号	7月15日
11	关于同意将部分水利常淹耕地纳入耕地保护目标和划入永久基本农田的批复	仁府复〔2022〕88号	7月19日
12	关于同意撤并丹霞街道办康溪小学等8所小规模学习的批复	仁府复〔2022〕111号	9月8日
13	关于同意《仁化县2022年度耕地“进出平衡”总体方案》的批复	仁府复〔2022〕122号	9月28日
14	关于同意收储仁化县产业转移工业XZN-2地块国有土地使用权的批复及请示	仁府复〔2022〕140号	11月29日
15	仁化县人民政府关于审定新增乡镇集中式饮用水水源保护区区划方案的请示	仁府报〔2022〕2号	2月11日
16	仁化县人民政府关于协助我县申报2022年毛竹省级现代化农业产业园的请示	仁府报〔2022〕7号	3月31日
17	仁化县人民政府关于出具广东仁化经济开发区符合国民经济和社会发展规划审查意见的请示	仁府报〔2022〕8号	4月15日
18	仁化县人民政府关于申请设立广东仁化经济开发区的请示	仁府报〔2022〕10号	4月22日

续表27

序号	文件名	发文号	发文时间
19	仁化县人民政府关于审核上报《仁化县斯鸡山县级自然保护区人工林改造提升方案（2021—2025年）》请示	仁府报〔2022〕11号	5月6日
20	仁化县人民政府关于申请调整广东粤北华南虎省级自然保护区功能区范围的请示	仁府报〔2022〕14号	6月30日
21	关于申报创建仁化县毛竹省级现代化农业产业园项目的请示	仁府〔2022〕19号	8月18日
22	仁化县人民政府关于支持韶关市仁化县创建“绿水青山就是金山银山”实践创新基地的请示	仁府〔2022〕22号	9月5日
23	仁化县人民政府关于请求支持调整仁化县矿区生态公益林、天然林的请示	仁府〔2022〕26号	9月13日
24	仁化县人民政府关于申报仁化县产业融合发展示范园项目的请示	仁府〔2022〕28号	10月12日
25	仁化县人民政府关于审核上报《仁化县斯鸡山县级自然保护区人工林改造提升方案（2021—2025年）》的请示	仁府〔2022〕29号	10月17日
26	仁化县人民政府关于印发仁化县中小学幼儿园优质办公学位“十四五”建设专项规划（2021—2025年）的通知	仁府〔2022〕1号	1月20日
27	仁化县人民政府关于印发2022年春节期间对划定仁化县城区烟花爆竹禁放区和丹霞山景区巡查工作方案的通知	仁府〔2022〕2号	1月24日
28	仁化县人民政府关于印发仁化县2021—2025年河道采砂规划报告的通知	仁府〔2022〕3号	1月26日
29	仁化县人民政府关于印发仁化县县级储备粮实施方案（试行）的通知	仁府〔2022〕4号	3月18日
30	仁化县人民政府关于印发仁化县气象发展“十四五”规划的通知	仁府〔2022〕7号	3月29日
31	仁化县人民政府关于印发仁化县盗采稀土线索举报奖励办法的通知	仁府〔2022〕9号	5月7日
32	仁化县人民政府关于印发仁化县人民政府“三重一大”事项清单（试行）的通知	仁府〔2022〕10号	6月1日
33	仁化县人民政府关于印发仁化县妇女发展规划（2021—2030年）的通知	仁府〔2022〕11号	7月22日
34	仁化县人民政府关于印发仁化县儿童发展规划（2021—2030年）的通知	仁府〔2022〕12号	7月22日
35	仁化县人民政府关于印发仁化县流域面积1000千米平方以上河道水域岸线保护与利用规划的通知	仁府〔2022〕14号	8月8日
36	仁化县人民政府关于印发仁化县生态文明建设规划（2022—2035年）的通知	仁府〔2022〕16号	11月10日
37	仁化县人民政府关于印发仁化县生态保护修复规划（2022—2025年）的通知	仁府〔2022〕17号	11月10日

2022年中共仁化县委办公室部分文件目录一览表

表28

序号	发文单位	文件名	发文号	发文时间
1	中共仁化县委办公室	中共仁化县委办公室关于成立仁化县开展“改革攻坚规范治理年”工作领导小组的通知	仁委办〔2022〕1号	2月17日
2	中共仁化县委办公室、仁化县人民政府办公室	中共仁化县委办公室、仁化县人民政府办公室关于成立仁化县突发事件应急委员会的通知	仁委办〔2022〕5号	4月16日
3	中共仁化县委办公室	中共仁化县委办公室关于印发《仁化县2022年纪律教育学习月活动实施方案》的通知	仁委办〔2022〕8号	8月17日
4	中共仁化县委办公室	中共仁化县委办公室关于印发《学习宣传贯彻党的二十大精神总体工作方案》	仁委办〔2022〕11号	11月14日
5	中共仁化县委办公室	中共仁化县委办公室印发《关于开展“学习贯彻党的二十大精神奋力争当北部生态发展区高质量发展排头兵”专题调研的工作方案》的通知	仁委办〔2022〕13号	12月9日
6	中共仁化县委办公室、仁化县人民政府办公室	中共仁化县委办公室、仁化县人民政府办公室关于成立仁化县实施“十镇百村高质量发展工程”领导小组的通知	仁委办〔2022〕14号	12月30日

2022年仁化县人民政府办公室部分文件目录一览表

表29

序号	文件名	发文号	发文日期
1	仁化县人民政府办公室关于建立仁化县非物质文化遗产保护协调工作机制的通知	仁府办发函〔2022〕5号	1月11日
2	仁化县人民政府办公室关于印发仁化县“党建引领 普惠金融户户通”工作实施方案的通知	仁府办发函〔2022〕7号	1月17日
3	仁化县人民政府办公室关于印发仁化县农业转移人口市民化就业创业政策扶持实施细则的通知	仁府办发函〔2022〕9号	1月20日
4	仁化县人民政府办公室关于印发仁化县统筹推进免费婚前孕前保健工作实施方案的通知	仁府办发函〔2022〕10号	1月25日
5	仁化县人民政府办公室关于印发2022年仁化县“银龄安康行动”实施方案的通知	仁府办发函〔2022〕14号	3月8日
6	仁化县人民政府办公室关于印发仁化县“十四五”综合交通运输发展规划的通知	仁府办发函〔2022〕15号	3月14日

续表29

序号	文件名	发文号	发文日期
7	仁化县人民政府办公室关于印发仁化县周田电商小镇创建工作三年实施方案的通知	仁府办发函〔2022〕16号	3月14日
8	仁化县人民政府办公室关于进一步明确仁化县被征地农民养老保障工作的通知	仁府办发函〔2022〕17号	3月21日
9	仁化县人民政府办公室关于印发仁化县垦造水田三年行动方案（2022—2023年）的通知	仁府办发函〔2022〕18号	3月23日
10	仁化县人民政府办公室关于印发《广东省仁化县松材线虫病疫情防控五年攻坚行动实施方案（2022—2025年）》的通知	仁府办发函〔2022〕19号	3月25日
11	仁化县人民政府办公室关于印发仁化县森林防火规划（2022—2025年）的通知	仁府办发函〔2022〕22号	4月1日
12	仁化县人民政府办公室关于印发仁化县“招善引爱”工作方案的通知	仁府办发函〔2022〕25号	4月7日
13	仁化县人民政府办公室关于印发仁化县2022年度垦造水田项目地力培肥实施方案的通知	仁府办发函〔2022〕32号	4月19日
14	仁化县人民政府办公室关于印发仁化县分布式光伏开发方案的通知	仁府办发函〔2022〕35号	4月20日
15	仁化县人民政府办公室关于印发仁化县古树名木保护工作方案的通知	仁府办发函〔2022〕38号	4月26日
16	仁化县人民政府办公室关于印发仁化县义务教育薄弱环节改善与能力提升项目规划（2021—2025年）的通知	仁府办发函〔2022〕53号	5月26日
17	仁化县人民政府办公室关于印发仁化县文化体育事业及文旅产业“十四五”规划的通知	仁府办发函〔2022〕55号	5月28日
18	仁化县人民政府办公室关于印发仁化县2022年高标准农田建设项目建后管护实施方案的通知	仁府办发函〔2022〕57号	6月1日
19	仁化县人民政府办公室印发关于推动仁化县职业教育高质量发展的实施方案的通知	仁府办发函〔2022〕58号	6月8日
20	仁化县人民政府办公室关于印发仁化县低效企业优化提升三年专项行动的工作方案（2022—2024年）的通知	仁府办发函〔2022〕59号	6月9日
21	仁化县人民政府办公室关于印发仁化县促进知识产权创新发展和强化知识产权保护的若干措施的通知	仁府办发函〔2022〕66号	6月24日
22	仁化县人民政府办公室关于印发仁化县征收集体土地留用地管理安置工作方案（试行）的通知	仁府办发函〔2022〕69号	7月14日

续表29

序号	文件名	发文号	发文日期
23	仁化县人民政府办公室关于印发《广东省仁化县林地保护利用规划（2021—2035年）》的通知	仁府办发函〔2022〕71号	7月22日
24	仁化县人民政府办公室印发关于促进房地产市场平稳健康发展若干意见的通知	仁府办发函〔2022〕74号	8月10日
25	仁化县人民政府办公室关于印发仁化县农村土地（耕地）经营权流转三年行动奖补方案的通知	仁府办发函〔2022〕80号	8月29日
26	仁化县人民政府办公室关于印发仁化县河道清淤疏浚管理工作实施方案的通知	仁府办发函〔2022〕84号	9月16日
27	仁化县人民政府办公室关于印发仁化县公共服务“十四五”规划的通知	仁府办发函〔2022〕86号	9月22日
28	仁化县人民政府办公室关于印发仁化县乡村小规模学校优化提质工作实施方案的通知	仁府办发函〔2022〕90号	10月12日
29	仁化县人民政府办公室关于印发2022年仁化县抗旱应急打井奖补项目实施方案的通知	仁府办发函〔2022〕93号	10月31日
30	仁化县人民政府办公室关于印发仁化县2022年冬季秸秆离田综合利用奖补工作方案的通知	仁府办发函〔2022〕94号	11月2日
31	仁化县人民政府办公室关于印发仁化县创建广东省慢性病综合防控示范区工作实施方案的通知	仁府办发函〔2022〕96号	11月9日
32	仁化县人民政府办公室关于印发仁化县强化招商引资工作实施意见（试行）的通知	仁府办发函〔2022〕101号	12月6日
33	仁化县人民政府办公室关于印发仁化县民政事业“十四五”规划的通知	仁府办发函〔2022〕102号	11月29日
34	仁化县人民政府办公室关于印发仁化县水利建设发展“十四五”规划报告的通知	仁府办发函〔2022〕103号	12月6日
35	仁化县人民政府办公室关于印发仁化县全民健身实施计划(2021—2025年)的通知	仁府办发函〔2022〕107号	12月27日
36	仁化县人民政府办公室关于印发仁化县农业农村“十四五”规划的通知	仁府办〔2022〕1号	3月28日
37	仁化县人民政府办公室关于印发仁化县教育事业发展“十四五”规划的通知	仁府办〔2022〕4号	6月28日
38	仁化县人民政府办公室关于印发仁化县加快推进市域社会治理现代化“十四五”规划的通知	仁府办〔2022〕6号	8月3日
39	仁化县人民政府办公室关于印发仁化县人力资源和社会保障事业发展“十四五”规划的通知	仁府办〔2022〕7号	8月31日

2022年仁化县基本情况表

表30

项 目		单位	2022年	2021年	增长（%）
人口情况	一、年末总人口（户籍）	人	241630	242673	−0.4
	其中：男	人	124572	124726	−0.1
	女	人	117058	117947	−0.8
	二、年末总户数	户	75131	75157	0.0
	三、年出生人口	人	1215	1464	−17.0
	出生率	‰	6.25	7.58	−1.3
	四、年死亡人数	人	1610	1419	13.5
	死亡率	‰	8.29	7.35	0.9
	五、年平均人口	人	242151.5	243334	−0.5
	六、自然增长率	‰	−2.03	0.23	−2.3
劳动力	年末社会就业人员	万人	—	9.54	—
	其中：第一产业	万人	—	5.26	—
	第二产业	万人	—	1.43	—
	第三产业	万人	—	2.8	—
土地情况	土地面积	平方千米	2223	2223	—
	1.耕地面积	公顷	10909	10170	7.3
	2.林业用地	万公顷	18.33	18.33	—
镇村	镇（街道）	个	11	11	—
	村委会	个	109	109	—
	居委会	个	16	16	—

说明：耕地面积数据来自县自然资源局

2022年仁化县地区生产总值统计表（当年价格）

表31

指 标	2022年（万元）	2021年（万元）	2022年占比（%）
地区生产总值	1192562	1119834	100
一、第一产业	245459	238686	20.6
农林牧渔专业及辅助性活动	1871	1660	0.2
二、第二产业	514499	456464	43.1
1.工业	452822	385933	38.0
2.建筑业	61677	70531	5.2
三、第三产业	432603	424684	36.3
1.交通运输、仓储和邮政业	33336	32309	2.8
2.批发零售业	61350	59524	5.1
3.住宿和餐饮业	12785	12926	1.1
4.金融业	37274	35115	3.1
5.房地产业	74575	75321	6.3
6.其他服务业	211412	207827	17.7

说明：第三产业含农林牧渔业服务业及金属制品、机械和设备修理业增加值

2022年仁化县国民经济主要指标情况表

表32

项 目	单位	2022年	2021年	增长（%）
地区生产总值（当年价）	万元	1192562	1119834	6.9
规上工业总产值	万元	1127848	9312895	21.1
农业总产值	万元	395285.74	386778	15.3
农业机械总动力	万千瓦	12.94	12.79	1.2

续表32

项　目	单位	2022年	2021年	增长（%）
全县固定资产投资总额	万元	—	—	-26.3
年末通车公路里程	千米	2232.40	2339.15	-4.6
公路货运周转量（全社会）	万吨千米	82575	86365	-4.4
公路客运周转量（全社会）	万人千米	5194	6354	-18.3
社会消费品零售总额	万元	257885	257408	0.2
外贸出口总额	万元	2993.2	1514.6	97.6
实际利用外资总额	万美元	434	663	-34.5
旅游总收入	亿元	4.3	9.2	-52.8
旅游人数	万人	75.9	148.8	-49.0
地方一般公共预算收入	万元	49803	47730	4.3
地方一般公共预算支出	万元	266951	257913	3.5
金融机构各项存款余额	万元	1215142	1134586	7.1
其中:住户存款余额	万元	1046734	932794	12.2
金融机构各项贷款余额	万元	746207	670113	11.4
城镇居民人均可支配收入	元	34295	33351	2.8
农村居民人均可支配收入	元	22369	21216	5.4
年末参加失业保险人数	人	18333	15116	21.3
年末参加城乡养老保险人数	人	83178	83433	-0.3
年末参加工伤保险在职人数	人	27352	23199	17.9
年末享受社会养老保险人数	人	49868	40133	24.3

说明：地区生产总值增速为可比价增速，固定资产投资总额只公布增速。旅游总收入以及旅游人数来自县文化广电旅游体育局

2022年仁化县国民经济主要人均指标情况表

表33

项 目	单位	2022年	2021年	增长（%）
人口密度	人/平方千米	83.5	83.6	−0.1
人均地区生产总值（当年价）	元	64198	59965	7.1
人均耕地面积	亩	0.88	0.82	7.3
人均粮食产量	千克	373.1	373.2	0.0
人均社会消费品零售总额	元	13882	13852	0.2
人均城乡居民年末储蓄余额	元	56347	50197	12.3
人均一般公共预算收入	元	2681	2569	4.4
城镇居民人均可支配收入	元	34295	33351	2.8
农村居民人均可支配收入	元	22369	21216	5.4
每万人拥有卫生技术人员数	人	78.1	76.4	—
每万人拥有病床位数	张/万人	47.4	47.2	—

说明：此表人均指标除城镇、农村居民人均可支配收入外，以常住人口计算。耕地面积来自县自然资源局

2022年仁化县主要农产品产量情况表

表34

指标名称	单位	2022年	2021年	增长（%）
粮食	吨	69308	69342.8	−0.1
其中，稻谷	吨	58065	65520	−11.4
花生	吨	24844	25621	−3.0
水果	吨	137006	141803	−3.4
茶叶	吨	858	1525	−43.7
蔬菜	吨	134714	103052	30.7

续表34

指标名称	单位	2022年	2021年	增长（%）
水产品	吨	10027	10023	0.0
生猪饲养量	万头	36.8	31.2	17.9
生猪出栏量	万头	21.6	20.6	5.0
三鸟饲养量	万只	392.9	523.6	−25.0
三鸟存栏量	万只	88.5	90.8	−2.5
禽蛋产量	吨	1216.5	1476.8	−17.6

2022年仁化县主要工业产品产量情况表

表35

产品名称	计量单位	产品产量		增长（%）
		2022年	2021年	
发电量	万千瓦时	78129	104665	−25.4
其中，水电	万千瓦时	16011	12479	28.3
火电	万千瓦时	34779	63336	−45.1
锌精矿	吨	103004	102292	0.7
锌　锭	吨	153402	149699	2.5
硫　酸	吨	59655	51904	14.9
铝　材	吨	6258	6473	−3.3
人造板	立方米	365853	353666	3.4

2022年仁化县文教卫生统计情况表

表36

项目	单位	2022年	2021年	增长（%）
一、教育				
学校数	所	71	71	0.0
其中：普通教育	所	29	29	0.0
普通中小学在校学生数	人	29419	29366	0.2
普通中小学招生数	人	6780	6429	5.5
普通中小学毕业生	人	6556	6255	4.8
教职员工数	人	3485	3590	−2.9
专任教师	人	2590	2662	−2.7
学龄儿童入学率	%	100	100	—
二、卫生				
卫生机构数	个	152	150	1.3
卫生院	间	10	10	0.0
卫生机构床位数	张	881	877	0.5
卫生技术人员数	人	1451	1420	2.2
其中，执业医师	人	309	300	3.0
执业助理医师	人	444	434	2.3
注册护士	人	513	486	5.6

（县统计局）

2022年仁化县获省级（含省直部门及市委、市政府授予）以上先进单位称号一览表

表37

单　位	授予时间	荣誉称号	授予单位
仁化县	2022年3月	2021年度省级休闲农业与乡村旅游重点县	广东省农业农村厅、广东文化和旅游厅
仁化县	2022年4月	中国摄影创作基地	中国摄影家协会
仁化县	2022年9月	2021 年全市招商引资工作先进单位	中共韶关市委、韶关市人民政府
仁化县	2022年10月	广东省首批竹产业发展基地	广东省林业局
仁化县	2022年12月	第一批国家县域商业建设行动示范县	广东省商务厅、广东省财政厅、广东省乡村振兴局
仁化县	2022年12月	韶关市创建国家森林城市（地级）工作先进单位	中共韶关市委、韶关市人民政府
仁化县	2022年12月	入选2022年全国休闲农业重点县公示名单	农业农村部
城口镇城群村	2022年1月	第三批广东省文化和旅游特色村	广东省文化和旅游厅
县农业农村局	2022年1月	韶关市2021年度全面深化改革工作先进单位	中共韶关市委、韶关市人民政府
长江镇学堂坳村	2022年1月	2021年广东省乡村治理“百镇千村”示范村	中共广东省委农村工作领导小组办公室、广东省农业农村厅、广东省乡村振兴局、中共广东省委组织部、中共广东省委宣传部、中共广东省委政法委、广东省民族宗教委、广东省民政厅、广东省司法
仁化县人民法院法警大队	2022年1月	全省法院一级警队	广东省市级人民法院
扶溪镇人民政府	2022年2月	广东省2022年信访工作示范乡镇	广东省信访工作联席会议办公室、广东省信访局
仁化县人民检察院	2022年2月	先进基层检察院	广东省人力资源和社会保障厅、广东省人民检察院
仁化县董塘镇中心卫生院	2022年2月	2021年“优质服务基层行”活动服务优质机构	国家卫生健康委、国家中医药局
丹霞街道高坪社区	2022年3月	2021年度广东省最美志愿服务社区	广东省精神文明建设委员会
仁化县丹影文化传播有限公司	2022年4月	全国服务农民、服务基层文化建设基层电影服务先进集体	中共中央宣传部、文化和旅游部、国家广播电视总局

续表37

单　位	授予时间	荣誉称号	授予单位
广东志成冠军电气器材科技有限公司	2022年4月	广东省五一劳动奖	广东省总工会
韶关市红军长征粤北纪念馆	2022年5月	广东省社会主义学院（广东中华文学院）现场教学基地	广东省社会主义学院
中金岭南凡口铅锌矿质控中心团支部	2022年5月	广东省国资系统五四红旗团支部	共青团广东省国资系统委员会
中金岭南凡口铅锌矿采矿车间深孔钻探队爆破班	2022年6月	全国“安康杯”竞赛优胜班组	中华全国总工会、中华人民共和国应急管理部、中华人民共和国国家卫生健康委员会
仁化武深省际公安检查站	2022年7月	集体二等功	广东省公安厅
韶关市红军长征粤北纪念馆	2022年7月	广东省首批省级文明旅游示范单位	广东省文化和旅游厅
韶关市五马寨自然教育基地	2022年7月	2022年广东省高品质自然教育基地	广东省林业局
中金岭南凡口铅锌矿工会委员会	2022年7月	全国机械冶金建材行业工会经济技术工作先进单位	全国机械冶金建材行业工会
仁化县公安局	2022年8月	全市抗洪救灾突出贡献集体	中共韶关市委、韶关市人民政府
仁化县应急管理局	2022年8月	全市抗洪救灾突出贡献集体	中共韶关市委、韶关市人民政府
城口镇	2022年8月	广东省优秀乡村振兴调研报告优秀奖	广东省乡村振兴局、南方杂志社
仁化县消防救援大队	2022年8月	韶关市2022年抗洪救灾突出贡献集体	中共韶关市委、韶关市人民政府
城口镇恩村村	2022年9月	2022年广东省“民主法治示范村（社区）”创建单位	中共广东省委全面依法治省委员会办公室、中共广东省委农村工作领导小组办公室、广东省司法厅、广东省民政厅
大桥镇	2022年9月	全省优秀镇域乡村振兴规划二等奖	中共广东省委农业农村办公室、广东省乡村振兴局
仁化县大桥镇五马寨家庭农场	2022年9月	2022年度省级示范家庭农场	广东省农业农村厅
仁化县大桥镇颖川家庭农场	2022年9月	2022年度省级示范家庭农场	广东省农业农村厅
董塘镇董塘社区董劝书院	2022年9月	提升型社会科学普及基地	广东省社会科学界联合会
县工信局	2022年9月	2021年全市招商引资工作先进单位	中共韶关市委、韶关市人民政府

续表37

单　位	授予时间	荣誉称号	授予单位
城口镇恩村村	2022年10月	广东省交通安全文明示范单位	广东省公安厅、文明办、教育厅、司法厅、交通运输厅
石塘镇石塘村	2022年11月	第四批全国乡村旅游重点村	文化和旅游部
仁化县人民检察院	2022年11月	新时代“五好”基层检察院	广东省人民检察院
仁化县卫生健康局	2022年11月	支援广州市疫情防控工作中表现突出单位	中共韶关市委、韶关市人民政府
周田镇	2022年12月	广东省无烟单位	广东省爱国卫生运动委员会
共青团仁化县委员会	2022年12月	2022年广东省青少年模拟政协提案征集活动优秀组织单位	共青团广东省委员会
石塘镇	2022年12月	全市乡镇（街道）统计能力建设先进单位	韶关市人民政府
石塘镇石塘村	2022年12月	全市乡镇（街道）统计能力建设先进单位	韶关市人民政府
丹霞街道新城社区	2022年12月	全市乡镇（街道）统计能力建设先进单位	韶关市人民政府
董塘镇董联村	2022年12月	全市乡镇（街道）统计能力建设先进单位	韶关市人民政府
扶溪镇水口村	2022年12月	全市乡镇（街道）统计能力建设先进单位	韶关市人民政府
闻韶镇江南村	2022年12月	全市乡镇（街道）统计能力建设先进单位	韶关市人民政府
大桥镇古洋村	2022年12月	全市乡镇（街道）统计能力建设先进单位	韶关市人民政府
周田镇上坪村	2022年12月	全市乡镇（街道）统计能力建设先进单位	韶关市人民政府
黄坑镇高塘村	2022年12月	全市乡镇（街道）统计能力建设先进单位	韶关市人民政府
仁化县价格认证中心	2022年12月	投稿先进单位	广东省发展和改革委员会价格认定中心
仁化县工商业联合会	2022年12月	2020—2021年度全国“五好”县级工商联	中华全国工商业联合会
仁化县科学技术协会	2022年12月	全省科协系统政务信息建设工作先进单位	广东省科学技术协会

2022年仁化县获省级（含省直部门及市委、市政府授予）以上先进个人称号一览表

表38

姓名	性别	授予时间	获奖时工作单位	荣誉称号	授予单位
彭海东	男	2022年1月	中共仁化县委办公室	韶关市2021年度全面深化改革工作先进个人	中共韶关市委、韶关市人民政府
郭永才	男	2022年1月	仁化县市场监督管理局	“韶关市2021年度全面深化改革工作先进个人”称号	韶关市委、韶关市政府
钟　华	男	2022年1月	仁化中学	广东省优秀学生	广东省教育厅
赖仁桥	男	2022年2月	仁化县人民检察院	先进个人	广东省人力资源和社会保障厅、广东省人民检察院
肖　莲	女	2022年3月	仁化县妇女联合会	2021年度广东省三八红旗手	广东省妇女联合会
谭慧娴	女	2022年3月	韶关市红军长征粤北纪念馆	2021年全国红色旅游五好讲解员培训项目入选讲解员名单	文化和旅游部办公厅
范丰姿	女	2022年3月	中共仁化县委宣传部	全省乡村振兴驻镇帮镇扶村优秀巾帼队员	广东省乡村振兴局、广东省妇女联合会
肖惠姬	女	2022年3月	中共仁化县委办公室	全省乡村振兴驻镇帮镇扶村优秀巾帼队员	广东省乡村振兴局、广东省妇女联合会
谭淑梅	女	2022年3月	“三支一扶”驻闻韶镇帮扶工作队	全省乡村振兴驻镇帮镇扶村优秀巾帼队员	广东省乡村振兴局、广东省妇女联合会
林瑞棉	女	2022年3月	仁化县纪委监委	全省乡村振兴驻镇帮镇扶村优秀巾帼队员	广东省乡村振兴局、广东省妇女联合会
梁　静	女	2022年4月	扶溪镇卫生院	2021年第四季度“广东好人”（孝老爱亲）	广东省精神文明建设委员会办公室
温观华	男	2022年4月	仁化县人民检察院	个人三等功	广东省人民检察院
陈静怡	女	2022年5月	少先队仁化县田家炳小学	2021—2022年度广东省优秀少先队辅导员	共青团广东省委员会、广东省教育厅、少先队广东省工作委员会
蒋建成	男	2022年5月	少先队仁化县第一中学七（9）中队	2021—2022年度广东省优秀少先队员	共青团广东省委员会、广东省教育厅、少先队广东省工作委员会
陈智健	男	2022年5月	少先队仁化县田家炳小学六10中队	2021—2022年度广东省优秀少先队员	共青团广东省委员会、广东省教育厅、少先队广东省工作委员会
杨　成	—	2022年5月	中金岭南凡口铅锌矿	广东省五一劳动奖章	广东省总工会

续表38

姓名	性别	授予时间	获奖时工作单位	荣誉称号	授予单位
苟光芬	—	2022年5月	中金岭南凡口铅锌矿	广东省优秀共青团员	共青团广东省委员会
唐振标	—	2022年5月	中金岭南凡口铅锌矿	2021—2022年度“广东省国资系统优秀共青团员”	共青团广东省人民政府国有资产监督管理委员会
张三坤	女	2022年6月	黄坑镇小溪村卫生站	全国优秀乡村医生	中国农村卫生协会
吴华建	男	2022年7月	仁化县董塘镇专职消防队	执勤训练优秀政府专职队队员	广东省消防救援总队
周艳飞	—	2022年7月	中金岭南凡口铅锌矿	全国机械冶金建材行业岗位能手	全国机械冶金建材行业工会
陈　刚	—	2022年7月	中金岭南凡口铅锌矿	全国机械冶金建材行业岗位能手	全国机械冶金建材行业工会
周艳飞	—	2022年7月	中金岭南凡口铅锌矿	100位优秀追梦人	广东省总工会
吴宏斌	男	2022年8月	丹霞街道办事处	韶关市2022年抗洪救灾突出贡献个人	中共韶关市委、韶关市人民政府
刘剑勇	男	2022年8月	城口镇人民政府	韶关市2022年抗洪救灾突出贡献个人	中共韶关市委、韶关市人民政府
刘群珍	女	2022年8月	大桥镇人民政府	韶关市2022年抗洪救灾突出贡献个人	中共韶关市委、韶关市人民政府
张伟全	男	2022年8月	董塘镇江头村委会	韶关市2022年抗洪救灾突出贡献个人	中共韶关市委、韶关市人民政府
高荣星	男	2022年8月	周田镇灵溪村委会	韶关市2022年抗洪救灾突出贡献个人	中共韶关市委、韶关市人民政府
曾燕华	男	2022年8月	仁化县新东大街消防救援站	韶关市2022年抗洪救灾突出贡献个人	中共韶关市委、韶关市人民政府
刘厚明	男	2022年8月	长江镇人民政府	韶关市2022年抗洪救灾突出贡献个人	中共韶关市委、韶关市人民政府
陈惠环	女	2022年9月	仁化县疾病预防控制中心	2016—2020儿童伤害预防项目先进个人	中国疾控中心慢性非传染性疾病预防控制中心
黄火梅	女	2022年9月	仁化县疾病预防控制中心	2016—2020儿童伤害预防项目先进个人	中国疾控中心慢性非传染性疾病预防控制中心
刘　威	男	2022年9月	建设路派出所	个人三等功	广东省公安厅
温怀礼	男	2022年9月	县交警大队	个人三等功	广东省公安厅

续表38

姓名	性别	授予时间	获奖时工作单位	荣誉称号	授予单位
李韶辉	男	2022年9月	仁化武深省际公安检查站	三级嘉奖	广东省公安厅
邹建雄	男	2022年9月	县特警大队	第二届“广东最美退役军人”	广东省委宣传部、广东省退役军人事务厅、广东省军区政治工作局
庞国雄	男	2022年9月	仁化县工业和信息化局（商务局）	2021年全市招商引资工作先进个人	中共韶关市委、韶关市人民政府
朱向飞	男	2022年9月	韶关农创互联网科技有限公司	广东省第九届“创青春”青年创新创业大赛“十大青农优品”称号	共青团广东省委员会等
秦　英	女	2022年9月	凡口学校	2022年韶关市“四有好教师”	中共韶关市委、韶关市人民政府
肖利琼	女	2022年9月	董塘中学	2022年韶关市“四有好教师”	中共韶关市委、韶关市人民政府
应嘉奇	男	2022年9月	仁化县应急管理局	工贸行业安全生产专项整治“百日清零行动”优秀个人	广东省应急管理厅
谭群辉	男	2022年12月	中共仁化县委政法委员会	在党的二十大维稳安保中表现突出的人员	中共韶关市委、韶关市人民政府
黄家磊	男	2022年11月	仁化县市场监督管理局	广东省市场监管（知识产权）系统先进工作者	广东省人力资源和社会保障厅、广东省市场监督管理局、广东省药品监督管理局
王剑斌	男	2022年12月	丹霞街道办事处	党的二十大维稳安保工作表现突出个人	中共韶关市委、韶关市人民政府
唐　源	男	2022年12月	董塘镇党委	党的二十大维稳安保工作表现突出人员	中共韶关市委、韶关市人民政府
程成军	男	2022年12月	仁化县消防救援大队	优秀干部	广东省消防救援总队
鞠洪波	男	2022年12月	仁化县消防救援大队	优秀干部	广东省消防救援总队
邓诗琦	女	2022年12月	少先队仁化县城北小学大队六（3）韵美中队	2022年全国优秀少先队员	共青团中央、教育部、全国少工委
马　良	男	2022年12月	仁化县科学技术协会	科协系统政务信息建设工作优秀信息员	广东省科学技术协会
彭延鹏	男	2022年12月	仁化县林业局	创建国家森林城市（地级）工作先进个人	中共韶关市委 韶关市人民政府

索　引

主题索引

一、本索引采用主题分析方法，款目按首字汉语拼音字母（同音字按声调）顺序排列；

二、特辑、大事记、附录等篇及表格不作内容主题分析；

三、索引款目后的数字表示内容所在的页码，数字后的英文字母（a、b、c）表示栏别（即版面的左、中、右栏）。

A

B

C

D

E

F

G

H

J

K

L

M

N

S

X

Y

Z

表格索引